WIJSHEDEN UIT DE AMAZONE

De memoires van een
Surinaams-Amerikaanse psychologe
over haar spirituele bewustwording

Loraine Y. Van Tuyl, Ph.D.

Oorspronkelijke titel: *Amazon Wisdom Keeper:*
A Psychologist's Memoir of Spiritual Awakening
Vertaald naar het Nederlands door: Chantal Cooper
Redactie: Roberto Polsbroek
Ontwerp omslag en binnenwerk door: Tabitha Lahr

Hardcover ISBN: 978-1-64184-701-8
Paperback ISBN: 978-1-64184-698-1
Ebook ISBN: 978-1-64184-699-8

Aan mijn lieve man, Robert, en onze
dierbare kinderen, Terrance en Jade

INHOUDSOPGAVE

Klassieke psychologische theorieën, raken al snel uitgeput
wanneer het gaat om de creatieve, begaafde vrouw in diepere zin.
De klassieke psychologie schiet vaak tekort of zwijgt in zijn geheel
over meer diepgaande zaken die voor vrouwen essentieel zijn:
Het archetype, het intuïtieve, het seksuele en het cyclische,
de leeftijden van vrouwen, de vrouwelijke manier,
de kennis van een vrouw, haar scheppingskracht...
~ Clarissa Pinkola Estes

▨ INLEIDING

JARENLANG WAS DE GEDACHTE DIE AUTOMATISCH in mij opkwam na een bijna-botsing op weg naar mijn holistische, psychotherapie praktijk in Berkeley, California: "Nee ik kan nog niet doodgaan! Ik ben nog niet klaar met mijn boek." Alleen op zulke momenten maakte de angst om zwaargewond te raken bij een ongeluk zich van mij meester, hetgeen mij motiveerde om extra voorzichtig naar mijn bestemming te rijden.

Nu mijn boek af is weet ik niet zeker of het nog steeds de laatste gedachte zal zijn wanneer ik deze aarde verlaat. Het vormde wel de basis van mijn betekenisvolle inzicht als kind, geboren en getogen aan de rand van het Amazone regenwoud van Suriname, een voormalige Nederlandse kolonie ter grootte van Rhode Island, gelegen aan de noordelijke grens van Brazilië. Niet veel mensen hebben van Suriname gehoord noch weten zij dat vijfennegentig procent van het land bedekt is met bomen, en daardoor, volgens de Wereldbank, officieel het meest met bos begroeide land van de planeet is.

Als kind vond ik het heerlijk om in het regenwoud te spelen en zwerven. Gewapend met een roestige houwer en gekleed in oude kleren en te grote zwarte laarzen, verbeeldde ik mij dat ik Mowgli, Tarzan of een vrijheidsstrijder was, zoals een van de bekende rebellerende slaven Baron, Boni en Joli Coeur over wie wij leerden tijdens de geschiedenislessen. Dankzij mijn drie voornaamste inspirerende meisjes-rolmodellen—denkbeeldige vriendinnen, Anne Frank, Helen Keller en Jeanne d'Arc—begon ik rond mijn achtste "mijn boek" vorm

te geven en te *kanaliseren*, lang voordat ik begreep wat *kanaliseren* inhield en hoe mijn verhaal zich verder zou ontwikkelen.

Tegen die tijd had ik al begrepen dat sommige van mijn inzichten, interesses en reacties op mensen en het leven niet "normaal" waren. Ik leek te gevoelig, te apart, te vroegrijp, te koppig, te nadenkend, te wijs, te bevooroordeeld, te opmerkzaam, te intens, te gedreven, te vreemd, te ambitieus.

Ik begon deze onderdelen van mezelf te scheiden en te verzamelen als ontbrekende puzzelstukjes die in verschillende dozen thuishoorden. Door het lezen van Het Dagboek van Anne Frank werd een diep verlangen in mij losgemaakt om deze ontbrekende puzzelstukjes te verzamelen voor mijn eigen boek—een opvoedboek dat volwassenen zou leren wat er echt omging in de hoofden van sommige kinderen, moderne Anne Frank-Jeanne d'Arc-Helen Keller-kruisingen zoals ik, die misschien helemaal niet abnormaal waren, maar gaven bezaten en belangrijke boodschappen hadden door te geven.

Hoe meer puzzelstukjes ik verzamelde, hoe duidelijker het werd dat ze een plaatje en verhaal vormden die met veel meer te maken hadden dan alleen opvoeding—deze losse stukjes waren beïnvloed door oude mystieke tradities en de bezielende maar gemarginaliseerde, wereldvisies van raciale en culturele groeperingen die net zo divers en alledaags waren als de lucht en de fauna om mij heen.

Grootouders van vaders kant. Mijn vader staat linksboven.

Omdat een dagboek een luxe was die kinderen van mijn leeftijd niet hadden, stopte ik deze inzichten en puzzelstukjes weg in een speciale map in mijn hoofd. Regelmatig ademde ik hun wijsheid in en voelde ik hoe ze mijn cellen, bloed, botten en ziel voedden via de verbindende karmische weefsels, ondergedompeld in herinneringen uit een vorig leven, voorgevoelens en bijbehorende dromen, en via lange voorouderlijke wortels die zich uitstrekken over verschillende continenten—Azië, Afrika, Europa en Zuid-Amerika.

Mijn grootouders van vaderskant waren afkomstig uit een Hakka dorp gelegen in het zuiden van China. Dit was ook het geval met mijn grootvader van moederskant. Mijn overgrootmoeder van moederskant was Creools (West-Afrikaanse/ inheems Surinaamse afkomst) en mijn overgrootvader van moederskant was een Nederlandse militair van Portugees-Joodse afkomst. Mijn ouders werden geboren in Suriname maar woonden en studeerden bijna tien jaar lang in Nederland, voordat zij terugkeerden naar hun geboorteland om een gezin te stichten. De spirituele stromingen die door mijn aderen vloeien omvatten Taoïstische, Boeddhistische, Katholieke, Joodse en Afrikaanse spiritualiteit en natuur-gerichte inheemse toepassingen en wijsheid.

In februari 1980 werd mijn leven op zijn kop gezet door een militaire coup en drie jaar later, op dertienjarige leeftijd, verhuisde ik met mijn familie naar Miami, Florida, op zoek naar een betere toekomst—vrij van

Overgrootouders van moeders kant. Mijn grootmoeder is de tweede rechts.

geweld, avondklokken, censuur, beangstigende dreigementen en constante opschudding. Pas toen mijn solide dagelijkse heiligdom plotseling wegviel, begon ik zo zoetjes aan de zaadjes die in mijn vormingsjaren in mijn vruchtbare ziel geplant waren te appreciëren en te voeden.

Ik wist niet hoe ik de geheimen en de verborgen schatten die mijn ziel had geërfd van mijn voorouders en uit vorige levens moest opgraven en ontsluiten, maar ik voelde dat ze heilig waren, mysterieus, bedreigd en belangrijk. Een helder en gepassioneerd gevoel van doelgerichtheid dat het mijn taak was om ze veilig te stellen totdat ik "geleerd" was en "de tijd rijp zou zijn om ze met de juiste persoon te delen", werd mij heel duidelijk. Ik voel dat die tijd nu gekomen is, en de juiste persoon ben jij.

PART ONE

Hoofdstuk 1

MIJN EERSTE HEILIGE COMMUNIE

Voor ieder die bang, eenzaam of ongelukkig is,
is stellig het beste middel naar buiten te gaan,
ergens waar hij helemaal alleen is,
alleen met de hemel, de natuur en God.
Want dan pas, dan alleen voelt men,
dat alles is, zoals het zijn moet.
~ Anne Frank

EEN HANDJEVOL MANNEN MET witte gebarsten kleivegen op hun blote choc-
oladebruine lichamen, naderde soepel het schoolerf van de St. Bernadette
Basisschool, de katholieke meisjesschool waaraan mijn ouders mij hadden toevertrouwd voor mijn basisschoolonderwijs. De mannen droegen
geruite katoenen *pangi's*, lendendoeken, om hun middel. De bruine zaden
om hun enkels en polsen rammelden terwijl zij de met houtsnijwerk bewerkte *apinti's* en andere bezittingen uit de pick-up haalden en naar het
schoolplein droegen.

Af en toe klonk er vrolijk gebabbel, woorden van een bekend lied, en
incidenteel gekibbel of gescheld in het Nederlands of in de Surinaamse
Creolentaal, *Sranan Tongo*, boven de kakafonie van het schoolerf uit. Ik
had het te druk met het nummeren van de vierkante stenen tegels om mij

1

bewust te zijn van andere dingen dan de genadeloze middagzon die mijn hoofdhuid verbrandde, dwars door mijn glanzende donkere haar heen. Ik klopte boven op mijn hoofd om de hete lucht te laten circuleren. Zoals de meeste kinderen die geboren en getogen zijn in Suriname—een klein Caraïbisch land en voormalige Nederlandse kolonie, bijna geheel bedekt met het zwoele Amazone regenwoud—was ik eraan gewend geraakt om midden op de dag een beetje door de zon gebraden te worden in deze tropische snelkookpan.

"Kom no, sta op... laten we gaan spelen! De pauze is bijna voorbij!" smeekte Geeta terwijl zij mij aan mijn elleboog omhoogtrok. Haar groenbruine ogen schitterden net als haar gouden honingkleurige huid.

Onze grootouders maakten deel uit van een groep contractarbeiders en winkeliers uit India, Indonesië en China, die gelijk na de afschaffing van de slavernij vrijwillig naar Suriname zijn geïmmigreerd. Hoewel sommigen, zoals mijn grootouders van vaderskant, binnen hun eigen bevolkingsgroep trouwden, mengden anderen zich met gemak met de aanwezige smeltkroes die bestond uit de inheemse bosbewoners, bevrijde slaven en Europese, Creoolse (gemengd ras) en (een paar) zwarte plantage-eigenaren, overheidsfunctionarissen en ambtenaren. Mijn Chinese grootvader van moederskant, een verkoper en vrijgezel, vond de romantiek buiten zijn eigen bevolkingsgroep. Hij trouwde een Creoolse vrouw, mijn grootmoeder, die van Joods-Europese, Afrikaanse en inheemse afkomst was. Haar wortels reikten van ons moederland Suriname tot aan Ghana, Portugal en Nederland.

Zelfs onze saaie olijfgroene blouses en grijze geplisseerde rokken konden de diversiteit aan huidskleuren, haartypes, oogkleuren en gelaatskenmerken van mijn vriendinnen niet neutraliseren. We leken op een gelaagd palet van een expert schilder. Ondanks onze verschillen hadden we allemaal een gruwelijke hekel aan het schrijven van bladzijden vol aantekeningen tot je vingers er bijna van afvielen. Als je dan ook nog toevallig een mooi handschrift had zoals ik, moest je niet alleen een heel hoofdstuk op het bord overschrijven uit een zwaargehavend boek, je moest het daarna nog een keer na school overschrijven in je eigen schrift.

Er was iets dat ik nog meer haatte dan pijnlijke handen en vingers. De 'hopeloze gevallen' gestraft zien worden door sommige leerkrachten. Na slechts drie jaar lagere school was ik getuige geweest van leerkrachten die deze moeilijke gevallen over hun bureau legden, hun rok omhoog deden en hen er voor de hele klas met een liniaal van langs gaven op hun achterste.

Ik zit in de tweede rij rechts, op de tweede bank.

Soms smeten ze een bordenwisser naar hun hoofd voor te veel kletsen, of ze sleepten hen aan hun oor naar het kantoor van het hoofd van de school.

Het was mij eigenlijk nooit duidelijk waarom mijn vriendinnen in de problemen raakten. Wanneer ik dacht dat het was omdat ze te veel babbelden, kreeg een ander juist weer straf omdat ze niet genoeg had gesproken. Zelf kwam ik een keer in de problemen om een totaal andere reden: krokodillentranen huilen. Het lukte mij vaak niet om het lekken te bedwingen, ik leek wel een lekkende kraan, hetgeen de volwassenen irriteerde. En omdat ik niet kon uitleggen wat er met mij aan de hand was, raakten zij nog meer geïrriteerd. Mijn juf van de eerste klas bracht mij naar het kantoor van het schoolhoofd toen ze het niet meer kon verdragen, en zelfs Ma hief haar hand een keer en dreigde mij een reden te geven om te huilen als ik er zelf geen kon verzinnen.

Ik wist niet goed hoe ik moest zeggen: "Ik voel me verdrietig, overstuur en onveilig omdat volwassenen zoals jullie die beter zouden moeten weten, gemeen zijn en ons pijn doen". Niemand in mijn omgeving kon dat. Wanneer ik problemen kreeg door het huilen, probeerde ik mijn tranen op te houden en mijn beschadigde hart te verdoven net zoals sommige van mijn klasgenootjes. Wanneer de bel voor de pauze ging, was ik een van de eersten die naar de deur vloog, niet in staat om me nog een minuut langer in te houden.

Wachtend op mij terwijl ik de *dyompofutu*, een soort hinkelbaan, tekende, wreef Petra, een van de weinige Nederlandse meisjes bij ons op school, haar steentje in haar handen voor geluk. Haar appelwangen met sproetjes hadden een rode gloed en haar blonde lokken met plakkerige uiteinden door het zweet, omlijstten zachtjes haar gezicht.

Het harde geluid van de bel onderbrak ons spel vlak voordat Geeta kon winnen. De hoofdnon, tevens hoofd van onze school, *Soeur*, bewoog energiek het dikke touw onder de zware koperen bel in de hal voor haar kantoor.

"De pauze is voorbij!" schreeuwde ze. Er viel een doodse stilte over het schoolerf. Er lagen hier en daar een paar kleine stukjes krijt, niet groter dan een vingernagel. Ik pakte ze op en deed ze in een van de voorste zakken van mijn rok alsof het geslepen edelstenen waren. Ik probeerde zoveel mogelijk het krijt van mijn handen af te krijgen door op mijn dijen te slaan, en zodoende veranderde mijn schone uniform binnen een dag in een stofdoek volgens Ma.

"Ey, waar gaat iedereen naar toe?" vroeg ik aan Geeta, verbaasd dat niemand in de rij ging staan om terug te gaan naar ons lokaal.

"Oh, heb je niet gehoord? Een groep gaat een speciaal cultureel optreden doen op het schoolerf vandaag," zei Geeta.

"Echt? Wat voor optreden?" vroeg ik. "Niemand heeft mij iets gezegd."

"Ik weet niet precies." Geeta vroeg aan een paar anderen of zij wisten wat er ging gebeuren.

"Het is een *winti* ding," zei Sandra met een spookachtige stem en uitpuilende ogen terwijl ze ons met haar hand gebaarde om dichterbij te komen. *Winti*, wind of geest, is de trance-dans van de Boslandcreolen of Marrons, de afstammelingen van Afrikaanse slaven die gevlucht waren en zich vervolgens hadden gevestigd in het dichte Amazone oerwoud (in de 18e en 19e eeuw).

Het schoolerf veranderde snel in een buitenamfitheater, en degenen die aan de buitenrand stonden, stonden op de tenen om te kunnen zien wat er gebeurde.

"Meisjes, meisjes, ga alsjeblieft naar achteren en maak de cirkel groter," zei *Soeur*, terwijl zij haar armen en handen naar achteren en opzij bewoog. Ze was kort en gezet en droeg geen grijze nonnenkap meer. Omdat ze al meer dan dertig jaar in Suriname woonde, was de 'hete aardappel' in haar mond, haar Nederlandse accent, aanzienlijk afgenomen, maar haar accent klonk nog steeds stijlvoller en verfijnder dan het breed scala aan andere accenten van de rest van de leerkrachten.

"Jullie hoeven niet te duwen. Iedereen zal het kunnen zien," zei ze terwijl ze langs de binnenkant van de cirkel liep en die groter maakte.

"Laten we de dansers en artiesten een warm welkom heten en hen bedanken dat ze naar onze school zijn gekomen," zei *Soeur* terwijl ze in haar handen klapte en aansloot bij de cirkel.

Ik wurmde me naar voren terwijl de cirkel groter werd. De drummers begonnen op de drums tussen hun benen te slaan en mijn hart begon op gelijk ritme mee te bonzen, steeds luider bij iedere slag. De veerkrachtige voeten van de dansers sprongen op de maat op de tegels alsof hun lichamen zo licht waren als veertjes. Het voelde alsof er een stuiterbal was vrijgekomen in mijn lichaam, een gek gevoel waardoor mijn stille lichaam allesbehalve stil aanvoelde.

Ik zag dat sommige klasgenootjes aandachtig wezen naar de dansers. Ze zagen er geschrokken uit. Heel benieuwd naar wat hun aandacht trok, bestudeerde ik de dansers iets nauwkeuriger.

Hun heupen bewogen sensueel van links naar rechts, en van voor naar achter, sneller, sneller, sneller. Dit alleen was voldoende om mijn aandacht te trekken maar ik had het idee dat de meisjes die tegenover mij stonden naar iets anders staarden.

Zou het de witte ceremoniële klei, *pembadoti*, kunnen zijn die op de huid van de dansers was gepleisterd en glinsterende door het zweet? Wacht even, dat is geen glinsterende huid! Dat zijn grote glimmende veiligheidsspelden! De gewone, alledaagse soort veiligheidsspelden, over hun hele lichaam doorboord in de huid van hun armen, benen en buiken, zonder dat er een druppel bloed te zien was.

Ik probeerde mij voor te stellen hoeveel pijn het zou doen om al die spelden door mijn huid te steken en huiverde. Zij leken geen pijn te hebben. Misschien klopte het inderdaad dat de heilige, mysterieuze krachten van de witte *pemba* alle vleeswonden kon helen. Een gevoel van onbevreesdheid en kracht begon in mij te groeien, aangewakkerd door de maat van de drums. Ik nam het aanstekelijke plezier van de dansers in mij op tot ik compleet gevuld was. Ik voelde me energieker dan ooit en groter en volwassener dan ik normaliter was—helder, wijs, geliefd en versterkt—allesbehalve op het punt in tranen uit te barsten.

Een dergelijke golf van merkwaardige gevoelens had ik al eens eerder ervaren toen we tijdens de geschiedenisles leerden over een moedige slaaf die spottend zei, "Vermoord me dan als je wilt. Ik ben vrijer dan jij ooit zal zijn", tot hij doodgemarteld werd door zijn woedende meester. Op de een of andere manier "kreeg" ik het diepe gevoel van vrijheid waarover de slaaf het had. Het raakte mij en tegelijkertijd gaf het mij een gevoel van vreedzame onoverwinnelijkheid.

We leerden ook over Baron, Boni en Joli Coeur, de bekende gevluchte slaven (Boni's moeder vluchtte toen ze zwanger was van hem, dus technisch gezien was hij een vrijgeborene) die succesvol in opstand kwamen tegen plantage-eigenaren. Nadat zij met succes ontsnapt waren aan een leven van mishandeling en leed, boezemden zij angst in door hun nachtelijk gedrum en geschreeuw. Zij brandden plantages plat en hielpen vele slaven te vluchten. Ik doopte hen tot mijn helden totdat zij werden vervangen door Anne Frank, Jeanne d'Arc en Helen Keller, die waren meisjes, dezelfde leeftijd als ik, en makkelijker om mij mee te identificeren.

De dansers voor mij dansten precies zoals de voorouders van mijn moeder dat generaties lang gedaan hadden. Misschien woonden sommigen van hun afstammelingen, mijn verre familieleden, nog steeds diep in de jungle en konden zij hun *winti* dansrituelen houden wanneer zij daar zin in hadden. Deze gedachte alleen al vulde mij met een gevoel van warmte, moed en opwinding.

Omdat sommige van deze dorpen verspreid lagen langs de hoofdwegen ten zuiden van Paramaribo, de hoofdstad, vingen we een glimp op van hun huizen en hun gezinsleven wanneer wij de bedompte stad verlieten om af te koelen in de kreken en rivieren van onze favoriete stekjes in de jungle.

Hun kleine houten hutten hadden prachtig, bont beschilderd, geometrisch houtsnijwerk op de deuren. Ze waren gewoonlijk bedekt met gedroogde palmbladeren en stonden verspreid tussen *podosiri*, acai, en kokospalmen op een groot, gemeenschappelijk erf. Fijn, glimmend savannezand omringde hun woningen en markeerde het gebied waar kinderen vaak speelden met elkaar of met hun honden die zo mager waren dat je hun uitstekende botten kon tellen.

De vrouwen liepen van en naar hun kostgrondjes met grote aluminium bakken met cassave, groenten en fruit die op hun hoofden balanceerden. Net zoals de dansers van vandaag droegen zij niets meer dan een dunne katoenen lap gewikkeld om hun middel en benen tot op kniehoogte. Met hun volle blote borsten die vrij van links naar rechts zwierden, stelde ik mij voor dat deze vrouwen net zo'n welkome aanblik waren voor hun kinderen als Ma voor mij wanneer zij terugkwam van de Chinese winkel van *Omu*, oom, op de hoek van de straat.

Ik vroeg mij af of iedereen om mij heen hetzelfde voelde als ik. Ik keek naar het gezicht van mijn juf en de gezichten van de meisjes die tegenover mij stonden. Ze leken net zo betoverd als ik. Het optreden duurde iets minder dan een half uur. Terwijl de dansers onze cirkel al dansend en drummend verlieten, applaudisseerde *Soeur* luid en enthousiast met haar schuddende armen hoog in de lucht en wenkte ons om hetzelfde te doen.

Na luid gejuich en gefluit gingen we in de rij staan zoals normaal, maar we waren veel drukker dan anders. Er volgde nog meer gefluister van "Mijn gunst! Heb je gezien?", luid genoeg om juf Aardeveen, de juf van de derde klas, boos te maken. Ze maande ons streng tot stilte met haar vinger op haar mond en dreigde met een "En nu stil, anders!"

"Vanwege het optreden zullen we vandaag jullie communieceremonie niet oefenen in de kerk," kondigde juf Aardeveen aan. Gelukkig. We hoefden ons niet als plakkerige sardientjes te proppen op de harde houten banken van de Heilige Familie Kerk, een kleine Katholieke kerk pal naast onze school. Nadat we aan onze met graffiti bekladde bureaus hadden plaatsgenomen legde ze ons uit dat de Heilige Geest op een of andere manier in onze lichamen zou treden als we onze geest en ons hart voorbereidden op dit belangrijke moment. De ervaring klonk een beetje als wat er eerder vandaag met mij gebeurde op het schoolerf.

"Jullie hebben nu de leeftijd bereikt waarop jullie begrijpen dat je bij het aanvaarden van het sacrament, het heilige brood en de wijn, het lichaam en de geest van Christus ontvangt en jezelf aan God geeft. Jullie zullen één worden met God op de dag van jullie eerste heilige communie. De grote dag is al zondag over twee weken, dus jullie moeten extra braaf zijn, jullie ouders gehoorzamen en iedere dag bidden," zei ze.

Ze zei dat we allemaal kinderen van God waren dus het was mogelijk voor ons allemaal zolang wij het graag wilden en wij ons uiterste best deden om Gods voorbeeld te volgen. Oh, wat wilde ik het graag. Ik hoopte dat mijn eerste communie net zo geladen en inspirerend zou aanvoelen als het kijken naar de dansers en het luisteren naar de drummers.

De school was iets na 1 uur 's middags uit. Ma was laat en ik was over als een van de laatste kinderen, zittend op de stoep, wachtend en wriemelend. Alle leerkrachten waren weg. Ze vertrokken meestal als eerste nadat *Soeur* de bel had geluid.

Waar is ze? Is ze boos op me?

Ma was het hoofd van een muloschool iets verderop in de straat, en vaak genoeg werd ze opgehouden door een vergadering met haar docenten. Wanneer ze eindelijk de vergadering afgerond had, haalde ze mijn broertje Mark eerst op. Hij zat op de Thomas van Aquino jongens basisschool, die net een Siamese tweeling van mijn school was, aan de heup verbonden met elkaar en slechts gescheiden door een draadomheining.

Daar was ze. Haar koningsblauwe Dodge met wit dak kwam om de hoek. Het was een betoverende aanblik vergeleken met de meeste verouderde auto's op de weg. Ik veegde snel de tranen van mijn gezicht voordat zij me kon vertellen dat te doen.

"Was je ongerust? Ik zei je dat je je niet druk moet maken als ik een paar minuten te laat ben. De vergaderingen lopen vaak uit. Iedereen blijft maar praten," stelde ze mij gerust. Ik gaf geen antwoord wetende dat ze mij ook niet daartoe zou dwingen.

We stopten bij een groentekraam bij de grote boom, een sprookjesachtige boom met een gigantisch parapluvormig bladerdak. Hij stond aan de Gemenelandsweg, een van de drukste geasfalteerde wegen buiten het centrum van Paramaribo. Ma kocht kousenband, en grote hartvormige tayerbladeren die ze in de blender deed en kookte tot een waterige groene brij. Het zag er smerig uit maar het was eigenlijk best lekker met een beetje boter en zout. Maandags, woensdags en vrijdags stopte ze bij de melkboer voor verse melk die meestal overkookte en het fornuis vies maakte wanneer niemand erop lette. Op sommige vrijdagen zoals vandaag kocht Ma ook een paar zakken vochtige koeienmest. De gelukkige Mark en ik moesten de zakken in en uit de kofferbak van haar auto laden.

"Ik weet dat het stinkt, maar zo krijg je lekker sappig fruit en mooie bloemen," zei ze terwijl ze ons gemopper negeerde.

Waarom heeft ze mest nodig? De zwarte aarde rondom ons huis is zo vruchtbaar dat er spontaan watermeloenplanten groeien na een pittenspuugwedstrijd!

Ik zei niets want ik had geen schijn van kans. Ma kende haar planten en bomen op haar duimpje, de makkelijke en de lastige, de nieuwe takken die net ontsproten waren, de zieke wortels en bladeren, de bloesems die op het punt stonden te rijpen en de data waarop er voor het laatst van de diverse vruchtbomen geplukt was. Onze pomelo-, guave-, avocado-, kersen-, manja- en papayabomen gaven zoveel heerlijk zongerijpt fruit dat we het ruilden voor vis en deelden met onze familie verderop in de straat, de tuinmannen en werksters. We konden op elk gewenst moment op het erf een bosje bloemen voor een verjaardag plukken met orchideeën, *angalampu*, *pokaitongo* en anthurium. Ma bleef erbij dat de grond zo vruchtbaar was door alle mest waarmee deze gemengd was.

We reden langs een handvol broers en zussen van Ma en hun gezinnen die allemaal naast elkaar woonden, net jonge hondjes aan de tepel van hun moeder. Toen ze opgroeiden zorgden mijn oudere ooms en tantes voor hun jongere broers en zussen omdat hun ouders het zelfs veel te druk hadden om hen dagelijks te groeten. Ma en Pa waren de middelste in een nest van twaalf kinderen. Eigenlijk dertien. In beide gezinnen werd de oudste zus als jongvolwassene door pech getroffen; de ene overleed aan een plotselinge infectie en de andere aan een gebroken hart.

Veel ouders stuurden hun meest ambitieuze en weerbare kinderen naar Nederland om een universitaire opleiding te volgen. Ma en Pa behoorden tot een handjevol Surinaamse studenten die elkaar al snel vonden en bij elkaar kropen voor warmte en steun tijdens hun studie in het koude en verlaten Haarlem, ver weg van huis. Vanwege de sombere en lange winters, zweerden zij, net als de rest van hun vrienden, gelijk na het behalen van hun diploma's terug te zullen keren naar Suriname.

Pa studeerde af in architectuur. Ma in het onderwijs en zij gaf les in boekhouden en Spaans voordat zij "de baas" werd op de Pool School. Ma en Pa werden verliefd, trouwden in Nederland en gingen in hetzelfde jaar terug naar Suriname. Zij, en de helft van haar broers en zussen, waren de eerste in de buurt die een paar percelen kochten van boer Tammenga die zijn grond opgedeeld had en stukken verkocht alsof het een lange dropveter betrof.

Pa ontwierp en bouwde ons huis helemaal aan het eind van onze modderige straat toen Ma nog zwanger van mij was. Mijn buurt en ik kwamen ter wereld en groeiden samen op. Terwijl ik groeide, mijn eerste stapjes deed, zindelijk, groter en langer werd, werden de straten ook langer en steviger, de bomen voller, werden er elektriciteitsmasten en telefoonlijnen aangelegd, werden de wegen bestraat en rioolbuizen geïnstalleerd, hetgeen betekende dat er geen krokodilletjes meer uit de open rioleringen konden kruipen. Huizen in allerlei vormen, maten en kleuren—traditioneel houten huizen op neuten, een aftands vierkanten hut, een groot herenhuis met een super hoog hek, en een paar andere bescheiden laagbouwwoningen—kwamen als paddenstoelen uit de grond en eisen trots hun plek op in "onze" straat, de Dieterstraat, welke door sommige mensen plagerig de Lieuw Kie Song Straat werd genoemd naar Ma's familie.

Ma vroeg ons om de zakken met mest naast haar orchideeënkas en bloembedden op te stapelen. Na de lunch—meestal rijst, gestoofd vlees en groenten—haalde Mark zijn speelgoed uit een grote ingebouwde kast in Pa's kantoor waar we onze spullen bewaarden. Ik klom op mijn lievelingsplek: Pa's draaistoel achter zijn architectenbureau, die prominent in het midden van zijn werkkamer stond. Ik had mezelf tot een pretzel gekruld en draaide de stoel zo ver terug als ik kon en stootte me daarna met al mijn kracht af, almaar draaiend terwijl ik op Pa's bureau sloeg om sneller te gaan. Er was niets leukers dan de zware metalen linialen naar boven en beneden te verschuiven en van links naar rechts op een scheefstaand bureau en dan te proberen rechte lijnen te tekenen op een groot stuk papier nadat ik mezelf helemaal duizelig had rondgedraaid.

Een paar stapels zorgvuldig bewaarde architectuurtijdschriften—gelig en versleten door hun oudheid, maar nog in perfecte staat—lagen binnen handbereik in een ingebouwde boekenkast tegen de achterste muur. De huizen die erin stonden, meestal tropische woningen omringd door serene omgevingen en zwembaden zagen er zo schitterend uit dat het surrealistisch leek. Met mijn buik op de koude vloer, wandelde ik zorgeloos door hun gangen, hun tuinen in en over hun terrassen.

Ik vond het leuk om te kijken naar gebouwen die waren ontworpen door Pa's idool, Frank Lloyd Wright, een bekende architect. Pa wilde dat zijn gebouwen op dezelfde manier een werden met de natuur, zoals Fallingwater, Meneer Wrights bekende huis in het bos. Het was Pa's favoriet. Ook van mij. Ons spierwitte stenen huis had een vergelijkbaar plat dak van twee niveaus, en futuristische zwart-witte linoleum tegels waarop je een reuzen damspel kon spelen.

Pa zorgde voor en kende het geraamte van ons huis, de leidingen en ingewanden, de aderen en bedradingen alsof het een levend wezen was. En in sommige opzichten was dat het ook, dankzij een ingebouwd aquarium waarin vissen letterlijk in de muur van de eetkamer zwommen, en dankzij de vijver op het achterterras waar Pa mij leerde onze vissen te roepen en zachtjes te aaien zonder hun olieachtige lagen te beschadigen.

"Ik heb een assistent nodig," zei Pa wanneer er iets gerepareerd moest worden, en dat was bijna dagelijks. Ik vond het heerlijk met hem mee te gaan en hem te helpen vloeren na te kijken en de bakstenen schutting te repareren, het speeltoestel te verstevigen, het zwembad te controleren op lekkages, het maken van orchideeënbedden en de buitenkranen en leidingen aan te schroeven. Na zware regenval mocht ik op de extra hoge ladder klimmen en op ons platte dak spelen terwijl Pa de plasjes aan het drogen was om lekkage te voorkomen.

In tegenstelling tot de meeste ouders leken Ma en Pa zich niet te realiseren dat ik een meisje was. Of misschien wel, maar ze lieten mij meer doen dan wat ik mijn vriendinnen en nichtjes zag doen. Ik besteedde er niet echt aandacht aan. Ik was toevallig degene die harder rende en beter klom dan de jongens uit de buurt wanneer wij tikkertje of verstoppertje speelden in de bomen. Ik was altijd klaar voor een volgend avontuur.

Voor verjaardagen en feestdagen veranderde Pa de garage die bestemd was voor vier auto's, in een feestzaal door een paar palmbladeren vast te binden aan de open stenen van de buitenmuren en hij opende dan ons ronde zwembad, het enige in de hele buurt, om te zwemmen.

"Pappie, Pappie, kunt u de fontein aandoen?" vroegen de buurkinderen stuk voor stuk, of ze nou bloed- of aanverwanten waren of niet, alsof we allemaal deel uitmaakten van een grote familie.

"Jee," riepen we tegelijk wanneer hij de "fontein" aandeed, een straal water waar we uren plezier aan beleefden.

Het was Ma's taak om de hordes neven en nichten en buurkinderen te eten te geven. De drie grote manjabomen op ons erf droegen om de beurt fruit, waardoor we het hele jaar door halfrijpe manja's hadden die Elfriede, onze werkster, voor ons op azijn zette. Alles op azijn, maar vooral groene manja, was mijn lievelingslekkernij.

Elfriede en ik zaten vaak in de pauzeruimte vlak naast de keuken, waar zij onze schoenen poetste. Van alle huishoudsters die bij ons gewerkt hebben was Elfriede het langste bij ons. Er waren periodes dat we twee huishoudsters nodig hadden: een verantwoordelijk voor het grote schoonmaakwerk— honderden glazen shutters afvegen, de vloer moppen, badkamers boenen en kleren wassen, ophangen en strijken—en een tweede voor de kleinere taken, afstoffen, poetsen van schoenen, koper en zilver, bedden opmaken, koken en vaatwassen. Soms moest ik helpen met het ontdarmen, schrapen en schoonmaken van garnalen, inktvis en vis, terwijl ik mijn eigen ingewanden nog maar nauwelijks binnen kon houden. Gelukkig stimuleerde het aroma dat van het fornuis kwam mijn eetlust en vergat ik alle smerigheid wanneer het etenstijd was.

Zelfs met alle hulp, ontdekte Ma gauw alle overgebleven werk of werk dat opnieuw gedaan moest worden. Zij klaagde wanneer de huishoudsters hun werk niet goed genoeg hadden gedaan, iets kapot hadden gemaakt of dingen in huis lieten verdwijnen, zoals eten, orchideeën of een sieraad. Of wanneer de tuinmannen niet kwamen opdagen of vergaten wat zij had gevraagd.

"Ga weg, ga weg, we hebben jouw soort hier niet nodig. Ik doe het zelf wel," blies Ma als de grote boze wolf na een confrontatie. Vervolgens ging ze er als een bulldozer vandoor en deed wat er gedaan moest worden of dat nou het maaien van het gras was, shutters schoonmaken, haar auto wassen, harken of zakken met mest rondslepen om haar planten te voeden.

Ik was zo blij dat ze Elfriede anders behandelde. Elfriede floot de hele dag en mocht haar werk in haar eigen tijd afmaken. Ze woonde buiten de stad en bezocht regelmatig het Marrondorp van haar familie in de jungle. Ze vertelde mij graag verhalen over boze en dubieuze geesten, *bakru's* en *yorka's*, en over natuurgeesten zoals de godin van het water, *Watramama*.

"Zorg dat je *Watramama* met respect behandelt anders verdrinkt ze je," zei Elfriede. Ik hing meestal aan haar lippen alsof ze het evangelie predikte, terwijl mijn benen bengelden onder de enige tafel waar ik op mocht zitten.

"Hoe weet je of je *Watramama* met respect behandelt?" vroeg ik.

"Kijk uit voor draaikolken, spiraalvormige patronen in het water waar *Watramama* misschien zwemt en je naar beneden kan trekken als je haar kracht niet eert," zei ze. Elfriede liet mij beloven dat ik *Watramama* zou begroeten, observeren en goed naar haar en de natuurgeesten zou luisteren wanneer we naar *boiti* gingen, onze boomgaard van ongeveer 1,5 hectare groot in Saramacca, aan de noordelijke grens van het Amazoneregenwoud, of wanneer we voor een weekendje naar de kreken, rivieren en ongerepte natuur net buiten de stad gingen. Ik vond het fijn dat ze zich bekommerde om mijn veiligheid en dat ze mij speciale manieren leerde om mezelf te beschermen tegen onzichtbaar en mysterieus gevaar. Het voelde alsof mij een geheim werd toevertrouwd van een indrukwekkende en levensbelangrijke goocheltruc die iedereen dolgraag wilde weten.

Mijn favoriete bezigheid op *boiti* was om helemaal naar achteren te wandelen op ons stuk grond, en te doen alsof ik Tarzan was, kappend door de hoge begroeiing met mijn roestige houwer, terwijl Ma en Pa de dag voorin doorbrachten met planten, snoeien en het plukken en oogsten van tropisch fruit en groenten. Ik vond het heerlijk om urenlang verstoppertje te spelen met stoere en verlegen, betoverende en enge wezens—slangen, *yapi yapi's*, aapjes, *P'pokai's*, papegaaien, Morpho vlinders, reusachtige insecten, wormen in de kokospalm zo groot als een garnaal, vleermuizen en dergelijke. Dit heilig stukje paradijs met prachtige exotische planten en rijen met bomen bracht mij naar mijn eigen vreedzame innerlijke wonderbaarlijke heiligdom waar de jungle en ik tot een versmolten. Het werd mijn wekelijkse redding door de ruimte en veiligheid die ik nodig had om mijn ziel te resetten en te ontdekken, te dagdromen, lief te hebben en mij geliefd te voelen, zonder de angst om pijn gedaan te worden of te worden teleurgesteld.

De dansers van vandaag straalden een stille kracht uit die ik associeerde met Elfriede, die nooit stoom zou afblazen, een bordenwisser naar iemands hoofd zou gooien, zou dreigen mij te slaan of ooit een kind aan een oor zou pakken wanneer die in de problemen zat. Dat wist ik zeker. Ze zou ook niet lachen wanneer ik haar vertelde over mijn fantasieën over het leven in de bossen en opgevoed worden door dieren, net als Mowgli.

Tante Friede, Ma, ik en Mark

Bij Elfriede voelde het veilig om te genieten van natuurdocumentaires over Marrondorpen en inheemse stammen die in de verste uithoeken van het Amazoneregenwoud leefden dicht bij de grens tussen Suriname en Brazilië. En helemaal begrijpelijk waarom ik naar mijn kamer rende, mij op mijn bed stortte en een uur of langer ontroostbaar jankte nadat Pa mij had verteld dat ik niet mee kon met mijn oudere neven en nichten op een trip naar Blanche Marie Watervallen, een bekende waterval, diep in de jungle, omdat ik te jong was voor malariaprikken en doodziek zou kunnen worden.

"Bijgelovige nonsens," hoorde ik de volwassenen zeggen wanneer de dingen die Elfriede en ik bespraken ter sprake kwamen tijdens een feestje. Ik snapte niet waarom sommige mensen zo tegen iets konden zijn wat me zo levend, sterk en geweldig liet voelen. Mijn tantes en Ma bespotten de "fantasie"-verhalen van de Marrons niet, maar ze spraken geen geheime taal zoals Elfriede en ik. Meestal hadden ze hun eigen sappige verhalen, zoals dat ene verhaal over de verschijning van een *bakru*, en een ander over een kind dat bezeten raakte en overleed nadat het te ver in zijn eentje het bos in was gewandeld. Ze spraken ook graag over de helende rituelen van een Hindoepriester, een pandit, die Ma's angst had genezen nadat zij uit een raam was gevallen en wekenlang niet kon spreken. Ze was pas twee jaar oud toen het gebeurde.

Aangezien Elfriede mij had leren spreken met onzichtbare geesten, leken de onzichtbare mysterieuze dingen in mijn dromen en nachtmerries minder eng. Heel lang had ik een droom die telkens terugkwam. Ik was een in het zwart geklede ninja, had een masker op, en sprong van dak naar dak en kon mezelf afzetten tegen de muren. Ik rende altijd weg van iets slechts dat achter me aanzat. Ik kon mijn eigen gezicht niet zien maar ik wist wel dat mij niets werd aangedaan. Flitsen van spottend lef—die mij herinnerden aan hoe ik mij voelde wanneer ik luisterde naar verhalen over *Anansi*, de sluwe spin, al sinds ik heel klein was—lieten doorschemeren dat ik speelde met deze dreiging.

Wanneer ik me te zelfverzekerd voelde, werden de gevechten en aanvallen sterker en enger, vastberaden om mij te laten zien wie de baas was. Een paar achtereenvolgende nachten was ik opgesloten in Ma's auto en graaiden handen met scherpe, bloedrode nagels naar mij, terwijl ik piepend als een wanhopige muis van een kant naar de ander door de auto schoot. Toen stortte ik in en zocht ik troost.

"Ik wil niet gaan slapen. Ik heb enge nachtmerries," jammerde ik tegen Pa die ons meestal instopte nadat hij een verhaaltje uit zijn grote toverhoed had getrokken.

"Niet bang zijn. Dromen zijn niet echt. Ze kunnen je niks doen. Ze komen uit je eigen fantasie. Ben je niet altijd gewoon hier en veilig iedere keer wanneer je wakker wordt?" zei Pa, maakte een kruisje op mijn voorhoofd en deed er een kusje op.

Hij had gelijk. Hoe kon mij iets overkomen in een droom?

Toen de handen terugkwamen in mijn droom, onderzocht ik ze nauwkeurig. Het waren niet Ma's handen. Ze lakte haar nagels nooit bloedrood en ze waren ook niet zo lang. Maar op de een of andere manier zaten ze gevangen in haar auto en moesten ze mij hebben. Het lukte mij om een raam open te draaien, ze van mij af te slaan en naar buiten te duwen.

Gelijk nadat ik dit gevecht had doorstaan verscheen er een andere enge rivaal, en nog eentje, alsof het onderdeel van een oneindige Alice in Wonderland hindernisbaan was. Vechten werd een fulltimebaan zodra de lichten uitgingen totdat ik op een avond neergestoken en vermoord werd tijdens een bliksemsnel gevecht in een donkere grot. Ik zag het niet aankomen. Het mes noch het doodgaan. Ik maakte een buiklanding, mijn gezicht plat in het zand. Ik controleerde nogmaals om te zien of ik echt dood was. De goden van het dromenrijk verzekerden mij dat ik inderdaad dood was. Maar iemand had mij verteld dat je niet kon sterven in jouw dromen, en dat flitste door mijn hoofd. Ik hoorde dat als je doodgaat in jouw dromen, dat je in het echte leven ook sterft. Ik raakte in paniek en beval mijzelf om op te staan, en tot mijn grote verrassing reageerden mijn benen en armen daarop.

Als je eenmaal de "je-kan-niet-sterven-in-jouw-dromen"-regel breekt en weer opstaat uit je nachtmerrie, verandert alles. Ik kon niet meer opgepropt in de kleine doos blijven zitten zoals daarvoor. Een oeroud deel van mijn ziel had mij kunnen overtuigen van mijn onsterfelijkheid en herinnerde mij aan mijn superkrachten.

Blijkbaar had ik al vele malen eerder geleefd, gevochten, was ik gestorven en had ik opnieuw geleefd. Steeds vergat ik mijn eerdere ervaringen, maar deze keer was het anders. Een deel van wat ik eerder geleerd had, had de oversteek gemaakt, was samengekomen in delen van mijn droomwereld zoals de warme, gouden nectar in de cellen van een gigantische bijenkorf. Wat er ook met mij gebeurde, er was geen toegang tot de opgespaarde nectar noch kon deze worden verwijderd. Toen de angst om deze gouden kern te verliezen eindelijk was verdwenen, ontspande ik en kon ik met een gerust hart naar bed. Wat het ook was dat het op mij gemunt had, het liet mij nu eindelijk met rust.

Totdat ik in een droom door lianen werd gewurgd. Ze waren verbonden met iedereen in mijn leven en ze zouden mij niet vermoorden, maar ze waren ook niet van plan mij los te laten. Ik pakte mijn houwer en hakte ze door met één vastberaden slag. Ik was net zo koel en moedig als Ma toen ze een keer een kippenkop had afgehakt om een zestal hongerige monden, inclusief de mijne, eten te geven. Kort daarna ontwaakte ik uit deze intense droom. Ik voelde mij vreselijk om wat ik gedaan had. Het volgende moment werd ik mij ervan bewust dat mijn meedogenloze razernij niet voortvloeide uit een slecht hart, maar uit een diep verlangen om vrij te zijn van de verstikkende druk die mij beethad. De mensen in mijn leven en ik waren nog steeds via de wortels verbonden maar we hadden nu meer ruimte om bovengronds in andere richtingen te vertakken.

Ik kon niet goed onder woorden brengen welke ingrijpende invloed deze dromen en onthullingen op mij hadden, maar ik wist dat ze E-N-O-R-M waren. Mijn denkbeeldige kameraden Anne Frank, Helen Keller en Jeanne d'Arc waren het daar mee eens. Zij spoorden mij aan om mijn bijzondere inzichten diep in mijn ziel in een schatkist te bewaren, ver weg van de volwassenen totdat de tijd rijp was om ze weer tevoorschijn te halen.

"Waarom antwoord je niet wanneer ik je roep?" vroeg Ma, terwijl ze boven mij uittorende met haar handen op haar heupen. Door haar geïrriteerde stem was ik plotseling terug in Pa's werkkamer, nog altijd op mijn buik bladerend door zijn architectuurtijdschriften.

"Tante Chuny vraagt of je bij Mayling wil spelen," zei ze. Ik knikte en legde Pa's tijdschriften terug.

Mayling, mijn nichtje van vaderskant was een maand jonger dan ik en woonde een paar huizen naar links in de straat achter ons. Als ik snel fietste, kon ik er in een paar minuten zijn. Wanneer wij in huis of op het erf speelden piekerden we soms over volwassen gesprekken en klonken we meer als 80-jarigen dan achtjarigen. Op deze bewuste dag wilde ze een paar diepzinnige ontdekkingen met mij delen, waarschijnlijk door onze aanstaande communies.

"Mijn vader zei dat mensen kleine hersens hebben en niet zo slim zijn als God. Ons verstand is net een emmer water terwijl Gods verstand net als de oceaan is, dus met onze kleine hersens zullen we nooit begrijpen wat God zegt. Al die kennis past er gewoon niet in," zei ze.

Ik bleef stil, in gedachten verzonken. Ik overwoog haar inzichten terwijl ik bleef graven, niet helemaal tevreden met de conclusies van haar en mijn oom. Ik besloot dat mijn verstand meer een gat op het strand was. Misschien niet zo groot als Gods brein, maar hetzelfde water en dezelfde getijden bewogen zich door ons allebei.

Wat ermee zou gebeuren tijdens eb en vloed was nog te ver weg om bij stil te staan.

Hoofdstuk 2

▨ DE REVOLUTIE

> *De daadwerkelijke focus van revolutionaire verandering*
> *beperkt zich nooit slechts tot de onderdrukking die wij*
> *proberen te ontvluchten, maar tot dat deel van de*
> *onderdrukker dat diep in ons geworteld zit.*
> ~ Audre Lorde

"BOEMMM!" Een oorverdovende dreun echode in de verte.

Ma vloog van de keuken naar Pa's werkkamer met een diepe frons op haar voorhoofd.

"Wat was dat?" vroeg ze aan Mark en mij. We waren ons huiswerk aan het maken. Mark aan een bureau bij het raam en ik in mijn favoriete houding op de linoleumvloer.

Nog een boemmm! De aarde onder ons trilde in protest.

"Dat klonk als een of andere explosie," zei ze turend door de trillende glazen shutters. Mark klom op het bureau om naar de dreigende wolken boven de daken en bomen te kijken.

We wachtten op een volgende klap, maar het dreunen stopte net zo plotseling als het was begonnen.

Ma ging terug naar de keuken, terwijl ze verwoed een nummer draaide op de telefoon om uit te zoeken wat er aan de hand was. Mark en ik gingen buiten spelen. Ik wist niet goed waar ik "explosie" moest opslaan in mijn hoofd, laat staan "bomaanslag". Het incident rolde als een verloren knikker tussen de kieren van mijn verstand, waar allerlei mysterieuze en vreemde voorvallen zoals *bakru's* samengeklonterd waren.

As dwarrelde als zilveren sneeuwvlokjes in de vochtige lucht. Ik probeerde ze te vangen. De rook zag eruit alsof deze vanuit de stad kwam, nog geen tien minuten met de auto in noordelijke richting nabij de Suriname rivier. Stond iemands huis of winkel in brand? Misschien was iemands keukentje opgeblazen, net als die van tante Marie, die zich er niet van bewust was dat er een gaslek in haar oven was toen zij een lucifer aanstak. Gelukkig had ze het overleefd, maar ik kon nooit meer lang naar haar gezicht kijken.

"Laten we gaan kijken wat er aan de hand is," zei ik tegen Mark.

"Oké. Ik ga fietsen. Is sneller."

"Ik ook. Wacht op me!"

We fietsten naar de hoogste en meest volgroeide boom van onze buurt, onze officieuze uitkijktoren, die trots in de prachtig aangelegde voortuin van tante Gerda en oom Bram stond.

Klop. Klop. Mijn tante deed open.

"Dag tante. Mogen Janice en Robert buitenspelen?"

"Dag mijn schatje. Ja natuurlijk. Ik zal hen voor je roepen."

Als een aapje klom ik naar de hoogste tak met het beste uitzicht, maar ik kon niet veel zien. Alleen een donkere wolk die de lucht onheilspellend grijs maakte. Janice bleef beneden.

Ik zag Christa, de beste vriendin van mijn oudere nicht, zo snel als ze kon de bocht om komen. We slingerden naar beneden en sprongen vanaf een hoge tak op de grond.

"Christa! Christa! Hier!" riep ik.

Christa's lange, donkere krullen, grote bruine ogen, opvallende wimpers en slanke maar goed ontwikkelde, zestienjarige lichaam maakten indruk op de meeste mensen die zij ontmoette, vooral op leden van het andere geslacht. Door haar felheid en rebelsheid leek ze op een godin van de Amazone.

"Jullie gaan niet geloven wat ik heb gezien," hijgde Christa terwijl ze over het stuur hing.

"Het is helemaal afgebrand! Ik stond precies daar, voor het politiebureau en ik zag het helemaal tot de grond afbranden. Niemand deed iets. Niemand probeerde het vuur te blussen. Iedereen stond daar maar te kijken! " riep ze vol ongeloof uit.

Ze zag eruit alsof ze elk moment kon flauwvallen, helemaal buitenadem van opwinding. Ik was jaloers dat ze alle actie van nabij had kunnen zien.

Een televisie-uitzending later die avond bevestigde haar verslag. Desi Bouterse, een sergeant in het leger, had om de regering omver te werpen opdracht gegeven het hoofdbureau van politie aan de waterkant te bombarderen door het afvuren van raketten vanaf militaire schepen. De reden voor deze coup werd regelmatig uitgezonden op de televisie en radio of in de kranten tussen de foto's van politieagenten, gekleed in niets meer dan alleen hun ondergoed, die of in een rij waren neergezet of op hun buik lagen op het grasveld van de militaire basis, terwijl gewapende soldaten rustig tussen hen in op en neer liepen. De nieuwe militaire leiders wilden dat onze vijf jaar jonge natie onafhankelijk werd van de financiële hulp van Nederland, een genadeloze slavendrijver en kolonisator die gedurende een periode van driehonderd jaar veranderd was in een postkoloniale bemoeizuchtige ouder. Zij beweerden dat de huidige regering die hulp grotendeels in haar zak stak en daardoor de gemeenschap die het 't hardst nodig had, beschadigde in plaats van opbouwde.

Het was moeilijk te bevatten dat de coup echt was en wat hij betekende. Het leek op een film op televisie, alleen hadden de films meer actie en geweld. Het was meer als kijken naar een schooltoneelstuk, waarbij iedereen nog verward was door zijn rol en het karakter nog niet helemaal kon vatten.

Voor de coup, kwamen mijn familie en vrienden van de familie vaak op bezoek om *tori* te praten, de laatste roddels en om het nieuws van de dag over en weer uit te wisselen als ware het een voetbal. Het tegen elkaar opnemen met moppen-tappen en gezellige *Anansitori's* was een favoriet tijdverdrijf. Er veranderde niet veel na de revolutie, behalve dan dat hun grappen grimmiger werden.

"Dan hoe dan? Zijn jij en ik geëmancipeerd door deze coup? Zijn we nu volwassen? *Ai boi,* jonge jonge. Waarom hebben we een avondklok om zeven uur? Had jij een avondklok toen je opgroeide? Ik wist niet eens wat een avondklok was toen ik nog zo'n kleine *ogri boi*, ondeugende jongen was," zei oom Eric terwijl hij met zijn hand de lengte van een zesjarige aanduidde.

"Dat is omdat er voor jou geen redding meer mogelijk was." De volwassenen op het balkon grinnikten en lachten terwijl zij hun hoofden schudden.

"Ik weet al wat er mis is met jou. Je bent te slim. Je stelt te veel vragen. Je hoofd barst nog als je niet oppast," zei oom Ronald, terwijl hij oom Eric iets te eten aanbood.

"Als je Poppenkast kijkt op TV, zie je Jantje dan vragen aan de poppen, 'Waarom doe je dat?' Nee, hij zit rustig en hij geniet van de show, toch? Lieg ik?" vroeg hij met zijn handen geopend en zijn hoofd een beetje geleund naar een van zijn opgetrokken schouders.

Ook al begreep mijn tienjaar oude brein maar stukjes en beetjes van het geplaag, ik genoot ervan mij te begeven in deze luidruchtige 'arena van volwassenen' waar de verhalenvertellers en komedianten streden om de luidste schaterlach.

Maar toen het bekend werd dat critici van de revolutie eruit werden geplukt en als onkruid werden verdelgd, trok iedereen in dit onaantastbare domein van komische ontspanning, geestelijke gezondheid, veiligheid en onafhankelijkheid zich terug als een slak geraakt door een stok. De volwassenen werden veel voorzichtiger over wat ze in ons bijzijn zeiden en gebruikten codewoorden zoals "verdeel en heers" wanneer de vijand een nieuwe tactiek introduceerde, alsof het onderdeel was van een uiterst geheime, undercover missie.

"Je mag niks herhalen van wat je hier gehoord hebt, goed? Je weet nooit wie het aan de verkeerde persoon doorvertelt. Mensen kunnen onze gesprekken afluisteren, zelfs aan de telefoon. Mensen die je misschien al je hele leven kent, kunnen zich ineens tegen ons keren, dus maak geen grap en zeg niks, maar dan ook niks over de coup of de militairen, hoor je me? Je wilt niet dat Pa of ik door de soldaten worden opgepakt toch? " vroeg ma terwijl ze ons beiden streng aankeek.

"Nee," zeiden we. Ma had gelijk, maar de ernst van haar woorden drong nog niet echt door. Wat bedoelde ze met iedereen kan zich tegen ons keren? Iedereen? Onze directe familie, mijn lieve tantes, ooms, neven, en nichten zouden toch nooit zoiets doen? Zouden mijn vrienden dat doen? Ik weigerde te geloven dat ze dat zouden doen, maar ik nam aan dat ze per ongeluk iets zouden kunnen herhalen dat ze mij hadden horen zeggen en het onbewust veel erger zouden kunnen laten klinken.

Ik wist dat ma niet probeerde om ons bang te maken zodat we ons zouden gedragen. Dat had ze al eens eerder geprobeerd met verzonnen verhaaltjes over gemaskerde overvallers die ons huis binnenvielen nadat ik Mark had bevrijd van zijn oneerlijke opsluiting, met hem naar tante Gerda was gevlucht en was vergeten de deuren te sluiten. Eerder die dag had ma als een gek achter hem aangezeten nadat hij haar had uitgescholden. Ze had hem opgesloten in onze slaapkamer. Ik denk dat hij niet eens wist wat hij zei. Hij was pas zes jaar oud.

Ma's priemende ogen waarschuwden mij dat dit niet het juiste moment was om eigenwijs te zijn. Ze bekritiseerde mij vaak omdat ik vrooolijk eigenwijs was. Zelfs als kind begon ik door te krijgen dat eigenwijs twee dingen kon betekenen: 'mijn wil is wet' of 'ik weet echt wel wat het beste voor mij is'. Als Ma's ogen glinsterden wanneer ik niet toegaf, betekende het dat ze toegaf dat ik beter wist wat ik nodig had dan dat ik koppig was, zelfs als ze boos was. Maar vandaag niet. De glinstering in haar ogen was zo krachtig en doordringend als bliksemschichten. Vanaf deze dag overwoog ik ieder woord dat over mijn lippen kwam. Ik kon het mij niet veroorloven me te verspreken. Fouten maken was uit den boze.

Kort na Ma's waarschuwing kwam een van mijn beste vriendinnen, Veronica, bleek naar school. Ze zag eruit alsof het bloed door een vampier uit haar lichaam was gezogen.

"Wat is er, Veronica? Gaat het wel?" vroeg ik.

"Gisteravond bonsden twee militairen met uzi's op onze deur en ze hebben mijn vader meegenomen. Mijn moeder heeft bijna de hele nacht gehuild tot ze hem terugbrachten. Ik heb bijna niet geslapen," zei ze. Haar ogen waren rood en gezwollen.

"Dat is vreselijk. Ik ben heel blij dat ze hem terug hebben gebracht."

"Ik ook. Ik weet niet wat we gaan doen. Mijn moeder zegt dat ze vanavond niet gaat kunnen slapen."

Ik wist ook niet wat ik moest zeggen of doen behalve dat ik haar wilde vasthouden, maar ik was te verlegen en jong. Dat was meer iets voor volwassenen.

"Laten we een *puntje* met *batjauw* halen," stelde ik voor om haar af te leiden van die afschuwelijke nacht. Ze was gek op broodjes *batjauw*.

Na school patrouilleerden jonge soldaten door onze hobbelige straat in hun gammele jeeps met wapens alsof het speelgoedgeweren waren. Veronica woonde vlakbij. Waren het deze soldaten die haar vader hadden opgepakt? Het leek belangrijk en tegelijk slim om bang voor hen te zijn, maar mijn hart voelde net een ballon. Het sprong gelijk weer in zijn originele vorm zodra ik moe was van het knijpen, zorgen maken en haten. Ik was niet gewend om zo lang bang te zijn, en zeker niet voor een paar soldaten die eruitzagen als onschuldige tieners.

"Louise, Lucien, en de jongens verhuizen naar Miami. Ze hebben hun green-card," zei Pa, die de halfuur durende rit naar *boitie*, ons weekend-onderkomen buiten de stad, gebruikte om Ma bij te praten over de laatste nieuwtjes van de week. Oom Roy, Pa's jongste broer, had in Hong Kong gestudeerd, waar hij tante Ping, een Amerikaans staatsburger, leerde kennen en trouwde. Daarna had hij zich in Californië gevestigd. Hij had voor al zijn broers en zussen greencards aangevraagd nadat hij zijn verblijfsvergunning had gekregen.

Oh nee, niet Tante Louise! Ik had mij van baby af aan in haar zachte moederlijke armen gevlijd. Ze was de liefste peetmoeder die ik mij kon wensen.

Het nieuws leek Ma en Pa niets te doen. Ze praatten gewoon verder over de politiek, de schaarste aan voedingsmiddelen en de huidige situatie in gewichtige woorden die op en neer gingen als botsautootjes tegen alle gevoelens in die in mij omgingen.

Na een korte tocht van een kwartier met de veerboot, sprongen we weer in de auto en passeerden we een Javaanse begraafplaats die op een miniatuurstad leek. Kleine hutjes met banken boven, in de buurt van de meest simpele graven. Een levendige familie zat op een van de banken en leunde tegen de balken terwijl er werd gekaart, gegeten en gedronken. Ik hoopte dat Pa een keer zou stoppen zodat ik dit tafereel, dat iets had van een exotische dans tussen het alledaagse en mysterieuze, beter kon zien. Het ging altijd te snel voorbij.

Pa draaide een smal zandweggetje in genaamd Damalang Weg. Het had geregend en het zand was stevig aangestampt. De waterplassen op de weg waren ondiep, maar hij manoeuvreerde toch eromheen waardoor Ma's lange Dodge als een schip op zee schommelde. Lange smalle grassprieten, en onkruid dat over de weg kroop werd geplet door de banden van Ma's auto.

"Wrijf dit op je dijen en rondom je kruis," instrueerde Ma terwijl ze ons elk een half, rauw en kleverig teentje knoflook over haar schouder aanreikte. Door schade en schande heb ik geleerd dat, *patata loso*'s (grasluizen), juist de warme plekjes van je lichaam fijn vinden. Hun kleine rode beten jeukten als de pest. Hoezeer ik dit ritueel ook haatte, ik werd tenminste niet geplaagd door mijn tantes dat ik 'mijn worst met knoflook moest marineren'.

Pa reed langzaam onze lange, met gras begroeide oprit op. Ik kon niet wachten om uit te stappen, ongeduldig om zigzaggend achter Mark aan te gaan tussen de rijen met fruitbomen in onze boomgaard. Pa reed voorbij de oude fundering van ons huis en parkeerde naast een verlaten schuur dat onderdak bood aan een vleermuizenfamilie, een kleine tractor, grasmaaier, wat gereedschap, voorraden zeep en onze laarzen.

"Ze moeten niet te strak zitten want voor je het weet zijn ze te klein," legden Ma en Pa uit wanneer ze kleren en schoenen voor ons kochten die een maat te groot waren. Mijn laarzen waren gedragen afdankertjes waarvan ik me niet kan herinneren van wie ze eerst waren. Met droge modder langs de randen zagen ze er grof uit, voelden stevig aan en konden ze veel meer actie aan dan dunne slippertjes met irritante bandjes tussen je tenen die steeds losschoten als je te hard rende.

"Kom, laten we *Mae* en *Pae* gaan groeten," zei Ma. Ze waren onze oudere Javaanse buren die wij liefkozend Oma en Opa noemden net als de rest van onze verre buren waarvan de meesten buiten het gezichtsveld waren. We liepen door een stukje hoog grasland naar *Mae*'s en *Pae*'s grond. *Mae* en *Pae* waren erg gerimpelde, kleine mensen van wie de bovenkant van hun hoofden niet hoger kwam dan Pa's borst.

"*Fai tang*, hoe gaat het? *Mae, Pae*," zei Pa, terwijl hij hen beiden vriendelijk de hand schudde. Ma gaf *Mae* een pakje met wat rundvlees en ze gaven elkaar een zijdelingse *brasa*.

"Doe beleefd en kom groeten," zei Ma, terwijl ze ons met haar hand wenkte om dichterbij te komen.

Ik kon er niets aan doen maar staarde naar *Pae*'s slechte oog, dat een doffe, grijze kleur had met meer pus dan normaal. *Mae* kwam naar ons toe en stopte een handvol korrels in onze handen om de hongerige loslopende kippen te voeren. Haar blote voeten zagen er vereelt en gebarsten uit en waren net zo dik aangekoekt als de modderige zolen van mijn laarzen.

In dit veilig toevluchtsoord bouwde Pa onze hoop op, zelfs toen belangrijke onderdelen van ons leven zoals school en werk instortten. Op *boitie*, waren we afgeschermd van de verschrikkingen en verhalen over ontvoeringen, brandstichtingen en doden 'door ongeluk' die iedereen in de stad in zijn greep hielden.

Nadat de fundering van ons betonnen jungleverblijf gedroogd was, mochten Mark en ik stenen leggen hetgeen zowel ons enthousiasme als de buitenmuren van ons levensgrote speelhuis verhoogde. Het kostte een behoorlijk aantal zondagen en veel toewijding voordat het huis––vooralsnog ongeverfd en een saai grijs––goed genoeg was zodat we er konden overnachten.

Ik was zo opgewonden die eerste avond dat ik niet kon slapen. Het brullen van de apen en het gekibbel van de krekels, vogels en andere wilde dieren klonk 's ochtends vroeg zo luid, dat het leek alsof we de nacht in hangmatten midden in de jungle hadden doorgebracht.

"Mark, Ma, Pa, wakker worden! Wakker worden! Kom kijken!" schreeuwde ik. Honderden zwarte kevers zo groot als golfballen hadden elke vierkante centimeter van het voorbalkon bedekt.

"Ik ben bang. Wat doen ze?" vroeg Mark.

"Ze zijn niet gevaarlijk. Ze zijn waarschijnlijk aangetrokken door het licht dat ik heb aangelaten op het balkon," zei Pa. "Blijf binnen. Ze gaan wel terug naar hun donkere schuilplaatsen wanneer het lichter wordt."

Pa had gelijk. Ik zag hoe de laatste teruggingen naar hun enge holletjes wat ons een idee gaf wat te doen met het echte ongedierte dat op weg was naar ons weekendhuis.

Diezelfde middag bracht een militaire jeep een stinkende vervuilde lucht helemaal uit de stad naar ons ongerepte, veilige gebied. Twee jonge soldaten reden onze lange oprijlaan op en stevenden op Pa af die plotseling verstijfde. Mark en ik keken toe vanaf onze uitkijkposten in de boom. Zelfs de vogels hielden even hun adem in toen Pa ons wenkte om te blijven waar we waren.

Mijn gedachten dwaalden even af naar het huiveringwekkende nieuws dat ik Ma aan tante Gerda hoorde geven een paar dagen geleden.

"Het was geen ongeluk. Nonsens. Hij is neergeschoten omdat hij vijftien minuten nadat de avondklok was ingegaan langs de militaire basis reed. Bewust neergeschoten voor zoiets belachelijks. Het maakt het alleen maar erger wanneer ze met dit soort belachelijke leugens komen. Triest! Echt triest!"

De militaire basis was nauwelijks een kilometer of wat verwijderd van ons huis in de stad. Ik was eraan gewend geraakt 's avonds schoten te horen tijdens de normale oefeningen. Ik kon niet geloven dat een van die vreselijke kogels een onschuldige vader, een kennis had vermoord, hem had doodgemept net een vieze vlieg om de doodeenvoudige reden dat hij op het verkeerde moment op de verkeerde plaats was.

De aanblik van soldaten op *boitie* liet onze afgeschermde verblijfplaats plotseling lijken op de slechtste en meest verraderlijke plaats waar men kon zijn. Toen een van de soldaten naar ons grijnsde trokken mijn klamme huid en mijn innerlijk zich terug als een giftige slang. Bloed en gal gaven een bittere smaak in mijn mond, net *sopropo*.

Hoe durven ze ons heiligdom net voorntjes binnen te dringen?

"*Ey, brada, fay go? Na wan moy presi yu ab' dya.* Hé broer, hoe is het? Je hebt een mooie plaats hier," zei de eerste soldaat tegen Pa in het Sranan.

"Goedemiddag, heren. Kan ik u helpen?» vroeg Pa heel beleefd in het Nederlands.

"Goedemiddag, meneer. Mogen we u een paar vragen stellen en even een kijkje nemen?" antwoordde de soldaat formeel.

"Natuurlijk."

"We zoeken een overloper die in de omgeving zou kunnen schuilen. Heeft u iemand gezien of is u iets verdachts opgevallen in de afgelopen dagen?"

"Nee, we komen alleen in het weekend naar Saramacca. We wonen in de stad. Dit is eigenlijk pas de eerste keer dat we hier hebben overnacht."

"Dus u zou niet weten of u onderdak biedt aan een gevluchte soldaat die makkelijk kan inbreken via die ramen, no?"

"Er is hier niemand geweest. Alles was precies zoals we het hadden achtergelaten en er zijn geen sporen van inbraak. U kunt gerust binnen kijken."

De soldaten paradeerden door het huis, inspecteerden onze bezittingen, keken in de donkere schuur, vervolgens in de pick-up, deden het verroeste deksel van de put omhoog en sloten snel de half verrotte deur vol insecten van de *koemakoisie*, de latrine, een diep gat in de grond afgesloten door middel van een houten kist. Ze deden geen moeite om het overwoekerde achterste gedeelte van het perceel te doorzoeken, waar ik me verstopt zou hebben als ik gevlucht was.

"Bedankt, meneer, mevrouw. Alles is veilig. Maar waarschuw ons als u ongewone dingen ziet. Orders van de grote baas."

Ik slaakte een zucht van opluchting terwijl ik keek naar hun jeep die verdween achter de dikke wolk van uitlaatgassen en stof dat er vlak achteraankwam. Ma en Pa gingen naar binnen en begonnen zonder een woord te zeggen onze spullen in te pakken.

We zijn daarna nog een paar keer naar Saramacca geweest maar zijn er nooit meer blijven overnachten ondanks de toenemende spanningen in de stad.

Hoezeer Bouterse ook probeerde zijn revolutie aan te wakkeren door onderscheid te maken tussen zwart en wit en het afluisteren van anti-Nederlandse, anti-elite en antikoloniale gevoelens, de Surinaamse bevolking was te grijs geworden en te geïntegreerd om te vallen voor zijn verdeeltactiek. Gedurende de twee jaren die daarop volgden werden de banden van de al hechte samenleving alleen maar sterker, hoe meer hij probeerde die uit elkaar te rukken.

Bijna twee maanden na mijn dertiende verjaardag in oktober, werden vijftien mondige en populaire journalisten, universitaire docenten, advocaten, vakbondsleiders, volksactivisten en militairen opgepakt voor ondervraging. Het ging onder meer om een populaire radiopresentator die onophoudelijk sprak, een familielid of aangetrouwde, een vriend van de familie, de bezorgde vader van een schoolvriend. Drie dagen later waren al deze mannen, stuk voor stuk mishandeld en vermoord in het Fort Zeelandia, de verlaten, spookachtige militaire post aan de monding van de Surinamerivier.

De *mofo koranti*, het geruchtencircuit, kwam nog sneller op gang dan ooit tevoren. Niemand wist precies wat er was gebeurd in de vervloekte ruimtes en morbide kerkers van dit verlaten fort. Ik stak mijn antenne zo ver mogelijk uit en pikte een paar verontrustende woorden op. Tegencoupplannen. Brandplekken van sigaretten. Kneuzingen. Bedwelming. Marteling. Geweerschoten.

"Waar is Kiki? Heeft iemand Kiki gezien?" vroeg ik in totale paniek aan mijn klasgenootjes ongeveer een maand na de moorden. Niemand wist het. In het afgelopen jaar was Kiki een van mijn beste en meest vertrouwde vriendinnen geworden. Ze was opgeslokt door de nacht, zoals duizenden en duizenden andere families die gewoon van de ene op de andere dag waren verdwenen. Hele vliegtuigen vol families die deden alsof ze op vakantie gingen, maar niet met de bedoeling om ooit terug te keren.

"Kiki's oom was een van de vermoorde slachtoffers. Misschien is de familie daarom gevlucht?"

"Ja, ze wilden niemand over hun plannen vertellen uit angst dat deze zouden uitlekken en hen in gevaar zou brengen," fluisterde Shanti, een van Kiki's beste vriendinnen, terwijl ze zich ervan verzekerde dat er niemand in de buurt was.

Kiki was de enige persoon ter wereld die mij echt kende. Dankzij haar realiseerde ik mij dat sommige moeders, zoals de hare, zelfs in de stad altijd in *boitie*-modus verkeerden. Ze schakelden niet terug naar de overspannen-schooldirecteur-modus, zoals Ma zodra de werkweek begon.

In de pauze drong het pas echt tot mij door dat Kiki er echt niet meer was. Alles wat ik nog over had was een gapend gat in mijn hart, ogen gevuld met tranen en een adres in Nederland waar ik naar kon schrijven.

Dus schreef ik, wanhopig om te weten hoe het met haar ging, wanhopig om haar te laten weten hoe het met mij ging. Dag in dag uit, checkte ik de brievenbus die Pa had gemaakt in onze bakstenen schutting in de voortuin.

"Een brief, een brief voor mij uit Holland. Ik heb een brief van Kiki ontvangen!" gilde ik, terwijl ik op en neer sprong toen ik Kiki's eerste brief ontving, prachtig versierd met kalligrafie en glinsterende Nederlandse stickers. Godzijdank, ze is in orde.

Maar ik niet. Mijn vrienden bleven maar in het niets verdwijnen, de een na de ander. Na een paar maanden schreef ik niet alleen naar Kiki maar naar tientallen andere vrienden die naar Nederland waren verhuisd.

Toen ik dacht dat de wereld niet verder kon instorten, bracht Ma nieuws dat insloeg als een bom. Wij zouden ook verhuizen. Niet naar Nederland, maar naar Miami.

"De situatie hier wordt er niet beter op. De scholen staken drie van de vijf dagen en het land is gewoon een grote puinhoop. In Amerika kunnen jij en je broer veel beter onderwijs krijgen," zei ze nuchter.

Ik hield een stille *neeee!* voor mezelf want ik wist dat het zinloos was te protesteren. Ik kreeg er nog net een "Ik wil niet verhuizen…" uit, half verdoofd door de schrik. Ik vroeg niet eens, Waarom Miami? Al mijn vrienden zijn in Holland. Waarom kunnen we niet naar Holland? Want ik wist wat Ma zou zeggen.

Elf maanden van het jaar is Holland vreselijk koud en ellendig. Ze zou in geen miljoen jaren weer daar willen wonen. Ik wist ook niet zeker of ik wel tegen de kou zou kunnen. Miami was een logische keuze. We hadden daar al een huis dat Pa als investering had gekocht na de revolutie welke hij verhuurde aan tante Louises oudste zoon Victor en zijn vrienden.

"We hebben onze green cards. Mayling verhuist ook naar Amerika dus je zal daar niet helemaal alleen zijn. We moeten nu verhuizen want je weet nooit waar deze gekke regering toe in staat is. Ze kunnen van de een op de andere dag besluiten de grenzen te sluiten en mensen verbieden het land te verlaten," zei ze.

Ik wist dat Ma het juiste maar ook het moeilijkste deed. Ik had gehoord over de verdwaalde kogels die de ramen van Pa's aangrenzende kantoren hadden versplinterd. Er kwam nog nauwelijks werk binnen. Scholen waren een puinhoop. Gewapende soldaten kwamen binnengelopen wanneer het hen uitkwam, en gaven de opdracht om alle lessen voor die dag te stoppen en stuurden vervolgens de leerlingen naar het Onafhankelijkheidsplein, om daar voor het doel van Bouterse te demonstreren.

"Meneer, dat kan ik niet maken. Ik kan ze naar huis sturen om hun ouders toestemming te vragen maar ik kan ze niet zomaar ergens heen sturen," zei ze dapper tegen de bevelende soldaat.

Ma was sterk, voor ons. Zo was ze nou eenmaal. Toen Mark pas vijf was, viel hij en stootte hij zijn voorhoofd tegen een scherpe hoek van haar nachtkastje. Pa raakte in paniek bij het zien van het bloed dat eruit gutste. Hoe meer Pa in paniek raakte en hoe emotioneler hij werd, hoe meer Ma zich concentreerde op hetgeen gedaan moest worden. Ze zorgde ervoor dat Mark zo snel mogelijk bij de eerste hulp kwam.

"Mensen zijn apathisch geworden. Net kikkers in een pot met kokend water. Daarom doet niemand iets, maar de situatie wordt met de dag erger. Het wordt echt ondraaglijk."

We hadden ongeveer zeven maanden om ons vertrek voor te bereiden voor het begin van het schooljaar in september. We hadden geluk: we konden onze bezittingen verkopen en zorgvuldig de meest waardevolle spullen uitzoeken en meenemen naar Miami. Het was een luxe die veel anderen die in het geheim moesten vertrekken niet hadden.

Als we dan echt zoveel geluk hadden waarom was ik dan nog liever gekookt in een pot met water op een heerlijk geurend Surinaams fornuis met de rest van mijn familieleden die achterbleven? Ik had geen idee hoe het leven in de VS zou zijn behalve dan wat ik in films had gezien en had meegemaakt tijdens onze korte bezoeken. Het was een ding om alles dat je kende en waar je om gaf achter te laten voor iets beters. Het was een heel ander verhaal om het allemaal achter te laten voor iets dat totaal onbekend was.

Afstand doen van een paar bezittingen en kleding die mij niet meer
paste maakte mij niet zoveel uit vergeleken met het verkopen van spullen
die sentimentele waarde hadden: onze tafeltennistafel, waar nichten, neven
en vrienden plezier hadden en uren achterheen speelden; onze eettafel, de
centrale plek voor eindeloze verhalen van de volwassenen; de bar achter in de
garage; onze banken; onze ingebouwde televisie die mij regelmatig vervoerde
naar de inheemse en Marrondorpen diep verscholen in het regenwoud.

Toen Pa uiteindelijk het huis in Saramacca had verkocht en twee
onbebouwde percelen in de stad die waren gereserveerd voor Mark en mij, had
hij niet alleen de waardevolle herinneringen van vroeger verkocht maar ook de
dromen van onze toekomst. Hun besluit om ons huis aan de Dieterstraat niet
te verkopen was de enige indicatie dat ze ergens nog hoop hielden om terug
te keren, een beetje hoop dat de situatie wel eens beter zou kunnen worden.

Ma en Pa vulden een kleine vrachtcontainer met zeer delicaat kristal
en porselein, tientallen fotoalbums, Pa's favoriete architectuurboeken, een
handgeweven mat waar Ma maanden over had gedaan om die te maken, en
een heleboel wereldse aanwinsten en leuke aandenkens van hun reizen naar
het buitenland –een ovalen Chinese tafel van palissanderhout met kleine
bankjes, een marmeren Maya-kalender, Peruaanse weefstukken, beeldjes en
houtsnijwerk uit Suriname en Azië, een verzameling van theelepelsouvenirs
uit verschillende Europese landen, en andere exotische kleine snuisterijtjes
voor de keuken. Ma zou haar dure en exclusieve juwelen in haar handbagage
meenemen.

"Dit is jouw koffer. Pak je belangrijke spullen in en wat je niet wilt doe
je in die doos. Laat schoenen en kleren die te klein zijn geworden achter. Het
heeft geen zin die mee te nemen," zei Ma tegen ons beiden.

"Moet ik nu al inpakken? We gaan pas volgende maand weg," vroeg ik.

"Jazeker, misschien helpt het je om een keuze te maken in wat je achter
laat en wat je mee wilt nemen," zei Ma.

Ik had niet veel spullen die de moeite waren om te bewaren behalve
het fotoalbum van mijn eerste Heilige Communie, twee stickerboekjes met
gedichten, tekeningen, goede wensen van vriendinnetjes van de lagere school
en wat kleren en schoenen die of pasten of iets te groot waren. De dingen die
ik wilde bewaren kon ik niet inpakken: onze straat, onze buurt, mijn familie
en vrienden, ons huis, *boitie*, het oerwoud, en de dieren.

Twee weken voor ons vertrek fietste ik naar Elsbeth, mijn oudste nicht. Ze woonde vlak bij de rivier tussen twee pakhuizen van het grootste warenhuis in de stad waar haar man werkte. Ze had een kleine kapsalon aan huis en had mijn haar een paar keer eerder geknipt toen het nodig bijgeknipt moest worden.

"Ik wil het precies zo," zei ik en liet haar een plaatje uit een tijdschrift zien van een Amerikaanse blondine met een pittig kort kapsel.

"Weet je 't zeker?"

"Ja," zei ik vastbesloten.

Lange lokken van het haar dat tot mijn middel kwam, vielen op de grond.

In tien minuten tijd was mijn hoofd bedekt met kort piekend haar dat leek op een ragebol, en het zag er allesbehalve uit als het blonde met gel ingesmeerde kapsel uit het tijdschrift. Maandenlang ingehouden tranen welden op en vervaagden het afschuwelijke beeld van mijn nieuwe ik in de spiegel.

"Het goede nieuws is dat het haar is. Het groeit weer aan als je het niet mooi vindt," zei Elsbeth.

Ik vond het afschuwelijk. Maar ik vond het ook leuk dat ik het afschuwelijk vond. Mijn afgrijselijke haar herinnerde mij aan oorlogslittekens of stompen van geamputeerde ledematen. Het liet zien hoe ik mij voelde over mijn wilde

lokken die niet langer vrij in de wind konden wapperen, zoals de wilde takken van de bomen in het oerwoud. Het voelde alsof ik net mijn enige reddingslijn was kwijtgeraakt.

Onze vlucht was gepland voor zondagochtend vroeg, maar niet vroeg genoeg om een bus vol familieleden ervan te weerhouden om ons gezelschap te houden op weg naar Zanderij, de internationale luchthaven. We hadden al wekenlang afscheid genomen. Ma herinnerde zichzelf en iedereen eraan hoe slecht de situatie was geworden en Pa maakte maar grapjes om zijn eigen en andermans verdriet op afstand te houden. En ik, het interesseerde mij totaal niet meer dat ik op een geplukte kip leek of dat we vertrokken.

Zanderij lag op ongeveer een uur rijden vanuit Paramaribo, precies waar de savanne en het regenwoud een werden. De weg was smal met aan weerszijden een paar kleine familie- winkeltjes, hier en daar een moskee, en houten huizen waarvan de benedenverdieping als carport diende. Ik zag de zon langzaam opkomen boven de donkere silhouetten van het dichte regenwoud, die de kleurrijke Marronhutten en kleine dorpjes uit hun grijze slaap liet ontwaken naarmate wij de luchthaven naderden. Het luide gelach en gebabbel van mijn familie en schoolvrienden tijdens onze vele busritten langs deze zelfde weg naar Cola Kreek—een populair verblijf voor verjaardagen, schoolreisjes, en familiebijeenkomsten—klonk in mijn oren. Ik had geen flauw idee hoezeer ik deze uitjes zou missen.

Toen we op de luchthaven aankwamen, richtten Ma en Pa zich op de praktische zaken. Mijn hart voelde loodzwaar. Een omroeper zei dat het tijd was om te vertrekken. We omhelsden en zoenden onze familieleden nog een laatste keer en voegden ons bij het geschuifel achter een kletterend metalen hek dat werd gerold tussen de passagiers en de achterblijvers. Ik keek om mij heen en zag overal verlangende ogen en gezichten en handen zich strekken door de mazen in het hek. Ik weet niet wie er het meest bekaaid af kwam, zij of wij, en over wiens lot ik mij slechter moest voelen.

Zwijgend volgde ik Ma en Pa naar het vliegtuig. Een lange rij bomen met uitgestrekte takken omzoomden de hele startbaan als ware het nog een laatste omhelzing. Ik keek naar de grond en liep verder.

Hoofdstuk 3

 IN SHOCK

De dood is niet het grootste verlies in het leven.
Het grootste verlies is wat er in ons sterft terwijl we leven.
~ Norman Cousins

"IK HOU VAN DIT SYSTEEM. Kijk, de grote wegen lopen deze kant op, en de straten die kant. Deze nummers vertellen je precies waar je bent en hoeveel straten je nog verder moet. Je kan hier niet verdwalen," zei Ma, terwijl ze de efficiënte infrastructuur van Miami bewonderde tijdens de rit van de luchthaven naar ons nieuwe huis.

"Het is echt een genot om over zulke goed geasfalteerde wegen te rijden," verzuchtte ze, alsof ze zichzelf wilde geruststellen dat we het juiste gedaan hadden door dat gat van problemen en chaos achter ons te laten.

We hadden evengoed op Mars kunnen landen in plaats van in Miami als je het mij had gevraagd. De stad zag eruit als een kleurloze filmset met nep winkelgevels, nepgebouwen, nep herkenningspunten en schijn karikaturen-- een zwart-witte woestenij van twee dimensionale, lege skeletten. Niets kon mijn verdriet veranderen. Niet de blitse, glimmende laag die alles om mij heen bedekte, niet Ma's optimisme. Ik had geen idee hoe ik mijn zielloze lichaam weer tot leven kon brengen.

"Oom Eugene en tante Chuny zijn aan het schoonmaken en wachten op ons," zei mijn neef Victor. Hij reed een doodlopende straat in en daarna een oprit van een eenvoudige woning met één verdieping die geschilderd was in een avocado groen dat mij deed denken aan het vreselijk schooluniform dat ik de hele basisschool had gedragen.

Ma's enthousiasme werd iets minder toen ze uit de auto stapte en het kale gazon zag dat het huis omarmde.

"Hallo, *gudus* (schatjes) kom binnen. Welkom in jullie nieuwe huis," zei Tante Chuny terwijl ze de voordeur opende. Een afschuwelijk en versleten oranje-bruine vloerbedekking bedekte elke vierkante centimeter van ons nieuwe huis. Van alle kanten staarden sombere witte muren ons aan. Het was onwerkelijk. Dit kon onmogelijk mijn nieuwe leven zijn. Walging, verdriet, verzet, overlevingsdrang en een lichte nieuwsgierigheid streden met elkaar om een plekje in mijn hart te veroveren.

"Kom naar je kamer kijken. Die is aan de voorkant. Van hieruit kan je alles zien wat er gebeurt," zei Mayling. Ze werd nu Karen genoemd, haar Amerikaanse naam, en ze leek prima met alle recente cultuurveranderingen in haar leven om te kunnen gaan. Zij woonde met haar familie 'vlakbij', in Ft Lauderdale, een uur rijden vanuit Miami, en ik zou haar 'vaak' kunnen zien: eens in de zoveel weken.

Ma had ervoor gezorgd dat we vlak voor het begin van het nieuwe schooljaar in Miami aankwamen. Ik zou naar de tweede klas van de middelbare school gaan; Mark naar de eerste. Op onze eerste dag zocht ik me suf naar onze middelbare school en ik was verbaasd dat het dat enorme betonnen warenhuis vlak voor mijn neus was, dat op een gevangenis leek.

IJskoude lucht ontsnapte door de zware metalen deuren. Niet alleen was dit onze school, binnen was het een gigantische vriezer die ons de hele dag koud zou houden, alsof we stukjes vlees waren die anders zouden verrotten in de vochtige hitte van Miami.

"Ze hebben binnen overal vloerbedekking," zei Mark, genietend van het zien van niet alleen de schone vloerbedekking, maar ook het splinternieuwe meubilair, de glimmende boeken en andere verleidelijke dingen die zichtbaar waren door de lange rechthoekige glazen ramen in het midden van de deuren. Kindvriendelijke posters sierden de muren en felgekleurde kunstwerkjes hingen aan de plafonds. Sommige lokalen stonden vol met typemachines, andere hadden piano's en muziekinstrumenten. Er was een grote gymzaal met basketbalvelden en sportattributen, en een lokaal met verf, kleurpotloden, potloden en papier in alle kleuren van de regenboog.

Deze lokalen waren niet te vergelijken met wat wij tot dan toe gewend waren geweest. Een volledig ingericht klaslokaal op de middelbare school in Suriname had verwaarloosde houten bureaus beklad met scheldwoorden, obscene tekeningen, en pennenhouders, een schoolbord, een paar stukjes krijt, glazen shutters met hier en daar wat openingen waar ze ontbraken, en ontzettend oude leerboeken.

Ik wilde dit verleidelijke aanbod wel uitproberen, maar onderdrukte die neiging. Ik was veel te bang het verleden te vergeten. De werkelijkheid begon al te vervagen en gleed weg als zand tussen mijn vingers Ik hield wanhopig vast aan de laatste korreltjes. Ik vertikte het om het feit te bedoezelen dat we van nu af aan onze dagen zouden slijten in een gekoelde gevangenis, in een verlaten spirituele woestijn zonder enige vrienden of familieleden, ver weg van Suriname: de mystieke schoot van het regenwoud die mij had gebaard en mijn hele leven had gevoed. Dat alles door een stomme revolutie die ons en duizenden andere families het geliefde thuisland had ontnomen.

Ik voelde me net een buitenaards wezen, en afgezien van de stijf gelakte pony's, blauwe en paarse haarlokken, modieuze merkkleding, perfect omrande ogen en lippen, en verfijnde juwelen van mijn klasgenoten, weet ik zeker dat velen van hen ook dachten dat ik op eentje leek. Zelfs ik kon zien dat mijn warrige kapsel totaal niet paste bij de gestipte minijurk met colkraag die Marie, onze naaister in Suriname, had gemaakt aan de hand van een plaatje dat ik uit een Amerikaans modeblad had gescheurd; ik weet niet precies van welk jaar.

"Hé *goody two-shoes*. Als de buschauffeur je vraagt of je stoned bent, zeg dan ja, oké?" grinnikte Danny, een van onze buurjongens, de volgende ochtend tijdens het wachten bij de bushalte. Zijn vrienden rookten sigaretten achter wat hoge struiken en hadden grote lol.

Je hoefde geen wetenschapper te zijn om te begrijpen wat "*goody two-shoes*" en "*stoned*" betekenden. Maar waarom moest hij mij hebben? Alleen maar omdat mijn Engels niet zo goed was? Had ik hem ooit iets misdaan?

De twee meisjes die naast ons woonden, Jackie en Melanie, waren nichten, gemengd met een Aziatisch uiterlijk zoals ik, alleen kwamen zij van Jamaica. Zij waren de enige niet-blanke kinderen in onze buurt, twee van de vijf—nu zeven als je Mark en mij meetelde— kinderen die verantwoordelijk waren voor de recente "Aziatische Invasie" bij mij op school.

"Snuif het," drong Jackie aan, terwijl ze een Ziploc boterhamzakje met witte poeder onder mijn neus hield. Ik snoof het op, allang blij dat ze probeerden vrienden met mij te zijn.

"Het ruikt net babypoeder," zei ik verward.

"Is het ook! Zeg het tegen niemand," piepte Jackie, blij dat ik in hun geheimpje deelde.

Meent ze dat nou echt? Ze deed me denken aan een heliumballon aan een dun draadje deinend in de wind. Ik had er moeite mee om in haar bijzijn mijn zwaartepunt te kunnen vasthouden, eigenlijk in iedereens buurt.

Mijn leerkrachten waren aardig maar mijn familienaam Tjenalooi, en mijn achtergrond stelden iedereen voor een raadsel. Ik kwam uit een land waar niemand ooit van gehoord had. Ik sprak een taal, Nederlands, die niemand in mijn klas sprak. Er was geen een tv-programma of dertienjarige referentie waarmee ik mij kon identificeren. Er waren hele basale dingen die ik niet begreep en die mij verwarden, zoals bijvoorbeeld een kartonnen bord met eten in een plastic oven doen; een magnetron dus.

De enige bekende plaats waar ik mij terug kon trekken was mijn innerlijke wereld, vol herinneringen uit het verleden. In plaats van op te letten tijdens de les of huiswerk te maken, schreef ik mijn naam in 3D geschaduwde blokletters op de zijkant van een schrift, terwijl ik mij afvroeg hoe laat het was in Suriname en in Nederland, en wat mijn vrienden, nichten en neven aan het doen waren.

"Ik heb geen idee wat er mis is met deze kinderen," schreef ik aan Kiki. "Het is precies zoals je in films ziet. Ze zijn zo kinderachtig en doen de stomste dingen om aandacht te krijgen en stoer te lijken. Ze roken sigaretten en lopen rond met babypoeder en doen alsof het cocaïne is. Echt waar. Ik jok niet. Iedereen wordt in een soort rassenhok geplaatst, en ze zijn vreselijk gemeen. Vooral tegen vreemdelingen zoals wij."

Nadat ik mijn hart had gelucht bij mijn vrienden, had ik geen zin om mee te doen met onnozel geklets. Ik verkeerde bijna een jaar in mijn eigen Koude Oorlog met iedereen rondom mij, inclusief mijn familie. Ze lieten mij met rust, te druk met eindjes aan elkaar knopen, en ze schreven de door mij opgetrokken betonnen muur en het doodzwijgen toe aan hormonen en de puberteit. Dat had er waarschijnlijk ook veel mee te maken, maar er was zoveel meer gaande wat niemand leek te snappen of zich druk om leek te maken. Ik haatte het dat ik helemaal opnieuw, vanaf nul moest beginnen en niet in mijn eerste of zelfs mijn tweede taal. Ik begon opnieuw in mijn derde, de gebroken taal; de taal die geplaag en gegiechel uitlokte wanneer ik een woord verkeerd uitsprak tijdens de les of als ik andere gênante fouten maakte.

Terwijl Pa naar vacatures zocht in de krant, probeerden we samen met Ma wortel te schieten alleen ging dat moeizaam in de rotsachtige Amerikaanse bodem. We hielpen Pa met het opstellen en posten van meer dan honderd sollicitatiebrieven, maar om de een of andere vreemde reden zocht geen enkel architectenbureau in groot Miami en omgeving naar personeel.

De aankomst van de container met onze spullen was het voornaamste hoogtepunt na maanden, totdat Ma ontdekte dat haar geliefde ovale tapijt dat ze draadje voor draadje had geknoopt, was verdwenen. Gestolen. De tranen liepen de hele dag langs haar wangen. Dit was de eerste keer dat ik Ma zag breken en huilen. Ik wist niet wat ik moest zeggen of doen.

Om het nog erger te maken was het spaargeld van Pa en Ma en het inkomen van mijn familie in Suriname door de inflatie als gevolg van de zwarte markt verschrompeld tot tweehonderdste van het totaal, hetgeen hen in een nog slechtere positie plaatste dan wij. Overmand door gevoelens van overlevingsschuld zette ik iedere dollar die ik bezat om in de Surinaamse munteenheid om uit te rekenen welke boodschappen ze zouden kunnen kopen van mijn zakcentjes. Ik kon amper iets besteden aan mezelf. Ma en Pa waren net zo bezorgd over de rest van de familie. Eens in de zoveel tijd gingen we in het weekend naar de luchthaven en vroegen aan willekeurige Surinaamse reizigers of kennissen of ze misschien een pakketje wilden meenemen naar Suriname.

Uiteindelijk raakte ik gewend aan mijn nieuwe leven en raakte geïnteresseerd in typische puberactiviteiten net als de rest van mijn leeftijdgenoten. Ik was dolblij toen ik van Ma wat make-up mocht kopen. Toen ik op een ochtend in de hal mijn laatste aanwinst probeerde aan te brengen—goedkope, krijtachtige, oogschaduw van de vlooienmarkt—liep een meisje met perfect haar en make-up voorbij en beet mij spottend toe; "Doe geen moeite," terwijl ze onbeschoft op haar kauwgom kauwde. Ik keek op. Ze had het duidelijk tegen mij.

Wat is haar probleem? Ze probeerde niemand te imponeren met haar beledigingen. Er was niemand anders in de buurt. Misschien probeert ze mij niet eens te beledigen. Misschien zie ik er zo afzichtelijk uit dat ze zich verplicht voelt mij ervan te weerhouden mezelf belachelijk te maken.

Iets in mij sprak: *'Je weet wel beter. Je weet dat dit niks met jou te maken heeft. Het is haar eigen probleem'.*

Wat voor probleem? Ik snap het niet. En waarom is ze gemeen tegen mij vanwege haar eigen probleem? Het is totaal niet logisch.

Thuis onderging mijn familie soortgelijke vlagen van willekeurige aanvallen. De boom voor ons huis werd in toiletpapier gehuld en de achterruit van onze auto kapot gegooid met een baksteen.

"Iemand heeft het specifiek op u gemunt. Weet u waarom?" vroeg de politie aan Pa. "De rest van de bomen en de auto's in onze wijk zijn gespaard gebleven." We hadden geen flauw idee.

De volgende dag noemde Danny, de jongen die mij had gepest bij de bushalte, zonder enige reden Mark een "*motherfucker*" en zei hij tegen Ma: "*suck my dick*", terwijl we ons met zijn drieën in de voortuin met onze eigen zaakjes bezighielden. Mark verstijfde en zei geen woord.

Ik had zelfs volwassenen elkaar nog nooit zo horen uitschelden, laat staan een kind dat een volwassene uitschold. Niet zomaar een volwassene; Ma. Ik wilde hem verrot slaan. Ma zou waarschijnlijk als een wild beest achter hem aan zijn gegaan als we nog in Suriname woonden, maar hier in Miami, gaf ze zich over, alsof ze een prooidier was. De Verenigde Staten waren niet het Wilde Westen zoals Suriname. Er golden vele strenge, onbekende regels met betrekking tot kindermishandeling, die Ma leerde en respecteerde. Ze begreep ze niet goed genoeg om te weten of ze met haar ideeën over fysiek straffen het boekje te buiten ging, dus ze nam het zekere voor het onzekere.

Ik stampte achter Danny aan zijn huis binnen, gevolgd door Jackie en Melanie. Het kon me niet schelen of ik hierdoor in de problemen kwam. Ik zocht antwoorden. Hadden hij en zijn vrienden misschien onze autoruit kapot gegooid en onze boom in toiletpapier gehuld? Het was laat in de middag en het leek erop dat niemand thuis was. Danny gooide een slaapkamerdeur open en we paradeerden met zijn allen naar binnen.

"Wie zei dat jullie binnen mochten komen? Verdwijn van hier! En doe verdomme de deur achter je dicht!", brulde een ineengezakt lichaam vanuit een rolstoel, het straalde haat uit; al even donker en onheilspellend als de zwartgeverfde muren en zwarte rolgordijnen van zijn donkere gevangenis.

Danny sloot de deur en ging weer met een stalen blik naar buiten.

"Wie is dat? Wat is er met hem aan de hand?" vroeg ik aan Jackie.

"Het is zijn broer. Hij heeft twee jaar geleden een auto-ongeluk gehad en kan niet meer lopen. Hij haat iedereen en schreeuwt vaak. Vat het niet persoonlijk op," zei ze onverschillig.

"Waar zijn z'n ouders? Hoe kunnen ze hem zo achterlaten en zijn kamer zwart laten schilderen? Ik weet zeker dat hij het niet zelf heeft gedaan," zei ik, niet in staat om datgene wat ik net gezien had uit mijn geheugen te wissen. Nooit eerder had ik iemand zo wanhopig en ellendig gezien. Jackie haalde gewoon haar schouders op. Ik voelde me dom en net *goody two-shoes* dat ik me zo druk maakte over alles en iedereen.

Maandenlang probeerde ik Michelle, het luidruchtigste en vervelendste meisje in de bus, te negeren maar ze was onderhuids aanwezig en etterde daar als een pijnlijke steenpuist die eindelijk uitgeknepen moest worden.

"Wie denk je wel dat je bent? De koningin van de bus?" viel ik op een ochtend tegen haar uit, toen de drukkende vochtigheid ons net een natte deken helemaal bedekte.

Ze had zoals altijd een hele bank in beslag genomen en kletste het meisje achter haar de oren van het hoofd, te zelfingenomen om zich druk te maken over het feit dat alle andere banken bezet waren.

Toen ik er een punt van maakte om iedere ochtend naast haar te zitten, zei ze dat haar Cubaanse bodybuilder-vriendin mij in elkaar zou slaan. Sheryl, mijn 1.80m lange zwarte klasgenote uit Barbados, hoorde wat er gebeurde, liep naar haar toe en zei, "Waar is die Cubaanse vriendin dan? Ik zou haar graag willen ontmoeten." Dat maakte een eind aan het gedoe. Michelle had het nooit meer over haar Cubaanse vriendin.

Het was niet moeilijk om een nieuw mikpunt voor mijn boosheid te vinden: Ricky, een magere jongen die achter mij zat tijdens Engels en die steeds onderuitzakte op zijn stoel om mijn achterste aan te raken met zijn knieën, totdat ik er niet meer tegen kon.

Toen de bel ging, keerde ik mij om, greep hem bij zijn ballen en zei, "Als je niet ophoudt met mij te betasten, ruk ik deze eraf."

Hij kromp ineen, het bloed verdween uit zijn gezicht en zijn ogen werden zo groot als knikkers. Het kon me niks schelen dat ik hem doodsbang had gemaakt. Ik had ergere dingen om mij druk over te maken dan zijn miezerige testikels.

Pa verhuisde naar Californië om werk te zoeken terwijl de rest van het gezin—Ma, Mark, en ik— achter moesten blijven. We konden het ons niet veroorloven om zo snel weer te verhuizen, vooral omdat we er niet zeker van waren of Pa daar een baan zou vinden. Ik zou niet gewoon een baan moeten zeggen. Ik had allerlei baantjes gehad, allerlei klusjes die mij werden aangeboden: oppassen, kebab verkopen, saté verkopen op een braderie, saaie gasten op een extravagante bruiloft bedienen, papierwerk archiveren op de administratie van school en auto's wassen.

Pa niet. Hij was vastberaden in de architectuur te blijven werken en was er kapot van toen hij het dure licentie-examen op een paar punten na niet had gehaald na maanden te hebben gestudeerd. Oom Roy had geopperd om het in Californië te proberen. Ik snapte niet waarom. Oom Eugene had ontslag genomen bij de IBM in Suriname en verdiende de kost nu met het vullen van verkoopautomaten. Hij ging er niet aan dood en leek genoeg te verdienen om zijn gezin te onderhouden.

Maar nee. Pa ging nog verder bij ons vandaan wonen dan onze familie in Suriname, alsof dergelijk werk hem te min was. We hadden het tot dan toe prima gered met weinig middelen. We hadden zelfs een deel van de woonkamer ingericht met vinyl tuinmeubels, maar hij was vastberaden. Nou ja, *whatever*. Ik dwong mezelf om niks te zeggen. Ik wist dat dit heel erg moeilijk voor hem was. Hij hield ontzettend veel van zijn werk en was er erg goed in. Iedereen in Suriname wist dat. En wat wist ik als vijftienjarige van financiën en het overleven in een totaal nieuw land?

Toen Pa weg was realiseerde ik mij dat Ma nog onzekerder was over haar Engels dan ik over het mijne. Dat leidde ertoe dat ik de telefoon beantwoordde, met de artsen sprak, de tandarts, docenten, dames van de kerk, en de Jehova's Getuigen die aanklopten en onze hele middag in beslag namen.

Toen mijn Engels eenmaal verbeterde, werd het veel makkelijker op school. Van de speciale Engelse lessen voor allochtone studenten steeg ik naar het hoogste niveau voor Engels, wereldgeschiedenis, biologie en wiskunde. Omdat ik doodsbang was als een nerd over te komen, probeerde ik goede cijfers te halen maar ook weer niet te goed. Achten en negens waren goed genoeg. Ik kon er wel mee wegkomen, een beetje een slimme indruk maken zonder dat ik raar leek.

"Juffrouw Loraine, is het echt nodig om je huiswerk met zonnebrandolie in te smeren wanneer jullie bij het zwembad zijn? Kan je huiswerk meenemen dat er een beetje netter uitziet dan dit?" vroeg Mr. Andres, mijn wiskundeleraar terwijl hij een gekreukeld blaadje tussen twee vingers hield en ermee wapperde. De olievlekken waren duidelijk zichtbaar.

Ik glimlachte verlegen en nam onverschillig de nagelknipper die ik gebruikte om mijn gespleten haarpuntjes mee te knippen, in mijn hand,

zeer tevreden met mijn gedrag. Mijn eigenwijze, uitdagende 'ik' maakte een comeback en mijn '*goody two-shoes*' begon tot het verleden te behoren. Ik was vastbesloten dat zo te houden, zelfs als het betekende dat ik mezelf moest distantiëren van alle *goody two-shoes* in de wereld, inclusief Mark.

Toen mijn glamoureuze Golden Girls-dansteam op de middelbare school flink tekeerging tijdens de eerste studentenrally op de maat van liedjes zoals "Thriller," "Super Freak," en "Don't You Want Me," hapte ik. De Golden Girls hadden de onweerstaanbare aantrekkingskracht die iedere middelbare scholier wilde hebben, en ik zou dat koste wat kost ook krijgen. Ik oefende dagen achtereen, deed auditie en binnen een paar weken deinde ik golvend mee op "Egypt, Egypt," behangen met een bronzen ketting, chiffon harembroek, en goudkleurige huid.

"*Work it, ladies, work it*. Laat zien wat je kan meisjes," riep onze teamleider tijdens het oefenen en de warming-ups voor onze show die we 's avonds tijdens de rust van de rugbywedstrijden zouden opvoeren. Niet dat we daaraan herinnerd hoefden te worden. We wisten hoe we het hele studentencorps op stang konden jagen in onze witte knielaarzen en superkorte zwarte mini-jurkjes

met glimmende randen van gouden pailletten. Witte cowboyhoeden met pluizige gele pluimen completeerden ons opvallende uiterlijk.

Na de wedstrijd gebruikten we onze charme nog ietsjes meer en raakten we bevriend met het rugbyteam, dansten op de parkeerplaats, en raakten aangeschoten door het bier dat de jongens stiekem in hun sporttassen meenamen.

"Tsssss, meisjes jullie zijn *too hot to handle*," zei Eric, een van de rugbyspelers, terwijl hij een van onze danspasjes nadeed.

"Moet je horen wie dat zegt, Mr. Hotness in hoogst eigen persoon," zei ik.

"Mr. Hotness?" zei Eva, terwijl ze zich verslikte in haar bier, hetgeen gelach en gegiechel uitlokte. "Sinds wanneer vind jij hem leuk. Hoeveel heb je gedronken?"

Ik gaf geen antwoord. Ze hadden te veel op om te merken, of zich erover druk te maken dat ik gek en high kon worden van gewoon water of een softdrink. Mijn wraak was zoet.

"Dat is een mooie ring. Heb je die van je vriendje gekregen?" vroeg ik aan Eva in de bus op de terugweg. Ik voelde mij het meest op mijn gemak bij haar, misschien omdat ze de neiging had plotseling in zichzelf te keren.

"Nee, ik heb het van mijn vader gekregen," zei ze, met een plechtige stem en dito uitdrukking op haar fijne gezicht.

"Hij moet wel veel van je houden. Ik ken niemand met zo'n ring," zei ik.

"Ik denk het eerlijk gezegd niet. Ik zie hem amper. Hij koopt alleen maar dure cadeaus voor mij," zei Eva, en ze klonk meer verslagen en vermoeider dan de meeste volwassenen die ik kende.

"Het spijt mij dat te horen. Ik zie mijn vader ook weinig. Hij zoekt ons om de twee á drie maanden op vanuit Californië," zei ik, bedroefd geworden door haar situatie.

Ook al waren Ma en Pa nooit naar een van mijn optredens geweest, of een rugbywedstrijdoptreden van het dansteam, of een prijsuitreiking, en al konden ze zich geen dure sieraden, kleding of auto veroorloven waarmee de ouders van veel van mijn vrienden hen overlaadden, ik wist tenminste diep van binnen dat zij heel veel van mij hielden. Pa schreef vaak en had pasgeleden foto's opgestuurd van zijn nieuwe "slaapkamer" en "bed". Er waren kartonnen dozen onder zijn bureau om geen misbruik te maken van de gastvrijheid van onze familie in Californië en hen tot last te zijn. Hij bewaarde zijn bezittingen in de auto en douchte in de sportschool. Blijkbaar ging zijn baas akkoord met deze regeling nadat hij zichzelf bewezen had als een goede werknemer, en hij klonk blij en dankbaar dat hij een goed betaalde vaste baan had in zijn vakgebied. Ik maakte een tekening voor hem van een Chinese man die ondersteboven hing met zijn voet en schoen vast aan een van de gekrulde hoeken van een pagode. Ik gaf het de titel "*Hang in there, Pa*", met mijn mooiste letters van eetstokjes, mijn manier om me bij de situatie neer te leggen.

Thuis gedroegen Mark en ik ons als water en olie. Mark was meestal thuis en ging alleen naar worsteltraining, de wiskundeclub en schoolactiviteiten; Ik was zo min mogelijk thuis, en kwam en ging zo laat als ik wilde, zelfs op doordeweekse dagen. Ma was als zwarte peper; haar aanwezigheid besprenkelde ons leven lichtjes. Ik vond dat ze alleen gaf om mijn cijfers want ze vroeg mij nooit naar iets anders. Het kwam nooit in mij op dat ze misschien geen idee had wat ze moest vragen, net zoals ik geen idee had wat ik aan haar of Mark moest vragen. En de diepgaande gesprekken die ik voorheen elk weekend had met natuurgeesten en mijn ziel, behoorden tot het verleden. Ik was tot de conclusie gekomen dat zolang we te eten kregen, en kleding aan ons lijf hadden, en we het goed deden op school, de opofferingen van Ma en Pa zinvol waren geweest.

Mijn vrienden en de vrienden van mijn vrienden reden mij overal naar toe waar er echt iedere avond actie was—straatfeesten, verjaardagen, dansclubs, het strand, *Calle Ocho*, Coconut Grove, overal. Als we geen lift terug hadden, kwamen we wel bijna altijd een toffe gast met een auto tegen die graag een paar leuke meisjes een lift naar huis gaf. Luis, een vriend van een vriend was vaak onze redding wanneer we gestrand waren.

"*Chinita*, kom hier. Praat met me. Waarom wil je niet met me praten? Zie je niet hoeveel ik van je hou? Ik wil niet eens met een ander meisje praten. Zie je dat mooie meisje daar? Ik ben niet eens in haar geïnteresseerd. Ik wil alleen met jou zijn," jammerde Luis terwijl hij mij bij de arm pakte en mij dichterbij trok. Hij was een derdejaars, en drie jaar ouder dan ik: donker, knap, erg gespierd, en het zwarte schaap van zijn familie. Ik wist niet zeker of zijn familie hem als het zwarte schaap behandelde, omdat zijn huid donkerder was dan die van hen of dat hij een duistere kant had.

"Er is niemand anders in de wereld die zoveel van je zal houden als ik. Zie je niet hoe gek ik op je ben? Je kan het aan mijn vrienden vragen. Ik praat altijd over jou. Ze noemen ons *Negro y China*: Zwart en Chinees. Klinkt dat niet goed samen?" drong hij aan.

Zelfs wanneer mijn vriendinnen in zijn auto waren, besteedde hij een speciaal soort aandacht aan mij die ik niet eerder had meegemaakt, aandacht die sijpelde naar de uitgedroogde barsten van mijn uitgehongerde ziel. Schaamteloos gaf hij mij alles waarvan hij dacht dat het mij kon overhalen—het rijbewijs van zijn zus zodat ik nachtclubs in kon, eten en drinken wanneer ik er hongerig en dorstig uitzag, pluchedieren op de kermis om 's avonds mee te knuffelen, cassettebandjes met liefdesliedjes die verwoordden wat hij voelde.

Het enige waar onze interactie uit bestond was dat hij om mij heen bleef draaien, en toen ik zijn inspanningen en volharding niet langer kon negeren, dacht ik dat hij wel gelijk zou moeten hebben. Hij had bewijs van maandenlang dat niemand zoveel van mij hield als hij.

Er is nooit een specifiek moment geweest waarop ik officieel zijn vriendin werd. Hij vroeg mij nooit, en ik heb nooit 'ja' gezegd, omdat het nooit in mij opkwam dat ik zelf ook gevoelens zou kunnen hebben die wellicht anders waren dan de zijne. Ik nam aan dat je verplicht was van iemand te houden die zoveel van je hield. Of misschien is dat wat ik begon te geloven nadat ik het hem zo vaak had horen zeggen. Ik was er vrij zeker van dat ik van hem hield. Ik luisterde naar "Faithfully", "Open Arms", en andere nummers van Journey die hij aan mij had opgedragen, totdat ik bedwelmd werd door de gepassioneerde gevoelens die recht uit zijn hart kwamen. Als dit geen liefde was, wist ik niet wat dan wel.

Dronken van liefde, had ik geen tijd voor, of interesse in uitgaan met mijn eigen vrienden, laat staan brieven te schrijven naar vrienden uit mijn kinderjaren die slechts schimmen waren geworden. Met opgemaakte jaguarogen, bronzen sieraden, een goudbruin kleurtje, strakke spijkerbroek en laarzen, gaf ik er de voorkeur aan tot in de kleine uurtjes op jacht te gaan met *Negro* en zijn bende in de broeierige straten en de rumoerige discotheken.

Op sommige avonden dansten we met een massa bezwete lichamen op de tonen van salsa en techno muziek; op andere avonden hingen we rond op South Beach, en daagden we elkaar uit om vanaf een negen meter hoge houten pier in het donkere water te springen. In de weekenden gingen we jetskiën met zijn broer en diens vriendin, of we vrijden bij het meer vlakbij mijn huis.

"*Chinita*, schatje, ik hou zoveel van je. Ik kan me geen leven voorstellen zonder jou," zei Luis terwijl we zoenden in zijn grote pick-up op de parkeerplaats voor school, en onze lichamen meebewogen op de maat van een aantal nieuwe sensuele liefdesliedjes die hij voor mij had samengesteld. Soms spatten de vonken ervan af en moesten we in de inloopkast van de conciërge afmaken waar we mee begonnen waren en sloegen we wat lesuren over.

"Je gaat je vader een hartaanval bezorgen," zei Ma toen ik op een doodgewone zondagmiddag om één uur zat te ontbijten. Ik had geen idee waar ze het over had. Omdat ik laat ben thuisgekomen? Waarom was dit plotseling een probleem? Het irriteerde me dat ze zo dramatisch deed en Pa's leven in mijn handen legde in een poging om mij me te laten "gedragen". Ik miste de oude Ma. Ik wenste wel dat ze gewoon tegen mij zou schreeuwen dat nu ze een alleenstaande immigrantenmoeder geworden was, omdat Pa zoveel weg was—niet alle leven uit haar was gezogen en dat ze niet zo bang was om dit eerlijk tegen mij te zeggen.

Ze moet vast tegen Pa hebben geklaagd over mijn gedrag, want hij schreef mij een lange brief over allerlei abstracte zaken zoals de voorzichtigheid die geboden is bij het gebruik van een scherp mes. Het mes is niet goed of slecht maar een kind heeft misschien niet de finesse of volwassenheid die nodig is om het op de juiste manier te hanteren en zou zichzelf per ongeluk kunnen bezeren. Waar had hij het in hemelsnaam over? Seks? Blijkbaar, want hij had het veel over verleiding, zoals trek hebben in ijs of taart. Kinderen zonder zelfbeheersing propten zichzelf helemaal vol ermee. Insinueerde hij daarmee dat ik mij als een klein kind gedroeg? Nou hij hoefde zich daar totaal geen zorgen over te maken, want ik wist heel goed hoe ik een mes moest hanteren en ik zou mezelf echt niet volproppen met ijs.

Ik kon Pa's brief de volgende dag beter appreciëren toen ik gewoon in bed lag en naar het plafond staarde. Mijn gedachten gingen alle kanten uit net als de rijen in een gokautomaat. Dat ging zo door totdat alle symbolen op een rijtje stonden, tot ik beter begreep wat boven en wat beneden was.

Pa zei niet dat ik het mes moest neerleggen, wat eigenlijk best wel cool was. "Mijn Nederlands liberalisme," zou hij hebben gezegd als hij hier was. Toch wilde ik dat hij wat directer en duidelijker was over zijn gevoelens, zoals James, de leerling-dirigent van onze schoolband.

"Wat zie je in die klootzak?" vroeg James mij toen we met een groepje samen waren na het oefenen met de band en het dansteam.

"Bedoel je Luis?" vroeg ik.

"Ja, die klootzak," zei hij. Hij was duidelijk geïrriteerd maar ik kon wel zien dat hij mij niet bekritiseerde omdat ik iets met een klootzak had. Ik wist niet zeker waar hij naar toe wilde, maar zijn vlijmscherpe opmerking had mijn interesse geprikkeld.

"Waarom zeg je dat?" vroeg ik.

"Er is gewoon iets aan hem, de manier waarop hij zich gedraagt, dat me zegt dat het een klootzak is. Ik zie het gewoon," zei hij.

"Nou, dat heb je dan verkeerd gezien. Je kent hem niet eens," beet ik terug.

Luis was geen klootzak. Tuurlijk, er deden verhalen de ronde dat zijn familie drugs smokkelde, maar dat is wat de kinderen op school zeiden over alle Colombianen en Cubanen met mooie huizen en auto's. Dat zou dan minstens duizend kinderen bij mij op school betreffen. Ik kon het niet uitstaan wanneer men mij stereotypeerde, dus ik vroeg hem bewust niet wat zijn vader voor de kost deed. Evenmin interesseerde het mij waarom zijn broer een keer een pistool bij zich had in het handschoenenkastje. Het ging mij niks aan.

James kende gewoon de echte Luis niet, de Luis die emotioneel huilde wanneer hij mij vertelde dat hij van mij hield, de Luis die stapelgek op mij was en dat op duizenden manieren liet blijken. Ik was het middelpunt van zijn leven.

Waarom zeikt James Luis zo af? Vond hij mij zelf ook leuk? Zijn opmerking bleef malen in mijn hoofd. Hij was onder mijn radar voor leuke jongens door gevlogen vanwege zijn superkorte haar en grote oren. Wat was er plotseling veranderd? Waarom interesseerde het mij plotseling wat hij dacht?

Hij behoorde niet tot de populaire groep maar hij werd gerespecteerd door zijn band, zijn docenten en de slimme kinderen. Zelfs als hij mij leuk vond was het duidelijk dat hij de dingen niet zei om mij te versieren. Toen ik klein was zei Ma altijd, "Als je om iemand geeft, vertel je hem of haar de waarheid." Hij was het type jongen dat niet anders kon dan mensen de waarheid te vertellen, gewoon omdat hij om hen gaf en het beste met hen voor had.

Ik wilde meer als James zijn, een integere rebel die de waarheid onder ogen durfde te komen, gewoon omdat dat het juiste was om te doen. Ik wist niet waardoor die waarheid aan het licht kwam behalve dan dat James mij hielp een tipje van de sluier van misleiding op te lichten, waarmee pijnlijke aspecten van mijn leven die ik niet in mijn eentje het hoofd kon bieden, werden onthuld. Het was net als geïnjecteerd worden met een nuchterheidsinjectie die mijn verslavende betovering door Luis verbrak.

De keiharde waarheid waarmee ik op allerlei fronten geconfronteerd werd, kon ik niet langer negeren. Natuurlijk, Luis vond het prachtig dat ik een menigte op stang kon jagen, maar hij vond het vreselijk dat het geen privéshow voor hem alleen kon zijn. De trieste waarheid was dat ik mij gevleid voelde door zijn jaloezie. Ik genoot ervan wanneer mannen mij met hun ogen uitkleedden vanaf de tribunes of de zijlijnen van de dansvloer, of wanneer ze "per ongeluk" tegen mij aan wreven met hun stijve, ook al draaide ik hun graaiende handen en polsen om en duwde ik hen met veel fanfare weg, of sloeg ik met een vuist tegen hun schouders. Ik wilde niet toegeven dat de arts met de Corvette, en de wiskundedocent die met mij flirtten tijdens een bridgecompetitie, net zo pervers en geil waren als deze smeerlappen, aangetrokken tot dezelfde zwaktes. Ik geloofde dat hun aandacht—afgaande op hun status of aantal—serieus mijn eigenwaarde versterkten. Totdat James mij hielp inzien dat ik mij meer dan ooit had verlaagd. Ik kon de waarheid niet langer ontkennen—ik was verslaafd aan smerige, seksuele spanning om mijn verloren en gekwelde ziel te verzachten.

Het weekend daarop reed Enrique, de neef van Luis, ons naar een nachtclub. Luis en hij kwebbelden erop los in het Spaans. Ik had niet in de gaten dat ze aangeschoten waren totdat Enrique bijna recht op een ijzeren reling op een T-kruising af reed. Luis greep het stuur en rukte de onderkant naar zich toe. De auto piepte luid, zwenkte en slipte rakelings door de bocht waarna hij over de geribbelde kant van de weg slingerde, en de reling op 30 centimeter na miste.

Toen Luis de bijna-aanrijding lachend wegwuifde, leidde dat tot een hoofd dat overliep. Wat een idioot! Mijn verstandige innerlijke stem vroeg, *"Wat is er gebeurd met al die lessen over jouw superkrachten en onsterfelijkheid? Dit is niet wat ik bedoelde."*

"Ik wil eruit. Nu meteen!" schreeuwde ik. Ik wilde uit de auto, uit de relatie, uit de illusie dat Luis mijn verzorger, mijn beschermer, mijn alles was.

Waarom dacht je dat hij zijn kop zou gebruiken? De enige kop waar hij zich druk over maakt is de kop die vastzit aan zijn penis.

Waar. Hij stond erop dat "voor het zingen de kerk uitgaan" een veilige vorm van anticonceptie was, en gaf pas op nadat hij zijn zin veel vaker had gekregen dan ik wilde toegeven.

"Hé, *hombre*, man, keer terug. China wil eruit. Zet ons daar af."

Enrique zette ons af bij een druk winkelcentrum waar in het weekeinde urenlang geweldige auto's rondreden. Luis greep me bij mijn pols en sleurde mij in een steegje achter een bioscoop. Ik ging mee om een scene te voorkomen.

"Laat me los, klootzak. Blijf met je poten van me af," snauwde ik toen we alleen waren. Nooit eerder had hij deze kant van mij gezien in de twee jaar dat we samen waren.

"Je wil het uitmaken met mij hè? Wat is er gebeurd? *Vind je iemand anders leuk?* Vertel me de waarheid," schreeuwde hij.

"Nee, ik vind niemand anders leuk," zei ik. Ik koos ervoor om de eerste twee vragen niet te beantwoorden.

"Waarom doe je dan zo?" Hij voelde aan dat ik er klaar mee was. Klaar. *Klaar! "Waarom doe je me dit aan?"* huilde hij door zijn boze wanhopige tranen, terwijl hij tegen de ruwe stenen muur sloeg en de palmen en knokkels van zijn handen tot bloedens toe openhaalde. Hij leek wel een rokende vulkaan, en het liefst wilde hij dat ik die muur was. In plaats daarvan greep hij mij bij mijn bovenarmen, duwde mij heen en weer, liet me los, en begon weer van voor af aan. Hij klonk als een stervend dier dat vastzat in de moerassen van de Everglades, biddend en smekend om niet in de steek gelaten te worden.

Mijn maag draaide om en maakte salto's terwijl ik urenlang het tekeergaan van Luis' doorstond, tot de stoffen in zijn systeem uitgewerkt waren. Ik krulde mij op tot een bal om mezelf te beschermen tegen deze storm van boosheid en verderf, en met de kleine nog heldere stukjes in mijn brein vroeg ik mij af wat ik moest doen.

"Je móet me geloven, ik kan niet zonder je leven. Wat moet ik doen? Je *vermoordt* mij van binnen. *Als ik mezelf van kant maak, is dat jouw schuld,"* zei hij en probeerde mij op verschillende manieren in een hoekje te drijven. Heel even dacht ik aan het pistool van zijn broer. Van binnen werd ik panisch maar mijn lichaam reageerde niet op zijn gebluf. Om de zoveel tijd werd hij rustiger en dan, alsof hij met een doorgeladen pistool gewapend was, probeerde hij een nieuwe strategie om mij ervan te overtuigen bij hem te blijven. Ik probeerde het zo lang mogelijk vol te houden, vastbesloten geen haarbreed toe te geven, totdat hij dreigde om Ma en Pa een zwoele brief die ik hem had geschreven te laten zien. Schaakmat. Hij wist dat dit mijn achilleshiel was. Ik kon de gedachte om Pa en Ma pijn te doen na alles wat zij al hadden meegemaakt, niet verdragen.

Wat hij niet wist, is dat Pa genoeg had gespaard om een huis in Sacramento te kopen. Een paar dagen geleden wilde ik Ma niet eens aankijken toen ze het vreselijk nieuws bracht dat we aan het eind van het schooljaar naar Californië zouden verhuizen. Ik haatte haar omdat ze mij dwong om weer te verhuizen en mij dwong Luis te verlaten. Wie had kunnen raden dat ik in minder dan een week niet kon wachten om opnieuw te beginnen en bevrijd te zijn van Luis? Wat waren zes maanden? Tijdens onze laatste jaren in Suriname heb ik mijn mond veel langer moeten houden vanwege een andere krankzinnige idioot.

"Laten we gaan kijken waar iedereen is gebleven," zei Luis toen hij voelde dat ik mij had overgegeven. Zachtjes trok hij mijn uitgeputte, ingestorte lichaam aan mijn pols van de grond en sloeg zijn arm om mijn middel. Ik verzette mij tegen de drang om me terug te trekken, veegde een enkele traan van mijn gezicht en ging met hem mee naar licht . . . geluid . . . mensen . . . actie.

Hoofdstuk 4

PELGRIMSTOCHT

Het leven is een lange pelgrimstocht van angst naar liefde.
~ Paul Coelho

"ZIJN DIT KNEUZINGEN?" vroeg Gianna terwijl ze mijn mouw omhoog deed en onderzoekend naar mijn gezicht keek.

"Zoiets. Ze doen geen pijn. Maak je geen zorgen," zei ik. Ze was Luis' vriendin, maar we waren in de afgelopen maanden naar elkaar toegegroeid en brachten zo af en toe de zondagmiddag met elkaar door.

"Heeft *Negro* dit gedaan? Wat een klootzak. Waar is je telefoon?" vroeg ze terwijl ze met mijn dekbed en kussens smeet op zoek naar mijn telefoon onder stapels boeken, schriften en pluche beesten.

"Gianna, rustig. Bel hem alsjeblieft niet. Hij heeft me niet geslagen. Hij heeft me alleen geknepen en hij had niet eens door dat hij mij pijn deed."

"Wat bezielde hem in hemelsnaam?"

"Ik weet het niet. Hij draaide door omdat hij aanvoelde dat ik het wilde uitmaken. Ik weet niet waartoe hij in staat is. Op een gegeven moment zei hij zelfs dat hij zichzelf van kant zou maken, daarna chanteerde hij me met een brief en dreigde hij die aan mijn ouders te geven als ik hem zou verlaten."

"Zichzelf van kant maken? Pff. Dat is echt bullshit."

"Ik denk dat hij dronken was en misschien ook iets anders had gebruikt. Hij heeft zich nooit eerder zo gedragen. We verhuizen over zes maanden naar Californië. Ik weet zeker dat het niet meer gebeurt als ik gewoon rustig blijf en hem niet provoceer," zei ik terwijl ik aan het snoer van de telefoon in haar hand trok.

"Weet je wel hoe lang zes maanden zijn? Je zou dit geen moment moeten accepteren!" Met haar ellebogen duwde ze mij aan de kant met een blik van, *Achteruit, anders…*

"*Negro, cabrón,* hufter. *¿Qué te pasa, eh?* Wat scheelt je? *¿Estás loco?* Ben je gestoord? Heb je die fucking blauwe plekken op China's arm gezien?" schreeuwde ze. Ik kon hem in het Spaans terug horen schreeuwen, en ze gingen nog een tijdje zo door, totdat Gianna de hoorn erop smeet.

"Hij zei dat hij meteen hierheen komt. Laat hem komen. Ik spuug in z'n gezicht," zei Gianna.

"Gianna! Ugh. Mijn ouders zijn thuis. Ik wil niet dat ze hiervan afweten. Ze hebben genoeg aan hun hoofd. Laten we naar buiten gaan." Ik pakte haar bij de elleboog en trok haar mee naar buiten.

Tien minuten later, scheurde Luis met z'n auto de hoek om en stopte midden op de cirkel. Hij sprong eruit met een blaadje in zijn hand, liet de autodeur open en de motor draaiend.

Gianna kwam met een ruk omhoog van de geparkeerde auto waartegen wij geleund stonden, en ging vol tegen hem in de aanval. Luis duwde mijn sensuele brief in haar gezicht en zei: "*Mira, mira lo que escribió, mira, es una puta.* Kijk wat ze heeft geschreven. Ze is een slet."

Gianna las een stukje van het meesterwerk dat ik zorgvuldig had gecreëerd tijdens een saaie wiskundeles en zei, "En wat dan nog? Het kan mij geen ene moer schelen." Ze griste de brief uit zijn hand en verfrommelde die. Luis begon Gianna heen en weer te duwen en iets in mij knapte. Mijn beschermende strijdlust verplaatste zich van mijn ouders als een laserstraal naar Gianna. Mijn innerlijk ging tekeer als een zwarte jaguar die Luis wilde bespringen en hem bij haar vandaan wilde halen. In plaats daarvan rende ik naar binnen om hulp te halen.

"Ma, Pa, kom snel, Luis is buiten en hij doet raar. Kijk wat hij met mij heeft gedaan," zei ik terwijl ik mijn mouw opstroopte om mijn ouders de blauwe plekken op mijn armen te laten zien. "Jullie moeten hem stoppen. Hij gaat Gianna ook iets aandoen."

Ze vlogen naar buiten en zagen Luis en Gianna bij de deur staan als twee kleine op heterdaad betrapte kinderen.

"Luis, ik zal je ouders niet bellen, mits je wegblijft van mijn dochter. Heb je mij begrepen?" zei Pa. Hij klonk kalm en bezorgd en behandelde Luis als zijn eigen zoon.

"Ja meneer," zei Luis, terwijl hij zijn ogen neersloeg. Ma stond naast Pa in de deuropening, de stilte omringde haar als de benauwde avondlucht. Dat was het. *Was dat alles?* Ik wenste wel dat Pa tegen hem zou schreeuwen en hem in zijn gezicht stompte, maar dat deed hij niet. Zo zat Pa niet in elkaar. En Ma's scherpe tong lag in een knoop, te bang om over onbekende Engels woorden te struikelen, en zichzelf in de vingers te snijden.

Nadat Luis en Gianna waren vertrokken gingen we allemaal weer over tot de orde van de dag alsof er niets was gebeurd. Geen vragen. Niet eens "Wat is er gebeurd?", "Wat heeft hij gedaan?", of "Gaat het wel?"

"Het is niet jouw schuld," zei Mark, toen hij zijn hoofd even om het hoekje van mijn slaapkamerdeur stak. "Ik zag in een tv-documentaire dat meisjes die door hun vriend worden geslagen zichzelf daar de schuld van geven. Ik wil je alleen laten weten dat het niet jouw schuld was."

"Dank je, ik waardeer het," zei ik, en slikte de brok in mijn keel weg. Ik had er niet bij stilgestaan dat hij mijn drama vanachter de schermen had gevolgd.

"Ik dacht helemaal niet dat het mijn schuld was. Hij draaide helemaal door toen hij zich mij met iemand anders probeerde voor te stellen, maar godzijdank heeft hij mij niet geslagen. Ik dacht dat als ik het uitstelde om het uit te maken, dat ik Ma en Pa de onnodige hoofdpijn en zorgen hierover kon besparen."

Hoewel ik niet vond dat ik het verdiende om slecht behandeld te worden, geloofde ik wel dat ik anderen moest beschermen tegen mijn slechte keuzes. Mijn redenering was voor Mark net zo logisch als voor mij. Ma en Pa waren hét voorbeeld wanneer het ging om zelfopoffering. Ze waren wat meer "hands-off" gaan opvoeden, vooral nadat onze familie in vier verschillende richtingen uit elkaar was gerukt toen we naar Miami verhuisden. Het was aan ons om de glinsterende kiezelsteentjes van hun begeleiding op te merken die zij bij toeval langs de weg lieten vallen of bewust uitstrooiden over ons pad. Ze gaven nooit rechtstreeks aan wat zij dachten of wilden.

"Hij moet gewoon een beetje in zijn sop gaarkoken en van zijn fouten leren," ving ik op toen Ma dat niet zo lang geleden tegen Pa zei. Ze had het over iemand die er een potje van had gemaakt. Pa reageerde niet, maar leek het ermee eens te zijn. Ma had meer dan eens tegen Mark en mij gezegd dat ze onze borgtocht niet zou betalen om ons uit de gevangenis te halen als we onszelf ooit in de problemen zouden brengen.

Hun denkwijze verklaarde waarom ze totaal niet twijfelden aan het feit dat ik nu mijn eigen problemen moest oplossen. Ik moest de *tough love* die mij werd geboden, accepteren en erop vertrouwen dat het zacht plekje in de kern wel bestond ondanks het gebrek aan bewijs.

Ja natuurlijk houden ze van je. Ze weten dat je de weg bent kwijtgeraakt en dat je beter kunt. Veel beter. Ik wenste alleen dat ze mij een duidelijke plattegrond hadden gegeven en wat instructies over hoe mijn weg te vinden, maar over hoe ze mij konden helpen, leken ze net zo radeloos als ik, of misschien een tikkeltje erger.

Wat moet ik doen als Luis mij morgen op school niet met rust laat? Ik lag in bed te piekeren en staarde naar het plafond. *Hij is een lafaard. Hij gaat je niet lastigvallen. Als hij dat wel doet, bel dan gewoon de politie en regel een straatverbod.* Gerustgesteld viel ik in een diepe slaap zonder verder aan hem te denken.

Luis liet me gelukkig inderdaad met rust de volgende dag en in de dagen daarna. Hij had mij in minder dan twee weken vervangen door een andere "*Chinita*", en telkens wanneer hij me zag, trok hij haar naar zich toe, schoof zijn been tussen de hare zoals hij bij mij altijd had gedaan, in de hoop mij jaloers te maken. Het enige dat ik voelde was een enorme opluchting dat hij en al zijn vrienden, behalve Gianna, voorgoed uit mijn leven waren verdwenen en ik genoeg vrije tijd had om na te denken en mezelf te herpakken.

Luis had zich als een klootzak gedragen, maar ik was zijn medeplichtige. Ik had op zijn bezitsdrang geteerd en deze gevoed, en had die drang verward met liefde. Ik had hem soms zelfs opgeschrokt om de aanhoudende pijn voor mijn vorige leven—mijn vrienden en familie, Pa, mijn vorige huis, en de onschuldige, leergierige, en gelukkige ik— te verzachten totdat zijn ziekelijke aandacht mijn lichaam, hart en ziel compleet had gegijzeld.

De liefde van Pa en Ma was totaal anders. Nuchter en standvastig. Ik had hen zelfs nooit elkaars handen zien vasthouden of elkaar zien zoenen.

"Ik snap beroemdheden niet. Ze geven zoveel geld uit aan hun extravagante bruiloften. En wat doen ze het jaar daarop? Scheiden. Het is allemaal showbusiness en drama zonder inhoud en je raakt erdoor verblind als je niet oppast," zei Pa terwijl hij naar een of ander Hollywood entertainment tv-programma keek.

Ik snapte nu wat hij bedoelde en voegde dit juweeltje toe aan mijn verzameling van overige introspectieve schatten. Veel van de kinderen bij mij op de middelbare school leken op filmsterren en gedroegen zich ook als zodanig. Wat het ook voor immuniteit mag zijn geweest die ik had voor dit soort groepsdruk, het was langzaamaan verdwenen. Maar niet bij Ma en Pa. Ze bleven even toegewijd als altijd aan ons en aan elkaar, trachtend ons op een hoger niveau te herenigen. Het werd tijd dat ik met hun programma meedraaide.

Op die bewuste zondagochtend, knielden en zaten we, en zaten en knielden we op de harde houten banken van onze buurtparochie waar Ma, Mark en ik ieder weekend naar toe gingen. Ik was blij dat Pa met ons mee kon voordat hij een paar dagen later weer naar Californië zou vertrekken, maar toen we eenmaal zaten, schaamde ik me zo diep over het Luis-drama, dat ik onder een steen wilde wegkruipen.

Ik had mij al eens eerder zo opgefokt gevoeld. Mijn lerares van de vierde klas zei altijd als we niet gehoorzaamden aan Gods wil dat we allemaal naar de hel zouden gaan, wanneer ze wilde dat we rustig werden en ons zouden gedragen. Ik vroeg aan Pa of het klopte.

"Klamp je niet te veel vast aan woorden en letterlijke bevelen. De mens heeft al sinds mensenheugenis geprobeerd te begrijpen wat God eigenlijk inhoudt, maar we kunnen nooit recht doen aan God. God zou nooit opscheperige of wrede eisen stellen, of veroordelen of ons opdragen wat we wel en niet moeten geloven. Dat is niet goddelijk. Gebruik de Bijbel als leidraad en luister naar jouw hart om het kwade van het goede te onderscheiden, want zelfs de Bijbel is door mensen vertaald en samengesteld, en is daarom geen perfecte weergave van Gods wil en Zijn woorden. Iedere cultuur en iedere religie heeft het deels bij het juiste eind. Als een van hen beweert meer recht dan andere te hebben, of dat ze het 100 procent bij het rechte eind hebben, ren de andere kant op," antwoordde Pa. Met slechts één zwaai van zijn magische cape en toverstaf kon hij al mijn zorgen doen verdwijnen.

Onze omstandigheden waren door de jaren heen erg veranderd, maar Pa's geruststellende aanwezigheid was nog altijd hetzelfde gebleven. Net als het rustgevende, melodieuze gemompel van de lofzang. Ze hulden mij in een cocon van intense vrede in het diepste van mijn ziel.

Uit het niets verscheen in mijn gedachten een beeld van een klein, schattig en spontaan meisje. Ik boog voorover en bedekte mijn gezicht met mijn handen, die ik zachtjes gevouwen had.

Het kleine meisje dat was verschenen, was mijn waardevolle en vroegrijpe jongere ik, de vergeten en afgewezen wilde ik, die ervan hield ieder weekend door ons toevluchtsoord in de jungle te dwalen. Ze stak haar hoofd naar buiten en kwam en ging in de donkere, onderbewuste bossen van mijn ziel, zoals een van de indrukwekkende blauwe Morpho vlinders die ik altijd achterna zat. Mijn hart verheugde zich op en verlangde ernaar meer tijd met haar door te brengen, zoals we dat gewend waren. Tranen sprongen in mijn ogen en rolden over mijn wangen.

Ze stopte, bestudeerde voorzichtig mijn gezicht en vloog mij in de armen. Ik verbeeldde me dat ik haar kuste en omhelsde en haar onderzocht op littekens en kneuzingen. Ik gebruikte mijn lange haar –dat inmiddels weer gegroeid was— om het tranendal waarin onze dramatische reünie resulteerde, te verbergen. Ze greep zich aan mij vast, opgelucht dat we beiden min of meer ongedeerd waren. Steken van berouw en verdriet gingen door mijn lijf. Ik beloofde haar dat ik haar nooit meer in de steek zou laten, een belofte uit het diepste van mijn hart die ik keer op keer maakte op zondag tijdens de mis, tot we verhuisden.

"Wat doe je dit weekend? Heb je zin om morgen met ons uit te gaan? Vroeg Cheryl, een van mijn vriendinnen uit het dansteam, niet lang nadat Luis en ik uit elkaar waren gegaan. Ze moet hebben gemerkt dat ik niet langer verstrikt was in zijn hebberige tentakels en dat ik nieuwe vrienden nodig had. Ik kende haar vriend en herkende een aantal van haar andere vrienden. Ze zaten in onze schoolband, in mijn plusklassen, en in het rugbyteam: allemaal vlotte kinderen die op een totaal andere golflengte zaten dan ik.

"Ja hoor. Gezellig," zei ik.

Ze pikten me om vijf uur 's middags op, vroegen of ik ooit uit was geweest op een zaterdagavond, en lieten mij kennismaken met plekken in Miami waar tieners bijeenkwamen en genoten van simpele leuke dingen––bowlen, films kijken bij een van hen thuis of in de bioscoop, rondhangen bij het openbare zwembad, een winkelcentrum in de buurt of de kermis, en het halen van een late-night dessert bij IHOP of Baskin Robbins.

Deze vrienden waren de nieuwe standaard voor 'cool' waarmee ik moest wedijveren, maar ik vroeg mij af of het al te laat was om mijn ziel te redden. Stoeiende silhouetten in de donkere hoeken van mijn oude hangplekken flitsten nog steeds zo nu en dan door mijn gedachten als flikkerende beelden van een oude filmprojector.

Natuurlijk is het niet te laat. Zelfs als een van je nieuwe mannelijke vrienden je opwindt en je laat ontploffen als een doos vuurwerk, niks aan de hand. Geen paniek. Handel er niet naar. Dat is waar je de fout in gaat. Blijf rustig en geniet ervan. En daarna, laat het los.

De eerstvolgende keer dat we met z'n allen samen tafelvoetbal speelden en aan het zonnen waren bij het zwembad, probeerde ik mijn "blijf rustig" modus uit op Charlie die ervan hield voorover te buigen en te dichtbij te komen wanneer hij met meisjes sprak. Misschien om zijn perfect gevormde gezicht en gebruinde lichaam te showen, maar het meest waarschijnlijke was omdat hij zo heerlijk onwetend was voor wat betreft de impact die hij op ons had en vooral op mij. Ik ademde zijn geur in, zijn modellen uiterlijk, en zijn charme, en ademde langzaam het gevoel uit van stromend bloed dat zich bewoog van mijn hersenen naar het onderste deel van mijn romp, mijn heupen en dijen, langzaam kronkelend als dikke, hete lava in een ontwakende vulkaan.

Zie je wel? Het is net als wanneer je een bakkerij binnenstapt, vol lekkere, boterachtige gebakjes. Je kan ervan genieten, en ze waarderen zonder ze allemaal te verslinden.

Na een paar zware weken was het ergste voorbij. De grip die de seksuele opwinding op mij had, was zodanig verminderd dat ik ophield met slechts te proberen normaal te lijken en gewoon mee te doen. Het ging vanzelf.

Ongeveer een maand nadat Pa terug was gekeerd naar Californië, wierp oom Henk, zijn beste vriend, zijn slungelige atletische lichaam op onze L-vormige bank. Deze deed zo'n beetje om de drie maanden dienst als zijn bed, weg van zijn eigen huis wanneer hij op zakenreis was.

Hij was een excentriekeling. Aan de ene kant naïef, idealistisch en zacht. Aan de andere kant, belezen, bereisd en werelds met een gave voor vreemde talen, vooral Engels en Spaans.

"Je zal het niet geloven, maar zo praat ik met Robert over zijn liefdesproblemen aan de andere kant van de aardbol. Jullie zouden het echt goed met elkaar kunnen vinden," zei oom Henk nadat ik hem had verteld dat ik Luis had gedumpt omdat hij een rotzak was.

"Wat doe je morgen? Ik ga 's morgens een halve marathon lopen en dan 's middags een shopping marathon ertussen proppen, hè hè," zei hij en hij pauzeerde met een opgetrokken wenkbrauw na zijn grapje en zijn kenmerkend gegrinnik. "Ik heb een kenner nodig."

Hij vroeg mij vaak om mijn mening wanneer hij gympen, T-shirts en sportkleding kocht voor Robert en zijn broertje Dean, de zonen van zijn andere beste vriend, oom Jan en zijn vrouw tante Anita, die in Nederland woonden. Meestal verhuisde hij van onze bank rechtstreeks naar die van hen, zijn gebruikelijke tussenstop voordat hij verder reisde binnen Europa.

Hoewel ik Dean en zijn ouders slechts een keer eerder had ontmoet in Suriname, voelde het vaak alsof ik hen veel langer kende omdat oom Henk in de afgelopen jaren onze levens sterk met elkaar had verweven. Ten eerste vanwege zijn reizen van Miami naar Holland. En ten tweede omdat hij in hun huis woonde in Suriname, dat hij had gemeubileerd met ons oude meubilair van de Dieterstraat.

Wanneer hij kwam bracht hij lekkernijen en cadeautjes voor ons, sloeg hij een voorraad in van de nieuwste gadgets en kantoorbenodigdheden voor zijn telecommunicatie business en voor thuis, en vertrok hij met pakketjes en post voor vrienden en familie waarmee wij de hechte banden intact hielden ondanks de afstand. Het was dit veilige net van liefde en de duurzame familiebanden, dat ons meer dan eens beschermde tegen het bereiken van het dieptepunt in slechte tijden.

"Dit is het plan. Oom Henk, oom Jan, tante Anita en de jongens hebben aangeboden ons te helpen verhuizen naar Californië. Oom Henk rijdt in de U-Haul pick-up. Zijn dochter Monique komt vanuit Atlanta met haar stationwagen, die we ook vullen met spullen. Ik rijd die van ons," zei Ma.

"Oom Jan, tante Anita, Mark en Pa vliegen naar Californië wanneer Pa de verkoop van het huis heeft afgerond. Robert en Dean rijden met ons mee zodat elke chauffeur een bijrijder heeft. We beginnen vroeg 's morgens en pauzeren tegen twee of drie uur voor een beetje sightseeing en ontspanning bij het zwembad in de middag."

Het klonk mij goed in de oren.

"Hoe lang zijn we onderweg?"

"Ongeveer twee weken."

Ik had Ma al meer dan tien jaar niet zo opgewonden en energiek gezien. Toen ik zes jaar oud was, heb ik zeker acht maanden met haar de wereld rondgereisd om de vakantiedagen die ze als directeur had opgespaard te gebruiken. Ze had het goed gevonden dat ik het grootste deel van de eerste klas oversloeg, omdat ze vond dat ik belangrijkere dingen van het leven zou leren door te reizen. We verbleven voornamelijk bij familieleden die waren geëmigreerd naar de Verenigde Staten, Canada en verschillende landen in het Caraïbisch gebied, Azië en Europa: *Hakka* Chinese familieleden die net als wij in hart en nieren en van oorsprong nomaden waren.

In Hong Kong, sleurde Ma me aan mijn arm door vervuilde, broeierige achterbuurten, en vage nachtclubs op zoek naar verre verwanten. En op het balkon van *Apoh*, oma, ontdekte ik dat een van mijn ooms, Pa's achterneef, van China naar Hong Kong had gezwommen in ijskoud water, niet zeker of hij ooit de kust van vrijheid zou bereiken. Het was toen dat mijn eigenwijsheid Ma voor het eerst opviel. Ze glimlachte trots toen ik de ene na de andere vraag op mijn oom afvuurde.

Nu, was ik degene die stil glimlachte. Haar liefde voor avontuurlijk reizen en de snel opdoemende Californische horizon, waar nu al frisse nieuwe mogelijkheden en tweede kansen aan ontsproten, deden haar goed.

Helemaal naar Sacramento rijden zou ook voor mij een pelgrimstocht worden. Niet alleen verhuisde ik naar een gloednieuwe staat, maar ook naar een gloednieuwe gemoedstoestand en een nieuwe ik, een frisse nieuwe start waar niemand mijn verleden kende, en waar ik zeker geen enge vingerafdrukken zou vinden op mijn slaapkamerraam. Ik zwoer dat niets mij meer zou laten afdwalen, zelfs niet als ik de vlijtigste *goody two-shoes* die ooit had bestaan, werd genoemd. Californië zou de plaats van mijn daadwerkelijke verlossing zijn.

"Bedankt voor de lift jongens. Ik denk niet dat ik morgen met jullie mee kan. We hebben visite uit Nederland en ik moet inpakken. Ik bel je," zei ik tegen Cheryl en mijn vrienden die opgepropt in een auto zaten. Ik haastte mij naar auto twee en drie voor laatste armstrelingen en luid klinkende handkussen.

"Zorg dat je niet wordt gearresteerd in Californië! En zorg ervoor dat je mij schrijft!" riep een van hen, en verwees daarbij naar het surprise afscheidsfeest dat ze de zaterdag daarvoor voor mij hadden georganiseerd. Ik glimlachte, schudde mijn hoofd en dacht aan het moment waarop een mannelijke stripper verkleed als agent door de voordeur kwam en naar mij vroeg. Ik kreunde en huilde tranen van genot tijdens de wriemelende spotternij die gelukkig niet verder ging dan de rode spandex G-string van de stripper. Er was geen beter eerbetoon aan het temmen van mijn onstuimige libido dan dit moment.

Liefdevol zwaaide ik mijn vrienden uit tot ze uit het zicht verdwenen, mijn hart samengeknepen door steken van verdriet en tegelijkertijd wijd open om het nieuwe hoofdstuk van mijn leven welkom te heten.

Het geluid van een sputterende grasmaaimachine en de geur van pas gemaaid gras kwamen mij tegemoet bij thuiskomst. Ik liep naar achteren en keek om de hoek van het huis. Een brede, ontblote V-vormige rug duwde de maaimachine voort en creëerde nette rijen in het groene tapijt.

Oef. Dat moet Robert zijn.

De grasmaaier draaide rond. De achttienjarige geüpgradede versie van de schattige dertienjarige jongen die ik ooit had gezien in de portemonnee van oom Henk glimlachte naar mij, en bij iedere stap trokken zijn zwemmersborstkas en de stevige buikspieren zich samen en ontspanden zich weer.

Hij stak een paar vingers op bij wijze van groet en ging nonchalant verder aan het werk. Ik glipte het huis binnen. Pa, Mark, oom Henk, en onze nieuwe gasten, Roberts familie, liepen kriskras tussen de stapels met dozen door, druk aan het sorteren, tillen, grappen maken en het beraadslagen over hoe de verhuiswagen en twee stationwagens het beste volgestouwd konden worden met al onze spullen. Oom Henk, Roberts vader en Dean, zijn broertje, hadden op zijn Surinaams ook geen shirts aan, en glommen van het zweet.

"Probeer je dit alles in de kleinst mogelijke verhuiswagen te proppen om te laten zien hoe slim je bent of hoe gierig?" vroeg oom Jan aan Pa, al hoofdschuddend met een grijns op zijn gezicht. Het plagerige gelach en de bekende gevoelens van comfort en veiligheid waren hartverwarmend.

"Hallo lieve schat, hoe gaat het? Al ingepakt?" vroeg tante Anita. Ze hielp Ma in de keuken.

"Bijna," glimlachte ik, terwijl ik onze gasten zoende en omhelsde. De schuifdeur ging open.

"Hallo," zei het lekker ding terwijl hij naar mij knikte, de enige waar ik nog geen kennis mee gemaakt had.

"Robert," zei hij en schudde mijn hand. Ik bloosde en mijn hart ging tekeer.

"Het is echt heet hier. Kan ik even snel douchen? Ik zit onder het gras," vroeg hij aan Ma.

"Natuurlijk. Loraine pak een handdoek voor hem en laat hem zien waar de badkamer is," droeg Ma mij op.

Ik wenkte Robert om mij te volgen. Mijn lichaam ging tekeer, totaal in verwarring gebracht. De vertrouwde manier van doen van zijn familie, en zijn platonische, broederlijke signalen konden de schreeuwende merrie in mij niet kalmeren. Ze had geen interesse om alleen zijn lekkere geur in te ademen, zeker niet nadat Robert uit de douche kwam met slechts een handdoek om zijn middel geslagen.

Hij heeft verdorie een vriendin. Behandel hem gewoon zoals een van je knappe neven.

Het werkt niet!

Wat is er gebeurd met je opvattingen?

Die houden geen stand. Hij maakt het mij onmogelijk om op het juiste spoor te blijven.

Nee, dat doet hij niet. Hij is gewoon een goed uitziende vent. Het is niet dat je nooit eerder in de buurt van knappe jongens bent geweest.

Maar hij is anders . . .

Dat maakt niks uit. Hij is hier om jouw zelfbeheersing op de proef te stellen. Adem rustig verder en beheers je.

Oké, oké. Laat me met rust.

Terwijl de rest verder werkte in de woonkamer, ging ik naar mijn slaapkamer om in te pakken, in de hoop dat afleiding en fysieke grenzen mij ervan zouden weerhouden in een neerwaartse spiraal en een gevaarlijk en glibberig gat te belanden. Het werkte.

Gedurende de daaropvolgende dagen pakten Pa, mijn ooms, en de jongens het hele huis in, en propten dozen, meubels, en losse spullen in alle hoeken en gaten van de verhuiswagen alsof het een 3D-puzzel was. Toen de langverwachte dag eindelijk was aangebroken, begonnen we zonder al te veel gedoe aan onze reis.

Oom Henk en Dean gaven de weg aan in de verhuiswagen. Robert en Monique, Ma en ik volgden daar vlak achter in twee volgestouwde stationwagens.

"En, wat vind je van Robert? Ik heb zijn ouders ervan overtuigd dat rijden door de VS goed en leerzaam voor hem zou zijn," vroeg oom Henk mij met een sluwe glimlach toen het mijn beurt was om hem een tijdje gezelschap te houden in de hobbelige verhuiswagen.

"Hoe bedoelt u? U probeert ons toch niet te koppelen hè? U zei dat hij een vriendin had."

"Ach, ja, maar dat gaat toch niet lang meer duren. En er is niks mis met elkaar te leren kennen, toch? Wie weet wat de toekomst in petto heeft voor jullie," zei hij terwijl hij wegreed van het pompstation. Ik keek uit het raam, niet goed wetende wat ik met die informatie aan moest, en zweeg. Hij trapte het gaspedaal in en de volgeladen verhuiswagen schudde en sputterde tot hij harder begon te rijden op een stuk weg dat plotseling bergafwaarts ging.

Misschien was het omdat ik dagenlang achter elkaar Nederlands kon spreken, misschien was het omdat Ma vrolijk en opgewekt was, opgelucht dat we de moeizame jaren in Miami achter ons konden laten. Tegen de tijd dat we Texas naderden, was mijn pittige, zorgeloze en ontspannen jongere ik een permanent deel van mezelf geworden. Zelfs wanneer ik naar Roberts gespierde armen en Speedo-achterste keek terwijl hij het zwembad in dook, bleef ik meester van mijn domein.

"Hé, kan ik straks het volgende stuk met jou meerijden?" vroeg ik aan Robert, in een poging te ontkomen aan het ongemakkelijke urenlange zitten naast Ma of oom Henk.

"Tuurlijk," antwoordde hij.

Het duurde niet lang voordat ik Robert de oren van het hoofd kletste, terwijl ik stiekem zijn lange vingers en handen aan het stuur bewonderde, zijn gave gebruinde huid en zijn perfect gevormde mond die zo nu en dan veranderde in een lieve glimlach.

"Waarom heb je jouw vriendin nog niet gebeld?" voegde ik toe aan mijn lijstje van willekeurige vragen.

"Ik mis haar niet echt en ik denk ook niet dat zij mij mist. Ze wil een open relatie en heeft nu iets met een andere jongen die veel ouder is dan zij, en hij heeft een Porsche. Ze hoeft geen trein te pakken om hem te zien. Hij haalt haar op en neemt haar mee uit," antwoordde hij.

"Waarom ben je dan nog met haar?"

Hij bekeek mij van opzij met een blik van waardering en bewondering.

"Waarschijnlijk shock en verwarring. Ik dacht dat ik van haar hield en aangezien ze niet zeker is van hem of van mij, hoopte ik dat ze mij zou kiezen en hem zou dumpen."

"Ah, ik ken dat gevoel van verwarring ook al was mijn situatie een beetje anders. Ik had een paar jaar een relatie met een klootzak voordat ik me realiseerde dat ik nooit van hem had gehouden. Ik heb besloten dat ik nooit meer zoveel moeite doe voor een relatie. Ik denk dat op ieder potje een dekseltje past en als een relatie vanaf het begin al niet natuurlijk en makkelijk aanvoelt, is het waarschijnlijk geen goede combinatie. Het wordt dan alleen maar erger in moeilijke tijden, en geloof me, de echte proef volgt zodra het nieuwe ervan af is."

"Ik heb altijd moeite gehad met opgemerkt worden. In Suriname werd ik voor witte jongen uitgemaakt en in Holland ben ik de bruine jongen. En kort. De meeste meisjes daar zijn rond de een meter tachtig. Niemand had interesse in me tenzij ik moeite deed om hun aandacht te krijgen."

"Dat verbaast me echt," zei ik terwijl ik hem inschatte. Hij was iets langer dan ik. "Hier ben je niet kort en je zou erg in de smaak vallen. Vervelend dat je werd geplaagd. Ik werd ook uitgelachen toen ik hierheen verhuisde. Het was vreselijk."

"Jij? Ik dacht dat je Ms. Populair was. Ik zag je dat je vrienden je thuisbrachten met een hele stoet auto's."

"Ja, misschien nu. In het begin was het zwaar. Erg zwaar. Ik voelde me net een buitenaards wezen."

Roberts openheid en kwetsbaarheid waren als een frisse wind die mij vulde met een warme tederheid die ik zelden voelde wanneer ik met een jongen sprak. Daardoor steeg de graadmeter van zijn aantrekkelijkheid bij iedere glimlach.

Zonder waarschuwing pakte Robert mijn hand en begon ermee te spelen. Hij draaide zijn vinger rond in mijn handpalm waardoor er tintelingen langs mijn ruggengraat liepen, en vanaf mijn navel in alle richtingen uitstraalden. Ik raakte even in paniek maar besloot niks te zeggen en iets aan mijn verdraagzaamheid te doen.

Omringd door uitgestrekte broeiende woestijn en gezegend met alle tijd van de wereld, ging hij voorzichtig verder naar mijn dij, ronddraaiend in martelende cirkels die mij in een verhitte trance brachten, net zo duizelingwekkend als de zinderende kronkels boven het asfalt.

Ik zei geen woord, probeerde rustig te blijven en stilletjes van het gevoel te genieten, als van een ijsje dat net uit de hemel was gevallen.

"Ik moet tanken en we komen zo een pompstation tegen," zei hij. "De anderen zijn te ver vooruit om hen te waarschuwen. Je hebt het adres van het hotel toch?"

Ik knikte.

Hij nam de volgende afslag en stopte achter een verlaten pompstation en keerde zich naar mij toe. Mijn gezicht en mijn ogen moeten eruitgezien hebben als een flikkerend groen licht dat gepaard ging met matig onderdrukt gehijg.

"Kom hier," zei hij, en hij trok mijn lichaam dat inmiddels klopte van verlangen, naar zich toe.

Het moment dat onze lippen elkaar raakten, gingen ze verlangend open en golven van gelukzaligheid maakten zich van mij meester. Zijn goddelijke lippen en tong verkenden voorzichtig de mijne, en golven van lust welden in mij op vanuit het diepste van mijn ziel.

Een ongeremde aantrekkingskracht hoopte zich op in de opening tussen onze lichamen en versterkte ieder denkbaar verlangen eens te meer. In deze opening, hield mijn ziel de teugels rondom mijn lichaam in handen, en kon ik voor het eerst ervaren hoe het is om je compleet onbeteugeld en ongeremd te voelen, en toch geborgen en volledig onder controle.

Er was geen enkele druk om dingen te doen waar ik nog niet klaar voor was. Ik merkte dat Robert het aan mij overliet om te beslissen hoever we zouden gaan, een beslissing die ik niet gewend was te maken, en eentje die, tegenstrijdig genoeg, ervoor zorgde dat ik juist nog meer naar hem verlangde. De enige manier die ik kende om mijn grenzen aan te geven, was om langzaamaan steeds dichterbij te komen. Maar in plaats van dichterbij te komen, maakte ik mijn lippen opeens los van de zijne.

"We moeten gaan tanken en die anderen proberen in te halen," mompelde ik.

"Oké," gehoorzaamde hij met een onweerstaanbare zijdelingse blik die zei, 'wordt vervolgd,' terwijl hij de auto startte.

We gingen inderdaad verder, maar deden het veel rustiger aan. We frunnikten met onze vingers op het middenconsole van de auto tot we de rest een uur later ontmoetten bij het hotel. Die avond nestelden Robert en ik ons op onze buiken naast elkaar op een van de bedden om naar een film te kijken. De rest van het gezelschap was overal verspreid, behalve Ma die zich al in een andere kamer had teruggetrokken.

Ik volgde niet wat er gebeurde in de film, erg ingenomen met Roberts hand die langzaam mijn blote rug onder mijn grote slaaphemd aan het verkennen was. Het voelde alsof zijn nieuwsgierige vingers de voorkant van mijn verlangende lichaam streelden, elk deeltje genadeloos versmeltend in een niet waarneembaar geklop.

Gewoon inademen, uitademen, inademen, uitademen, en je overleeft het wel. Ik ademde anderhalf uur lang zo onverschillig mogelijk door een gekmakende opwinding heen, en op een of andere manier sliep ik mijn seksuele frustraties uit.

Vanaf die dag kleefden we aan elkaar als twee magneten. We hielden in stilte elkaars hand vast, of praatten non-stop op de lange saaie wegen, waarna we worstelden en elkaar nat spatten in de zwembaden van de hotels. Toen we in Californië aankwamen, renden we opgewonden de trap op van ons gloednieuwe huis, op zoek naar mijn slaapkamer, maakten wandelingen in de buurt, en verkenden mijn nieuwe omgeving.

We bereikten bijna mijn grens van geheelonthouding, maar overschreden die nooit. Ik wachtte nog steeds op een of ander teken, iets dat overtuigender was dan de goedkeurende blikken van onze ouders.

Op een van de middagen dat we op sightseeing waren op het grasveld van Union Square in San Francisco, lagen we op onze rug en bewonderden de drijvende pluizige wolken. Uit het niets begon Robert met zijn beste basstem "*I left my heart in San Francisco*" voor mij te zingen. Ik begon opgewonden te lachen. Hij draaide zich naar mij om, leunde op zijn elleboog, en staarde mij lang aan.

"Wat?" vroeg ik.

"Ik vind het heerlijk om naar jouw prachtige grote bruine ogen te kijken." Zenuwachtige kriebels kietelden elke vezel in mijn lijf. Ik wist wat hij zou zeggen, maar ik was er nog niet klaar voor om het te horen.

"Voor mij ben je perfect. We zijn voor elkaar bestemd," kirde hij.

"Hoe weet je dat? We hebben elkaar pas leren kennen. Je bent met je hoofd helemaal in de wolken. Helemaal daar," zei ik afwijzend terwijl ik omhoog wees.

"Wat bedoel je? Wat is er gebeurd?"

"Dit is gewoon een vakantieliefde. De beste die ik ooit heb gehad maar dit is gewoon een zomerliefde zonder toekomst. Laten we het daarbij laten."

Een lichte sluier van ontnuchterende werkelijkheid daalde op ons neer.

"Ik wenste wel dat ik dat kon, maar alles van ons past perfect bij elkaar. Je bent te mooi om waar te zijn, te mooi om gewoon te laten gaan."

"Het lijkt te mooi om waar te zijn, omdat dat precies is wat het is. Het is gewoon een luchtkasteel, een fantasie van perfecte liefde, en prachtig zolang het duurt. Ik weet niet eens wie ik ben en wat ik met mijn leven wil. Ik moet nog een heleboel jongens daten, studeren, mijn carrièremogelijkheden bekijken, reizen, en nog veel meer voordat ik me ga binden. En bovendien woon je helemaal in Europa. Het zou voor ons geen enkele zin hebben om een langeafstandsrelatie te beginnen waarvan je niet weet wanneer zij eindigt. Dat is gewoon niet realistisch!"

"Ik vertel je gewoon wat ik nu voel."

Ik keek naar zijn gevoelige, eerlijke ogen, zuchtte, en gaf me over aan een heerlijke zoen, maar geen van beiden hadden we het er meer over tot we een paar dagen later afscheid moesten nemen.

Hij hield me lang vast en zei: "We zullen elkaar weer ontmoeten, je zal zien. We zijn voor elkaar bestemd. Let op mijn woorden."

Ik glimlachte goedkeurend en besloot het moment niet te verpesten door hem te vertellen wat er daadwerkelijk door mijn hoofd spookte. Is goed hoor. En hoe dan? Wat scheelt jullie jongens? Jullie zijn allemaal zulke dromers en hebben mooie praatjes. Ik val er niet nog een keer voor.

Terwijl de rest van onze families afscheid nam van elkaar met luidruchtige brasa's en zoenen, leunde Robert over de achterbank van de auto en gaf mij een doordringende blik die benadrukte, "Je zal zien".

Prima. Als we voor elkaar bestemd zijn, zal het gebeuren. Ooit. Maar ik ga verder met mijn leven zoals ik het gepland had, en dat raad ik jou ook aan, antwoordden mijn ogen tijdens ons gestaar tot hij in de verte verdween. Toen de auto de hoek omging, keerde ik mij op mijn hakken om en ging het huis binnen.

Vreemd genoeg voelde ik me eerder vol dan leeg, en totaal niet verdrietig. Het was allemaal zo nieuw. Ik wist even niet wat ik ermee aan moest behalve dan stralen. Wat het ook was dat hij gedaan had, hij had ongetwijfeld de lat hoog gelegd voor toekomstige aanbidders.

Hoofdstuk 5

 HET JUISTE DEKSEL

*Liefde vind je niet, zij vindt jou. Het heeft een
beetje te maken met het lot, de bestemming,
en met wat de sterren zeggen.*
~ Anaïs Nin

"JE STUDENTENTIJD IS DE BESTE TIJD van je leven! Ga op kamers wonen om echt alles te kunnen meemaken," adviseerde mijn docente Engels, Mw. Weiley, ons terwijl ze een blaadje rond liet gaan met tips die ons zouden kunnen helpen met het essaygedeelte van onze aanmeldingen. Ze was de eerste persoon die ooit met mij sprak over college.

"Ik heb zo vaak gehoord van studenten die heen en weer reisden, waardoor ze alles wat buiten de lessen om gebeurde, hebben moeten missen. Tegen de tijd dat je afstudeert, realiseer je je dat al die buitenschoolse activiteiten en de studentenfeestjes net zo leerzaam zijn als de lessen die je door de jaren heen zal bijwonen," zei ze.

Ik klampte mij vast aan ieder woord dat ze zei. Er was geen twijfel mogelijk. Op een van die gezellige studentenhuizen stond mijn naam geschreven. De stilte van het immense en rustige Sacramento was precies wat ik nodig had om uit de trein van populariteit te stappen waar ik in Miami in verkeerde, en over te stappen op de snelheidstrein van de studie op mijn nieuwe school.

Voor het eerst sinds jaren zagen mijn boeken de binnenkant van een rugtas, en werden ze regelmatig geopend. Ik lette op tijdens de lessen en maakte veel aantekeningen.

Ik sloeg uitnodigingen om uit te gaan af en in plaats daarvan worstelde ik tot laat in de avond met onmogelijke natuur- en wiskunde huiswerkopdrachten gewoon vanwege het plezier dat het sporadische succes gaf. Er was echt geen enkele ouderejaars leerling die ik kende die ongevoeliger was voor het ouderejaarsvirus dan ik.

Mijn wiskundedocent, mevrouw Bakelas, beter bekend als "de drilsergeant" deelde ook haar idee over het hoger onderwijs.

"Jullie zijn allemaal slimme jongens en meisjes," zei ze met een zwaar Grieks accent, het lelijke zwarte montuur van haar bril op het puntje van haar neus. "Maar jullie moeten gefocust blijven! Er zijn veel zaken die je tegenkomt tijdens je studie welke je kunnen afleiden, en die niets te maken hebben met een goede studie zoals je nu krijgt tijdens mijn wiskundelessen. Er zijn genoeg afstudeerrichtingen die niet zoveel voorstellen, en die je kunt halen met een beetje gezond verstand, zoals psychologie. Kies niet de weg van de minste weerstand alleen omdat het kan. Werk hard, en je zal veel bereiken."

Hm. Psychologie. Is dat zoiets als karakters en thema's analyseren zoals bij Engels? Ik vind het heerlijk om in groepen op te splitsen en te praten over de moraal van het verhaal en op zoek te gaan naar alle slimme trucjes zoals voorbodes en goede dialogen die een boek interessant maken. Het is absoluut veel leuker dan het oplossen van wiskundige vraagstukken. Is er echt een studie hierover?

Ondanks het tegenstrijdige advies van docenten was ik ervan overtuigd dat de universiteit een geweldige speeltuin was voor nieuwsgierige en zorgeloze studenten. Mijn droom om naar de universiteit te gaan kwam dichterbij. Ik kon het bijna proeven.

Net toen mijn toekomstplannen vorm begonnen te krijgen, kwam Pa thuis en hij zag eruit alsof hij geëlektrocuteerd was.

"Ik ben ontslagen," zei hij, haast onhoorbaar. "Ik heb mijn vorige baan een paar maanden geleden opgezegd omdat Harvey erop stond dat hij veel werk had. Hij wist dat ik een nieuw huis had gekocht en mijn gezin liet overkomen. Hoe kon hij zoiets doen?" zei Pa tegen Ma, en schudde zijn hoofd in ongeloof. Hij zakte in een stoel voor de televisie en staarde net een zombie voor zich uit. Dit ging dagen, weken en maanden zo door.

Ma zei dat Pa moest opladen en dat het haar beurt was om op te staan en in te grijpen. Ze stelde niet teleur. Ze solliciteerde op een vacature op een Montessori kleuterschool en onderhield ons van haar bescheiden inkomen terwijl Pa kookte, licht huishoudelijk werk deed, en "gewoon wat tijd nodig had om te rouwen".

"Ik leer zoveel over hoe je kinderen op een goede manier kunt disciplineren. Niemand leert je dat soort dingen in Suriname," glunderde Ma tijdens het eten. Ze was duidelijk een van de favoriete zorgverleners op haar nieuwe werk, en werd liefkozend "oma" genoemd door kinderen, ouders en collega's.

Ik wist dat Ma's opmerking van vandaag een verborgen verontschuldiging was. Haar trots kennende gaf ze mij een cadeau dat net zo zeldzaam was als een zwarte parel. Op het moment dat ik het accepteerde, kwam er een golf van grenzeloze liefde, dankbaarheid, en vergeving over mij heen, die de stoffige hoeken van alle vier mijn hartkamers schoonmaakte voordat het zich langzaam in de zee terugtrok.

De aanmeldingen voor de universiteiten waren over een paar weken, hetgeen Pa's stress over geld verergerde. Toen we het financiële gedeelte van mijn aanmelding invulden, begreep ik dat het bescheiden inkomen van Ma, samengeraapt met de teruggelopen inkomsten uit dividenden, nog steeds behoorden tot de laagste inkomensschijf.

"Er is een universiteit hier vlakbij. We kunnen het ons niet permitteren je verder weg te sturen en op kamers te laten wonen. En waarom zou je daar willen wonen terwijl je hier een dak boven je hoofd hebt?" vroeg Pa. Het raakte hem behoorlijk dat ik erg volwassen was geworden terwijl hij zijn best deed om ons als gezin weer bij elkaar te brengen.

"Was het krijgen van goed onderwijs niet dé reden om te verhuizen naar de Verenigde Staten?" zei ik, en kaatste de bal terug die ze al zo lang naar me toegooiden. "Mijn Engels docente zei dat de levenservaring die je opdoet wanneer je op de campus woont, een belangrijk deel is van je opvoeding. Misschien kan ik financiële hulp krijgen om de kosten te dekken."

Ik zag mijn collegedromen veranderen in een groot vraagteken. Waarom deed Pa alsof 't het einde van de wereld was als ik uit huis ging? Is hij nog steeds niet gewend om apart te wonen?

Ik had een oude, zeer gevoelige snaar geraakt. Pa die al veerkrachtig en sociaal was op twaalfjarige leeftijd, was naar het internaat gestuurd met Oom Erwin, zijn broertje, zodat hun drie neven van buiten de stad bij mijn grootouders konden inwonen en zo naar een stadsschool konden gaan. Na een paar jaar gedurende welke hij maar weinig weekenden met zijn familie doorbracht, werd Pa op zijn zestiende naar Nederland gestuurd om verder te studeren. Toen hij zijn vader een paar jaar later verloor, besloot hij liever de begrafenis in Hong Kong te missen dan zijn eindexamens. Dat scheelde zijn moeder de kosten van nogmaals een duur schooljaar in het buitenland.

Zonder het te hoeven benoemen was Pa het duidelijk zat om als volwassene steeds van datgene beroofd te worden waar hij de meeste waarde aan hechtte-- ongestoord samenzijn met zijn familie. Na alles wat hij had meegemaakt was het mijn beurt om een offer te brengen.

Ongeveer twee maanden nadat ik mijn aanmeldingsformulieren voor de universiteit had verstuurd, opende ik de toelatingsbrief van UC Davis.

"Ik heb het! Ik ben aangenomen op UC Davis!" schreeuwde ik. Het allerbeste ervan: Ik had genoeg financiering en beurzen gekregen om doordeweeks op kamers te verblijven, en Ma en Pa die slechts twintig minuten verderop woonden, in het weekend op te zoeken. Het was een droom die werkelijkheid werd waar zelfs Pa trots op was en mee kon leven.

"Veel adolescenten hebben geen idee hoe groepsdruk werkt en ik denk dat volwassenen niet begrijpen dat kinderen en tieners vaak niet doorhebben hoe ze negatief worden beïnvloed," legde ik uit aan een panel dat eerstejaars interviewde voor het verkrijgen van een studiebeurs. "Toen ik tegen een van mijn vrienden zei dat hij door groepsdruk drugs gebruikte, zei hij dat ik het mis had want zijn vrienden zouden liever hebben dat hij hun drugs niet gebruikte zodat er meer overbleef voor hen."

Nadat ik een paar instemmende blikken en geknik zag, deed ik een gewaagde uitspraak waarvan ik mij niet eens gerealiseerd had dat het in mijn onderbewustzijn leefde.

"Ik wil graag psychologie studeren omdat sommige van de slechtste beslissingen die ik in mijn leven heb genomen te wijten waren aan groepsdruk. Ik zou graag jongeren begeleiden om te voorkomen dat ze dezelfde fouten maken als ik."

Aan het eind van die week hoorde ik dat de studiebeurs werd toegezegd. Hoewel het mijn interesse om psychologie te studeren nog meer versterkte, achtervolgde mij het onbenullige beeld dat mevrouw Bakela's had geschetst van een carrière op dit gebied. Het zorgde ervoor dat ik heel erg aan mezelf ging twijfelen. Pas toen ik in het eerste jaar voor wiskunde het hoogste cijfer van mijn klas haalde, en een lager cijfer, een 8, voor Psychologie, geloofde ik pas dat psychologie geen onbenullige studie was en dat ik geen garnalenheisens had. Voor mij was het belangrijk iets te studeren waar mijn hart lag in plaats van mijn hoofd. Was daar iets mis mee?

Voor de veiligheid had ik ervoor gekozen om op de rustige verdieping van Malcolm Hall te wonen waar ik een paar hele leuke nieuwe vrienden leerde kennen. Ze waren ijverig, maar gezellig. Ze deden mij denken aan mijn vrienden in Miami. We genoten van elkaars gezelschap en wat we ook deden, we hadden het altijd leuk samen,. Samen goedkope films kijken op de campus, ijsjes in de stad halen, dansen in de nachtclub van het afgezaagde winkelcentrum aan de overkant, helemaal naar Sacramento rijden om midden in de nacht Tjauw-min en nasi te eten. Het was altijd hartstikke leuk.

Op een gezellige zaterdagavond besloten Sherri, een paar andere huisgenoten en ik wat feestjes aan de Russel Boulevard af te gaan. Het was de drukste straat van heel Davis en het wemelde er van de studentenhuizen. Nadat ik ongeveer een uur het gezuip en geklets had aangezien en aangehoord, begon een ontevreden gevoel steeds harder aan mij te knagen.

De woorden *been there, done that, laten we gaan,* bleven maar door mijn hoofd malen tot ik de moed bijeenraapte om weg te gaan.

"Ik ga naar huis," fluisterde ik in Sherri's oor. Ze keek verbaasd.

"Gaat het wel?"

"Ja hoor. Gaat prima. Ben gewoon moe."

"Zeker? Wil je dat ik meega?"

"Nee, nee, blijf. Echt. Het komt goed. Het is druk en het trottoir is verlicht. Het kost me hooguit vijf minuten om over te steken en naar mijn kamer te gaan."

"Oké. Wees voorzichtig," antwoordde ze.

Hetzelfde gevoel van verveling overviel mij weer tijdens mijn jazz dansles. Terwijl mijn lichaam de uitdagende, sensuele bewegingen van mijn dansdocente Kelly nabootste, bleven mijn gedachten afdwalen. Ik werd afgeleid door het team van moderne dans dat voor de spiegel aan het stretchen was en wachtte tot wij klaar zouden zijn.

Ik bleef na en keek hoe zij hun pasjes oefenden, gefascineerd door hun excentrieke bewegende dichtkunst, hun muziek en hun onbevangenheid om wild, intens, raar en zelfs grotesk te zijn als dat is waar hun kunstzinnigheid om draait. Dit was zo anders dan wat ik ooit gezien had, en waar mijn ziel naar verlangde.

In een brochure in de hal stond geschreven dat het team dezelfde week nog audities hield.

"Welkom bij Nexus, dames," zei Bonnie, een van de teamleden, tijdens de oefening.

"Nexus betekent samenkomen. Samenkomen om te dansen. Samenkomen in ons centrum om onszelf te delen met ons publiek. Het eerste deel van jullie try-outs zal onder andere het aanleren van een nieuwe routine zijn waarbij je de kans hebt te pronken met jouw danstechniek. Het tweede, en tevens belangrijkste deel is improvisatie. Jullie zal dan gevraagd worden een boom uit te beelden."

Een boom? Ik kan mooie bewegingen maken, ben mij goed bewust van mijn lichaam en heb er controle over, en ik kan andere dansers imiteren, maar ik heb nog nooit zelf de choreografie van een dans moeten doen. Hoe beeld je in hemelsnaam een boom uit?

Het eerste deel van de audities ging makkelijk, maar toen ik een boom moest uitbeelden, verzon ik maar wat. Ik heb diep gegraven en besloot als een zaadje te beginnen, ineengedoken in een kleine compacte bal, met mijn voeten stevig op de grond. Vervolgens begon ik mijn wortels en tenen naar buiten te wriemelen en stak ze in de grond. Ik barstte open en begon voorzichtig te groeien. Mijn lichaam herinnerde zich de talloze keren dat ik contact heb gehad met de natuurgeesten en -goden op *boitie*. Ik wist tenslotte toch wat ik moest doen.

Een klein, kwetsbaar blaadje in de vorm van mijn hand stak uit, zwaaide boven mijn hoofd op zoek naar de zon. Mijn stam werd langzaamaan langer, dikker, en steviger. In een paar minuten, de lengte van maanden en jaren, stond ik daar; lang, stevig, mijn takken zachtjes wiegend in de wind. Een breed tapijt van bladeren, zo breed als de wijdte van mijn gespreide armen bad tot de zon terwijl het ritselde en tegen elkaar aan wreef. De energie schoot door mijn lijf, van mijn voetzolen tot boven op mijn hoofd en terug. Ik was in de wolken, en voelde mij meer geaard, echter, mooier en levendiger dan al die jaren van dansen, optredens, overwinningen en prijzen bij elkaar.

Het team vond mijn stuk geweldig. De daaropvolgende week vervormden en metamorfoseerden mijn lichaam en dat van een boel andere dansers in de stille pijn van boulimie, de afschuw van een tikkende tijdbom, de gekte van kleurrijke, lichaamsgrote, rekbare kussenslopen, en de wanhoop van een mishandelde vrouw verlangend naar liefde, veiligheid, en vrijheid. Dit mozaïek aan dansen voor onze jaarlijkse winteruitvoering en het befaamde

Whole Earth Festival, hadden één thema gemeen: het uitbeelden en uiten van datgene dat in de wandelgangen werd verboden, verzwegen en verborgen.

Ondanks alle jaren van danstraining en ervaring, voelde ik mij voor het eerst een artiest in plaats van een kopieerapparaat dat de creatie van anderen nadeed. Ik kon in een oneindige, tijdloze ruimte stappen waar ik opbloeide en steeg, en danste op muziek die door het universum, de natuur, het leven, de dansers, het publiek, en alle andere dingen stroomde. In onze gesynchroniseerde dansen bewogen we als een vlucht vogels zonder leiders, zonder volgers. We waren allemaal een.

"Echt? Je hebt nooit gehoord van flowerpower kinderen? De hippie-beweging?" Margie, de gastvrouw van onze gezamenlijke maaltijd, en het oudste lid van Nexus, giechelde. Ze was gekleed in een wit katoenen jurk met kanten mouwen, en jamde graag op haar gitaar tijdens bijeenkomsten.

"Ik ben in 1983 verhuisd naar de VS, en keek in Suriname niet vaak televisie.

Ik ken het alleen uit verhalen en films maar niet van nabij, zoals jullie," antwoordde ik.

"Zeker weten, sommige van onze ouders waren hippies en hebben eraan bijgedragen het *Whole Earth Festival* zo groots te maken als het nu is. Dit kleine stadje heeft een rijke geschiedenis. Ik ben zelfs een keer gearresteerd tijdens een vredesprotest hier in Davis," zei Margie. Ze was moeder van drie kinderen en ging weer naar school om Vrouwenstudies te studeren.

Wow. Flowerpower kinderen, en nu opnieuw studenten en rebellerende moeders, die ooit zijn gearresteerd voor protesteren? Ik was zeer geboeid.

Brent kwam regelmatig naar de etentjes en kwam daar aan in een versleten jeans short, T-shirt met gaten, en op blote voeten.

"Jij moet een van de nieuwste leden zijn, " zei hij.

"Klopt ja. En jij?"

"Een oude vriend van Bonnie."

Brent bleek alles te zijn wat mijn huisgenoten, de gemiddelde student, en andere leeghoofden niet waren. Hij was vijf jaar ouder dan ik, student geneeskunde, heel relaxed, en vol levenservaring. Een wereldse oud-militair en een beetje een buitenbeentje. Hij had veel verhalen over het buitenland, over moed, eenzaamheid, de ontberingen en vriendschappen die ontstonden tussen hem, zijn kameraden en de Koreaanse prostituees die op feestdagen slow dansten met hen.

Dat was de goede kant van het verhaal.

De minder goede kant onthulde de reden waarom hij in militaire dienst trad. Hij moest weg van zijn "disfunctionele familie" en gescheiden ouders— zijn "vader de alcoholist", een rijke advocaat en zijn "faciliterende moeder".

"Ze waren de weg kwijt en hebben die nog steeds niet teruggevonden. Verward door hoe de wereld in elkaar zit. Geld. Zaken. Succes. Mislukking. Met name wat relaties betreft."

"Hebben jullie contact?"

"Zelden. Het voelt zo oppervlakkig. We hebben niet veel te bespreken, dus doe ik het liever niet. Ik leef in het moment, in het hier en nu. Ik streef ernaar om vrij te zijn van het verleden, van maatschappelijke regels, van hun culturele erfenis die mijn idealen niet weergeeft. Ze snappen het niet. Het zorgt altijd voor discussies en conflicten tussen ons. Dus ik heb besloten te leven en te laten leven. Ik kan hen niet veranderen, maar ik kan aan mezelf werken en mijn eigen weg zien te vinden," zei Brent met een zachte stem.

"Ik denk niet dat ik ooit in staat zou zijn om te doen wat jij doet," zei ik bewonderend. Eindelijk een vent met een beetje inhoud, een denker die mijn wilde jaren in Miami niet zou bekritiseren.

"Hou je van lezen?" vroeg Brent.

"Ja. Ik heb niet zoveel tijd tegenwoordig door mijn drukke dansschema, maar er is niets dat meer blikverruimend en stimulerend is voor mij dan lezen."

"Ik heb een geweldig boek voor je. Het is mijn favoriete boek. Heb je gehoord van Jonathan *Livingston Seagull* van Richard Bach?"

"Nee. Waar gaat het over?"

"De reis van een zeemeeuw die zich vrij weet te maken van de zwerm en leert hoe hij zelfstandig moet zweven. Ik denk dat je het interessant zal vinden. Je mag het lenen. Ik ben meestal op het grasveld bij het pleintje op dinsdags en woensdags na mijn scheikunde les. Kom mij opzoeken. Ik zal het meenemen," zei Brent.

De dinsdag daarop ontmoette ik op het plein zowel Brent als Darla, zijn trouwe Golden Retriever. We zagen elkaar daarna regelmatig en bespraken het boek van Richard Bach, de Boeddhistische filosofie, en de fascinerende lessen uit mijn godsdienstlessen. Brent en ik werden uiteindelijk een stel, hoewel hij zich meer als mijn spirituele leraar gedroeg dan als mijn vriend. Ma en Pa leken niet al te enthousiast over zijn nadrukkelijke aanwezigheid. Toen ik hem meenam voor het avondeten en vroeg of we konden blijven slapen, in mijn kamer natuurlijk, keek Pa me geschrokken aan en schudde van nee.

"Dat is prima. Als we hier niet kunnen overnachten dan rijden we na het eten gewoon terug naar Davis. We zijn bij hem thuis toch meer op ons gemak," zei ik. Pa stond zwijgend op en begon de tafel af te ruimen. Ik voelde mij een beetje schuldig over de steek die ik hem in zijn hart toebracht, maar ik was ervan overtuigd dat het een noodzakelijk kwaad was om op te komen voor mijn vrijheid en onafhankelijkheid.

Op een middag in Davis, kwamen Brents broer en zijn vriendin onverwacht langs terwijl wij in de slaapkamer waren.

"Blijf hier. Laat mij even kijken wat ze willen."

"Zo, nog steeds met dat jonge grietje?" hoorde ik zijn broer, die ik nog niet had ontmoet, luid zeggen.

"Ze is geen klein kind. Ze is negentien."

"Oh wow, negentien. Technisch gezien een volwassene."

"Wat wil je?

"We komen gewoon langs om te groeten. Zijn we niet welkom?"

"Als er niets is waar ik je mee kan helpen, ga dan alsjeblieft weg."

"Kom Gloria, we gaan. Ik denk dat we op iemands tenen hebben getrapt. Je zal me later bedanken Brent. Zorg goed voor jezelf vriend."

"Wat is hun probleem? Waar ging dat nou over?" brieste ik.

"Hij heeft waarschijnlijk gedronken. Laat je door hem niet van de wijs brengen. Hij is gewoon jaloers. Hij beschuldigt mij ervan de favoriet te zijn en houdt ervan me te pesten."

"Nou, hij pestte mij ook. Hij is een zak, en ik had graag gezien dat je voor mij was opgekomen. Je had kunnen zeggen ze is volwassener dan jij ooit zal zijn."

"Ik wil mij niet verlagen tot zijn niveau. En jij zou dat ook niet moeten doen."

"Voor mij en voor jezelf opkomen is geen verlagen tot zijn niveau. Ik denk niet dat ik me zou kunnen verlagen tot zijn niveau, zelfs als ik het zou proberen," zei ik, terwijl ik nog meer overstuur raakte door zijn redenering.

"Dit is precies wat hij voor elkaar wil krijgen: dat wij ruzie maken. Laten we naar een film kijken en hem vergeten."

"Sorry. Je hebt gelijk," zei ik twijfelachtig. "Ik ben gewoon stomverbaasd dat iemands directe familie zo gemeen, koud en berekenend kan zijn."

"Ik laat me niet op de kast jagen door hem," zei Brent.

"Hoe?" vroeg ik.

"Negeer hem gewoon," antwoordde hij nonchalant.

Tegen de tijd dat de zomer aanbrak, was onze relatie moeizamer geworden. Ieder strijdtoneel werd bedekt door scherp grint en puntige steentjes. Ik had er moeite mee om zijn broers vijandigheid te accepteren, en dat Brent erop stond dat ik hem gewoon moest negeren hielp ook niet. Zijn onhandigheid om met gevoelens om te gaan in het algemeen, werd een groot probleem—zoals zeggen dat ik geen reden had om jaloers of onzeker te worden wanneer hij openlijk andere vrouwen bewonderde die minstens drie of vier jaar ouder waren dan ik.

Ik stond op het punt het uit te maken maar besloot eerst naar mijn vrienden in Miami te gaan. Misschien dat de afstand wat helderheid zou brengen. We waren acht maanden samen. Ik wist nog steeds niet zeker of ik minder emotioneel moest zijn, of hij emotioneler moest zijn of dat we het beiden bij het verkeerde eind hadden.

"Zullen we elkaar ontmoeten en een paar dagen naar Disney World gaan? Dat zou leuk zijn en zou ons goed doen. Dit kwartaal was druk en zenuwslopend voor ons allebei," zei hij toen hij mijn plannen hoorde.

"Oké. Misschien heb je gelijk," zei ik.

Maar zelfs de magie van Disney World en Epcot Center bij elkaar kon onze relatie niet redden. Ik bleef onzeker. Brent bleef mijn gevoelens afdoen als ongegrond, hetgeen mij mateloos woest maakte.

Ik ging in mijn eentje terug naar Miami vooralsnog in een relatie, te verlamd en onzeker om stappen te ondernemen. Ik zat vast in deze onzekerheid toen het schelle gerinkel van de telefoon mij bij zinnen bracht.

"Hallo, met Robert. Ik belde naar je moeder in Californië. Ze zei dat je in Miami was en gaf me dit nummer."

"Hallo . . . Wat een verrassing. Hoe gaat het? Waar ben je?" vroeg ik. Slik.

"Hier. In Miami met oom Henk op weg naar Suriname. Hij is bezig voorraad op te slaan. Ik heb op en neer door Miami gereden om hem te helpen met zijn winkelmarathon."

Ik hoorde oom Henk op de achtergrond lachen.

"Heb je zin om mee te gaan? Wat doe je morgen?" vroeg Robert.

Ik had in de afgelopen twee jaar een handjevol kaarten ontvangen, maar had niet veel aan hem gedacht. Ik had dat hoofdstuk compleet afgesloten zodat ik me op mijn toekomst kon voorbereiden.

Ja. Ga. Gezien de huidige staat van je liefdesleven, tuurlijk, waarom niet?

"Nee, geen plannen voor morgen," antwoordde ik. "Ik heb mijn oude vrienden al opgezocht en Brent, mijn vriend, is net vertrokken."

"Hm, vriend, hè?"

"Ja. Ik denk het. Ik zal je morgen meer vertellen."

Robert en Oom Henk haalden mij de volgende dag op in een busje dat volgestouwd was met kantoorbenodigdheden, oude banden, en telecommunicatie hardware.

"Banden?" vroeg ik.

"Vraag maar niet," antwoordde Robert.

We gaven elkaar een vriendschappelijke kus. Robert was en rook nog even lekker als ik mij herinnerde. Op weg naar de oude zakenpartner en vriend van Oom Henk, praatten we bij over familieaangelegenheden en het leven in Suriname, Holland, en Californië. Eenmaal alleen gingen Robert en ik verder waar we geëindigd waren. Alleen deze keer was ik degene die klaagde over mijn twijfelachtige relatie en problematische vriend, Brent.

"Soms vraag ik me af of hij wel een hart heeft. Ik maak geen grap. Hij is zo los van alles dat het moeilijk is om te geloven dat hij echt om mij geeft. Hij slikt allerlei BS van zijn familie en sommige beledigingen treffen mij ook. Alles om hem op stang te jagen. Ik denk dat hij eenzaam is en verliefd op het idee van een vriendin te hebben, en toevallig ben ik die vriendin, maar ik denk niet dat hij echt om mij geeft als een individu. Of misschien laten ze hem zodanig twijfelen aan onze relatie dat hij niet verder kan. Wat het ook is, ik voel me overbodig, vervangbaar en rot."

"Ik vind het erg dat te horen. Misschien vergt deze relatie te veel inzet. Weet je nog wat je tegen mij zei? Op ieder potje past een deksel?"

Hij trok zijn wenkbrauwen op alsof hij wilde zeggen: "vlak voor je neus".

Heeft hij echt herhaald wat ik hem twee jaar geleden heb gezegd? Niemand luistert naar mij, laat staan dat iemand herhaalt wat ik twee jaar geleden heb gezegd!

Rijen met dominostenen vielen om en kwamen samen in het midden van mijn hart. In een oogwenk trok de mist op.

"Weet je? Je hebt gelijk. Dit deksel is niet de juiste voor mij. Ik had dit maanden geleden al moeten stoppen. Dat zie ik nu in."

"Weet je het zeker? Dat was snel."

"Weet je nog wat je zei over je ex? Misschien heb ik ook nooit van Brent gehouden want het enige wat ik nu voel is een grote opluchting. Ik was te bang om het te beëindigen en ik vertrouwde mezelf niet. Ik ben met een heleboel verschillende jongens uitgegaan, maar ik heb nooit meer ervaren wat we met elkaar gedeeld hebben en wat ik nu voel na slechts een uurtje praten."

Ik pauzeerde en aarzelde om mijn ziel helemaal bloot te geven. Gelukkig was ik me te goed bewust van de korte tijd die we nog hadden, om me in te houden. Ik durfde mijn echte gevoelens te voelen. Verdomd. Hij had al die tijd gelijk.

"Het is zo makkelijk om mezelf te zijn en me met jou verbonden te voelen. Ik voel me belangrijk en het middelpunt, op een gezonde, niet-obsessieve manier. Dit simpele wat wij hebben, is wat mij echt gelukkig maakt en waar ik naar op zoek was," zei ik.

Robert glimlachte met tranen in zijn ogen en gaf mij een klein kusje.

"Hey kinderen, honger? Klaar om te gaan?" vroeg Oom Henk. Hij leek tevreden met zijn zaken en onze aangewakkerde romance.

"Kunnen jullie mij helpen deze spullen uit te laden?"

"Waar zullen we eten?" vroeg hij terwijl we banden en dozen die naar Suriname verstuurd moesten worden stapelden in de garage van zijn partner.

"Hm, waar jullie zin in hebben. Mij maakt het niets uit," zei Robert en knipoogde naar mij.

Tijdens het avondeten haalden we herinneringen op van onze avonturen tijdens de rondreis. Het voelde heerlijk om weer onder oude vrienden te zijn.

"Zie ik je weer morgenmiddag? Neem je tennisschoenen en badpak mee. We kunnen lekker lunchen in het hotel en bij het zwembad hangen," zei Robert.

"Klinkt goed. Ik zal klaar staan," zei ik, en gaf hen beiden een *brasa*.

Die avond accepteerde Brent mijn telefoontje waarin ik het uitmaakte.

"Voor je ophangt wil ik je bedanken dat je mij hebt geholpen om contact te maken met mijn gevoelens. Ik weet dat het voor jou niet zo lijkt, maar mijn hart was bevroren en ik kan nu dankzij jou zoveel meer voelen dan in het verleden," zei hij. Ik merkte dat hij een beetje droevig was maar het was zo vluchtig dat het nauwelijks impact op mij had.

"Ik stel je vriendelijkheid op prijs en het spijt me voor alle keren dat ik zeurde, en ongeduldig en veeleisend was," zei ik. Ik was rustiger en voelde me sinds lange tijd weer meer op mijn gemak met hem.

"Je spreekt vanuit je hart en dat is bewonderenswaardig en moedig. Zorg goed voor jezelf. Ik zie je wel wanneer je terug bent," zei Brent voor hij ophing. Het was de makkelijkste en snelste breuk ooit, helemaal het tegenovergestelde van wat ik met Luis had meegemaakt.

"Ik heb het gedaan! Ik heb het uitgemaakt met Brent," vertelde ik de volgende dag aan Robert en Oom Henk. Ik voelde me zo vrij als een vogel en kletste onophoudelijk. Na de lunch vloog ik heen en weer op het tennisveld en lachte ik meer om de gemiste ballen dan dat ik er een sloeg.

"Dit is hopeloos," zei Robert hoofdschuddend. "Laten we naar het zwembad gaan."

Oom Henk raakte aan de praat met een hotelgast en bleef achter om een enkeltje te spelen. Robert trok een paar baantjes voordat hij mij kwam vergezellen in de jacuzzi. Tussen ons was alles hetzelfde als twee jaar geleden, behalve mijn mening over en mijn waardering voor hem, welke exponentieel gegroeid waren in de periode dat we niet bij elkaar waren en de korte tijd dat we weer samen waren.

"If you don't know me by now, you will never ever know me," zong Robert mee met de radio bij het zwembad. Zijn beide armen rustten op de zijkant van de jacuzzi, en hij had een verleidelijke, uitnodigende blik op zijn gezicht.

Op dat moment besloot ik om ervoor te gaan. Hij zou de volgende ochtend vertrekken, ik had niet alle tijd van de wereld om alles uit te zoeken. Wat had ik te verliezen? Niets. Als het niets werd, geen probleem. Het was nu of nooit.

Ik zwom langzaam naar Robert toe, mijn lippen gingen recht op de zijne af. Deze keer hield niets mij tegen. Ik kwam dichter en dichterbij tot onze lichamen aan elkaar geplakt waren, huid tegen huid, met uitzondering van die paar plekjes waar de dunne, elastische stukjes stof van onze zwemkleding een flinterdun obstakel vormden. Sterke masserende handen en een wervelwind van gevoelens—heet, nat, glibberig, sterk, zwak—verhitten mijn lichaam al snel tot een kookpunt. Ik plukte mijn lippen van de zijne om op adem te komen, en fluisterde, "Laten we naar jouw kamer gaan. Oom Henk is nog wel even bezig en zal ons niet storen."

We gaven ons over aan elkaars lichamen alsof we een twee jaar durend voorspel hadden gehad. Het enige wat ik hoefde te doen was op *"play"* drukken en verder te gaan waar we gestopt waren in de auto. Toen we op het hotelbed naar een film keken en voor het eerst kusten, en toen we op Union Square op onze ruggen lagen te kijken naar de wolken. Al mijn ervaring in het daten en de relaties tussendoor hadden slechts één doel: om mij te helpen Roberts duidelijkheid bij te benen en de wetenschap dat we perfect bij elkaar pasten. Een perfectie die zijn atletische lichaam en de elegante stoten bevestigden op het moment dat hij bij mij binnendrong en wij versmolten in hartstochtelijke golven van langverwachte extase.

Hoofdstuk 6

 COMMITMENT BOOTCAMP

Liefde kan niet worden vastgelegd door een plechtige eed
of convenant om het te verzekeren tegen een hogere liefde.
~ Ralph Waldo Emerson

TERWIJL IK DE VOLGENDE DAG OP ROBERT WACHTTE, werkte het geluid van Cheryls keukenklok als een tikkende tijdbom op mijn zenuwen. Een zware, hevige druk was ontstaan rond onze aanstaande scheiding en mijn hart dreigde in duizend stukken te breken. Gelukkig hadden Robert en zijn loyale medeplichtige die ochtend "per ongeluk" hun vlucht gemist, waardoor we twee extra dagen hadden. Het leek niet veel, maar ik had het gevoel dat zelfs twee dagen het verschil konden maken in het aanpassen aan de grote veranderingen in mijn leven, de omvang van Roberts liefde, en een plan bedenken hoe om te gaan met het gescheiden zijn van elkaar.

"Ik moet er vandoor. Geniet ervan en vertel me vanavond alle sappige details," zei Cheryl bij haar vertrek.

Niet lang daarna belde Robert aan. Ik gooide mijn armen om zijn nek en zoende hem liefdevol en dankbaar. Hij liep met mij mee naar het busje, veegde zijn voorhoofd af en vroeg of ik naar de mall wilde gaan.

"Tuurlijk, goed idee. Het is buiten te heet en te vochtig," zei ik. Het zou makkelijk zijn om een paar uren in de mall te doden, terwijl we babbelden, etalages en mensen bekeken. Het maakte mij niet zoveel uit waar we naartoe gingen of wat we deden. Gewoon Roberts arm om mijn middel voelen of zijn gezicht dicht bij het mijne was genoeg om mij in een raket aangedreven door gelukzaligheid de stratosfeer uit te schieten.

"Ik wil dat je weet hoe serieus en vastbesloten ik ben over onze relatie. Ik laat je niet meer gaan," zei hij. Hij greep mijn hand en leidde me naar de sieradenafdeling van een druk warenhuis. Hij keek zoekend naar een vitrine met ringen waaronder ook trouwringen en zei: "Ik wil een beloftering voor je kopen. Welke vind jij leuk?"

Mijn hart bonsde eventjes van blijdschap voordat mevrouw De Vigilante binnenstormde en haar lijst met waarschuwingen opsomde.

"Dit is echt een krankzinnig idee, maar zolang we elkaar niet afremmen … waarom niet? Beloof me dat je jezelf niets en niemand ontzegt vanwege mij en ook geen kansen in het leven laat schieten. En hetzelfde geldt voor mij. Ik heb die fout al eens gemaakt uit liefde, en ik denk niet dat liefde daar om draait. We moeten gewoon heel eerlijk zijn tegen elkaar en onszelf, en eventuele problemen gelijk oplossen. Als we elkaar dat kunnen beloven, vind ik het prima."

"Dat lukt mij wel. Ik had mezelf de afgelopen twee jaren niets ontzegd. Ik wist waar ik naar op zoek was en vond het niet. Alleen al de gedachte aan jou inspireerde mij om een betere persoon te worden. Ik weet dat ik met jou als vriendin nog beter af zal zijn dan toen."

"Je bent veel te lief," zei ik en ik smolt vanbinnen.

"Ik zal je zoveel mogelijk schrijven en ik zoek je op met Kerst. Mijn semester- examens zijn in januari. Ik neem gewoon al mijn boeken mee en dan studeer ik bij jou thuis. Zelfs als ik alles moet herkansen is het de moeite waard," zei hij en hij hield mijn gezicht in zijn handen.

"Zie je wat ik bedoel? Dat is niet goed. Ik wil niet dat je je examens niet haalt vanwege mij."

"Ik ga niet zakken voor mijn examens door jou. Ik zal uitblinken door jou. Alles komt op zijn pootjes terecht, je zal zien."

Ik geloofde hem. Ik wist niet precies hoe hij het gedaan had, maar dat deel van mij dat nauwelijks een week geleden wanhopig en onzeker was bij Brent, was vervangen door een krachtige godin uit de Amazone. Is dit wat er gebeurt wanneer je echt verliefd bent?

We wandelden door de mall en mijn ogen werden constant getrokken door de elegante simpele, dubbele robijnen ring aan mijn vinger, en de ring aan zijn vinger, die wel op een trouwring leek.

Ik kan niet geloven dat we dit doen. Ringen? Dit is absurd.

Rustig maar. Nederlandse mensen doen dit zo vaak wanneer ze een vaste relatie krijgen.

Hoewel mijn verwarde geest deze impulsieve daad afkeurde, juichte mijn hart alsof we net getrouwd waren in een ander universum.

Na een goed uur onze relatie te hebben ingewijd, stapten we een Hallmark-winkel binnen.

"Om je 's avonds gezelschap te houden," zei Robert, en gaf me een witte pluche teddybeer.

"Ah. Alleen als ik deze voor jou mag kopen," giechelde ik, en gaf hem een bruine in een roze jurk.

"Oké," zei hij en accepteerde het knuffelbeertje zonder enig tegenstribbelen.

In het volgende gangpad zag ik een leuk dagboek met een slot, het soort waaraan ik mijn geheimen en grote dromen zou hebben toevertrouwd, net als Anne Frank, als ik er een gehad had als kind. Op de omslag was een foto van een pubermeisje dat naar de sterren staarde vanuit de vensterbank van haar kamer en vier regels die ik voorlas voor Robert:

"Soms moet ik alleen zijn,
om in mijn eentje na te denken en te dromen.
Om te proberen te zien wat mij *Mij* maakt
En om mijn eigen speciale weg te vinden."

"Prachtig, niet? Ik moet het kopen," zei ik, overvallen door oude verlangens.

"Is het zeker. Het is echt iets voor jou," zei Robert, verliefd op de vrijgevochten dromer in mij.

Verknocht aan mijn nieuwe beer en dagboek kon ik de hele wereld aan. Zelfs geen oceaan of continent kon tussen ons komen.

"Dank je dat je ons een kans geeft. Ik weet dat we nog maar pas samen zijn, maar ik zal er alles doen om het te laten slagen. Je bent mijn soulmate. Ik ben nog nooit ergens zo zeker van geweest. Ik hou van je," zei hij, zeer overtuigd. Ik voelde hetzelfde.

"Ik hou ook van jou," zei ik. We zoenden, genoten en beleefden iedere sensatie en tinteling alsof het de laatste was.

"Laten we naar het strand gaan en daar eten, " zei Robert.

Op het strand zoenden we weer, betoverd door een oneindige liefde van mysterieuze oorsprong—een bekende doch vreemde liefde die het verstand te

boven ging en vrijelijk buiten de lijntjes van mijn gewoonlijke brein kleurde. Tijdens het eten op een buitenterras, verlichtte en zegende een heldere volle maan onze speciale band en deze magische dag met haar betoverende aanwezigheid.

Ik liet Cheryl mijn ring zien en praatte haar zo snel mogelijk bij over de details en ontwikkelingen van die dag. Mijn vrije hart was ergens anders naartoe afgedreven, ergens ver weg. Ik verontschuldigde me en dook in het logeerbed met mijn gloednieuwe dagboek en belandde op een onbewoond eiland van mijn onderbewuste, waar ik een schat aan inzichten en dromen uit mijn kindertijd had verborgen; het was tijd om die op te graven en te openen.

Op de dunne paarse lijntjes op de eerste pagina schreef ik:

Ik wilde dit al jaren en eindelijk zag ik je vandaag, en ik wist meteen dit is het dagboek dat ik wil (ook al kostte je twaalf dollars!). . . Ik zal je een geheim vertellen. Ik heb altijd al een dagboek willen hebben omdat ik me wilde herinneren hoe het was om kind te zijn, terwijl ik nog een kind was. Ik wilde toen al een begripvolle moeder zijn (destijds) en nu dat ik bijna twintig ben wil ik nog meer doen … Een van mijn dromen is een boek te schrijven om ouders te helpen met de opvoeding van hun kinderen. Ik weet nu nog niet genoeg, maar al deze informatie kan me helpen wanneer ik "geleerd" ben. Misschien dat de juiste persoon dit ooit zal kunnen lezen.

De weggestopte herinneringen en dromen vlogen er niet ineens uit, noch overspoelden ze mij als een vloedgolf. In plaats daarvan borrelden ze langzaam naar boven, één geheime schat tegelijk. Voordat de vleugels uit mijn kindertijd werden gekortwiekt, kenden ze grenzen noch angsten. Wanneer ik in het bos speelde, tilden ze mij op en droegen ze mij naar een rijk voorbij tijd, taal, leeftijd, onderwijs, levenservaring, en de bekende rollen waarin ik gewoon mezelf kon zijn; mijn dromen, en mijn roeping om volwassenen te vertellen dat kinderen veel wijzer waren en meer wisten van het geheim tot geluk dan zij lieten merken. Wanneer ik mij bezighield met deze ideeën voelde ik mij net zoals nu: high door de liefde.

Ik kwam tot de conclusie dat slechts enkele zeldzame vogels—zoals Anne Frank, Jeanne d'Arc, en Helen Keller—in staat waren volwassenen te overtuigen van wat zij als kind wisten, omdat hun omstandigheden, verhalen en gaven zo uitzonderlijk waren. Dat is de reden waarom zij werden vereeuwigd in boeken. Ik daarentegen, moest me verder ontwikkelen en veel ouder en sterker worden, voordat ik mijn dromen kon realiseren en mijn gaven met de wereld kon delen. Deze gaven konden worden samengebracht in mijn inzichten over de natuur, God en de omgang met elkaar. Ze waren gelijk aan die van Anne, over het vechten voor vrijheid en sociale rechtvaardigheid; gelijk aan die van Jeanne over het vertrouwen van buitenzintuiglijke waarneming en goddelijke leiding en gelijk aan die van Helen voor wat betreft het mezelf dwingen voorbij de vooraf voorgestelde beperkingen te gaan. Deze meisjes waren mijn beste vriendinnen en mijn inspiraties en het maakte mij niks uit dat we elkaar nooit in levenden lijve hadden ontmoet of samen *dyompofutu*, hinkelbaan, hadden gespeeld. Ze begrepen mijn geheimen beter dan wie dan ook en verlichtten de last in mijn hart en ziel aanzienlijk.

Jaren van het onderdrukken van deze inzichten waren verstreken, terwijl mijn ziel geduldig het juiste moment afwachtte. Mijn gekortwiekte veren waren weer aangegroeid en sterk. Ik hoefde mezelf niet meer te censureren om mijn familie tegen het kwaad te beschermen. Daar kwam ook nog bij dat mijn zwijgen niet bepaald anderen beschermde tegen het kwaad, als we mijn jaren van beproeving en roekeloosheid in Miami in beschouwing nemen.

De moed om in tijden van opschudding hun stem te laten horen, is wat mij het meest inspireerde van mijn heldinnen. Dit was precies hetgeen hen hielp om hun verhaal te vertellen en op te schrijven en in boeken te belanden:

door niet te zwijgen. Ik moest de lessen over leven en dood uit mijn dromen opnieuw onder ogen komen: angst was een middel om ons klein te houden en ons te belemmeren onze ware aard, onsterfelijkheid, en spirituele vrijheid te realiseren. Het was de reden waarom mijn ziel stopte met vliegen, vooral na de revolutie en de verhuizing naar Miami. Het was nu tijd om mezelf los te rukken van de belemmerende lianen.

De laatste uren voor Roberts vertrek naar Suriname verliepen in slow motion. Ik had elk laatste moment dat we met elkaar doorbrachten in een tijdcapsule gestopt voor later, precies zoals ik had gedaan toen Kiki vertrok, nadat veel van mijn andere vrienden en familieleden vertrokken waren, nadat wij vertrokken waren, nadat Pa vertrokken was. Ik bond de tijdcapsules samen als een boeikabel toen het tijd was voor Robert om te vertrekken. Het was het enige wat het ondraaglijke, zinkende gevoel kon stoppen en mij drijvend kon houden.

Ongeveer twee weken later arriveerde een klein pakketje van Robert in de brievenbus van mijn studentenkamer in Davis.

"*Testing, testing, een-twee-drie-vier, linkeroor, rechteroor . . .* Ik ben het schatje, hoe gaat het?" echode zijn stem in mijn oren. Ik friemelde aan de volumeknop van mijn nieuwe Walkman en viel bijna van mijn fiets.

Zijn eerste brief was lang en geweldig, maar het horen van zijn lieve stem op een cassettebandje was veel geruststellender en intiemer. Hij leek zo dichtbij, alsof hij precies achter me stond en mij vertelde over zijn dag, over het vliegticket dat hij al had gekocht voor zijn volgende bezoek over een paar maandjes in de kerstvakantie en over het tellen van de dagen tot we elkaar weer zouden zien. Ik hield hem op dezelfde manier op de hoogte door korte fragmenten van vers-van-de-pers nieuws te schrijven of op te nemen op een cassettebandje.

"Ik heb ook geweldig nieuws. Ik ben erachter gekomen dat ik kan meedoen aan een studiejaar in het buitenland, met ingang van de komende zomer. Nederland is jammer genoeg niet een van de deelnemende landen, maar Spanje wel. Ik kan twee hoofdvakken kiezen, Spaans en Psychologie. Mijn ouders willen naar Hong Kong voor mijn oma's tachtigste verjaardag en ze willen een dorp in China bezoeken waar onze *Hakka* voorouders vandaan komen. Aangezien mijn intensieve taalstudie in Spanje pas eind juli begint, kan ik vanuit Hong Kong naar Holland vliegen en een paar weken met jou doorbrengen voordat ik naar Spanje ga. Is dat niet geweldig?"

Hoe serieuzer en hartstochtelijker onze toekomstplannen werden, hoe meer Mevrouw Vigilante vastbesloten was om mij te beschermen, en ervoor zorgde dat ik de waarheid sprak, mijn kwetsbaarheid blootgaf en er alles aan deed wat nodig was om te voorkomen dat ik mezelf opnieuw in gevaar bracht. Ironisch genoeg resulteerden mijn loyaliteit aan mezelf en mijn behoeften juist in het versterken in plaats van het tegenwerken van mijn toewijding aan een relatie met Robert.

Om te voorkomen dat ik Robert vreselijk miste, stopte ik al mijn overtollige liefde en energie in mijn studie en bereikte ik nieuwe topprestaties die ik niet voor mogelijk had gehouden. Robert deed hetzelfde en haalde alle examens waarvoor hij gezakt was na onze Kerstreünie en onze drie weken durende rendez-vous, het langst dat we ooit samen zijn geweest als een koppel.

Hij stuurde mij een bandje met Richard Marx' nummer, "Right Here Waiting", dat hem door de moeilijkste periodes dat we niet samen waren heen hielp. Ik luisterde ernaar wanneer ik hem miste. Dat ik in staat was om Robert te vertrouwen en mijn hart in zijn liefde kon verankeren—hoe ver weg hij ook was—inspireerde mijn ziel om hoog te mikken. Iedere keer dat ik hem vertelde over mijn dromen was hij een en al oor. Hij blufte niet met zijn gevlei. Hij moedigde mij aan om mijn reislust, eeuwige nieuwsgierigheid, en zelfanalyses zoveel mogelijk te voeden voordat ik me zou settelen, en ik moedigde hem aan hetzelfde te doen.

De zomer daarop waren alle elf van Pa's broers en zussen in Hong Kong aanwezig bij het diner ter ere van *Apohs* tachtigste verjaardag. Ze deden haar een prachtige levensgrote gouden perzik cadeau die een lang leven symboliseerde.

Apoh was mijn grootmoeder van vaderszijde en de oudste nog in leven zijnde voorouder. Ze verhuisde van Suriname naar Hong Kong na het overlijden van *Apak*, mijn grootvader. Ik kon niets beters bedenken om mijn jarenlange avontuur en zelfontdekking een nieuwe impuls te geven door haar te interviewen over haar leven met mijn overleden grootvader, een geliefd leider van zijn geboortedorp in het zuiden van China.

"*Hakka*-mensen zijn nieuwsgierige verkenners uit het noorden. Hun voorouders waren nomaden, zoals de Mongolen, en hun vrouwen waren lang en sterk evenals *Apoh*. *Apak* nam de boot naar Canada, vervolgens een trein en een andere boot richting Suriname. De reis duurde maanden. Hij verbouwde sojabonen en zag helemaal daar mogelijkheden. Wat bezielde hem om dat te doen? Het zit in ons bloed. Dat is waarom je overal ter wereld *Hakka*-immigranten tegenkomt," zei Pa, met een brok in de keel zoals gewoonlijk wanneer hij over *Apak* sprak.

De moedige reis van *Apak* maakte een weg van mogelijkheden vrij voor vele anderen. Binnen een paar jaar had hij als winkelier een fortuin verdiend in Suriname, keerde terug naar China en overtuigde zijn nieuwe bruid, *Apoh*, zijn vrienden en verre familieleden meer dan eens hem te volgen naar een ver en onbekend land. Roberts grootvader van moeders kant, ook een winkelier, zocht zijn geluk in Suriname om dezelfde redenen. Onze grootvaders werden vrienden en waren lid van dezelfde Chinese organisatie in Suriname.

"*Apoh*, wat was *Apak* voor iemand?" vroeg ik.

Apoh antwoordde in gebroken Sranantongo, de enige taal die wij gemeen hadden, of in Hakka, haar Chinese dialect, dat Pa, Oom Erwin, of een van de andere broers of zussen dan vertaalde naar het Engels.

"Hij liet anderen graag lachen. Wanneer iedereen zich verveelde op de boot, deed hij alsof hij het gras maaide en klusjes deed," *Apoh* lachte terwijl ze met liefde herinneringen ophaalde waardoor ik trots was op en mij geliefd voelde door een man die ik nooit ontmoet had.

In het verlaten dorp in het zuiden van China waar hun huis en antieke bezittingen verscholen lagen in een aangekoekte laag stof, had een mysterieuze persoon, misschien een verre neef of nicht, de stamboom van de familie getekend op de muur van een troosteloos, verlaten huis. Het leek op een kerstboom, met bovenop een vrouwelijke voorouder—misschien een jongedame in het gezelschap van haar familie en haar stam—die vele generaties geleden migreerde van het hoge noorden van het land van lange mensen, naar dit veelbelovend stuk land en het nabijgelegen meer.

Ik pauzeerde om het allemaal te laten bezinken. Aanpassingsvermogen, moed, robuuste en sterke stamhoofden, hunkering naar avontuur en een zesde zintuig voor betere mogelijkheden knetterden en knalden door mijn aderen zoals het rode vuurwerk dat mijn stamboom generaties lang had gestimuleerd. De tijd was aangebroken om gehoor te geven aan de dromen uit mijn jeugd en de roepingen van mijn voorouders te eren.

Op de luchthaven van Hong Kong was mijn vader zowel aan het stralen dat ik mijn hart volgde, als tegelijkertijd gebroken omdat ik langer dan een jaar weg zou zijn. Dat ik halverwege het jaar op bezoek zou komen om mijn greencard te verlengen deed er duidelijk niet toe. Ik gaf hem een stevige *brasa* en zei dat ik in een mum van tijd weer thuis zou zijn. Hij kon zijn tranen niet bedwingen.

"Maak je geen zorgen. Het komt goed met ons. Zorg dat je je vermaakt. Ik ben heel blij voor je," zei Ma terwijl ze mij omhelsde en zoende. Haar niet aflatende steun deed me denken aan onze onvergetelijke wereldreis, en al die keren dat ze voor mij opkwam en mijn missie ondersteunde. Ze was onze rots in de branding.

"Dank je wel. Ik zal jullie erg missen. Ik bel zodra ik gearriveerd ben," zei ik. Ik keerde mij om naar mijn broertje en zei, "Veel plezier op UCLA. Ik weet dat je het goed zal doen, zoals altijd."

"Geniet jij ook en wees voorzichtig. We zien je gauw," zei hij. Nadat ik hem had omhelsd, glipte ik snel door de gate en zwaaide naar hen, doordrenkt van opwinding, een klein beetje angst en wat verdriet toen ik mij realiseerde dat we al gauw verder en langer van elkaar gescheiden zouden zijn dan we ooit waren geweest als gezin.

Ik kon niet wachten om Robert te zien. We waren maandenlang gescheiden geweest. Samen met zijn familie verwelkomde hij mij met een flink boeket rozen op Schiphol, de internationale luchthaven van Nederland. Robert en ik tankten onze romantische gasolinetank al gauw bij, waardoor ik genoeg tijd over had om speciale banden uit Suriname aan te halen, die uit mijn leven waren gerukt net als de mango's die vaak uit onze bomen werden gestolen. Tot mijn grote genoegen haalde ik de verloren tijd zo in met Kiki, een paar andere jeugdvrienden en familieleden, dat je zou denken dat de omwegen die wij allemaal hadden gemaakt in ons leven, er niet toe deden.

Niet alleen werd ik verwend met hun warme gastvrijheid en meesterlijke kookkunst, er was op bijna elke hoek van de straat in de bekende Surinaamse wijken en de markten in Den Haag, Rotterdam, en Amsterdam wel een *warung* of *toko*, Surinaams eethuis. Schaamteloos propte ik me vol met *roti, pom, saoto, moksi alesi, heri-heri, bara, teloh* en andere heerlijke zelfgemaakte gerechten en lekkernijen die niet verkrijgbaar waren in restaurants of winkels in de VS. Als het niet aan het klimaat had gelegen, de stille wenken van het Nederlandse cynisme in de wrange stadslucht, de geplaveide wegen, en de grijze gebouwen, had je mij kunnen wijsmaken dat ik terug was in Suriname.

We sloten mijn verblijf van twee weken af met een kampeervakantie in Zuid-Frankrijk en Zwitserland. Ongeveer twintig van Roberts naaste familieleden en vrienden, allemaal van Surinaamse afkomst, gingen mee en maakten daarmee alle jaren weer goed, dat ik het omringd zijn door een hechte gemeenschap heb moeten missen. Toen het tijd was om te vertrekken naar Spanje was ik weer helemaal opgeladen.

Onderweg naar Madrid maakten Robert en ik een tussenstop van een paar dagen in Parijs, waar we wandelden door Montmartre, de schitterende lichtstad bewonderden vanaf de top van de Eiffeltoren en in verlegenheid werden gebracht door een bus vol applaudisserende mensen toen we elkaar hartstochtelijk kusten langs de Seine.

In de vroege ochtend reed onze trein Madrid binnen. Een zachte gloed van zonlicht verfraaide de vele standbeelden en monumenten midden op de kruispunten, trottoirs, en parken, net als de schitterende kunstwerken in het Louvre en enkele andere indrukwekkende musea die wij in Parijs hadden bezocht. Rijke geschiedenis en cultuur verzadigde elk hoekje waar we in gluurden, van de vlooienmarkt tot de ondergrondse Flamenco en tapas bars, restaurants, en zelfs op de universiteit waar ik zou studeren, *Universidad Complutense*, een van de oudste en grootste universiteiten ter wereld.

Een strenge gastvrouw, gekleed in een zwarte jurk opende de deur van ons bescheiden pension. Ze leek ontstemd, misschien door de korte broek en het topje dat ik die dag aan had, of misschien omdat ze een verbitterde oude vrijster was geworden. Zelfs haar kritische blik kon mij niet van mijn stuk brengen wanneer wij avond na avond doodmoe bij haar arriveerden na mijn nieuwe omgeving te voet te hebben verkend.

Robert nam een vliegtuig terug naar Nederland. Dat we op hetzelfde continent waren en slechts een korte vlucht van elkaar verwijderd, was geruststellender dan ik me had voorgesteld. De volgende dag sloot ik me aan bij ongeveer honderd studenten van de Universiteit van Californië van verschillende campussen, om een intensieve cursus Spaans van zes weken te volgen in Santander aan de Spaanse noordkust.

"Hé, ik ben David. Ik ben van Irvine. Van welke campus kom jij?" vroeg een van de studenten aan de andere kant van het gangpad in de bus, terwijl hij zijn lange lokken zijdelings naar achteren zwiepte. Net als veel van de Spanjaarden had hij nette schoenen aan in plaats van gympen en sokken zoals de rest van ons.

"Davis. Is het jouw eerste keer hier?"

"Neh. Ik heb wat Spaanse voorouders en heb een paar familieleden hier. Ik studeer Spaans om terug te gaan naar mijn roots. Ken jij mensen hier?"

"Nee, ik ben hier pas een paar dagen."

"Maak kennis met Kim," zei hij, terwijl hij aan haar mouw trok, "en dit is Megan."

"Hi, aangenaam," zei ik. Ze deden me denken aan twee studiemaatjes die een kamer deelden. Nadat ze hun schitterende hagelwitte tanden hadden laten zien, gingen ze verder met hun geanimeerd gesprek over de 'gloeiendhete' Spaanse jongens die ze in een café in Madrid hadden ontmoet.

Gelukkig leek David het prima te vinden om gewoon de eeuwenoude aquaducten en charmante stadjes met geplaveide straten te bewonderen bij elke pitstop onderweg naar onze bestemming. Nadat we onze kamers in Santander toegewezen hadden gekregen, besloot hij met een stel anderen naar het strand te gaan waar blijkbaar elke jongere in Santander tijd doorbracht gedurende de zomer.

"*Vamos a la playa*. Laten we naar het strand gaan," zei hij.

"*Sí*, ja," zei ik, nieuwsgierig en dankbaar dat ik niet alleen achterbleef.

Het strand krioelde van de mensen. Het zien van de vele topless zonnende mensen deed een brandend verlangen in mij opwellen. Een verlangen voor een vergelijkbare bevrijding, vrijheid, en ongeremde verbondenheid met de zon, het zand en de zee. Ik durfde niet datgene te doen wat het meest natuurlijke ding leek voor deze vrouwen, die waarschijnlijk toeristen uit Frankrijk en Noord-Europese landen waren. Het verschil tussen de gastvrouw van ons pension en de jonge halfnaakte Spaanse zonaanbidder was te groot om zich in mijn brein te verenigen.

"Ik ga even wandelen," gaf ik te kennen, nadat ik het een tijdje had uitgehouden en steeds onrustiger werd.

"Zal ik met je meegaan?" vroeg David.

"Als je wilt, maar het hoeft niet per se."

Hij ging mee, en stapte stevig door het zachte, droge zand terwijl zijn ogen het strand bestudeerden. Af en toe keek ik naar zijn atletische lichaam, terwijl ik schelpen en stenen zocht langs de vloedlijn en tussen de aangespoelde rommel. Toen we het einde van het strand naderden, keerde hij zich om en wilde hij al joggend teruggaan.

"Wat is er?" vroeg hij toen ik hem niet volgde. De grillige, vlijmscherpe, rotsen van de *Costa Quebrada*, de Gebroken Kust, smeekten me om hen te beklimmen.

"Ga je gang. Ik ga deze in mijn eentje een beetje verder verkennen, als je het niet erg vindt."

"Oké, maar ik kom kijken hoe het met je gaat als je te lang wegblijft."

"Doe ik niet. Maak je geen zorgen over mij. Ik red me wel."

Voorzichtig beklom ik de richels op mijn handen en sandalen met niets meer dan een klein heuptasje, een flesje water en een dunne pareo over mijn bikini en korte broek. Eenmaal boven tuurde ik in de verte. Er was geen ziel te bekennen.

Zonder enige aarzeling waagde ik het tot het noordelijkste puntje van Spanje, gelokt door het geluid van de gigantische golven die in de verte kapotsloegen tegen de rotswanden. Hoe verder ik van het strand af was, hoe meer ik mij op mijn gemak voelde om de kledingstukken die een barrière hadden gecreëerd tussen mij en mijn eigen Noorden—mijn intuïtieve gevoel van richting, bestemming en innerlijk welzijn—van mij af te werpen. De zon omarmde liefdevol mijn gezicht, blote borsten, en stralende huid terwijl ik voorzichtig de steile rotswand naderde. Er waren wat vluchtige momenten dat ik mij net een dwaze kapitein van een schip voelde, gefascineerd door de gevaarlijk verleidelijke geluiden van sirenes, maar het was te laat om terug te keren.

Mijn innerlijke kompas werkte nog en liet mij niet in de steek. Ik installeerde mij op een fantastisch pittoresk plekje slechts een klein stukje verwijderd van een rand die plotseling minstens zo'n negen meter naar beneden ging. Eindeloos uitgestrekt van uiterst links van mij tot helemaal uiterst rechts van mij strekte het blauw zich uit en liet door zijn oneindigheid de onderbroken kust lijken op een klein steentje. Ik lag op mijn blote rug op een gladde, zonovergoten rotsblok, mijn hoofd, benen en armen gespreid in de vorm van een kruis, sloot mijn ogen, absorbeerde de zonnestralen en liet het geluid van de golven die stuk sloegen tegen de rotsen mij omarmen totdat ik me niet langer bewust was van mezelf.

In deze magische eenzaamheid hoorde ik wat mijn lichaam mij probeerde te vertellen. Ik heb obstakels en tegenslagen overwonnen en had het hoogtepunt van een soort persoonlijke Mount Everest bereikt. Het ontzag en de liefde die

ik had ervaren als kind in het regenwoud had zich door jaren heen uitgestrekt over continenten, van Suriname tot helemaal in Spanje. Als gevolg daarvan was ik veel ouder en wijzer, maar mijn oorspronkelijke ziel was nog altijd wild, vrij en onbevreesd. Mijn verbintenis met de natuur voelde nu meer dan ooit, onbreekbaar en heilig.

Ik vertrouwde op mijn hernieuwde innerlijke kompas terwijl ik door Spanje en Madrid en de omliggende steden zoals Sevilla en Grenada navigeerde, maar ook wanneer ik dagelijkse dingen deed zoals boodschappen halen, nieuwe vriendschappen aangaan en het ontcijferen van pittige leerstof op universitair niveau dat in razendsnel *castellano*, Castiliaans Spaans, werd gedoceerd. Geen van de ongepaste seksuele beproevingen en impulsen waar ik mee had geworsteld als puber, deed zich voor in Spanje, ondanks het feit dat ik vaak tot het ochtendgloren uitging naar restaurants, bars en danceclubs.

Ik gebruikte mijn piepkleine appartement alleen om te studeren of te slapen, de levensstijl van de meeste Madrilenen kopiërend zelfs degenen met baby's en kleine kinderen. Ik studeerde hard en genoot met volle teugen, of met Robert in gedachten of met hem aan mijn zij. Toen het jaar voorbij was, was mijn vertrouwen in mijn intuïtie omhooggeschoten. Ik voelde me genezen, zeker van mezelf, herboren en klaar om terug te geven aan de samenleving.

Hoofdstuk 7

 DE EINDSTREEP

We kunnen alles wat we willen bereiken,
als we lang genoeg doorzetten.
~ Helen Keller

BIJ MIJN TERUGKEER NAAR DE VS maakte ik opnieuw een cultuurschok mee waar ik niet op bedacht was. Het gemoedelijke studentenleven en de zorgen van een student in zo'n klein stadje als Davis, waren een hemelsbreed verschil met het dagelijks leven in Madrid, een levendige, werelds Mekka met vele culturele en spirituele raakvlakken en prikkelingen. Het leek alsof mijn ziel dwars door mijn poreuze, dunne huid gezogen kon worden, tenzij ik bezigheden zocht die als een soort buffer konden fungeren. Tot mijn grote verrassing bevonden de betekenisvolle en merkwaardige plekken die ik bezocht zich in de donkere uithoeken van de maatschappij waar mensen regelmatig oog in oog stonden met de dood.

Een van deze plaatsen was Yolo Hospice waar ik administratief werk deed zoals archiveren en het coördineren van programma's. Het andere was een bejaardenhuis waar ik drie dagen per week nachtdiensten draaide en de zorg had over een negentigjarige oude vrouw, mevrouw Weiss. Ze genoot van onze stevige, serieuze gesprekken, evenals Barb, de officemanager bij Yolo Hospice, die ongeveer even oud was als Ma.

Barb had een zachte verschijning en was zeer verbonden met de natuur. Het was makkelijk om mijn waakzaamheid te laten verslappen in haar gezelschap.

"Je bent zo'n oude ziel. Je bent erg volwassen voor jouw leeftijd," zei ze vaak. Ze moedigde mij aan om counseling te overwegen en informatie te vergaren over mijn carrièremogelijkheden door te praten met een van de counselors van de faculteit psychologie. Ik vertrouwde op Barbs begeleiding en benaderde een van de studieadviseurs tijdens haar kantooruren.

"Even kijken. Je zal geen baan vinden met alleen een bachelor in psychologie. Het enige wat er te vinden is, zijn stageplekken of functies als ervarings- of crisisdeskundige die slecht betalen, als je al geluk hebt zo'n plek te vinden. In Californië moet je naar de universiteit en een master behalen om psycholoog te kunnen worden. Dit geldt zowel voor onderzoekers als klinisch psychologen," zei ze.

"Dit zijn de beste masterprogramma's. Ze bieden zowel onderzoeks- als klinische studies in tegenstelling tot onze faculteit die voornamelijk gericht is op onderzoek. Universitaire programma's zijn wel erg competitief. Ze accepteren misschien twee á vijf kandidaten uit de honderden aanmeldingen. Ik overdrijf niet. Dan heb je nog de onderzoekers-behandelaarsopleidingen die half onderzoek- en half praktijkgericht zijn. Die zijn heel erg duur maar hun eerstejaarsgroep is groot, dus je hebt een redelijke kans om daarbinnen te komen. Gezien jouw goede cijfers moet je alleen nog wat onderzoek en klinische ervaring opdoen en bovengemiddelde scores halen voor het toelatingsexamen; dan ben je binnen. En als het kan doe de vereiste voortrajecten voor abnormale en klinische psychologie nu alvast."

"Oké. En hoe zit het met de studieprogramma's van het *California Institute of Integral Studies* en het *Institute of Transpersonal Studies*? Zijn dat goede scholen?"

"Dat zijn studies die meer soft zijn en daar is het schrijven van een dissertatie om af te studeren niet vereist. Alleen een scriptie. Ze zijn voornamelijk gericht op de praktijk en veel minder streng dan de universitaire studies en de beroepsopleidingen," antwoordde ze.

Het moment dat ze zei dat deze opleidingen soft en minder streng waren, schrapte ik ze van mijn lijst. Ik nam aan dat ze tweederangs, en niet serieus waren, aantrekkelijk voor studenten met een stroperig, bloedend hart. Dat het mij gelijk niet meer interesseerde kan een combinatie zijn geweest van de nadruk van mijn faculteit op onderzoek, het sociale stigma op geestesziekte en 'abnormaal' gedrag, Ma's bezorgdheid over mijn veiligheid in nabijheid van 'gestoorde mensen', en mijn onbekendheid met loopbanen in de psychologie. Wat de reden ook geweest mag zijn, alleen het verleggen van mijn aandacht en interesses van ontwikkelings- naar klinische psychologie bezorgde mij al hartkloppingen.

Ik bleef trouw aan mijn innerlijk verlangen ondanks het gevoel van onzekerheid en angst. Ik besloot onderzoek te doen naar geestelijke gezondheid om mijn bachelor scriptie te onderbouwen. Toen ik een aantal verschillen opmerkte tussen Amerikaanse vrouwen en vrouwen uit andere landen met betrekking tot hun lichaam, schreef ik een afstudeerthesis waarvoor ik de denkbeelden over hun lichaam, eten en acculturatiepatronen bij vrouwelijke studenten onderzocht. Ik kreeg steun van mijn Abnormale psychologiedocent David Walter, die ermee instemde mijn studie te begeleiden. John, een computerlab technisch assistent, hielp mij met de lastige factoranalyses en de langste zes maanden van mijn leven. Er waren een paar heftige momenten waarop ik hem wilde bespringen alleen al omdat hij een man was en levend. Ik was echter meestal heel duidelijk over met wie ik wilde zijn. Het was nog steeds Robert en alleen Robert, en gelukkig dacht hij daar hetzelfde over.

"Angie? *Wat doet hij hier?* Zeg niet dat je het niet weet!" schreeuwde ik tegen mijn huisgenote toen ik ons appartement binnenkwam en de handen en schoenen van de vreemdeling herkende die zich op onze sofa achter een krant verschool. Ik verwachtte Robert pas over een week.

"Heel lief van je dat je jouw diploma-uitreiking hebt overgeslagen om me te verrassen, maar ik kan nu geen tijd met je doorbrengen. Ik moet echt even hard blokken en doorzetten," zei ik met mijn armen rond zijn nek, niet goed wetend hoe ik dit aan hem moest uitleggen.

"Hoe bedoel je? Het komt helemaal goed met jou, zelfs als je jouw examens met gesloten ogen doet," antwoordde hij.

"Je snapt het niet. Ik zou deze examens inderdaad kunnen laten schieten en toch kunnen afstuderen, maar ik moet hoge cijfers behalen om cum laude te slagen. Ik heb veel te hard gewerkt om dat nu allemaal overboord te gooien. Ik ben er nu zo dichtbij," zei ik, terwijl ik hem de millimeter tussen mijn samengeknepen vingers liet zien.

"Negeer me gewoon. Ik zal je niet storen," antwoordde hij terwijl hij mijn hand en arm kuste.

"Dat lukt mij niet als je dat doet. Alsjeblieft. Ik ben serieus. Dit is geen Nederland. Ik kan geen herexamens doen als ik ze niet haal. De twee opties die ik heb voor verdere studie zijn of heel erg competitief of heel erg duur en mijn ouders hebben het financieel nog steeds erg zwaar. Ze gaan binnenkort naar Suriname om de situatie daar te bekijken en hebben het geld niet om zomaar bij te springen. Onze toekomst hangt echt af van deze drie dagen. Als ik het goed doe kan ik op basis van mijn cijfers worden toegelaten tot de studie, studiebeurzen krijgen, een baan vinden, noem maar op. Ik weet dat het een beetje dramatisch klinkt maar het is wel waar. Je moet mij hiermee helpen," smeekte ik terwijl ik zijn armen van mij afhaalde en ik me afvroeg of ik overdreef.

"Oké. Maak je niet druk om mij, ik ga naar het zwembad en naar de gym en blijf uit je buurt. Doe gewoon alsof ik ben gekomen en weer ben vertrokken. Je kan dit. Doe het voor mij," zei hij toen hij het eindelijk begreep.

"Ik hou echt heel veel van je en zal het goedmaken, ik beloof het je," antwoordde ik en gaf hem een dikke zoen, pakte mijn rugtas en mijn boeken en fietste naar mijn favoriete café.

Dit was het moment van de waarheid. Zoals beloofd speelde Robert overdag Houdini. Ik moest nog steeds diep in mijn ziel graven om alle kracht en vastberadenheid die ik in mij had bij elkaar te schrapen en niet even naar de gym te gaan. Ik had hem de afgelopen maanden zo erg gemist dat ik had gefantaseerd dat ik een vliegtuig zou kapen om hem op te zoeken, en ik vond het echt vreselijk dat hij mij in deze martelende touwtrekkerij had gebracht.

Het was haast onmogelijk om me te concentreren. Mijn hart was te onstuimig en ik bleef maar dagdromen over hem. Dit lieve gebaar om een paar dagen minder van elkaar gescheiden te zijn, was wat ik het leukste aan hem vond: hij begreep dat een beetje romantiek en een paar gestolen momenten—die hij mij vandaag en drie jaar geleden gaf toen hij zijn vlucht in Miami miste—alles betekenden voor mij. Ik wenste dat we eindelijk volop van elkaars gezelschap konden genieten in plaats van in mijn boeken en aantekeningen te moeten turen.

Ik groef dieper dan ooit en het lukte mij uiteindelijk om hem te negeren en mij meer te focussen op mijn studie. Ik slaagde met vlag en wimpel voor mijn examens, werd erkend door Dr. Walter als een "rijzende ster" in het vakgebied, ontving een prestigieuze award van de *American Psychological Association*, en slaagde met de hoogste onderscheiding. Nog geen maand later, kon ik het rendement van mijn investeringen in ontvangst nemen. Ik solliciteerde en werd aangenomen voor een van de drie beschikbare landelijke management stageplekken van de *Air Force Family Support Center*. Niet alleen werd het goed betaald, maar het bood mij ook de mogelijkheid om sneller hogerop te komen, hetgeen niet vanzelfsprekend was met slechts een Bachelor in Psychologie. Het mooiste was dat ik werd aangenomen op de locatie van mijn eerste keuze, Travis Air Force Base, slechts een half uur verwijderd van Davis.

Voor het geval Barb gelijk had dat de militaire dienst een van de meest dysfunctionele bureaucratische organisaties was om voor te werken, stemde ik ermee in om een studente van UC Berkeley te begeleiden met haar dissertatie in klinische psychologie om zodoende mijn onderzoekscapaciteiten te versterken. Drie keer per week reed ik na het werk naar UC Berkeley, deed een dutje in de auto, bekeek video's van ruziënde koppels in de krochten van hun sjofele psychologieafdeling en codeerde ik tot laat in de avond culturele uitingen van emoties.

Een goede vriend van Pa, een civiel ingenieur, regelde voor Robert een stageplek bij de gemeente in Sacramento. Het was niet echt zijn richting—industriële techniek—maar het voldeed aan de eisen van zijn laatste stage en maakte het mogelijk voor ons om samen te zijn.

"Ik weet dat je hier pas twee maanden bent maar realiseer je je dat jouw visum over vier maanden verloopt? Ik weet niet van jou, maar ik kan dit langeafstand gedoe niet nog een keer. We moeten echt even de koppen bij elkaar steken en beslissen wat we gaan doen," zei ik tegen hem terwijl ik in een luie stoel op zijn schoot lag op het achterterras van mijn vroegere huis in Sacramento.

"Je weet toch dat ik met je wil trouwen …?" antwoordde hij met een opgetrokken wenkbrauw. "Ik wil alleen niks overhaast doen."

"Overhaast? Je maakt zeker een grapje?"

"Ik bedoel met het plannen van een bruiloft. Ik ben er net. Men zal zich afvragen of je zwanger bent of dat ik probeer een greencard te krijgen. Ik kan je vader niet eens om jouw hand vragen. Hij zit helemaal in Suriname en de telefoonverbindingen zijn deze dagen overbezet. Je komt er gewoon niet doorheen."

"Ik maak me niet druk over wat anderen denken en je hoeft mijn vader niet om mijn hand te vragen. Je trouwt niet met hem. Wat maakt twee maanden wachten nou voor een verschil?" zei ik en stond op, geïrriteerd omdat Robert zich liet beïnvloeden door dorps- geroddel en bekrompenheid.

"Schatje, kom terug, ik ben gewoon hardop aan het denken. Ik heb niet eens een baan of een inkomen. Geef me even de tijd om erover na te denken," zei hij terwijl hij mijn hand vasthield en mij zachtjes terugtrok naar zijn schoot.

"Waarom is dat zo belangrijk? Ik heb een baan. We zijn tot het uiterste gedreven. Laat mij voor mezelf spreken. Ik ben tot het uiterste gedreven de afgelopen drie jaren en ik kan het niet nog een keer," zei ik met trillende mond en keek hem doordringend aan. "Heb je je bedacht wat mij betreft nu je hier bent en we samenwonen?"

"Nee, nee, kom hier," antwoordde hij terwijl hij zijn armen om mij heen sloeg en over mijn rug streelde. Ik vind het geweldig hier en ik ben nog zekerder dan ooit over ons. Je gelooft me toch wel?"

"Jawel . . . maar dit is een grote stap en juist omdat ik geen overhaaste dingen wil doen, moeten we nu opschieten. Vier maanden is erg kort om een huwelijk te regelen, zelfs een eenvoudig huwelijk. We moeten een datum prikken, locaties bekijken, een jurk uitzoeken, jou een pak laten aanmeten en nog duizend andere dingen."

"Je hebt gelijk. En ik weet zeker dat iedereen in het buitenland het op prijs zou stellen dat we hen op tijd inlichten, zodat ze hun tickets kunnen regelen," antwoordde hij.

"Precies."

Een paar dagen later zaten we weer op onze favoriete plek op het achterterras.

"Wat is dat?" vroeg Robert.

"Wat is wat?"

"Daar in de vijver. Het lijkt alsof er iets ligt bij de waterlelies."

Ik kneep mijn ogen samen en keek hem aan en vermoedde dat hij niets goeds in de zin had.

We liepen naar de vijver en hij hield mijn hand vast terwijl ik mij over de waterlelies boog om een klein velours sieradendoosje te pakken dat erbij lag.

"Het is gewoon een formaliteit, maar je weet ik ben een hopeloze romanticus," zei hij terwijl ik het spel meespeelde en met mijn hand op mijn hart een verrast gezicht opzette. Ik nestelde me weer in zijn schoot en ook al probeerde ik het luchtig te houden ik schoot toch vol.

"Dat had je niet hoeven…Ik hou nog steeds van die ene die je in de mall voor mij had gekocht," zei ik terwijl ik de ring met robijntjes rond mijn vinger draaide zoals ik ontelbare keren had gedaan vlak voordat ik hem zag, of nadat we afscheid hadden genomen.

"Weet ik. Daarom hou ik van je," zei Robert. Voorzichtig haalde hij de verlovingsring uit het doosje, reikte hem mij aan en vroeg, "Wil je met mij trouwen?" met zijn kenmerkende vertederende glimlach.

Met een hese stem stamelde ik 'ja', drukte mijn lippen op de zijne, en versmolt in zijn liefdevolle armen.

"Ik kan niet geloven dat we het in vier korte maanden het voor mekaar hebben gekregen," zei ik tegen mijn nicht Yvonne, terwijl ik mijn zorgvuldig opgemaakte gezicht in de spiegel bestudeerde. Haar snelle en sierlijke handen waren bezig mijn steile haar in prachtige krullen te veranderen. Ik giechelde. Was het echt tien jaar geleden toen ik voor de spiegel zat met mijn andere nicht, Elsbeth en haar vroeg om bijna alles van mijn heuplange haren af te knippen? Dat was een van mijn meest gewaagde acties geweest, voor mij net zo radicaal als het scheren van mijn hoofd en mijn middelvingers erop tatoeëren.

Ik had nooit gedacht dat ik op mijn drieëntwintigste zou trouwen. Drieëntwintig klonk zo jong als een kuiken dat net een dag geleden uit het ei kwam. Ach, wat is nieuw? Voor zover ik mij kan herinneren was leeftijd een verwarrende mijlpaal. Ik voelde mij vaak leeftijdloos of stokoud, of beiden. Ik weet niet goed hoe ik deze twee gevoelens uit elkaar moet houden.

Wanneer ik mij leeftijdloos voelde, leek het alsof ik zweefde, een sprekende stem zonder lichaam, zoals een radiostation dat tijdloze wijsheid uitzendt. Wanneer ik mij stokoud voelde, voelde mijn lichaam als de Pyramides, de Mayatempels, Stonehenge, Griekse ruïnes. Zwaar en solide, gemaakt van steen en aarde, zoutig zweet, en vergeten bloed, samen gestampt in de warrige menselijke geschiedenis, hartzeer en mysterieuze doorbraken. Zeker niet zweverig.

Leeftijdloos of stokoud, Robert en ik waren al zo lang samen dat het als een eeuwigheid aanvoelde, vooral in de periodes wanneer wij fysiek niet samen waren. Zo, wat was ik blij dat dit hoofdstuk van onze relatie nu voorbij was.

"Wat een prachtige jurk," zei tante Anita, mijn toekomstige schoonmoeder. Ze bewonderde de kraaltjes op de mouwen, de hoge kraag, en de lange sleep van mijn jurk terwijl Ma mij hielp door allerlei lagen van stof te bewegen. Ma zag er echt schitterend uit in haar jurk als moeder van de bruid, en ze was zo trots.

"Yvonne, kan je een foto maken van ons drieën?" vroeg tante Anita. Hoewel het nieuws van ons 'wervelstormhuwelijk' aanvankelijk een grote schok teweegbracht bij onze ouders—die toevallig tegelijkertijd in Suriname waren—hebben ze geproost en een paar drankjes op ons gedronken en ze belden ons een paar dagen later op in een opperbeste stemming. Ik klemde rechts mijn elleboog in die van mijn toekomstige schoonmoeder, aan de linkerkant in die van mijn Ma, en voelde mij dubbel gezegend en gesteund.

"Ben je klaar? Pa is hier, buiten. We moeten opschieten maar we zien je binnen oké? Je ziet er prachtig uit," zei Ma en ze gaf mij een kus.

Ik kon voelen dat alle ogen op mij gericht waren. Als steun klemde ik Pa's arm stevig vast, terwijl wij naar binnen liepen tussen de bekende gezichten van familie en vrienden, die met een kleine glimlach op hun gezicht hun hoofden een beetje schuin hielden, net puppy's. Achter hen werd een gordijn gevormd door gekrulde linten die waren vastgemaakt aan paarlemoeren en lavendelkleurige ballonnen. Het thema bestond uit teddyberen met zwarte hoeden en trouwjurken. Ze stonden op onze bruidstaart en waren hier en daar verspreid tussen paarse orchideeën en groene varens die mij deden denken aan het regenwoud van Suriname.

Ik keek in Roberts ogen, rood en liefdevol. Ze maakten ongebreidelde gevoelens en het verlangen om de schijnwerpers te ontwijken in mij los. Toen het tijd was om onze beloften te herhalen klonk ik terughoudend omdat ik

me zo ongemakkelijk voelde. Uiteindelijk kwam ik los en liet ik de tranen de vrije loop toen Kandra, mijn bruidsmeisje ons nummer "Right Here Waiting" zong. Het nummer had mij zo vaak getroost, in de bus en de trein naar pittoreske dorpjes in Spanje, op stille avonden in mijn appartement, tijdens het gek doen 's avonds laat onderweg naar huis, of wanneer mijn hart hunkerde naar Robert.

Plotseling was het echt. We waren man en vrouw! We waren niet gek geworden; we hadden deze romance meer dan overleefd. Ma, Pa, Roberts ouders, oom Henk, familie en vrienden voelden met ons mee—iedereen die ons had opgepept, had laten lachen, ons had ondersteund tijdens onze legendarische latrelatie was of een traan aan het wegpinken, of aan het klappen, of breeduit aan het glimlachen.

Na de formaliteiten maakte oom Roy, onze MC, een ware happening van het aansnijden van de taart, de jarretelgordel, het gooien van het bruidsboeket en zijn speech; en hij zorgde ervoor dat iedereen genoot.

We glipten weg voordat de feestelijkheden voorbij waren en checkten in, in onze bruidssuite in het centrum van Sacramento. Ik gooide mezelf op het bed met mijn armen wijd zodat mijn pijnlijke voeten, rug en schouders niet langer hoefden te lijden onder het gewicht van mijn loodzware jurk. Ik had nog nooit een marathon gelopen, maar op dat moment was mijn zwaarbelaste lichaam ervan overtuigd dat ik dat net gedaan had.

"Dat was echt een gestoorde stunt, deze laatste vier maanden, deze laatste drie jaren … de afgelopen vijf jaren," zei Robert.

"We hebben het gered. De periode van brievenschrijven en sekstapes zijn voorbij!" giechelde ik. Ik dacht terug aan het ronde blik met popcorn dat ik ooit voor Kerst had gekregen, nu was het vol met brieven en een paar verhitte nummers.

"Oh God, waar zijn ze? Ik hoop niet dat iemand ze bij toeval vindt," antwoordde Robert. Hij deed zijn das en jas uit en liep naar mij toe. Hij zag er elegant en zeer onweerstaanbaar uit, maar niet genoeg om mijn futloze lijf nieuw leven in te blazen.

"Verzegeld in de garage. Niemand zal ze vinden. Kom naast me liggen," mompelde ik, terwijl ik met mijn hand op het bed klopte, mijn arm loodzwaar.

"Hou je dit tegoed van mij voor morgenochtend?"

"Natuurlijk," antwoordde hij, terwijl hij mijn voeten in zijn handen nam en masseerde," maar ik zal niet beledigd zijn als je van gedachten verandert."

PART TWO

Hoofdstuk 8

 BORDER LIGHT

*De intuïtieve geest is een godsgeschenk en
het rationele verstand een trouwe dienaar.
Wij hebben een gemeenschap gecreëerd die de
dienaar vereert en het geschenk is vergeten.*
~ Albert Einstein

ONS VLIEGTUIG HOBBELDE, schokte, daalde en schudde hevig tijdens de zware turbulentie boven een dikke groene deken van regenwoud, dat het grootste deel van Suriname besloeg. Robert kneep in mijn hand, leunde voorover en gaf mij een kus, terwijl ik probeerde de toenemende pijnlijke druk op mijn trommelvliezen weg te krijgen door korte pufjes via mijn neus. Hij was net zo opgewonden als ik over dit langverwachte bezoek aan ons thuisland.

Ik was tenminste zes keer eerder geland op Zanderij—de enige internationale luchthaven in het hele land—in de periode dat ik er nog woonde, maar dit was de eerste keer dat ik terugkwam als volwassene. Toen we in 1983 Suriname verlieten, was ik op een maand na veertien jaar oud wat betekent dat ik op mijn achtentwintigste, de eerste helft van mijn leven in Suriname had gewoond en de tweede helft in de Verenigde Staten.

Ik dacht na over de unieke uitdagingen die elke periode met zich meebracht en wat ik tegen mijn vrienden en familie zou zeggen wanneer ze mij vroegen hoe het mij vergaan was. Hoe was het mij eigenlijk vergaan? Ik had zoveel meegemaakt dat het moeilijk uit te leggen was. Het wonen in een militaire staat als jonge tiener en gedwongen worden om alles en iedereen die ik liefhad achter te laten tijdens zo'n kwetsbare periode in mijn leven, was moeilijk te bevatten. Alle pilaren waar ik ooit op had gesteund waren weg. De moeilijke jaren in Miami die daarop volgden, werden gekenmerkt door veel leren, vallen en opstaan, voornamelijk vallen, versterkt door intense hormonale veranderingen en onrustige gevoelens van verlies, eenzaamheid en ontheemding vooral nadat Pa naar Californië verhuisde en Ma, Mark en ik achterbleven. Onze uiteindelijke verhuizing naar Californië, mijn avontuurlijke collegejaren en mijn latrelatie met Robert hadden mijn oude ik doen herleven. Ik kon op tijd weer op adem komen en resetten voor de volgende fase van uitdagingen en beproevingen. De afgelopen vijf jaren na ons huwelijk waren wederom turbulent geweest, schokkend en pijnlijk—als gevolg van plotselinge dalingen en onoverkomelijke druk van buitenaf—net als deze daling.

"Gaat het? Je bent zo stil," zei Robert, die mij las als een open boek.

"Ja het gaat. Ik heb veel om over na te denken en vraag mij af of het met mijn dissertatie te maken heeft. Misschien moet ik mijn gedachten en gevoelens opschrijven," zei ik en haalde mijn schrijfblok met aantekeningen over mijn onderzoek uit mijn rugtas. Gerustgesteld ging Robert verder met het lezen van het zakelijk blad dat hij had meegenomen.

Onze relatie was nog altijd standvastig en meestal hetgeen mij met beide benen op de grond hield te midden van verstrooide gedachten, raadselachtige ervaringen en gevoelens van onzekerheid met betrekking tot mijn studie klinische psychologie. Het leek Robert dezelfde veilige thuishaven te bieden wanneer hij gedesillusioneerd was door zakelijk Amerika en zijn nieuwe baan. Door de jaren heen had hij mijn behoefte om stilletjes na te denken en problemen op te lossen—hoogstwaarschijnlijk een overblijfsel van het uren achtereen spelen in het regenwoud en tegelijkertijd kinderproblemen op een rijtje zetten—leren accepteren.

Ik was nu in mijn vierde studiejaar: het jaar van mijn promotieonderzoek. Dit was het jaar waarin iedereen onder wie ook ik, zijn belangrijkste onderzoek deed—oftewel zijn diepste zoektocht naar zichzelf. Mijn onderzoek had een tweeledig doel. Ik was enerzijds dolblij informatie te kunnen verzamelen over de multiraciale samenleving in Suriname en anderzijds voelde ik mij verloren en hoopte ik antwoorden te vinden op vragen die zich nog niet volledig hadden gevormd in mijn brein. Ik worstelde met de sterke drang om te ontsnappen aan de gebruikelijke toepassingen van psychotherapie en verlangde ernaar psychologische problemen vanuit een intuïtief en spiritueel perspectief te onderzoeken en te behandelen. De enige kanttekening hierbij: mijn ideeën botsten met bijna alles wat ik leerde.

Aangezien ik ervan overtuigd was dat dit programma het juiste was voor mij toen ik pas begon, was ik nogal verrast door dit besef. Ik had mijn vorige baan bij het Family Support Center juist opgezegd omdat ik werd klaargestoomd voor de functie van directeur van een centrum met de leiding over de publieke administratie. Dat interesseerde mij totaal niet. Mijn favoriete kant van het werk was het bieden van rechtstreekse diensten—individuele en groepscounseling—aan militaire personeelsleden en hun partners.

Het vernieuwende, cultuur overstijgende dissertatieonderzoek waar ik met de psychologie student op UC Berkeley aan werkte, vroeg ook mijn aandacht. Ik had het gevoel dat er nog tenminste één cultuurstudie in zat voor mij.

Dit klinische psychologieprogramma, aangeboden door de Pacific Graduate School of Psychology, klonk als een perfecte combinatie. Het was een wetenschappelijk model dat mijn twee voornaamste passies waarmaakte. De beste kant ervan: de school bood een volledige studiebeurs aan een student die tot een etnische minderheid behoorde, ofschoon het toekennen van studiebeurzen als positieve discriminatie bijna overal afgeschaft was. Toen ik werd toegelaten en mij de allerlaatste studiebeurs werd toegekend naast een Award van de California Psychological Association Foundation, die werd uitgereikt aan veelbelovende studenten die de culturele diversiteit in het veld zouden kunnen vergroten, zag ik het als een teken. Dit is waar ik thuishoorde.

Het duurde slechts een paar maanden tot mijn enthousiasme als promovendus verdween. Hoewel ik hield van de meeste van mijn docenten en medestudenten en van de fascinerende nieuwe informatie die ik tijdens de colleges leerde, stoorde het mij dat mijn intuïtieve inzichten in de kern van psychologische problemen, niet aan bod kwamen.

Wij leerden bijvoorbeeld dat de hechtingstheorie—een belangrijk concept binnen de moderne psychotherapie—suggereert dat onze ontwikkeling grotendeels wordt gevormd door onze relatie met de primaire verzorgers in onze jonge kinderjaren. Als kind nemen we onbewust de relatiepatronen van onze ouders en verzorgers over en herhalen deze als volwassenen. Dit vond ik logisch; ik beschouwde mezelf als een product van mijn culturele omgeving en zag eigenschappen van mijn ouders in mezelf terug.

Desondanks protesteerde een deel van mij. Dit deel wilde de natuur en het regenwoud eren als mijn ideale ouder; ze hadden mij in talloze gevallen gemoedsrust, inzicht en erkenning gebracht op momenten dat ik mij door de volwassenen in mijn omgeving in de steek gelaten voelde. Dit bezielende deel was ook verantwoordelijk voor het uitpluizen en afwijzen van wat mij niet lekker zat. Ik nam als kind al niet blindelings over wat de volwassenen deden of wilden dat ik deed, dé reden waarom Ma mij eigenwijs noemde en mij verweet haar gek te maken. Ik maakte allerlei beslissingen en keuzes—wanneer ik wel of niet naar Ma of Pa moest luisteren, wanneer hen te negeren, en wanneer ik mij meer moest richten op Elfriede, een tante of oom, of een vriend of vriendin—zelfs wanneer het mij aan woorden ontbrak om uit te leggen wat ik aan het doen was. En soms kreeg ik de indruk dat ik ook hun visie op de wereld en zelf opnieuw vormde.

Precies op het moment dat ik besloot dat het te bizar zou klinken om tijdens college te uiten dat ik de natuur als mijn moeder beschouwde, kwam mijn Sikh vriend onaangekondigd langs om mij het boek *Living with the Himalayan Masters,* van Swami Rama te lenen. Ik had sterk het vermoeden dat er een boodschap voor mij in zat. En zowaar, in het hoofdstuk, "*My Mother Teacher*", trof de interactie tussen Swami Rama en Mataji, een zesennegentigjarige yogi, mij diep in het hart.

Hij was heel verdrietig toen het tijd was om afscheid te nemen van haar na twee en een halve maand intensieve studie die liefdevol door haar geleid werd. Ze zei tegen hem, "Hecht je niet aan de moederfiguur in mijn fysieke lichaam en persoonlijkheid. Ik ben de moeder van het universum die overal is. Leer jouw bewustzijn te verheffen boven en verder dan mijn sterfelijk wezen."

Ik voelde mij nederig en wilde een buiging maken wanneer zoiets gebeurde. Hoe toevallig is het dat deze onbekende yogi uit het Himalayagebied mijn kijk op de wereld deelde? En hoe kon haar bericht mij in hemelsnaam helemaal in Californië bereiken op het moment dat ik het 't hardst nodig had? Het universum zorgde hiervoor en veranderde ongetwijfeld de wetten van de fysica. Deze toevalstreffers waren schaarse, eenmalige gebeurtenissen maar hadden een grotere impact op mijn mentale gezondheid en op mijn gevoel voor fatsoen dan de boodschappen die ik mijn hele leven gehoord had en die hun weerklank niet vonden in mijn ziel. Deze wonderbaarlijke gestuurde heling is wat mij interesseerde. Het was nog beter en sterker dan de som van ons aandeel en de psychopathologie.

Echter, binnen mijn streng academisch programma voelde het bewonderen van dit soort fenomenen verkeerd en eerlijk gezegd, ontluisterend. Ik durfde het niet uit te proberen. Tijdens school had ik mijn denk-pet op. Mijn intuïtieve geest voelde verkeerd afgestemd, onlogisch, hoopvol en bijgelovig vergeleken met de heldere en logische behandelplannen die mijn medestudenten en docenten formuleerden. Wie was ik om op te komen voor mijn vreemde kijk op de geestelijke gezondheid?

Mijn intuïtieve perspectief bleef sluimeren, evenals mijn Nederlandse en Spaanse taalkennis. Het zou vreemd zijn om liever een van deze talen te spreken in plaats van het Engels terwijl iedereen Engels sprak. Ik was een expert op het gebied van aanpassen en het niet opvallen, maar dat betekende echter niet dat de ongeschreven regels en vooroordelen die geïntegreerd waren in mijn programma niet bleven knagen aan elk deeltje van mijn opgesloten ziel. Mijn ziel begon te dagdromen over mystieke rituelen en ervaringen waar ik als kind aan was blootgesteld, zodra ik tijdens college verlangde naar een dieper perspectief, en afdwaalde naar mijn eigen fantasiewereld.

Enkele van mijn gekleurde klasgenoten deden wel hun mond open en uitten hun ongenoegen over ons curriculum, dat niet veel verschilde van de meerderheid van de curricula voor klinische psychologie in de rest van het land. Zij beklaagden zich erover dat de westers georiënteerde theorieën over de geestelijke gezondheidszorg en de ervaringen van overwegend blanke schoolgaande Amerikanen oververtegenwoordigd waren in onderzoeken, discussies en lezingen. Ik bood aan om deze groep studenten te steunen, te helpen leiden en organiseren, maar ik ontdekte al gauw dat onze prioriteiten ook verschilden ondanks onze gedeelde zorgen.

Ik raakte nog meer geïnteresseerd in mijn Taoïstische Hakka roots en in het cultiveren van een niet-tegenstrijdige, paradoxale mindset die een gevoel van volledigheid en psychologische veerkracht stimuleerde, terwijl de studenten van kleur een veilige plek binnen het programma wilden creëren door blanke studenten te verbieden onze bijeenkomsten bij te wonen. Binnen deze steungroep begon ik mijzelf te zien als een van Picasso's kubistische afbeeldingen, gemuteerd, and vervormd in gespleten deeltjes, elk van een andere ras.

Ik raakte gefascineerd door de uitpuilende luifels en schaarse stadslichten in de verte en was in één keer terug in mijn vliegtuigstoel bij het raam. Mijn primitieve verbondenheid met de ongerepte natuur daar beneden welde op en bewoog zich voort in mij als een golf van krachtige passie. Dit gevoel herinnerde mij aan het vage achtergrondgeluid van drums waarvan mijn dagdromen vergezeld werden tijdens saaie colleges. Zo nu en dan echoden zij nog steeds in mijn gedachten.

Ik wist dat de visioenen en het gedrum creatieve variaties waren van de wijze stem in mij, maar ze leken zo akelig veel op hallucinaties wanneer je ze bestudeerde vanuit het oogpunt van de klinische psychologie. Omdat sommige van mijn herinneringen—te beginnen met het helende dansritueel van de Winti dansers op mijn basisschool—waren doorspekt met een gevoel van urgentie en de dreiging van uitsterven, nam ik aan dat deze werden aangewakkerd door geruchten over een Indonesisch houtkapbedrijf dat een behoorlijk stuk van het Surinaamse regenwoud wilde kopen.

Ik vroeg mij af of ik de roep van de natuurgeesten hoorde, omdat het oerwoud gevaar liep. Gelukkig gingen de onderhandelingen niet door, maar het drummen en het afschuwelijke gevoel van bedreiging hielden aan. Misschien waren mijn primitieve ik en mijn intuïtie net als het regenwoud in gevaar, bedreigd door de rationele manier van zijn en denken in mijn academisch programma. Ik kon mijn vinger er niet op leggen. Mijn inzichten kwamen tezamen zoals het water van kreken, beekjes, meren en een oceaan aan de mond van een grote rivier. Vanuit het perspectief van mijn logische, concrete en overwegend conceptuele geest was iedere stroming te verschillend van de ander om daar concrete conclusies aan te verbinden.

Maar wanneer ik aandacht schonk aan mijn gevoelens wist ik dat de geluiden van de drums de verborgen reserves van moed in mijn hart en onderbuik activeerden en mij herinnerden aan de helden uit mijn jeugd, Baron, Boni en Joli Coeur, die waren ontsnapt en zich hadden verstopt in deze zelfde jungle waar we nu overheen vlogen. Deze mannen hitsten iedereen op met hun gedrum en brandden plantages af om hun vrienden, familie, ouders, broers en zussen te verlossen uit de hel waarin zij leefden.

Deze drumgeluiden gaven mij een sterke boost om de uitdagingen in mijn eigen leven onder ogen te zien en gehoor te geven aan mijn roeping. Ik wist van kinds af aan dat ik ook geroepen was om anderen en mezelf te leiden naar de vrijheid, net als de vrijheidsstrijdster Jeanne d'Arc.

Maar wanneer ik ertoe neigde te vertrouwen op de wijsheid van mijn ziel en de duidelijke begeleiding van mijn innerlijke stem, werd ik overmand door een onheilspellend gevoel dat ik op het punt stond iets te doen dat veel te riskant en raar was. Ik vreesde dat de klungelige uitleg over mijn innerlijke ervaringen zou leiden tot drastische strafmaatregelen en toezicht, en mijn reputatie als promovendus in gevaar zou brengen.

Ik voelde me dubbel gevangen. Het prijskaartje voor het geloven in mezelf was te groot. Voor het eerst in mijn leven was ik niet in staat om met mijn intuïtie een probleem op te lossen. En ik had geen idee hoe om te gaan met de pijnlijke ironie van het niet kunnen vertrouwen op het medicijn en de poortwachters van mijn eigen vak.

Het leek makkelijker om niet op mezelf te vertrouwen. Artikelen over ethische richtlijnen en principes geschreven door hoekstenen in de psychologie zoals Dr. Paul Meehl zaten mij erg dwars, maar ik overtuigde mezelf ervan dat mijn reacties overdreven waren en dat ik het bij het verkeerde eind had.[1] Dr. Meehl, geboren in 1920, was een van de meest briljante Amerikaanse psychologen van de twintigste eeuw. Hij werd aanbeden door psychologen, filosofen, psychiaters, pedagogen, neurologen, genetici, wetenschappers alsook advocaten. Zijn werk vormde de basis voor de belangrijkste ethische richtlijnen die we geacht werden te volgen als professionals in de geestelijke gezondheidszorg. In een van Dr. Meehls bekende artikelen waarschuwde hij dat de mens van nature bevooroordeeld en egocentrisch was en moest vertrouwen op wetenschappelijk onderzoek voor objectieve duidelijkheid om zijn gebrekkige natuur en handelingen te compenseren.

Hij waarschuwde dat "iedere clinicus die persoonlijke ervaring waardevoller vond dan wetenschappelijk onderzoek, zichzelf voor de gek hield… Als mens zijn wij gedoemd 'fundamentele toekenningsfouten' te maken—we eren onszelf te veel voor positieve resultaten, en slechts een halsstarrige scepticus en kritisch denker met statistisch gezien betekenisvolle data, kan deze onwenselijke, onbetrouwbare menselijke aard, die gevoelig is voor egoïstische vooringenomenheid, herstellen."

Toen ik deze woorden voor het eerst las, bleef mijn innerlijke kompasnaald ronddraaien, niet in staat het ware noorden te vinden. Dit gebeurde steeds vaker wanneer ik mijn eigen waarheid verwaarloosde. Iedere cel in mij protesteerde omdat ik te veel halsstarrige, kritische denkers en wetenschappers ontmoette die arrogant, sociaal onbekwaam en onwetend leken wanneer het op gevoelskwesties aankwam. Ze waren goed in het beschrijven van gescheiden

---

1. Zie de Bijlagen en Naslagwerken voor meer achtergrondinformatie betreffende de onverwachte begeleiding die op mijn pad kwam in de periode dat ik over deze onderwerpen schreef.

innerlijke toestanden, maar bestudeerden niet de rommelige, niet-lineaire herceltrajecten en mysterieuze, langzaam, ontvouwende transformaties, omdat deze geen van alle precies pasten in de empirische hokjes en wetenschappelijke analyses van statistisch significant onderzoek. Vanuit hun perspectief gezien, waren intuïtief verbonden persoonlijke verhalen en anekdotisch bewijs niet meer dan pseudowetenschap, doorspekt met bevestigingsdrang en toevallige gebeurtenissen.

De wetenschappelijke gegevens en publicaties die ik tegenkwam, vertegenwoordigden tot dusver niet de meelevende, wijze geleiding van inspirerende leiders zoals Maya Angelou, Martin Luther King Jr, Mahatma Ghandi, Thich Nhat Hanh, Audre Lorde, Mother Teresa, Guan Yin, Confucius en Buddha, die mij zoveel inzicht en begrip hadden gebracht. Ik probeerde hun lessen toe te passen in mijn relaties met vrienden familieleden, klasgenoten en iedereen die ik maar kende. Ik had zelfs hun quotes en grafschriften overal in mijn aantekeningenschrift gekalkt om de schaarste van heilzame wijsheid in mijn studieprogramma te compenseren. Wat moest ik er nu dan mee doen?

Als ik had geweten dat mijn "persoonlijke ervaringen" als een onbetrouwbare bron van zelf-misleidende informatie en pseudowetenschap zouden worden beschouwd en dat mij zou worden gevraagd mijn ziel af te sluiten alsof het een of andere machine was, zou ik niet zoveel hoop, tijd en energie hebben geïnvesteerd in deze doodlopende carrière. Deze opties waren voor mij niet acceptabel.

Het feit dat Dr. Meehl "grapjes en hatelijke opmerkingen maakte over clinici die objectieve gegevens afwezen", werd gevierd door "het geven van een goed pakslaag aan de bekrompen clinici" tijdens professionele meetings. Hierdoor had ik mijn twijfels over de hele geestelijke gezondheidszorg die hem respecteerde. Ik had het idee dat deze clinici eerder intuïtieve dan intellectuele verbanden legden om hun cliënten te begeleiden en dat hun "bekrompenheid" wellicht uit de context was gehaald.

In ieder geval wist ik zeker dat begaafde genezers, wijze ouderen en hele subpopulaties in de VS en wereldwijd, niet minder gekwalificeerd en effectief waren dan onderzoekers en academici in het bevorderen van de geestelijke gezondheid, alleen maar omdat het hen ontbrak aan harde onderzoeksgegevens. Dit was bij lange na niet de enige methode die ons kon redden van ons egocentrisch wezen.

In feite vond ik het beschouwen van academisch onderzoek, als het meest superieure morele kompas waar de mensheid op kon vertrouwen, niet alleen beledigend maar het klonk ook racistisch en net zo onwaar als de bewering dat de lucht groen zou zijn. Als hij mij het noorderlicht had laten zien en de unieke omstandigheden, die bijdroegen aan zijn bevindingen, had uitgelegd, zou ik er meer voor open staan. Echter, zonder exploratie van zijn eigen vooroordelen—zijn argumenten baserend op actuariële studie waarbij menselijke beoordelingen worden vergeleken met computercalculaties in het voorspellen van riskant gedrag—voelde ik mij genoodzaakt om het te accepteren en met een leugen te leven. Hoe zou ik kunnen stoppen met het "vertrouwen" op mijn eigen persoonlijke ervaringen en intuïtieve begeleiding van wijze, liefdevolle zielen, die meer bekwaam leken te zijn in het bevorderen van geestelijke gezondheidszorg en sociale harmonie dan wat ik tot dusver tegen was gekomen in academische omgevingen? Dit vereiste enige vorm van lobotomie.

Ik durfde ook niemand te vertellen hoezeer Dr. Meehl en de ethische eis om te vertrouwen op wetenschappelijk onderbouwd onderzoek bij het opstellen van een behandelplan, mij dwarszaten vanwege het weerwoord dat ik in mijn hoofd hoorde: "Ga dan terug naar waar je vandaan kwam." Ik wist dat niemand om mijn heen zoiets zou zeggen. Het was een automatische reactie die mij herinnerde aan wat er vaak tegen immigranten werd gezegd, wanneer zij klaagden over dingen die niemand in hun gastland leken te storen. In deze situatie was ik niet slechts een immigrant; ik was de ontvanger van een gigantische studiebeurs en was dankbaar voor de kans die ik kreeg om mijn onderwijs te vervolgen.

Onbewust gaf ik mezelf er de schuld van en hoopte ik dat dit een oplossing zou brengen en de verdeeldheid in mijn gedachten zou helen. Ik probeerde iedere diagnose uit in het Diagnostisch Statistisch Handboek, de Bijbel van ons vak, maar dit bracht mij nog verder in verwarring. Het resultaat was dat ik geloofde dat ik op zijn minst een van deze ernstige geestelijke ziektes had, indicaties dat mijn trauma's van vroeger nog meer schade hadden gebracht aan mijn psyche dan ik mij had gerealiseerd.

Ik kwam tot de conclusie dat ik paranoïde was en een expert in het verborgen houden ervan. Ik verdacht iedereen en was, zoals in het handboek stond, "terughoudend in het vertrouwen van anderen vanwege de ongegronde angst dat de informatie kwaadwillig tegen [mij] gebruikt zou worden."

Mijn bezorgdheid en deze zelfdiagnoses speelden een potje Russische roulette met mijn tere ziel. Op sommige dagen was ik ervan overtuigd dat ik een of andere obsessieve compulsieve stoornis had die gedefinieerd werd als "verontrustende ideeën, beelden of impulsen die de gedachten van een persoon herhaaldelijk binnendringen...Wordt gezien als gevoelloos...de persoon vindt het moeilijk deze gedachten weerstand te bieden."

Op andere dagen, sijpelde het vage idee van *Het gaat prima met je. Er is niks om je zorgen over te maken. Je ziel wordt begeleid door jouw mystieke opvoeding om te voorkomen dat je jouw intuïtieve gave verloochent*, binnen vanuit een sterke innerlijke stem. Deze verlangde ernaar mijn verwarde ziel en mijn angst in slechts een enkele klap te verhelderen. Maar zodra ik mij openstelde voor deze bekende innerlijke stem—wetende dat niets van deze gekte een reflectie was van de echte ik—sloeg de deur al net zo snel hard dicht door de definitie van grandioze waanvoorstellingen, namelijk "waanvoorstellingen van waarde, kracht, kennis, identiteit of speciale band met een godheid of bekende persoon." Mijn kracht voelde ziekelijk groot en stoer; juist omdat zij capabel was de problematische status quo uit te schakelen die gehandhaafd werd door invloedrijke experts in mijn vak.

Ik kon voorbij de glazen wanden en het glazen plafond van mijn rationele denken kijken, maar het lukte mij niet de weg naar buiten te vinden. *Nee, je kan niemand hierover vertellen. Doe niet dom.* Speciale aandacht verwachten voor je unieke toestand zou klinken als zelfbedrog, grof en hooguit narcistisch, en zij zou in het ergste geval grandioos zijn voor ieder ander behalve jezelf. Dat hoorde ik iedere keer wanneer ik tegen de wanden van mijn ingebeelde cel sloeg. Ik kon nergens terecht en gleed weg in een roes van hulpeloosheid en berusting. Nu de vechter in mij gevangen en ondermijnd was, had mijn innerlijke piekeraar vrij spel.

Ik werd me iedere dag meer bewust van mijzelf, bekeek mezelf kritisch en was doodsbang dat al mijn ingebeelde psychologische afwijkingen en gebreken zichtbaar waren voor iedereen om mij heen. Want geheimen en stilte waren niet nieuw voor mij, ik was bereid het vol te houden, maar werd al snel gedwongen tot actie over te gaan door een innerlijke vastberadenheid die het vertikte zich onderdanig op te stellen.

Ik merkte iets op wat een blinde vlek zou kunnen zijn in ons vak. Na hier een tijdje over nagedacht te hebben, kwam ik tot dit nieuwe inzicht: *Het omzeilen van het voornaamwoord "ik" en persoonlijke ervaringen in rationeel, statistisch gezien significant onderzoek, is niet hetzelfde als zelftranscendentie en onbevooroordeelde objectiviteit en duidelijkheid. Het omzeilen van persoonlijke ervaringen die een dieper onderzoek vereisen, is een onjuiste, snelle oplossing die eerder zal leiden tot versterking dan tot het oplossen van egoïstische neigingen.*

Dit intuïtieve inzicht werd versterkt door pittige hartstocht—net als die uit mijn jeugddroom was ontstaan toen ik mij al rondslaand een weg baande door lianen om mezelf te bevrijden. Het verontrustte mij dat ik iets gevaarlijks zou doen, misschien zelfs iets crimineels: dat een eigenwijze bevlieging zou oplaaien en mij als een bulldozer over obstakels zou laten gaan, onverschrokken door de ernstige consequenties die het breken van de ethische regels van mijn vak zou hebben.

"Ik heb echt borderline," riep ik uit tegen Robert op een avond, uitgeput door mijn eigen stemmingswisselingen en innerlijke strijd. Hij was niet bekend met de aandoening borderline, noch met de slechte reputatie die deze instabiele persoonlijkheidsstoornis in mijn vak had. Hij nam mijn gezicht in zijn handen en keek mij vertederd aan.

"Je bent mijn border light."

Ik inhaleerde zijn liefdevolle steun en slaakte een zucht van verlichting. De kracht van zijn woorden raakte een gevoelige snaar en kalmeerde mijn radeloze ziel op een manier die ik nog niet kon bevatten. Hij was op dat moment meer dan een liefdevolle, steunende echtgenoot; hij was een boodschapper en zei het onvoorstelbare. Misschien was ik niet te groot. Misschien schenen mijn innerlijke gevechten en bezwaren tegen het status quo bewust licht op het simplistische wantrouwen van mijn vak en de zware minachting van de persoonlijke ervaringen en intuïtieve wijsheid van de therapeuten, omdat het mijn bestemming was om deze onuitgesproken vooroordelen te betwisten.

Ik werd geraakt door een regel in *Care of the Soul*, van Thomas Moore, een boek dat werd aangeraden in mijn module existentiële psychologie, een van de twee Transpersoonlijke psychologie-modules in mijn studieprogramma, die zaken betreffende de ziel behandelden. Er stond, "Indien de ziel verwaarloosd wordt, zal zij niet gewoon verdwijnen; zij verschijnt als symptoom bij obsessies, verslavingen, geweld en het verlies aan betekenis." Ik voelde me gevalideerd en bezield met een hernieuwd gevoel van hoop.

Sinds mijn kinderjaren verscheen er een krachtige strijder op een mystieke wijze in mijn dromen, of wanneer ik wakker was en geen aandacht besteedde aan het verlangen en de ontevredenheid van mijn ziel. Ik wist dat Surinamers deze wijsheid deelden, hoewel niemand dit fenomeen formeel had onderzocht. Ze werden overgebracht door hun bezielde dagelijkse praktijken en de harmonieuze wijze waarop zij mensen van andere etnische groeperingen vertelden dat hun spirituele gezondheid en volmaaktheid een prioriteit waren.

Het bestuderen van de strategieën van hun geestelijke gezondheid en welzijn, en opnieuw de verbinding met mijn wortels in mijn moederland aangaan, zouden mij de duidelijkheid en de kracht kunnen bieden die ik nodig had om op mijn intuïtie en de uitdagingen in mijn vak te kunnen vertrouwen.

Een mededeling dat wij bijna gingen landen, rukte mij terug uit mijn gedachten aan het verleden. Ik was vol verwachting terwijl de motoren ronkten en de vleugels in de wind vochten voor hun leven en kort daarop de banden gierend tot stilstand kwamen. De passagiers aan boord van het vliegtuig, grotendeels van Surinaams komaf, floten, klapten en juichten. Robert en ik lachten luidkeels. Het voelde goed om op vaste grond te zijn, *Sranan gron*, Surinaamse grond, tezamen met de luidruchtige *kondreman* en -*uma*, landgenoten.

We waggelden in een enkele rij naar de achterkant van het vliegtuig. Iedereen was goed geluimd. Zodra ik buiten kwam, werd mijn lichaam gesmoord door een stoot van warme, vochtige lucht. Slechts één snuif van vochtig, aards regenwoud en ik wist dat ik thuis was. Ik huppelde de treden af van de klepperende steiger die naar het toestel was gereden en glimlachte breed uit naar Robert en de bekende aanblikken en gebouwen voor mij. Ik had de neiging om een knieval te maken en de grond te kussen, maar ik was bang dat ik er belachelijk uit zou zien.

Er was slechts één ander vliegtuig geparkeerd op de ruwe, betonnen landingsbaan die was afgebakend door twee lichtstroken te midden van een alles omvattende, mysterieuze en schaduwrijke wildernis. De vertrek- en aankomsthal met twee verdiepingen die voor ons lag, was niet groter dan een groot motel. De verf bladderde af, of was gevlekt door schimmel. Brutaal, indringend onkruid had zich genesteld in een paar grote barsten in het beton en er hing een vage urinelucht toen wij het gebouw te voet naderden.

De hele benedenverdieping was gerenoveerd: er was een nieuwe douaneafdeling, een automatische bagageband, winkels, toiletten en zitgelegenheid bij de snacks. Het was moeilijk te geloven dat het chaotische, hartverscheurende afscheid van veertien jaar geleden hier had plaatsgevonden.

Hoewel Bouterse technisch gezien uit de macht was gezet en de democratie min of meer hersteld was, waren basisbehoeften zoals brood nog op de lijst van schaarste: soms verkrijgbaar en soms niet. De glanzende nieuwe ontwikkelingen die hier en daar waren ontsproten, waren nog niet genoeg om Ma en Pa terug te lokken.

"Hoe lang is het geleden dat je hier voor het laatst was? Acht jaar, inderdaad, toen je je vliegtuig miste om een dwaze langeafstandsrelatie na te jagen?" vroeg ik aan Robert en gaf hem plagerig een duw tegen de schouder. Hij knikte en glimlachte. "Kijk ons nu. Ons eerste bezoek als getrouwd stel."

"Ik weet het, is het niet raar? Ik had me nooit kunnen voorstellen dat mijn leven zoveel onverwachte en geweldige wendingen zou nemen toen ik zoveel jaar geleden vertrok," zei Robert. Zijn familie was een van de duizenden die naar Nederland vertrokken voor een lange vakantie en nooit terugkeerden. Hij was destijds pas elf jaar oud.

"Het zal grappig zijn om je mijn kamer in mijn oude huis te laten zien. Wist je dat de oude meubels van jouw familie nog steeds daar staan. Bizar hè?" zei Robert.

"Net zo raar als de Twilight-zone."

Het enige wat ik kon onderscheiden tijdens de rit naar huis in het donker, was hoe smal de snelweg, een verharde tweebaansweg, leek vergeleken met wat ik me ervan kon herinneren. Al het andere zag er voornamelijk hetzelfde uit en vervulde mij met een behaaglijk gevoel.

In de dagen daarop werden we verwelkomd met *brasa's* en maaltijden, door tantes, ooms, neven en nichten, en vrienden van mij van wie de meesten nog in de Dieterstraat woonden. We propten twee tot drie bezoekjes in een dag zodat ik mezelf en mijn onderzoek in minder dan een week op gang kon brengen.

Slechts vier maanden geleden had ik een brief met mijn voorlopige dissertatiedoelen gepost naar Dr. Maria Root, een lokaal gewaardeerde professor, onderzoeker en expert op het gebied van multiraciale zaken, en vroeg haar om deel uit te maken van mijn commissie. Ik sloot een scriptie bij getiteld *"The Psychological Lynching of Multiracial People in the US"* [De Psychologische Moord op Multiraciale Personen in de VS], die mijn worsteling rond raciale hiërarchieën en loyaliteit binnen mijn studieprogramma en de maatschappij beschreef. Ik speculeerde dat rassenscheiding vergelijkbaar was met onze dualistische manier van het omgaan met vele andere aspecten van onszelf.

Dr. Root stuurde mij een essay met haar nieuwste model van raciale identiteit. Het verving problematische of-of-modellen die deelnemers dwongen tot het polariseren en het op schaal rangschikken van hun culturele en raciale achtergronden, hun levensbeschouwing en voorkeuren.

"We moeten leren om ervaringen die geacht worden elkaar uit te sluiten, te integreren," schreef ze in de inleiding van haar nieuwe model. Ook zei ze dat ze graag deel uit wilde maken van mijn commissie als een onafhankelijk adviseur. Ik kon haar wel zoenen. Haar nieuwe model en haar lijst met standpunten die vaststelden of iemand open of afwijzend stond tegenover verschillen en in staat was holistisch, spiritueel en paradoxaal te denken, werden de basis van mijn onderzoek.

Ik had een onderzoeksassistent aangenomen in Suriname die vijftien respondenten van gemengde raciale achtergrond (in de leeftijdscategorie van zeventien tot dertig jaar) had geworven via mond-tot-mondreclame en een advertentie in de krant. De deelnemers die zij bij mijn aankomst had geselecteerd waren ideaal: Ze waren afkomstig uit iedere grote wijk uit de gehele hoofdstad (bevolkingsgrootte: tweehonderdvijftigduizend). Op een na betroffen zij de derde gemengde generatie in hun familie: het was moeilijk iemand te vinden met slechts twee etnische achtergronden. Zowel de deelnemers als hun ouders, hadden voor het overgrote deel alleen een basis-, mavo- of middelbare school gevolgd; spraken tenminste drie talen, sommigen zelfs zeven. Het gros van de deelnemers had een middelbareschooldiploma, waren jonger dan vijfentwintig en ongehuwd. Een paar zaten op vakscholen en streefden naar een diploma in de verpleging, boekhouding en dergelijke. Anderen waren in de voetsporen van hun ouders getreden en runden kleine bedrijven of specialiseerden zich in een bepaald vak zoals muziek.

Ik installeerde de thuisbasis voor mijn onderzoek rondom dezelfde houten eettafel die glom door het vele gebruik, waar ik als kind vele maaltijden had genuttigd en bepaalde de strategie van mijn plan van aanpak op de donkergroene banken waar ik televisie op had zitten kijken als kind, en waar ik toen droomde van het leven in de jungle met de indianenstammen die je in de lokale documentaires zag. In deze vreemde ruimte, vol bekende herinneringen aan verwondering en comfort, bekroop mij een intens gevoel van besef: ik was voorbestemd dit te doen. Hoe uitdagend en hoe verkeerd dit carrièretraject ook leek, het was voor mij zo uitgestippeld.

Ik kon niet wachten om mijn eerste respondent te ontmoeten, die in een huis op *neuten*, hoge palen, woonde in Roberts vroegere buurt. Ik reed naar een gesloten ijzeren hek en zag een jonge vrouw in de open garage.

"Hallo. Ben jij toevallig Mandy?" riep ik vanaf de oprit.

"Ja, dat ben ik," antwoordde ze met een brede glimlach terwijl zij het hek opende.

"Hoe vind je het in Nederland? Wanneer kom je terug?" vroeg ze, terwijl ik de vragen voor mijn interview en de papieren die getekend moesten worden, samen met een enquête uit mijn tas tevoorschijn haalde. Het maakte niks uit toen ze ontdekte hoe lang ik al weg was en dat ik in de VS en niet in Nederland woonde. Mijn accent, mijn maniertjes, mijn informele kleding en teenslippers waren hetzelfde als de hare, en hadden haar al op haar gemak gesteld. Het begon goed.

Mandy, een pianolerares, zag zichzelf als "allesbehalve Javaans."

"Zou je mij kunnen vertellen over de raciale en culturele samenstelling in jouw gemeenschap?" vroeg ik.

"Zeer gemengd en divers. Net als de rest van Suriname."

"Dus mensen van jouw buurt, school en werk?"

"Ja waar ik ook ga. Het komt zelden voor dat je een groep tegenkomt in de stad die niet gemengd is. Daarvoor moet je naar een dorp of stam gaan op het platteland of in de jungle van Suriname. Ze vertelde mij dat het verbazingwekkend was te constateren dat dit niveau van diversiteit niet doorsnee is voor onze Caraïbische buren.

"Toen we naar Trinidad gingen, speelden we een *Ala Kondre*-nummer waarbij alle culturen van Suriname eensgezind optraden. Dus je had een hindoestaanse vrouw in een sari (traditioneel hindoestaanse kleding), een Javaanse met een slendang (traditionele Javaanse kleding) en een Chinese persoon. Zij gebruikten delen van hun cultuur en muziek om één groot stuk op te voeren. Voor het muzikale gedeelte gebruikten ze allemaal instrumenten die typisch zijn voor de Surinaamse culturen: de tabla, de Hindoestaanse drum, de gitaar, de harmonica en de apinti-drum van de Marrons en de gamelan van de Javanen. Het was prachtig en men was heel verbaasd en vroeg, "Hoe is dit mogelijk?"

"Dat is geweldig. Wat maakt dat zoiets mogelijk is in Suriname?' vroeg ik.

"Het is net als het gezegde, *ala kondre, na fraga,* all countries, no flag (een smeltkroes heeft geen vlag)," zei ze. Ik kende dit gezegde niet maar het deed me denken aan de gele ster op de nieuwe Surinaamse vlag die de eenheid van de vijf voornaamste etnische groepen symboliseerde. Zij werden op de oude vlag weergegeven door vijf afzonderlijke sterren van verschillende kleuren, voordat Suriname onafhankelijk werd in 1975.

"*Ala kondre, na fraga,* betekent: ik ben alles en niets. Ik hoor overal en nergens bij," zei Mandy.

"Voelt dat niet tegenstrijdig?" vroeg ik.

"Voor buitenstaanders lijkt dat zo maar niet voor mij en mijn vrienden," zei ze.

Na anderhalf uur van vragen die gevolgd werden door verhelderende antwoorden, vulde Mandy de enquête in, terwijl ik mijn taperecorder en andere spullen inpakte.

"Nee, je hoeft mij niet te betalen," zei ze toen ik haar een vergoeding aanbood in ruil voor haar tijd en energie. Ze was oprecht enthousiast over mijn project en blij om te kunnen bijdragen alsof het haar eigen onderzoek was. Haar gulle gebaar raakte mij en verzachtte een pijnlijk plekje.

Ik had nog een interview gepland op dezelfde dag met Angelique en voerde dat uit op haar balkon. De gemeenschappen waarin zij zich bewoog waren net zo divers als die van Mandy.

"Is het moeilijk om op te kunnen schieten met zoveel verschillende mensen met verschillende achtergronden en verschillende wereldvisies?"

"Ik denk, als je met iedereen overweg kunt, dat je veel verder komt dan iemand die alleen loyaal is aan zijn of haar eigen etnische groepering en geen contact heeft met anderen buiten zijn/haar eigen vriendenkring, en slechts contact heeft met bijvoorbeeld Javanen. Als je je tussen iedereen begeeft, leer je meer mensen kennen, kom je vooruit in het leven en ontwikkel je jezelf optimaal, omdat je tenminste weet hoe iedereen denkt. Sinds ik op de middelbare school ben begonnen, ga ik met veel mensen om uit verschillende etnische groepen, ben ik spiritueel gezien rijper geworden en wat volwassener. Ik kan een situatie nu beter inschatten. Ik kan nu tegen iemand zeggen, 'Je moet voor jezelf bepalen wat je gaat doen.' En voorheen zou ik gezegd hebben; 'Dit is fout' of 'Dit is goed'. Ik zou mijn eigen mening hebben opgedrongen, maar nu kan ik gewoon iets opperen. En je leert mensen ook beter te lezen. Als iemand slechte bedoelingen heeft, ontdek je dat meestal snel genoeg."

Blijer kon ik niet zijn met de antwoorden van Angelique. Ze gaf helder tegenbewijs dat ons egoïsme niet een gedoemde menselijke natuur was die alleen genezen kan worden door een halsstarrige kwantitatief onderzoeker met statistisch gezien belangrijke gegevens. In principe gebruikte zij uit zichzelf haar persoonlijke ervaringen om haar scherpe kanten te polijsten, haar intuïtie te verfijnen en de slechte intenties van anderen te lezen, en zichzelf te overstijgen door haar persoonlijke ideeën en gewoontes aan te passen aan de behoeften van anderen en van de groep.

In slechts een paar dagen had de een na de andere deelnemer mij voorzien van verslagen die gelijk waren aan die van Mandy en Angelique met betrekking tot de diversiteit van rassen en culturen binnen hun gemeenschappen en de bewuste stappen die men nam sociale harmonie te creëren ten bate van het algemeen belang.

Ze beweerden dat "iedereen" elkaars culturele en religieuze tradities eerde, elkaars feestelijke maaltijden kon koken, en vrij kreeg voor elke belangrijke feestdag: Holi Phagwa, Kerstmis, Divali, Chinees Nieuwjaar, Keti-Koti ('verbreek de ketenen'- viering van de afschaffing van de slavernij). Verschillende van hen glommen van trots dat Suriname de enige natie ter wereld was waar een Moskee en een synagoge al tientallen jaren vredig naast elkaar stonden, zelfs wanneer de gemoederen hoog opliepen tussen de Joden en Moslims in de rest van de wereld.

Mandy's aangrijpende opmerking, 'Ik ben alles en niets' had gelijk mijn aandacht getrokken. Het kwam naar voren als een onderliggend thema en bron van geluk in veel, zo niet de meeste van de reacties. Het nastreven van een harmonieuze eensgezindheid was een persoonlijk ideaal dat eenieder nastreefde. Ik kon geen harde, zelfzuchtige grenzen ontdekken die een territoriumstrijd zouden kunnen uitlokken, maar vond ook geen tekenen van zelfverloochening. Ik vermoedde dat dit fascinerende standpunt de deelnemers in staat stelde om effectiever te zijn in het bezweren van spanningen tussen de verschillende rassen—zonder inmenging van buitenaf—dan de psychologische experts en academici bij mij op de universiteit. Uit persoonlijke ervaring wist ik dat deze strategie Robert en mij in staat had gesteld onze band en conflictoplossingsvermogen te versterken.

Ik had gehoopt dat mijn onzekerheid door informatie zoals deze zou verdwijnen. Dat door het bewateren van mijn verschrompelde wortels met mijn waarheid en cultureel erfgoed, ik in staat zou zijn meer op mijn intuïtie te vertrouwen en gewoon verder te gaan. Maar dat klonk te makkelijk en egoïstisch voor mijn geïndoctrineerde innerlijke academica.

Ik zou verder moeten graven in verslagen over raciale druk, conflicten en mishandeling om te begrijpen waar het broeide en hoe de deelnemers deze conflicten oplosten. Tot dusver waren de deelnemers het erover eens dat status en sociale rangorde belangrijk waren voor de politiek sterke, tot rigide fundamentalistische Christenen, en voor de weinig geaccultureerde subgroepen van Chinese, Hindoestaanse en Europese (hetzij Nederlandse of lokale blanke Surinamers) afkomst, groepen die veelal meer waarde hechten aan een hiërarchische, concurrerende structuur van sociale systemen, dan aan een egalitaire, op een enquête die individualisme versus onafhankelijke wereldvisies en interpersoonlijke patronen, sociale harmonie en conflict mat.

Een handjevol deelnemers had zich af en toe buitengesloten en gestereotypeerd gevoeld op basis van hun raciale kenmerken, huidskleur, moedertaal en etnische achtergrond door individuele personen uit deze groepen, maar zij waren redelijk makkelijk in staat geweest dergelijke scenario's te voorkomen.

Toen ik Mark in een café interviewde, was ik meteen geraakt door zijn bijzondere verhaal, zijn langdurige gevecht met klassenstrijd en racisme, en zijn vastberadenheid.

"Ik ging weg bij mijn ouders thuis toen ik vijftien jaar oud was, en heb sindsdien bij drie verschillende pleeggezinnen gewoond. Ik kon niet tegen mijn moeders denigrerende opmerkingen. Ze was opgevoed door Javanen uit een bepaalde klasse. Ik kan met iedereen overweg maar zij denkt dat ze beter is dan bepaalde mensen", zei hij.

"Spreek je haar nog?" vroeg ik.

"Zo af en toe. Wanneer ze belt en vraagt of ik nog met 'die mensen' omga, Creolen, negeer ik haar vraag en vraag haar hoe het met haar gaat.

"Dat lijkt me moeilijk," zei ik. Mark en zijn moeder waren beiden Creools, maar waren lichter van kleur en meer raciaal gemengd dan de Creolen waar zij moeite mee had.

"Het gros van de mensen is niet zoals zij. Ze is een uitzondering op de regel," zei Mark, die haar minderheidsstatus gebruikte om haar schadelijke impact te verzachten.

Hij verzekerde mij ervan dat hij in orde was.

Ik herinnerde me hoe het voelde om het gros van de mensen en de heersende cultuur aan jouw kant te hebben. Dat is waar mijn onzekerheid naar verlangde—"heersende cultuur", bevestiging krijgen van een meerderheidsgroepering, iets dat ik als vanzelfsprekend had aangenomen tot het er niet meer was. Ik markeerde het als een ander mogelijk thema om aandacht aan te besteden.

Ann stemde toe mij in een park te ontmoeten. Ze was de enige deelnemer naast Mark die langdurig met racisme te maken had gehad. Jarenlang beschouwden de ouders van haar vriend haar niet als een geschikte vriendin voor hun zoon omdat zij niet Hindoestaans was.

"Ze zijn nu veranderd omdat we al vijf jaar samen zijn, maar in het begin was het echt heel [erg]… Zoals zij erover denken: het is de moeite niet om je daar druk over te maken. Stel dat ik er ruzie over zou maken, van, 'Wat denken ze wel' en 'Ik moet bij hem blijven' en 'Hoe durven ze mij niet te accepteren' en misschien denk ik vandaag of morgen 'Oh, nee hij is niet echt mijn type' en al die toestanden waren nergens voor nodig…Ik ga ook niet blijven halen en trekken met iemand. Als je denkt dat het oké is voor jou, kom je er vanzelf wel achter, kom je jezelf wel een keer tegen… In het begin dacht ik verdorie, weet je, maar later realiseerde ik me dat het belangrijker is dat ik niet zo in elkaar steek. Ik denk niet dat ik ooit zo zal worden.

"Waar vond je de duidelijkheid en de kracht om je te realiseren dat het belangrijker is dat jij niet zo bent?" vroeg ik.

"Ik geloof in reïncarnatie. Ik geloof dat je ziel in een ander lichaam en leven terechtkomt om een karmarekening te vereffenen tot aan het einde van de wereld, tot je puur of bijna puur bent. Dan ga je naar God, naar het nieuwe paradijs; dat is wat ik geloof," zei ze.

"Dus jouw geloof heeft je geholpen om je te richten op je eigen puurheid en pad en om niet overdreven verstrengeld te raken met anderen, wanneer zij afdwalen van hun ware natuur?" vroeg ik.

"Ja dat klopt. Daarom denk ik dat al dat raciale gedoe stom is. Ik geloof dat iedereen een ziel is en je gewoon een lichaam uitkiest. Je bent slechts een ziel," zei ze.

Ondanks het jarenlang moeten doorstaan van conflicten met moeilijke mensen in hun directe omgeving, lieten zowel Ann als Mark een enorm mededogen en een enorme overtuiging, nederigheid en tolerantie zien. Zij geloven dat de daders afgedwaald waren en hun ware ik op hun eigen voorwaarden een dag zouden tegenkomen. Ik glimlachte in mezelf, blij dat deze twee jongelingen mij een spiegel voorhielden en me mijn culturele ruggengraat en erfenis lieten zien plus mijn onbenutte potentie om conflicten op te lossen.

Zoekend naar vergelijkbare tekenen van weerstand of wijsheid, noteerde ik alle keren dat de deelnemers spraken over een "grotere beweging" binnen een dominante cultuur, naar heelheid en harmonie die zij intuïtief benut hebben op momenten waarop zij steun en kracht nodig hadden. Of de begeleiding kwam van overladen familieleden, God, Sjamanistische genezers, medicijnmannen en -vrouwen, wijzen, vertrouwde ouders of ouderen (zoals Elfriede), onthullingen in wakkere staat of in dromen, of van ruimdenkende, progressieve stedelingen, zij onthulden keer op keer dat zij bewust hogere wijsheid en geruststelling opzochten en integreerden wanneer zij met een probleem werden geconfronteerd.

Inmiddels wilde ik heel graag weten of hun enquêtegegevens consistent waren met hun reacties in het interview. Ik stond perplex van wat ik ontdekte. Alle vijftien deelnemers gaven aan dat zijzelf, hun ouderlijke figuren, en de maatschappij in het algemeen individualistische en onderling afhankelijke oriëntaties en waarden hadden. Deze paradoxale resultaten waren ongekend in de opzet van het onderzoek omdat de deelnemers over het algemeen zichzelf zagen als individualistisch of collectivistisch, niet allebei. De solidaire mentaliteit van de deelnemers, die hun eigen behoeften niet in gevaar bracht, leek direct te zijn verbonden aan hun sociaal en psychologisch welzijn. Dit verschilde enorm van hetgeen ik had ondervonden in de VS toen het aankwam op zaken betreffende ras of andere zaken waarin we delen van onszelf polariseerden en anderen beschuldigden die ons herinnerden aan deze delen.

Toen ik terug was in Californië gaf ik mijn onderzoek de titel: "*Ala Kondre, Na Fraga,* All Countries, No Flag: The Multidimensional Experiences of Surinamese *Doglas,* Multiracials in the Caribbean". [Alle landen, Geen Vlag: De Multidimensionale Ervaringen van Surinaamse *Dogla's* (Multiraciale Mensen) in het Caribisch Gebied]. Bijna een jaarlang transcribeerde ik honderden pagina's aan interviewgegevens en besteedde ik bijna ieder wakker uur aan het voltooien van mijn onderzoek. De voorzitter van mijn commissie, Dr. Phillip Akutsu, was onder de indruk van het eindproduct en nomineerde het voor een dissertatieprijs, de enige in zijn soort hetgeen voor mij een bewijs was dat het mogelijk was erkenning te krijgen voor uitmuntend kwalitatief werk binnen mijn vak.

Jammer genoeg maakte dit het niet makkelijker om mijn intuïtie terug te winnen en als beoefenaar mijn kracht uit te oefenen. Bewust van hoe gemarginaliseerd en ongewoon mijn perspectieven waren, hadden mijn onderzoek en persoonlijke ontdekkingen in principe mijn innerlijke strijd verergerd. Ik kon niet een stageplek binnenlopen met mijn dissertatie onder de arm en mij gedragen als een pionierende rebel, terwijl ik technisch gezien nog maar een beginneling was; het was de meest onhandige vorm van zelfmoord op professioneel vlak die ik kon bedenken.

Hoofdstuk 9

GEZAGSPROBLEMEN

Door gezag zal je nooit iets kunnen vinden.
Je moet vrij zijn van gezag om de werkelijkheid te vinden.
~ Jiddu Krishnamurti

IK HAD MIJN ZINNEN AL GEZET op de veelzijdige stagemogelijkheden bij
het counseling centrum op mijn universiteit, UC Davis, terwijl ik nog in
de onderzoeksfase van mijn dissertatie was. Ik zag dat het aanbod van uitgebreide multiculturele en klinische opleidingen op deze fantastische plek
overtrof wat er landelijk op veel stageplekken werd geboden. Sommige van
mijn leeftijdsgenoten gooiden hun netten uit naar meer dan 30 stageplekken
verspreid over de hele VS om hun kansen op een kwalitatief goede plaatsing
te verhogen. Omdat Robert en ik van de omgeving van San Francisco Bay
hielden en we absoluut niet meer wilden verhuizen, moest ik een andere
strategie bedenken. Ik besloot zo vroeg mogelijk met het proces te starten
en al mijn energie te steken in het wedden op dit ene paard, net zolang tot
ik won.

Tijdens mijn afstudeerjaar, een jaar voorafgaand aan mijn stage,
solliciteerde ik op een parttime practicum functie bij US Davis. Binnen een
week werd ik opgeroepen voor een gesprek met de stagedirecteur Dr. Eduard
Romano en het hoofd van de practicum stages Dr. Katherine Haley.

"Eerlijk gezegd ben ik zeer geïnteresseerd in een van uw stageplekken van volgend jaar. Ik heb gehoord dat sommige plaatsen hun stagiairs niet accepteren dus ik wilde er zeker van zijn dat dat hier niet het geval is," zei ik.

"Een stageplaats hier zal je noch garanderen van een plek hier, noch uitsluiten van het in aanmerking komen volgend jaar. Het kan voor of tegen je werken. We hebben beide mogelijkheden gezien in al die jaren dat wij dit doen. Het hangt allemaal van jezelf af," zei Eduard.

"Geweldig. In dat geval mik ik op beide."

Diezelfde middag belde Katherine mij op en bood mij de stageplek aan. Dat was een goed teken. Een heel goed teken.

Enthousiast accepteerde ik het aanbod, optimistisch dat beter kennismaken met de rest van het personeel in de komende maanden, in mijn voordeel zou werken. Ik vond het geweldig om op mijn oude school terug te zijn die bekend stond om het aantal fietsen dat groter was dan het aantal 'aggies' (de bijnaam voor alle studenten die ingeschreven stonden aan deze bekende agrarische school) en vanwege de kleinstedelijke vriendelijkheid en de ruime, groene campus. Het gebouw van het counseling-centrum was omgeven door oude, schaduwrijke bomen en een groen pleintje, in het hart van alle actie.

In slechts een paar weken tijd was ik al behoorlijk onder de indruk van de klinische expertise van mijn promotors die het meest opviel tijdens het discussiëren over emotioneel geladen zaken met betrekking tot allerlei 'isme's'. Zoals ik had gehoopt gaven groepstrainingen, interactie met medestudenten en sessies met cliënten mij veel gelegenheid om mijn kennis en vaardigheden te delen.

"Ik waardeer je authenticiteit en bereidheid om diep te graven en de beladen gevoelens die normaalgesproken mensen doen krimpen, te onderzoeken," zei Katherine, de promotor van mijn practicumgroep tijdens de eerste evaluatie. "Jouw inzichten verrijken ons programma en de cliënten met wie jij werkt."

"Ik was vooral onder de indruk van jouw onbevooroordeelde houding ten opzichte van jouw cliënt. De dingen die zij met je deelde, zouden bij veel mensen wat losgemaakt hebben maar jij bleef rustig en verbonden met een kwetsbaar en gevoelig deel van haar. Dat is geweldig," voegde Sandra, mijn individueel klinisch promotor een predoctoraal stagiaire eraan toe.

"Hartelijk dank voor deze feedback," zei ik glunderend. "Ik waardeer het dat je deze kwaliteiten in mij ziet. Ik had er voorheen niet over nagedacht maar het zijn waarden die voor mij belangrijk zijn en sterke eigenschappen die ik verder zou willen onderzoeken en ontwikkelen."

Een onverwachte bonus van dit practicum was mijn verbeterde zelfbewustzijn wat een positieve invloed had op het ontwerp van mijn dissertatie en het doel van mijn onderzoek. De hulp van promotors en de updates uit eerste hand, hielpen mij ook dit enerverende stage-sollicitatieproces en de uitputtende wachttijd te doorstaan. Vreemd genoeg werd ik nerveuzer in plaats van opgelucht toen ik de sollicitatierondes overleefd had. Ik wist niet zo goed waarom. Ik vermoedde dat het met het telefonisch gesprek te maken had. Om alle sollicitanten gelijke kansen te geven werd iedereen telefonisch geïnterviewd, zelfs als je op locatie was zoals ik. Ik kon goed interviewen en ik had mijn mondelinge examens goed doorstaan, maar een telefonisch interview? Dat had ik niet eerder gedaan dus ik wist niet goed wat ik kon verwachten.

Ik had me nooit eerder gerealiseerd hoe zeer ik afhankelijk was van visuele aanwijzingen en lichaamstaal totdat ik in een conference call zat met vijf interviewers. Ik kende hen allemaal maar desondanks voelde het toch alsof ik tegen een muur sprak wanneer ik hun vragen beantwoordde. Zonder enige aanwijzing voelde het grof en zelfingenomen om door te gaan. Mijn oksels en voorhoofd begonnen te tintelen; de angst voor een tweede taal en de neiging om dicht te klappen uit mijn stille puberjaren kwamen naar boven. Ik kon niet bij het gemak en comfort dat ik had ervaren bij elk personeelslid en flapte korte antwoorden eruit, om zo snel mogelijk het gesprek te kunnen beëindigen.

De volgende dag klopte Eduard op mijn deur en vroeg hoe ik dacht dat ik het gedaan had.

"Heel slecht," zei ik. "Ik raakte in paniek om mijn tweede taal te moeten spreken. Ik heb nooit eerder een telefonisch interview gedaan en had geen idee dat dit kon gebeuren. Persoonlijke interviews zijn nooit een probleem geweest."

Dat wist hij. Hij had mij voor de practicumfunctie geïnterviewd en was onder de indruk van mijn gedetailleerde en wel doordachte antwoorden. Eduards gunstige follow-up en mijn goede reputatie als practicumstudent waren de enige redenen waarom ik deze stageplek kreeg die jaarlijks aan slechts zes van de honderden sollicitanten werd aangeboden.

"Zo, wie zou je willen hebben als jouw eerste promotor? Vul je eerste en tweede keuze in op dit blaadje en we laten je dan volgende week weten wie aan jou wordt toegewezen," zei Eduard tijdens de oriëntatieweek tegen ons.

Het groot vertrouwen en de openheid jegens mijn practicumlegioen en -mentoren, bracht ik over naar Dr. Joan Taylor, mijn nieuwe promotor, ervan uitgaande dat zij mijn vaardigheden en eerlijkheid net zo zou waarderen als mijn vorige promotors. Na de eerste weken van 'vleierij' werd het duidelijk dat dit niet het geval was.

"Je kent toch wel het verschil tussen een 'civiele procedure' en een 'strafzaak'?", vroeg Joan op een ochtend tijdens ons overleg. Ik vraag het want je knikt en doet alsof je weet waar ik het over heb, terwijl ik het gevoel heb dat niet bepaald het geval is. Ik vind het belangrijk dat je het verschil kent om te begrijpen waar jouw client mee te maken heeft," zei ze.

Haar woorden sneden dwars door mijn dunne huid en raakten een gevoelige snaar. Ik deed mijn best om me op haar vraag te concentreren maar ik voelde hoe ik langzaam uiteenviel tot een zielig hoopje. Ze had gelijk. Ik wist niet wat het precieze verschil was tussen de twee. Ik vond het niet urgent genoeg om haar te onderbreken aangezien ik een heleboel Engelse woorden geleerd had door aandachtig te luisteren en uit te pluizen hoe ze werden gebruikt in een grotere context, soms pas aan het eind van een gesprek.

Met de rug van mijn hand veegde ik een paar tranen weg en kroop terug in mijn schulp. Het was de neerbuigende toon in haar stem waarop ik reageerde. Hoewel ik Joan deze toon ook tegen andere werknemers had horen gebruiken, maakte ik er geen punt van. Ze was normaal gesproken heel aardig en behulpzaam naar stagiairs toe.

Joan keek bezorgd terwijl ik probeerde na te denken hoe ik het beste kon reageren op haar vraag—opbiechten dat ik inderdaad niet de juiste betekenis kende van deze termen zonder de tranen te benoemen, of bekennen en haar vertellen over mijn emotionele reflexreactie op haar toon. Aangezien mijn oprechtheid hier goed werd ontvangen, besloot ik het risico te nemen haar de hele waarheid te vertellen, ervan overtuigd dat het benutten van deze gelegenheid tot heling van onze verbondenheid zou leiden en het vertrouwen in elkaar zou verbeteren.

"Het spijt me," zei ik, mij verontschuldigend voor mijn tranen. "Normaliter helpt luisteren mij om hetgeen gezegd wordt te ontcijferen en inzicht te krijgen in woorden en zaken die ik nog niet begrijp. Ik ben emotioneel omdat ik denk dat uw toon een gevoelige snaar van discriminatie en onprettige herinneringen aan pesterijen vanwege mijn accent en het feit dat ik slecht Engels sprak toen ik pas naar de VS was verhuisd, bij mij naar boven bracht."

Ik verwachtte dat ze iets zou zeggen in de trant van, "wat erg dat je dat soort pesterijen en vooroordelen hebt moeten doorstaan. Dat moet pijnlijk en moeilijk zijn geweest en het is begrijpelijk dat het een gevoelige plek heeft gekregen." Ik zou elke uitleg voor haar reactie hebben geaccepteerd: Let maar niet op mij. Ik ben een beetje geïrriteerd en overbezorgd omdat deze cliënt mij herinnerde aan iemand die mij dierbaar is . . . omdat ik honger heb . . . in de overgang ben . . . ruzie heb gehad met mijn partner.

In plaats daarvan schoof Joan naar achter in haar stoel en mompelde zachtjes, "Waarschijnlijk hebben we hier te maken met een autoriteitsprobleem."

Huh? Autoriteitsprobleem? Na dit openlijk te hebben gezegd deed Joan alsof het nooit was gebeurd, hetgeen nog verwarrender was. Wat nu? Gedoemd als ik mijn mond open doe, en gedoemd als ik het niet doe. Hoe ben ik weer in deze val gelopen?

"Wat is er?" vroeg Robert toen hij mijn sombere gezicht zag. Ik vertelde hem wat er was gebeurd.

"Klinkt als het syndroom van de bijenkoningin," zei hij. "Je wordt gestraft als je aan haar domein komt of de status quo."

"Ik zie niet hoe ik rotzooide met haar domein of de status quo. Ik vertelde haar wat zij bij mij teweegbracht."

"Ja, maar je zei iets over haar toon en waarschijnlijk vond ze dat je te ver ging."

"Bah. Ik haat het om te liegen alleen voor de zoete vrede en dacht dat iedereen daar er net zo over dacht. Ik weet zeker dat we het kunnen uitpraten als we het rustig aanpakken."

Tijdens ons groep seminar de volgende dag was er een onverwachte wijziging in het programma. Joan informeerde het team van stagiairs dat ze een begeleide oefening met beeldmateriaal zou verzorgen om onze gezagsverhoudingen te onderzoeken. Mijn bloed schoot van lauwwarm naar kokend.

Wat? Nee, dat meent ze niet. Ze had mijn "autoriteitsproblemen" wat subtieler kunnen onderzoeken. Ik stond echt perplex. Ik ging in gedachten nog eens na wat er was gebeurd op dat kritieke moment tijdens onze supervisie ongeveer een week geleden, en onderzocht minutieus wat haar het idee gegeven kon hebben dat ik onopgeloste autoriteitsproblemen had. Was het omdat ik openlijk mijn reacties op haar manier van praten had geuit? Waarom waren mijn voorgaande promotors onder de indruk van deze zelfde openheid?

Blijf rustig en het komt goed. Als je in de verdediging schiet of koppig reageert, krijgt ze gelijk. Oké, prima. Ik ga deze oefening net als alle anderen benaderen. Als ik een of ander onopgelost autoriteitsprobleem heb, dan is dat maar zo. Liever te vroeg dan te laat ontdekken. Ik klikte min resetknop en gaf Joan het voordeel van de twijfel, dat ze het beste met mij voor had. Na deze laatste gedachten en bezwaren naar de horizon van mijn ziel te laten varen, zakte ik weg in een zee van rust terwijl Joan ons door verschillende confrontaties met autoriteitsfiguren leidde.

Blijkbaar leidden mijn reacties tijdens de oefening en de groepsdiscussie niet tot de autoriteitsproblemen die Joan probeerde uit te lokken. Ik vond het prima totdat ze uit het niets snedige opmerkingen maakte tijdens onze supervisie gesprekken.

"Vertel, wat was er gaande tijdens het onderonsje bij Loraine en Maria?" vroeg ze. Onderonsje? Waar gaat dit over? Heeft ze het over de video van onze sessie en het feit dat onze communicatie luchtig was en dat we lachten? Hoe moet ik hierop reageren zonder haar nog meer munitie te geven? Ik besloot het te negeren.

"Het gaat goed met Maria. Op haar verjaardag viel er een liefdesbrief van haar vriend uit een boek. De brief had hij geschreven voordat hij zelfmoord pleegde. Ze ziet het als een teken dat hij nog steeds bij haar is en haar beschermt. Ze zei dat het haar helpt om de schuldgevoelens die haar al zolang teisteren, te verlichten. Ik denk dat haar Mexicaanse afkomst haar helpt te helen. Het komt veel voor in niet-westerse culturen dat men zo begeleid wordt," zei ik, opgetogen dat het Universum mij droomcliënten stuurde die zouden profiteren van mijn unieke vaardigheden en kijk op de wereld. Joan luisterde voornamelijk, ongedurig en zichtbaar ontevreden over mijn therapeutische stijl, maar ze hield haar mond. Wat is haar probleem? Wil ze dat ik somberder en serieuzer moet zijn en "echte" problemen moet oprakelen op dezelfde manier zoals zij ze bij mij naar boven brengt? Waarom kreeg ik het gevoel dat ik zag dat mijn cliënten in wezen goed en onschuldig waren, terwijl zij hen (en mij) beschouwde als onvolmaakt en gebroken.

Ik ging verder en vertelde Joan over een andere client die haar gewelddadige moeder had gerapporteerd bij de Kinderbescherming toen ze nog een tiener was. Ik vond dat het onder de omstandigheden opvallend goed met haar ging. Het lukte haar om hulp te vragen van volwassenen—onder wie ook ik—en ze stond ons toe om de rol van surrogaatouders te vervullen.

"Wat je niet doodt, maakt je sterker," reageerde Joan droog. Ik voelde aan dat deze steek onder water gedeeltelijk aan mij gericht was. Ik stond wederom perplex en werd overweldigd door een gevoel van alwetendheid dat erop uit was mij te breken in plaats van mij iets te leren.

Waarom irriteer ik haar altijd? Denkt ze dat ik blindelings op mijn intuïtie vertrouw om mijn cliënten te begeleiden? En als het werkt, waarom is het dan een probleem? Of denkt ze dat mijn cliënten mij voor de gek houden met geveinsde kracht en weerbaarheid waardoor ik ervan word weerhouden hun psychopathologie en diepere problemen op te lossen? Dat ik hen liet gaan om er zelf "beter van te worden"? Wat hield dat "beter worden van" in? Dat ik mijn ego kon strelen dat ik een goede therapeut was, terwijl ik dat in wezen niet was? De bochten waarin mijn gedachten zich wrongen maakten dat ik compleet gedesoriënteerd raakte.

Aangezien ik werd opgeleid onder haar supervisie was het redelijk van haar dat ze van mij verwachtte dat ik haar huisregels naleefde. Het was echter net zo belangrijk voor mij om me te ontdoen van het label "autoriteitsproblemen" waar ik nog steeds mee rondliep en dat mijn onzekerheid nog eens benadrukte. Ik vroeg aan Casey—een betrouwbare collega van Afro-Amerikaanse afkomst—wat hij dacht dat er gaande was. Toen hij hoorde dat ik tegen Joan had gezegd dat de toon die zij aansloeg een raciale zenuw had geraakt, schudde hij zijn hoofd en zei: "Dat zeg je niet tegen blanke mensen. Het is een zeer gevoelig onderwerp. Waarschijnlijk voelde ze zich persoonlijk aangevallen."

"Persoonlijk aangevallen? Alsof ik haar ervan heb beschuldigd dat ze een racist is? Waarom zei ze dat dan niet. Ik had haar kunnen geruststellen dat ik het niet zo bedoelde. Ze is mijn promotor. Zou ze niet moeten weten op welk punt ik ben qua ontwikkeling? Stel dat een cliënt zoiets tegen haar had gezegd. Zou ze dan net zo reageren?", vroeg ik hem.

"Geen idee. Misschien," antwoordde hij.

"Ik ben gespecialiseerd in diversiteitsproblematiek. Zou ik mijn promotor niet moeten kunnen vertellen wanneer iets dergelijks mij dwars zit? Als ik niks zei, zou ik me hypocriet voelen wanneer ik tegen mijn stagiairs zeg dat ze moeten zeggen wat ze op hun hart hebben. We hadden onlangs een discussie dat het niet de moeite was om stil te blijven voor de zoete vrede of om professioneel over te komen. Dat zijn enkele onuitgesproken regels die vooral vrouwen en vrouwen van kleur onbewust overnemen. Een homoseksuele cliënt van mij was een keer geraakt doordat iets wat ik zei hetero-seksistisch klonk. Ik heb mijn excuses aangeboden en heb haar gevoelens en reactie onderkend. Ik heb het toen zo opgevat dat mijn cliënt mij haar pijn toevertrouwde en mij tegelijk een kans bood haar te ondersteunen en haar een nieuwe helende ervaring te bieden," zei ik.

Ik probeerde mij in Joan te verplaatsen. Misschien kwamen mijn intuïtieve zelfsturing en openhartigheid op haar over als oneerbiedig of een soort van afwijzing als haar stagiairs over het algemeen maar al te graag haar begeleiding accepteerden. Ik deed meer moeite om haar input te vragen, maar het mocht niet baten. Nieuwsgierig naar haar beredenering achter de interventies maakte dat ik mij nog ongemakkelijker voelde en boos, terwijl een beter zelfbewustzijn en een beter begrip van de aard van onze conflicten de meest reële manier leek om onze problemen op te lossen en verder te gaan. We botsten nog een paar keer en ik was in tweestrijd: wanneer ik dicht bij mezelf bleef, irriteerde ik Joan. En wanneer ik toegaf aan haar wensen als promotor, kwam ik los van mijn eigen ik en voelde ik me verloren.

"Ik krijg alleen een vaag idee van wat je doet en wanneer ik concreet ben naar jou toe, heb ik het bij het verkeerde eind."

"Vind je me over het algemeen vaag, of is het alleen in zaken gerelateerd aan cultuur?"

"Over het algemeen," antwoordde ze geïrriteerd.

"Hmm, het lijkt erop dat toen ik de mogelijkheid besprak dat de culturele waarden van mijn cliënt haar zouden kunnen helpen om te gaan met haar problemen, dit tot een conflict en spanning leidde. Kunt u mij een voorbeeld geven waarbij ik vandaag onduidelijk was?"

In gedachten ging ze terug naar onze bespreking.

"Ik kan geen voorbeelden bedenken waarbij je vaag was vandaag, maar er zijn andere momenten geweest. Engels is toch jouw tweede taal?"

Dit meent ze niet . . . Ik wist niet wat ik hoorde. "Weet u, ik denk niet dat dit een kwestie is van semantiek of van mijn Engels."

"Je hebt gelijk, je Engels is prima."

Waarom breng je het dan ter sprake? Vroeg ik mij af.

"Ik vind het niet erg om zo vaak als nodig is, uit te leggen wat ik bedoel. Er is iets aan uw manier van praten wanneer we het ergens niet met elkaar eens zijn wat ik wil begrijpen."

"Je zei dat je je tot mij aangetrokken voelde vanwege mijn zachtmoedigheid, en nu doe je mij overkomen als een heks!"

Hoe liet ik haar overkomen als een heks? Nu verliest ze haar autoriteit en niet omdat ik het haar afneem, maar omdat zij in een soort zwart gat valt en het aan mij overgeeft. Ik voelde me verstrikt in haar web, en ik kreeg tranen in mijn ogen van opgekropte frustratie en machteloosheid.

"Daar gaan we weer, hetzelfde liedje. Ik heb het gevoel dat ik het nooit goed kan doen in jouw ogen," zei ze.

Ik bleef stil en mijn hersens werkten op volle toeren.

"We hebben zachtheid nodig om met elkaar om te gaan en het is prima als we gewoon stil zijn en niet veel zeggen," zei ze zichzelf corrigerend.

"Ik ben echt helemaal in de war. Ik heb het gevoel dat u denkt dat mijn reacties nergens op zijn gebaseerd en dat ik van alles verzin alleen om dwars te liggen. Ik heb geprobeerd om deze interpretatie te accepteren maar dat lukt mij niet en het blijft gebeuren.

Het accepteren alleen maar om mee te werken druist in tegen mijn gevoel van integriteit, en dat is waar ik vastloop," zei ik met trillende stem.

"Als je mij vraagt of ik vind dat dit jouw probleem is, ja inderdaad! En ik bedoel het goed. Ik mag je graag Loraine. Ik bedoel het maakt niet uit wiens probleem het is, door dit te bespreken kan het je iets opleveren. Het kan ook helemaal alleen jouw probleem zijn, als dat is wat je wilt.," zei ze.

Ik wist precies wat ze bedoelde aangezien ik zelf een therapeut en promotor was. Ik wilde grenzen. Ik wilde dat ze haar privacy behield en voelde dat supervisie over mij en mijn werk ging, mijn persoonlijke ontplooiing. Maar wanneer ik zou laten zien wat mijn proces was bij het behandelen van mijn cliënten en wat ik beschouwde als volledige verantwoordelijkheid nemen voor mijn keuzes en proces, werd ze getriggerd door mijn antwoord dat het werk niet langer over mij ging maar over ons. Ik wilde haar tegemoetkomen, maar snapte niet wat ik fout deed.

Hoewel ik geschrokken was door Joans bewering dat het volledig mijn probleem was, gaf het mij de mogelijkheid mijn weerzin en boosheid over haar slordige tactiek te begrijpen.

"Ik denk dat er meer aan de hand is dan alleen mijn issues, wat het voor mij moeilijk maakt om verder te gaan," antwoordde ik.

"Weet je, ik wil niet kibbelen over wiens probleem het is. Als je wilt kunnen we verdergaan en doen alsof en alleen over casussen praten. De keuze is aan jou," zei ze.

Ze had schoon genoeg van mij en begon haar spullen bij elkaar te pakken om aan te geven dat we klaar waren voor vandaag. Ik was geschrokken van haar voorstel om verder te gaan en te doen alsof, en dat leidde ertoe dat ik hulp zocht.

Gelukkig kwam de werkgroep vlak na ons gesprek bijeen. Ik vond het moeilijk om te praten over mijn gevecht en maakte mij zorgen dat de senior medewerkers Joans interpretatie zouden ondersteunen. Maar op dit moment, kon geen enkele consequentie—negatieve evaluatie, schaamtegevoel, kritische reacties van anderen, in de problemen komen, of het ontbreken van begrip— erger zijn dan doen alsof alles in orde was, terwijl dat niet het geval was. Veel te vaak had ik in mijn korte leventje mijn gevoelens en woorden moeten inslikken en geweigerd een loopbaan te volgen waar het op-mijn-woorden-passen bij de functieomschrijving hoorde. Als ik trouw bleef aan mezelf en daarmee vooruit gespoeld werd naar het einde van dit beroep, prima. Ik weet het liever te vroeg dan te laat als ik het verkeerde vak heb gekozen.

Iedereen was erg begripvol en respectvol toen ik met horten en stoten stamelde wat er zich in de afgelopen weken had afgespeeld. Mijn gespreksgroep verzekerde mij ervan dat botsingen tussen stagiairs en supervisors regelmatig voorkwamen en opgelost konden worden. Ze zouden met Joan praten, en als zij en ik bleven botsen zou iemand mediëren door middel van een sessie conflictoplossing. Ik was opgelucht maar mijn brein voelde net gelei. Gelukkig had ik erop geanticipeerd en had ik onze conflicten tot in detail gedocumenteerd en had ik aantekeningen.

"Het lijkt wel *Analyze This*," zei Angela toen ik mijn verhaal deed aan de rest van de stagiairs tijdens ons middagseminar.

"Inderdaad! Je hebt gelijk" grinnikte Eduard, onze opleidingsdirecteur.

"Heb je het gezien? Het is een film over een therapeut, gespeeld door Billie Crystal, die weigert een gangster, Robert DeNiro, die een meester is in het creëren van dubbele bindingen, te behandelen. Hoe beter Billie Crystal wordt in het uitleggen waarom het een slecht idee is om hem te behandelen, hoe overtuigender Robert DeNiro wordt dat hij de juiste persoon heeft uitgekozen vanwege zijn eerlijkheid. Jouw verhaal doet me daaraan denken; alleen is het in jouw geval precies het tegenovergestelde. Eerlijk zijn wordt begrepen als beledigend en leidt tot straf," zei Angela.

Haar analyse van wat er gaande was, sloeg de spijker op zijn kop. Het lachen om mijn dilemma verhelderde mijn vooruitzicht en maakte mij hoopvol, iets wat ik al weken niet gevoeld had.

De intervisie van donderdagochtend begon goed. We spraken over de noodzaak om onze relatie onderhanden te nemen voor wij verder gingen en daar ook de tijd en ruimte voor te nemen. Ik kon merken dat Joan zich ook gesteund voelde door de staf; ze leek openhartiger en optimistischer dan gewoonlijk. Ze zei dat ze zich geen zorgen maakte dat ik cliënten zou schaden. Ze had mijn videobanden gezien en was nooit verontrust geweest. Goed. Ik voelde me op mijn gemak en accepteerde van harte haar uitnodiging om de lucht te klaren.

"Je had de ruimte nodig en dat was erg belangrijk voor je," zei ze. En weg was het warme gevoel.

"Ja, maar het is meer dan dat. Ik had het gevoel alsof u mij zag als iemand die met alle geweld haar ruimte opeiste en ik kan mij niet herinneren dat ik dat gedaan heb," zei ik.

"Dat was niet jouw bedoeling," antwoordde ze vragend.

"Dat klopt. Ik had niet de intentie om dat met alle geweld te doen, maar ik snap ook niet wat ik deed dat het wel zo overkwam. Ik probeerde mij te herinneren of het de toon was waarop ik sprak, mijn houding, of de inhoud van wat ik zei, maar ik kan er geen bewijs voor vinden dat ik deze overtreding heb begaan. Ik zou voor mezelf het verband willen leggen zodat ik, gebaseerd op deze nieuwe informatie, in de toekomst weet wat ik niet moet doen," zei ik."

Joan reageerde niet. Ik had het gevoel dat ik weer iets verkeerds had gezegd. Het leek alsof ik een dubbelleven leidde. Ik deed het goed bij mijn multiculturele specialisatie, ik faciliteerde gelijksoortige intense en emotionele gesprekken tussen studenten, staf, bestuurders en mensen uit de gemeenschap gedurende de diversiteitsprogramma's op de campus.

Hoe was het mogelijk dat dezelfde expertise die de heftigste conflicten tussen geagiteerde gekleurde studenten en de politie oploste, faalde bij Joan? Wat was hier aan de hand? Zat mijn trots mij in de weg, wist ik door mijn hardnekkige vastberadenheid van geen ophouden? Of was er iets in mijn blinde vlek dat ik steeds niet zag?

Ik ontdekte uiteindelijk een kleine opening. Het was zo minuscuul als het oog van een naald. Ik herinnerde me dat ik mij op een vreemde manier voelde aangetrokken tot Joan en wist dat ze mij zou completeren. Ik was stomverbaasd. Niet omdat het onlogisch was; het was juist meer dan logisch. Het was niet wat ik verwachtte, maar ze completeerde me inderdaad.

Ik voelde ook een intuïtieve aantrekkingskracht jegens Armando Caldero— mijn promotor en het brein achter de het programma van multiculturele onderdompeling—toen ik over zijn werk hoorde. Vanwege mijn conflicten met Joan was ik nog meer benieuwd naar de reden waarom ik mij zo op mijn gemak voelde in Armando's buurt. Ik zou waarschijnlijk niet de verdiende aandacht aan onze band hebben besteed als mijn "vaagheid" Joan niet zo had dwarsgezeten. Ik hoefde niet veel te zeggen over mijn moeizame band met Joan. Armando scheen te weten wat er gaande was en hij hield er niet van om te veel te praten en te veel na te denken. Hij noemde het "mentale masturbatie". In plaats daarvan leende hij mij boeken zoals *The Symptom Path to Enlightenment*, en straalde hij een geruststellende zekerheid uit dat alles goed zou komen. Zo gauw ik zijn kantoor binnenkwam, voelde ik mij veilig; hij was mijn reddingsboot in deze stormachtige periode.

Een keer, misschien toen hij merkte dat de spanning haar tol begon te eisen, zei Armando uit het niets, dat Eduard dacht dat mijn klachtenbrief goed geschreven was. Hij legde verder uit met behulp van zijn wijsvinger en zijn andere hand, dat ik dingen kon zien die de meeste mensen niet zagen omdat ik een stapje verder was dan zij. Stapje verder, hoezo?

Als in een reflex schakelde mijn brein van een conceptueel linguïstische versnelling, naar een instinctieve, poëtische manier van relativeren welke gebruikelijk was onder Creoolse en Chinese sprekers. Ik begreep wat hij bedoelde en omarmde het zonder ooit te verifiëren of ik de juiste betekenis had gehaald uit zijn opmerking.

Dit is waar Armando en ik hetzelfde waren. Hoewel hij dingen zei die misschien niet logisch klonken in de oren van andere werknemers en stagiairs, waren ze voor mij wel logisch en voelden vaak dichter bij de waarheid en betekenisvoller dan de concrete begeleiding die ik elders kreeg. Een keer toen we in groepen en met individuele cliënten aan het werk waren, wilde Armando mij "*de golf*" laten voelen zoals een surfer, en laten meevoeren.

Ik begreep dat het met surfen te maken had—ons gevoel voor balans behouden—op de unieke randjes van groei, die een samenwerking van diverse competenties, intelligenties en lichaamswijsheid vereisten. Ik zag hoe invloedrijk Armando was wanneer hij ook maar de kleinste vorm van groei bespeurde bij bachelor stagiairs en anderen die aan het programma deelnamen, en hij hen er voorzichtig naar toe leidde. Wanneer zij eenmaal het surfen onder de knie hadden, herstelden ze vanzelf. Ze vonden het net zo fijn als ik om in zijn nabijheid te vertoeven.

Ik realiseerde mij dat het surfen iets was wat ik intuïtief al deed in het leven en in relaties. Ik moet Joan tot het uiterste hebben gedreven door in de schaduwen van ons conflict en onze blinde vlekken te porren, en het voorval niet te laten rusten uit angst dat we onszelf en het voorval onrecht aandeden.

De interventies en steun van de medewerkers konden ons helaas niet helpen deze kloof te dichten; het was slechts een kwestie van tijd voordat we in een nieuw conflict verzeild raakten. Joan had aangegeven dat de enige reden waarom we met elkaar overweg konden, was dat zij haar mond hield om mij te beschermen en beslist niet uit genoegen.

"Nou, dan zie ik niet in waarom we verder zouden gaan. Ik zal het Eduard laten weten," zei ik.

"Het is mijn taak met Eduard te praten," antwoordde ze terwijl ze probeerde te voorkomen dat ik wegging.

"Klopt, maar ook het mijne," zei ik en liep weg.

Geschrokken deed ik de deur dicht. Ik vond Eduard in zijn kantoor en vatte in een paar zinnen samen wat er was gebeurd.

"Ik ben er helemaal klaar mee. Dit leidt echt nergens toe. Ze blijft mij uitlokken en ik denk dat ze er zelf ook genoeg van heeft."

"Hoe ga je ermee om?" vroeg Eduard, zichtbaar bezorgd dat hij niet in staat was geweest om te voorkomen wat was voorgevallen.

"Het gaat wel, denk ik. Ik voel me oké. Het vreemde is dat een uittreksel van *Shining Affliction*—memoires van een stagiair die een zenuwinzinking kreeg op haar stageplek—dat ik achterin een van Joans stencils vond, mij het idee gaf om te schrijven over de uitdagingen waarmee ik werd geconfronteerd. Het schrijven van een brief waarin ik mijn grieven kenbaar maakte, hielp mij om Joan als mens te zien in plaats van een promotor met ontembare superkrachten. Het bereiken van mijn grens vandaag herinnerde mij aan een tijd uit mijn jeugd toen ik droomde over het schrijven van boeken voor volwassenen. Ik zou tot dezelfde wanhoop, duidelijkheid en hetzelfde vertrouwen zijn gekomen als nu. Dus om je vraag te beantwoorden, dit is waardeloos maar ik ben rustig en voel me sterk. En ik vind het geweldig dat het idee voor het schrijven van een boek weer naar boven is gekomen," zei ik met schitterende ogen.

De stilte die daarop volgde gaf waarschijnlijk aan dat dit het laatste was wat Eduard verwachtte dat ik zou zeggen. Hij leek verward, afwezig en even leek het alsof hij wilde reageren op mijn onorthodoxe reactie, maar hij liet het varen. Golven van paniek schoten door mijn lijf. Ik wilde hem geruststellen dat ik deze beproeving niet licht opvatte en dat het niet mijn intentie was om Joan en de organisatie in mijn boek te criminaliseren.

Het is gewoon dat iets ouds precies op het juiste moment zonder dat ik daar iets aan kon doen, opeens boven kwam drijven. Hoewel het moeizaam ging, gaven ze mij een duidelijker beeld van mijn doel, dat uit mijn handen leek te glippen nog voor ik er nog eens goed naar kon kijken.

Aangezien ik vermoedde hoe bizar dit alles zou klinken, besloot ik de diepere oorzaak en redenen voor mijn reacties voor mezelf te houden, maar ik was ontmoedigd. Mijn wilde en mysterieuze inzichten en andere wereldse verbanden tussen mijn gevoelens en het echte leven, waren nog maar net boven komen drijven en ik moest ze alweer onderdrukken.

Eduard beaamde dat er niet veel van de relatie over was om deze te redden en dat het beter was mijn verlies te accepteren. Hij wees mij een andere promotor toe, Dr. Fred Grant.

"Fantastisch, dank je wel. Ik mag Fred erg graag," zei ik tegen Eduard. Ik kende Fred van praktijktrainingen en keek ernaar uit om zijn ideeën en inzichten met betrekking tot mijn casussen te horen in de intervisie groep. Ik had vertrouwen in hem en stelde vooral zijn zorgzame openhartigheid op prijs. Ik ging naar huis, opgelucht dat ik alles achter me kon laten. Ik had er geen behoefte aan om verder over dit probleem te praten. Ik wilde de avond gewoon op de bank doorbrengen en veilig in Roberts armen naar een boeiende film kijken.

"Eduard vertelde mij dat hij jouw vermogen waardeerde om zelf voor jezelf te zorgen en je grenzen te bewaken, " zei Fred tijdens ons eerste overleg en hij probeerde mijn plotselinge overplaatsing naar hem als nieuwe promotor vlot te laten verlopen.

"Dat was aardig van hem. Ik zat behoorlijk vast, maar toen ik eenmaal de bewuste keuze maakte dat het belangrijk was om dicht bij mezelf te blijven, zelfs als dat betekende dat ik niet geschikt zou zijn voor deze loopbaan, werd ik ook niet meer zo geraakt door Joans verwachtingen en meningen," zei ik.

"Fantastisch. Ik denk niet dat er veel stagiairs zijn die zo duidelijk zijn en zoveel moed hebben," antwoordde hij. Fred was een amandelboer en woonde op een gigantisch landgoed aan de rand van de samenleving. Hoe meer we over elkaar te weten kamen, hoe beter het klikte tussen ons.

Na een paar maanden met Fred te hebben gewerkt, zei Fred tegen mij, "Weet je, af en toe voelt het alsof ik tegenover een doorgewinterde collega met twintig jaar ervaring zit wanneer we de samen de examengroep psychotherapie leiden. Het is erg ongebruikelijk voor een stagiaire met zo weinig ervaring als jij, om de risico's te nemen die jij neemt. De meeste stagiairs met wie ik heb gewerkt, zouden in deze fase achteroverleunen en observeren en hooguit een enkele keer inspringen."

"Dank je dat je mij dit vertelt. Het betekent veel voor mij," zei ik. Inwendig bloosde ik.

"Ik doe gewoon wat voor mij als natuurlijk aanvoelt en ik was mij er niet van bewust dat het afwijkt van de norm," zei ik. Deze zelfde gewoonte moet Joan hebben uitgelokt.

"Ik moet toegeven dat ik mij zorgen maakte dat je dat je je zou verzetten en niet open zou staan voor constructieve feedback vanwege de botsingen die je met je vorige promotor had. En dan is er nog het feit dat je nooit een notitieboek meeneemt naar de intervisie. Maar ik heb van dat alles niks gemerkt. Je houdt ervan risico's te nemen, dat is alles. En dat bewijst dat je leergierig bent. Ik vind wel dat jouw vaardigheden in het verwoorden van je theoretische beeldvorming niet zo sterk zijn en dat je veel problemen, waar cliënten mee te maken hebben, benadert vanuit een cultureel perspectief in plaats van uit een theoretisch en psychologisch oogpunt, "zei hij.

"Ahh, Sandra, mijn practicum promotor heeft mij gestimuleerd om niet te veel aantekeningen te maken toen ik door haar begeleid werd en ik vond het geweldig om te zien wat dat voor effect had op mij," zei ik. "Ik let beter op wanneer ik geen aantekeningen maak en ben beter in staat nieuwe informatie te integreren in mijn opzet. Voor wat betreft de theoretische terminologie, ik probeer wat jij zegt te vertalen naar mijn eigen woorden en probeer de logica ervan te zien, gebaseerd op mijn eigen levenservaring en manier van praten." zei ik.

"Je bent een snelle student en beslist aandachtig, dus blijkbaar werkt het voor jou," zei hij.

"Dank je. Ik denk dat het net zoiets is als iemand coachen voor tennis of golf. Ik observeer graag, oefen en voel dan fysiek aan wat er gaande is, liever dan ellenlange gesprekken te houden over de hoe het brein werkt. Ik heb van therapeuten gehoord dat theorie hun natuurlijke benaderingen als therapeut belemmert- dat ze alle academische formaliteiten die ze geleerd hadden, ongedaan moesten maken om zich datgene te kunnen herinneren wat ze voor hun studie op natuurlijke wijze deden. Ik hoopte dit probleem te omzeilen door in plaats daarvan de wijsheid van mijn lichaam en mijn intuïtie te gebruiken."

"Dat klinkt logisch. Je hebt een natuurlijke insteek, maar het is ook goed om in technische bewoordingen te kunnen beschrijven waar je mee bezig bent," reageerde Fred.

"Ik zal mijn best doen. Het heeft de neiging om mijn intuïtie te belemmeren, daarom probeer ik het te minimaliseren. Wat het stukje culturele verschillen betreft, zie ik veel culturele invloeden in veel dingen die wij doen, zeggen en voelen die vaak over het hoofd worden gezien. Men schijnt te denken dat "cultuur" alleen betrekking heeft op etnische identiteit, specifieke tradities of meer tastbare culturele aspecten van onszelf, terwijl ik denk aan onze kijk op de wereld en bepaalde denkwijzen en in de wereld zijn "als cultureel". Bijvoorbeeld, rationeler of meer intuïtief, individualistisch of onderling afhankelijk zijn, of hoe we omgaan met tegenslagen en trauma's, waarom gebeurtenissen zich als lessen presenteren enzovoorts, dat is allemaal cultureel beïnvloed.

"Ik snap wat je bedoelt," zei Fred en hij knikte.

Wat ik niet wist, is dat Fred een meditatiepraktijk had. Het was niet iets dat hij openlijk besprak tijdens de supervisie of integreerde in hoe hij zijn therapie beoefende, maar mijn uitleg en opvattingen dat de meeste psychologische problemen verergerden onder invloed van een overactief en dominerend Westers ego, was voor hem erg logisch.

Onze verstandhouding werd steeds beter en bloeide als gevolg van deze openhartige gesprekken en Freds begeleiding om mij te helpen mijn intuïtieve processen te verwoorden. Fred wilde dat ik zou werken aan mijn tempo en timing want, zoals ik onbewust had gedaan met Joan, pushte ik cliënten tot het uiterste om zich te ontplooien, terwijl ze er misschien nog niet klaar voor waren. Ik leerde tegenstand waar te nemen, maar het was moeilijk om mij in te houden wanneer ik aanvoelde dat er schade op de loer lag. Een keer informeerde ik Fred dat ik het vermoeden had dat de bejaarde moeder van een cliënt werd mishandeld door haar verzorgers en ik wilde weten wat mijn ethische plicht inhield om "vermoeden van mishandeling" te melden.

Hij had geen signalen daaromtrent opgevangen en zei dat "vermoedens" betekende dat je concrete voorbeelden en tastbaar bewijs moest hebben. Dit incident gaf meer inzicht in de vloek en de zegen van mijn intuïtieve gave. Verdriet en spijt dat ik het niet verder had onderzocht, drongen enkele maanden later door toen de cliënte zei dat haar moeder slecht was behandeld; het was te moeilijk voor haar dit onder ogen te zien toen haar moeder nog in leven was.

Gelukkig hielp Armando mij mijn intuïtie te gebruiken en die delen te verfijnen die waren afgestemd op wijze leiding en licht. Een keer was ik vrijwillig zijn proefkonijn om de groep stagiairs te laten zien hoe zij cliënten in trance konden begeleiden en hen konden helpen kennis te maken met een "innerlijke adviseur". Zodra ik mijn ogen sloot, kon ik het schaterlachen horen van Surinaamse Marronkinderen die een korjaal te water lieten. Robert en ik hadden hun dorp een jaar eerder bezocht toen ik data aan het verzamelen was voor mijn thesis. Mijn overgrootmoeder van moeders kant verscheen ook in hetzelfde beeld en herinnerde mij eraan dat alle kinderen, zij en ik dezelfde afkomst hadden.

"Ik zal er altijd voor je zijn," vertelde zij mij. Het ging rechtstreeks van haar hart naar het mijne en het stelde mij gerust dat ik dit pad kon blijven volgen. Ik voelde mij net een bloemknop die net was doorgebroken.

Hoofdstuk 10

AWIKIO! WAKKER WORDEN, OPSTAAN!

*Het doel van het leven is om jouw hartslag gelijk te laten
lopen met het ritme van het Universum, jouw natuur
met de Natuur te verenigen.*
~ Joseph Campbell

OP DE EERSTE DAG VAN MIJN DOCTORAAL wilde mijn oververmoeide
lichaam—gehuld in een officiële zwarte afstudeertoga en -hoed—instorten en
slapen, maar er gierde te veel adrenaline door mijn aderen. Ik was klaarwakker
gedurende mijn meest trotse en grootse moment, mijn privémaanlanding versterkt door het zeer speciale nieuws dat Robert en ik voor deze dag bewaard
hadden. Ik zou al gauw op een opgezwollen maan lijken: ik was zwanger.

Onze broers, Dean en Mark, en zelfs Oom Henk hadden een wereldreis
gemaakt om aanwezig te zijn bij deze grootse viering die eindigde met een
cocktailparty en dansen tot in de kleine uurtjes. Na de festiviteiten was ik
kapot. Ik herstelde en verkeerde gedurende mijn eerste trimester voornamelijk
in slaaptoestand tot aan het eind van de zomer.

Tijdens mijn tweede en derde trimester werkte ik parttime bij de
Multicultural Immersion en de Campus Violence Prevention Programs van

het UC Davis counseling centrum. Hoewel ik ervoor was gewaarschuwd dat op één paard wedden—nog een collegejaar op dezelfde plek werken—mijn CV kon ondermijnen, klonk het in mijn oren nog erger om aan een nieuwe baan te beginnen en mij te moeten aanpassen aan een onbekende routine terwijl ik zwanger was. Ik kende het personeel van het UC Davis, ik kende mijn cliënten, ik kende de weg op de campus, en ik wist hoe ik mijn verantwoordelijkheden en schema licht en flexibel genoeg kon houden om de toenemende onvoorspelbare behoeften van mijn lichaam en van de ongeboren baby in acht te nemen.

Dat ik samen met Armando mijn klinische vaardigheden verder kon verfijnen—hij had erin toegestemd mijn eerste promotor te worden—was een andere belangrijke reden om te blijven. Ik waardeerde zijn expertise en voelde aan dat er meer te halen viel uit zijn atypische bron van kennis. Hij stelde niet teleur. Blootgesteld worden aan de diepere niveaus van zijn methode om de geest en het lichaam te helen, wogen veel zwaarder dan de reguliere blootstelling aan verhalen van gewelddadige trauma's en haat.

Werk was een welkome afleiding tot ik mijn voeten niet meer kon zien. Na de bevalling van mijn zoon Terrance, ging ik een tijdje met verlof. Een paar maanden later besteedde ik een halve week aan het genieten van het moederschap en de andere helft aan het werk waar ik het meest van hield: studenten ondersteunen en traumapreventie en diversiteitsprogramma's en trainingen op de campus geven. Ma knuffelde, achtervolgde en zorgde voor Terrance terwijl ik aan het werk was. Pa had een nieuwe baan gevonden in de bouwtechniek en genoot van het moderniseren van huizen en gebouwen zodat die ook beter bestand waren tegen de schokken en naschokken van verwoestende aardbevingen. Het was echter duidelijk dat hij nog meer genoot van de tijd die hij doorbracht met zijn kleinzoon. Het leven kon niet beter.

Op een dinsdag kwam een onbekende muskusachtige geur van salie mij tegemoet in de vergaderzaal toen ik op weg was naar onze driemaandelijkse personeelsvergadering. Een middelgrote man met plukken dun wordend wit haar rondom zijn oren, liep mij tegemoet en stak zijn hand uit.

Hij nam mijn hand in de zijne en zei "Hi, ik ben Tim, aangenaam." "Aangenaam," knikte ik beleefd. Er was iets verwarrends maar intrigerends aan zijn warme en vriendelijke verschijning.

Ik vond een handboek op mijn stoel over het gebruik van spirituele interventies bij studenten, geschreven door Tim Bailey, Directeur van het Counceling Center.

Spiritualiteit? Hm, dat is nieuw. Ik ben benieuwd wat de staf ertoe gebracht heeft om een dergelijke training aan te bieden.

"Weet iemand wat dit is?" vroeg Tim aan het personeel terwijl hij een klein wielachtig cirkeltje met vier spaken in verschillende kleuren—zwart, rood, geel en wit uit een tas tevoorschijn haalde.

"Het is een medicijnwiel," zei Susie, een van de practicumstudenten. Haar vriend hield zich bezig met Lakota-spiritualiteit.

"Dat klopt. Ik heb er voor iedereen eentje," zei hij terwijl hij de tas omhooghield en gebaarde om het door te geven in de groep. Ik nam het mijne voorzichtig uit de tas en legde het op mijn handpalm.

"Het getal vier wordt door de Lakota gezien als een heilig getal. Niet alleen geven deze vier lijnen de vier windrichtingen van de aarde aan, maar er zijn nog vele andere heilige groeperingen van vier die een complete cyclus vormen," zei hij terwijl hij zijn vingers langs de felgekleurde spaken liet glijden. Hij hield het medicijnwiel omhoog als een zoekgeraakte schat zodat wij het konden bewonderen. Mijn hart maakte een klein sprongetje van opwinding.

"Een jaar heeft vier seizoenen, de cyclus van een vrouw telt vier weken, de maan kent vier fasen, de vier fasen van het leven: kindertijd, adolescentie, volwassenheid, ouderdom; vier natuurelementen: vuur, water, aarde, lucht; en vier aspecten van ons eigen ik; emotioneel, mentaal, spiritueel en fysiek, zijn zomaar een paar voorbeelden. Al deze vieren komen in het centrum, het midden bijeen en worden bij elkaar gehouden in deze cirkel," legde Tim uit.

"Heeft iemand de vier lege plekken tussen de spaken opgemerkt? In de Westerse cultuur hebben we de neiging ons te concentreren op het tastbare en trekken we het ongrijpbare en hetgeen we niet kunnen zien in twijfel. Niet bij de Lakota. Onzichtbare krachten die door het Grote Mysterie worden aangestuurd zijn net zo echt, vaak zelfs echter dan de doorsnee, grijpbare aspecten van de werkelijkheid waar wij zoveel waarde aan hechten."

De betekenis van het medicijnwiel lokte nog een paar sluimerende delen in mij. Deze waren net de bloemblaadjes van een kwetsbare bloemknop die zich ontvouwde in de eerste glinstering van de dageraad. Kleine elektrische vonkjes schoten langs mijn ruggengraat terwijl Tim naar de openingen van het medicijnwiel wees. Het voelde alsof er een set van antennes uit mijn rug werd getrokken. De boodschappen, of eerder sensaties, die ik oppikte voelden erg bekend en angstaanjagend sterk ondanks het feit dat de informatie die Tim ons gaf over de Lakota-traditie, nieuw was voor mij.

"Wie leert onze jonge mannen en vrouwen over de mystieke wetten van Moeder Aarde en de heilige vrouwelijkheid? Deze?" vroeg Tim spottend, terwijl hij een paar tijdschriften met sexy in bikini geklede modellen op de omslag omhooghield. De senior medewerkers achter in het lokaal grinnikten.

"Jullie lachen, maar ik heb deze op weg naar de vergaderzaal uit jullie boekwinkel hier beneden gehaald. Onze jongeren zijn overgeleverd aan de genade van deze foto's en invloeden voordat zij de puberteit bereiken. Ze leren tijdens hun leven misschien nooit hoe ze op een veilige manier contact moeten maken met Moeder Aarde, vrouwen, en elkaar." Zijn woorden vielen als bakstenen op de bodem van mijn ziel.

"Inheemse culturen zoals de Lakota leerden hun jonge mannen en vrouwen over deze heilige wetten, het Grote Mysterie en Moeder Aarde om hun ontluikende ego's te temperen. Veel van deze tradities zijn verloren gegaan maar komen langzaamaan weer terug. En wij? Welke officiële overgangsrites hebben wij jonge mannen en vrouwen te bieden om hen te helpen verantwoordelijke, onderling verbonden volwassenen te worden?

"Jammer genoeg niet veel, dus doen ze het zelf, maar zelfs een papiertje aan het eind van hun onderwijs kan waardeloos aanvoelen als het niets meer dan een ticket naar grotere economische vrijheid en toegang tot meer speelgoed inhoudt. Kun je je voorstellen wat het zou betekenen voor onze jongvolwassenen wanneer zij geïnitieerd zouden worden door wijze en zorgzame volwassenen, zoals jullie en als hun geleerd werd hoe ze in balans moeten leven met zichzelf, elkaar en de planeet?" zei Tim.

Een paar personeelsleden kronkelden als schoolkinderen in hun stoelen. Alsof hij de groeiende tegenstand een stapje voor wilde zijn, schakelde Tim.

"Ik durf te wedden dat mijn presentatie veel verschilt van wat jullie normaal gesproken horen tijdens jullie trainingen, omdat ik jullie geen specifieke technieken of interventies aanleer die jullie kunnen gebruiken voor jullie studenten. Ik ben hier om te praten over wat inheemsen de Spiegelwet noemen, de heilige wetten van het Grote Mysterie, de grondregel 'Zo boven, zo beneden', terwijl hij ons een symbool liet zien dat op een zandloper leek.

"Tipi's zien er van boven net zo uit als dit, nietwaar? Dat is geen toeval. Het heet een *kapemni*."

Zo boven, zo beneden. Het kruis van Lorraine op de vlag van Jeanne d'Arc had dezelfde betekenis. Inmiddels was elke cel in mijn wakker en ik voelde mijn hartslag toenemen. Het voelde alsof Jeanne, de sterkste van mijn denkbeeldige vrienden uit mijn kinderjaren, mij in een geheime taal probeerde te vertellen wat mijn missie was. Het bonzen van mijn hart was een wake-up call die mij hielp om te focussen en deze synchronistische aanwijzingen uit te vogelen.

"Volgens de spiegelwet is de mishandeling en manipulatie van de planeet een reflectie van de mishandeling van onze lichamen en natuurlijke zelf en vice versa. Spiegelwet betekent eveneens dat wat we ook problematisch mogen vinden aan de jongere generatie, in werkelijkheid een reflectie kan zijn van onze tekortkomingen en duistere kanten die wij aan hen hebben doorgegeven toen we hen begeleidden.

"Dit is het uitgangspunt van mijn jaarprogramma, gebaseerd op de laatste dertien jaar van mijn eigen spirituele ontwikkeling. Het voelt alsof dit het juiste moment is om het met de wereld te delen. Trouwens, dertien is ook een heilig nummer: het aantal volle manen in een jaar. Tijdens dit programma wordt aan studenten gevraagd om zich los te maken van illusies en verslavingen in hun leven, zich te onthouden van seks en een jaar lang te stoppen met het gebruik van verdovende middelen en alcohol en vervolgens opnieuw de verbinding te maken met het verwaarloosde deel van zichzelf."

Heel even was de zaal gehuld in stilte totdat er gemompel en woorden als cultus en cultachtig voorin hoorbaar waren. Waarom vonden de stafmedewerkers dat hij cultachtig klonk? Alleen omdat hij zijn studenten vroeg zich te onthouden van drugs en seks? Ze konden ook weigeren om mee te doen als ze dat niet wilden. Hij dwong of manipuleerde hen toch niet om dit te doen?

Tim werd kleiner en begon zich meer en meer te verontschuldigen vanwege de afkeurende reacties van de staf. Hij begon iedere zin met "Ik weet dat het gek klinkt…"

Ik keek hulpeloos toe, onderwijl af en toe een traan wegvegend, onzeker over wat er binnen in mij gebeurde. Tijdens een korte pauze ging ik naar Tim en zei, "Weet je, wat je zegt klinkt mij helemaal niet raar in de oren. Ik voel me bij jou zelfs normaal, en daar voel ik me raar."

Ik wilde dat hij wist dat zijn boodschap aankwam bij tenminste één persoon. Bij mij. "Hartelijk bedankt," knikte hij, en hij keek mij doordringend aan.

"Zijn de percentages van zelfmoord en alcoholisme niet enorm hoog in hun reservaten?" vroeg Walter, de psychiater van het Centrum aan het einde van de training. Hoe effectief zijn hun behandelmethodes daarvoor?"

Een golf van woede stak op uit de diepte waarvan ik niet wist dat ik die had. Tim luisterde respectvol, maar vanuit de plek waar ik zat, kon ik zien dat hij ineenkromp en hij zijn kaken op elkaar klemde alsof hij in het hart werd gestoken. Mijn gezicht werd rood van woede en schaamte. Ik vroeg mij af of deze gevoelens ook in de donkerste hoeken van beide mannen woedden, misschien zat het bij Walter wel veel dieper dan bij Tim.

Met zorgvuldig gekozen woorden antwoordde Tim "Deze krachtige methodes en tradities genezen al generaties lang trauma's op de Rez. U realiseert zich wel dat ze vogelvrijverklaard werden en gedwongen waren tot voor kort ondergronds te gaan?"

"Waarom komt u niet met mij mee om met eigen ogen te zien wat zich tegenwoordig afspeelt op de Rez? Ik organiseer over twee maanden een intensieve vierdaagse retraite aan de Oostkust aan een kleine groep universiteitscounselors. We zullen nader ingaan op deze concepten en u kunt meedoen aan oeroude gebruiken zoals het zuiveringszweethuis en u kunt kennis maken met oefeningen die ik gebruik in mijn studentenprogramma. Ik nodig jullie allemaal uit met mij mee te gaan."

Zodra hij dit gezegd had, kreeg ik het gevoel dat mijn gebruikelijke pantser van mij afgleed. Er was geen twijfel mogelijk. Ik ging naar Tims retraite. Ter voorbereiding op de retraite stuurde Tim regelmatig informatie en mindfulness oefeningen om ons lichaam te reinigen door te letten op wat we aten, zeiden en deden. Op een vrijdagavond vlak voor ik naar bed ging, las ik een van Tims e-mails, een kort inspirerend stukje over de ontmoeting met zijn spirituele gids, een inheemse maisboer die hij had ontmoet. Hij vroeg ons naar onze spirituele gidsen.

"Vraag hen zich kenbaar te maken en je te begeleiden op jouw weg.

Spirituele gidsen? Wat bedoelt hij met spirituele gidsen? Hoe kunnen ze zich kenbaar maken? Dat waren mijn laatste gedachten voor ik in een diepe slaap viel.

De volgende ochtend om 4.26 uur, in slaapdronken toestand zoals wanneer je half in slaap en half wakker bent, kwamen ineens lang vergeten details van onze trip naar een Marrondorp jaren geleden als een compleet intacte legpuzzel naar boven. Robert en ik zaten in de aluminium buik van een deinende, zoemende vogel op weg naar Awarradam, een heel klein eilandje, genesteld in de Surinamerivier, dat we bezochten tijdens de reis die ik maakte voor het verzamelen van data. We hadden er allebei van kinds af aan naar uitgekeken om deze mysterieuze, ontoegankelijke gebieden van het regenwoud te verkennen.

De donkergroene boomtoppen onder ons waren adembenemend. Ze leken net broccoliroosjes en hadden zelfs dezelfde gele puntjes die bloesems, bloemen, of verwelkte bladeren konden zijn. Gleuven van water met de kleur van thee kronkelden tussen de broccoliroosjes en zo nu en dan kwamen tekenen van een Marrondorp en menselijk leven—rechthoekige daken bedekt met gedroogde, grijsbruine palmtakken—in zicht.

Op een flinke afstand voor ons lag een klein stukje grasgebied, onze landingsbaan, de eerste na urenlang vliegen. Ik bad dat de remmen in goede staat verkeerden, terwijl ik keek naar de rivier die het grasgebied niet zoveel verder doorkruiste. Er stond slechts één klein gebouw aan de linkerkant van de landingsbaan, niet groter dan een schuur, waarschijnlijk een soort communicatie- of controlecentrum.

Ongeveer dertig jonge, glinsterende lichamen, sommige halfnaakt, sommige gekleed in kleurrijke gescheurde shorts of T-shirts, zwaaiden met hun armen en renden mee langs de landingsbaan terwijl wij landden. Zodra de onderkant van het vliegtuig openging, vulde de hete, vochtige lucht zich met gegiechel en opgewonden gilletjes. Het rook naar gras, benzine en muskaatachtige zweetlucht.

Ik kroop naar buiten en voor even was ik te overweldigd om te kunnen bewegen. Alles om mij heen was groen: donkergroen, felgroen, fluorescerend groen, bruingroen. Groen en levend. Ik ademde in en het groen ademde uit, net zoals in Saramacca waar mijn familie de dag doorbracht op *boitie*. Wat had ik dit samen ademen gemist. Het was alsof ik mijn hoofd rustte op Roberts borstkas en we onze ademhaling synchroniseerden tot een rustig, kalmerend ritme na een lange en vermoeiende dag.

Net werkmieren renden de kinderen in een enkele rij met onze bagage op hun hoofden. Ze deden het op een hoop dicht bij de rivier en renden terug om meer te halen.

"Waar wonen deze kinderen?" vroeg ik.

"Ze komen uit Kayana, een klein dorpje aan de andere kant van de rivier. Tot voor kort hadden ze nooit eerder een vliegtuig van dichtbij gezien. We landen hier nu al een poosje twee keer per week, maar het is nog steeds het hoogtepunt van hun dag," zei Boikie, onze gids glimlachend.

Boikie was midden twintig en geboren in de buurt van Awarradam. Hij sprak net zo vloeiend Nederlands, Surinaams en Engels als zijn moedertaal Saramaccaans.

"Hé, *fai de,* hi, hoe gaat het?" riep hij naar een paar vrienden, *matis,* die op ons wachtten bij de rivier. Onze groepje bestond uit tien Surinaamse eco-toeristen die vanuit Nederland en Curaçao op vakantie waren: een gynaecoloog, een musicus, een huisvrouw, een bouwvakker, een politiechef, twee advocaten en drie universitaire studenten. Vijf van ons kwamen uit de VS: de zoon van de Amerikaanse ambassadeur, een paar Amerikaanse avonturiers, Robert en ik. Wij alle vijftien, Boikie, twee bootsmannen en onze bagage pasten in de lange korjaal, en binnen tien minute gleden we over het spiegelgladde water van de Surinamerivier naar Awarradam.

De schelle kreet van een toekan sneed door de fascinerende stilte en vrede die ons omhulde, en betoverde mijn ziel en mijn zintuigen tot de kleine haartjes op mijn huid door een mystieke kracht die laag in de lucht hing, werden geladen.

"Deze poorten houden kwade geesten buiten. Zorg ervoor dat je er onderdoor loopt wanneer je een dorp betreedt," zei Boikie, wijzend op een dorpspoort gemaakt van drie dunne stokken aan de top bijeengehouden door een lange stok en aangekleed met een gele rok van stro. Stukjes rode geborduurde stof en andere versierselen van bladeren waren bewust op verschillende plekken voor en op het hek gelegd.

"Cool," zei ik, terwijl ik mijn ogen niet van het hek af kon houden. Het had de uitstraling van iets dat uit een andere wereld kwam. Iets wat ik niet met woorden kon omschrijven: een opzwepende trilling die aanvoelde als een zacht briesje door onze haren. Ik fantaseerde dat ik de trap op ging, me bewust van het zuiveren van mijn ziel en de bescherming van de samenleving tegen het kwaad en ongeluk van buitenaf. Wat een fascinerend ritueel!

Ik genoot volop van het vredige groen om mij heen totdat we het riviereiland, onze bestemming bereikten, een tropisch sereen paradijs versierd met bloeiende planten, bananenplanten en palmbomen en gigantische bladerdaken omgeven door stroomversnellingen, rotsblokken en fijn, crèmeachtig zand. Ik haalde diep adem. Dit was absoluut een van de meest fantastische meesterwerken van natuurlijk schoon en perfectie die ik ooit had gezien.

We werden warm onthaald door een groepje plaatselijke bewoners die ons een houten marronhut op palen en bedekt met een dak van palmbladeren toewees. Twee uitnodigende hangmatten op het balkon gaven een prachtig zicht op het eiland, het strand, de rotsblokken en de rivier aan alle kanten omgeven door niets anders dan een achtergrond van het dichte regenwoud. Ik schommelde een tijdje in een van de hangmatten die mij stevig vasthield in de warme, liefdevolle schoot van Moeder Aarde.

Nadat we onze spullen hadden weggezet kwamen we samen in een gezamenlijke ruimte waar we aten, kaartten en bordspellen speelden en letterlijk over de vloer rolden van het lachen toen Boikie zijn Anansi *tori* begon te vertellen. Twee lokale kinderen, Demoi en Takiman—waarschijnlijk rond de drie en vier jaar oud—renden naakt rond. Ik kwam erachter dat ze de dag gekleed waren begonnen maar hun kleren hadden uitgedaan om de aarde en de warme rotsblokken goed te voelen op hun blote huid. Ik wenste dat ik hen kon volgen toen we naar de rivier gingen.

Ze konden niet zwemmen. Ze kropen en klommen over de rotsblokken langs de rivier als behendige hagedissen, zo nu en dan zich wassend en wadend in het ondiepe water. Niemand leek zich druk te maken over hun veiligheid of piranha's, of de kleine krokodil die we aan de andere kant van de rivierbedding ontdekten.

"De beesten vallen je niet lastig als jij ze niet lastigvalt. Je moet gewoon voorzichtig zijn en hun territorium respecteren," zei Boikie. De rest van de lokale bevolking dacht hetzelfde over de vogelspinnen die zich verscholen in de hoeken van een paar van de hutten en de gezamenlijke ruimte, en over de kleine, felgekleurde giftige kikkers—die in hun eentje tot wel tien personen konden doden met hun gif, wat ze tot de giftigste amfibieën ter wereld maakte—die onder de bladeren langs de hoofdpaden uit piepten. De vragen en de angst en bezorgdheid leken het hoogtepunt te zijn van Boikies week.

"Wanneer het jouw tijd is om te gaan, dan is het je tijd om te gaan. Hoe wil je dat veranderen?" zei hij lachend. De theorie dat de moderne angst het overblijfsel was van ons onderontwikkeld reptielenbrein en de inheemse manier van leven, kwam niet bepaald overeen met andere theorieën. Boikie en zijn vrienden leken niet te denken dat de angst voor levensbedreigend gevaar en roofdieren de kans op overleving vergrootten. Hier was iets gaande dat veel complexer was.

Na slechts één middag te hebben doorgebracht op Awarradam, voelde het leven al simpeler, minder pretentieus en zorgeloos, iets om te koesteren en niet om te beheersen. Er waren geen klokken, geen horloges, alleen het opkomen en ondergaan van de zon. Ik voelde me meer aanwezig, levendiger, zorgelozer en sterker dan ik mij ooit had gevoeld in mijn leven. Alle andere stadsmensen waren zich op dezelfde manier aan het ontspannen, aan het praten en werden langzamer naarmate de dag verstreek.

Na het middageten vergezelden ik Robert en een paar anderen in een *wasi*, een reiniging door de rivier en klemde ik mijn heupen in een rots opening in een *sula*, een stroomversnelling. We genoten van onze lange massages door het water, maakten grapjes en lachten tot onze vingertoppen en tenen op rozijnen leken. Zo gauw de zon onder ging, liepen we terug naar onze hut, ons ervan bewust dat we al gauw geen hand meer voor ogen zouden kunnen zien.

"Kijk eens naar boven. Geweldig hè?" zei Robert tijdens onze rustige wandeling terug.

Oneindig veel minuscuul kleine spikkeltjes hadden elke vierkante centimeter van de gitzwarte lucht bezet.

"Prachtig," zei ik. Mijn ziel voelde al even sprankelend schoon en helder als de magische koepel om ons heen.

We zoenden. Ik leunde tegen een palmboom, mijn benen werden week terwijl Robert zich tegen mij aandrukte.

"Laten we naar binnen gaan," zei Robert, en hij trok mij *Honi Watra*, Honing Water, onze hut binnen.

Het duurde niet lang voordat het geluid van ruisende palmbladeren onze pas gedoopte lichamen naar nieuwe hoogtes van vervoering bracht en ons heimelijk slaapliedjes toezong nadat we voldaan in slaap waren gevallen.

"*Awikio, awikio*, wakker worden, wakker worden," zeiden de dorpelingen toen ze ons de volgende ochtend zagen. Na een stevig ontbijt van stokbrood met ei, kwamen we samen in een cirkel om ons voor te bereiden op een jungle tour van drie uren die begeleid werd door Boikie en Basia, de dorpskapitein en medicijnman. Basia was een magere, gespierde man van misschien in de zestig en hij leek wel de helft jonger dan hij in werkelijkheid was.

"Stop je broek in je sokken," zei Boikie. "En zorg ervoor dat je een volle fles water bij je hebt." Nadat we ons met een stinkende insectenolie hadden ingesmeerd en onze hoeden op hadden gedaan, waren we gereed voor de wandeling.

"*Luku,* kijk," zei Basia zo nu en dan, wijzend naar sporen, vogels en gecamoufleerde insecten die zich verstopten onder twijgjes, takken en bladeren. "Zie je wat er gebeurt als je per ongeluk tegen deze boom aan botst?" Hij tikte tegen een klein boompje dat niet veel langer was dan hij. Binnen een paar seconden was het helemaal bedekt met kogelmieren. "Als deze op je vallen en beginnen te bijten, ben je niet jarig. Ze zijn agressief en hun beet doet net zo zeer als een kogelwond. Vandaar ook hun naam."

Boikie en hij leerden ons om beurten over de medicinale, voedzame en praktische waarde van veel verschillende planten, bomen en bladeren die werden gebruikt om wonden te genezen, infecties te stoppen, hoeden en bordspelen te maken, of om te fungeren als ventilatoren of parasols tegen de hitte. Ze lieten ons kruiden en boomsappen zien voor de vitaliteit en gezondheid. Ze maakten ons attent op groenteveldjes die in de omgeving waren opgegaan en legden uit over boomschors die malariakoorts verminderde, oliën om insecten- of slangenbeten te behandelen. Dan waren er nog holle boomstammen die luid genoeg door het bos galmden om hulpsignalen uit te zenden en majestueuze heilige bomen, zoals de kankantri, die boven ons uittorende en daarmee nederigheid en respect afdwongen.

Ik kon mijn innerlijke blijdschap nog maar nauwelijks bedwingen. Het was alsof Boikie en Basia een knop hadden omgedraaid en alle magische geheimen van het oerwoud oplichtten. Het was een bibliotheek, medicijnkast, kruidenierswinkel, park, dierentuin, kunstatelier en kathedraal. De adembenemende ervaring van de ochtendwandeling gloeide nog urenlang na in mij nadat we terug waren gekeerd naar het eiland waar wij onze zwem- en onderdompelingsrituelen in de rivier herhaalden.

De volgende dag gingen we samen met een groep mannen en ongeveer twintig kinderen naar een plek in het oerwoud waar een boom was omgehakt. Niet de mannen, maar deze uitbundige kinderen, sleepten in paren met korte stukjes touw over de gehele lengte de stam over de grond van de jungle. Ze zaten boordenvol energie, terwijl hun opgetogen stemmen tussen de bomen van het regenwoud galmden. Een klein meisje met een klompvoetje deed even hard mee en leek net zoveel deel uit te maken van de groep als de rest van de kinderen.

Onze volgende stop was een bocht in de rivier waar we lunchten. We gebruikten vlakke stenen en rotsblokken als tafels waarop wij ons eten, borden, kalebassen en eigendommen neerlegden. Een paar meter verderop was een smalle en woeste stroming tussen twee gigantische rotsen. We zaten allemaal aan de rand van de rots en bewonderden het gutsende water tussen de stenen en voelden en vreesden voor zijn dodelijke kracht en geweld

"Er is een boot die ooit aan witte mannen toebehoorde, vastgelopen tussen de rotsen onder deze stroomversnelling. Een paar eeuwen geleden hebben onze voorouders de witte mannen die hen over deze rivier achtervolgden gelokt en zijn net op tijd uit hun boten gesprongen. De mannen die hen volgenden niet en die verdronken uiteindelijk in de sterke stroming," vertelde Boikie.

Ik schrok. Plantage-eigenaren die ontsnapte slaven zo diep in de jungle achtervolgden? Ongelooflijk. Horen over de wreedheden die slaven hadden doorstaan was niets nieuws, maar deze verhalen hadden nooit eerder zo voelbaar gevoeld als nu. Mijn voorouders van moeders kant die hier naartoe meegesleurd waren op een slavenschip vanuit Afrika, waren tot dan toe niet meer dan een verre, bijna fictieve figuur uit een film of boek geweest. Hij of zij werd plotseling echt voor mij, net zo echt als Boikie die naast mij zat. Het had hem of haar kunnen zijn die rende en vluchtte voor het leven, smekend en biddend dat de jungle en de wijze, heilige bomen genoeg bescherming zouden bieden.

Donkere wolken hadden zich gevormd tijdens onze geschiedenisles. Niemand had het in de gaten tot de hemel openbrak en een zware *sibi busi*, een tropische regenbui, op ons uitstortte. We verwelkomden het met gestrekte armen en open monden. De rust die op de korte storm volgde, maande de rivier, de vissen, de bomen en de dieren tot een immense stilte die dwars door mijn natte kleding naar mijn beenmerg sijpelde. Ingetogen, doordrenkt en reflecterend krulde ik mezelf op tot een bal en genoot in de warme zonnestralen van de middagzon van een kalebas gevuld met heerlijke bruine bonen en rijst. Het was mijn meest verzadigende lunch ooit.

Op de derde dag nam Boikie ons mee naar een verzamelplek van de inheemse jagers bij de rivier.

"Indianen slepen hun gereedschappen en speren in deze groeven," zei hij terwijl hij hurkte en de markeringen op een rotsblok aanraakte. Zijn aandacht verplaatste zich naar de enorme klauwen van een gigantische vogel die zich had uitgestrekt op een van de rotsblokken verderop. De groep volgde hem om het van dichterbij te bekijken.

Mijn voeten bewogen niet, alsof ze vastgelijmd zaten aan de gekerfde rots. Ik zat naast de inkervingen en streelde erover. Het voelde alsof de tijd, de ruimte en mijn eindige ik wegsmolten in de zon. Een flikkerend beeld van mijn overgrootmoeder verscheen in mijn geest, haar gemengde gezichtskenmerken, Afrikaans en Surinaams inheems waren duidelijk zichtbaar. De sterke, kloppende sensaties in mijn lichaam voelden aan als een intense levenslange aantrekkingskracht die het regenwoud had op mijn hart en ziel alsof het mij wilde vertellen over mijn inheemse wortels en onze mysterieuze verband; een beeld dat mijn geest niet goed kon vatten.

Robert en ik vonden een kleine tweepersoonskano aan de oever. We verkenden de rivier op eigen houtje, keken hoe vissers hun avondeten vingen met slechts een lijn en een haak en beleefden sommige fantasieën uit onze kinderjaren.

"Raar he, hoe makkelijk het is om je aan deze levenswijze aan te passen? Alle dingen die zo onmisbaar lijken in het moderne leven: ik mis ze niet eens. Jij?" vroeg ik aan Robert.

"Nope. Ik wenste wel dat we langer konden blijven om meer te kunnen genieten van deze simpele leefwijze. Kijk daar," zei Robert, wijzend naar een lichtgevende Morpho in een van de zijstroompjes die overschaduwd werden door het dikke gebladerte. "Laten we het gaan bekijken," zei hij. Als betoverd volgden we de vlinder. Ik werd herinnerd aan wat ik als kind deed en zag nog een paar vlinders die met hun glinsterende blauwe vleugels een sprookjesachtig spektakel creëerden in de inham van de rivier. Ze verbeeldden hoe ik mij van binnen voelde: bruisend, vrij, compleet en speciaal, precies zoals ik mij voelde als kind, alleen nog beter nu ik het met Robert aan mijn zijde kon delen.

"Het is tijd om te vertrekken. We bezoeken vanavond een naburig dorp om het nieuwe jaar te vieren en te verwelkomen. Hebben jullie je feestkleding meegenomen?" vroeg Boikie toen hij ons allemaal weer bij elkaar had verzameld.

"Ja, mijn beste jurk. Ik kan niet wachten," zei ik giechelend en stapte in de grote boot samen met de rest van de groep. We fristen ons op en tegen de tijd dat we alles weer in de boot geladen hadden, was de zon al ondergegaan achter de door bomen afgezette horizon. Het was vloed en wederom was de rivier zo glad als een ijsbaan. De bootsmannen manoeuvreerden de stevige kano om de onzichtbare rotsblokken in de rivier heen. Ik keek rond en zocht herkenningspunten, maar het enige wat ik kon zien, waren de steeds terugkerende paren rode krokodillenogen langs de rivierbedding.

Toen de doordringende muskusachtige geur waarneembaar werd, zei Boikie: "Het is een wild zwijn. Het stinkt hè? Wanneer wij zeep en parfum gebruiken, is onze synthetische geur net zo weerzinwekkend voor ze. Daarom gebruiken wij dat niet. Ze ruiken je op een afstand van een kilometer en je zou nooit iets te eten vinden."

Dat was een ervaring die ons nederig maakte. Wij, succesvolle professionals, die veel hadden bereikt en zeker waren van onze zaak. Maar in deze omgeving waren we de meest hulpeloze, onervaren en nutteloze leden van het hele dorp. En toch had geen van hen ons ook maar een greintje respectloos behandeld. Ik schaamde mij bij de gedachte aan de slechte behandeling die deze vriendelijke, briljante zielen zouden moeten ondergaan als zij ooit een voet in onze moderne wereld zouden zetten.

Frank pakte zijn gitaar en al snel deden we mee en zongen we zijn bezielde, swingende nummer, "*Zoom ga li ga li ga li, zoom ga li ga li*" mee, gadegeslagen door de sterren, de rivier en het bos. Af en toe sprong er een vis in onze boot hetgeen leidde tot gegil en gelach. Boikie stak ze snel dood met zijn mes en bewaarde dit aanbod aan voedsel om het die avond aan onze gastheren te geven.

Bij aankomst maakten de bootsmannen de boten vast en klauterden we met zaklampen en kerosinelampen achter Boikie aan naar de open hut waar we bijeenkwamen voor de ceremonie. Een groep vrouwen wenkte ons om naar hen toe te komen en hielp ons traditionele klederdracht aan te doen. Vrouwen moesten een eenvoudige, felgekleurde, geblokte katoenen lap, *pangi* genaamd om hun middel dragen en een cape die over hun schouders hing en hun rug bedekte. De mannen droegen een gelijksoortige, maar kortere rok en lendendoek en een cape halverwege één schouder. De capes waren versierd met hand geborduurde patronen en ingewikkelde verweven symbolen en geometrische figuren met speciale betekenissen.

"Nee, nee," lachte Jolanda, een van de dorpsvrouwen hoofdschuddend toen ik een knoop maakte met de twee losse uiteinden van mijn rok.

"*Feti*, vechten," zei ze terwijl ze twee vuisten maakte om mij te laten zien wat mijn knoop symboliseerde. Ze hielp mij mijn *pangi* op traditionele wijze aan te doen, losjes om mijn middel geslagen met daar overheen een tweede lap gebonden die het op zijn plaats hield.

In de grote hut stond een groep vrouwen in een halve cirkel en twee mannen, Boikie en een ouderling van het dorp, stonden in het midden van de cirkel. We zaten in rijen op houten banken met onze gezichten op hen gericht. Overal keken kinderen en tieners toe vanachter de houten pilaren van de hut.

"Kom, Robert en Loraine," zei Boikie. "Onze eerste taak is om jullie te feliciteren met jullie vijfde huwelijksjaar." We hadden hen niet verteld dat dit onze huwelijksdag was, maar iemand had het aan Boikie en de dorpsoudste doorgegeven die een kleine verrassing voor ons had gepland. We stonden op en gingen voor Boikie staan alsof we wederom in het huwelijk traden.

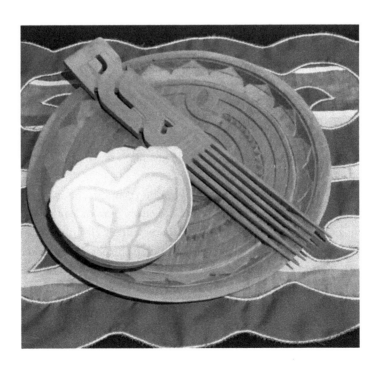

"Dit is wat een man aan zijn vrouw geeft als symbool van zijn liefde wanneer hij een paar dagen weggaat," zei hij en hij gaf mij een prachtige kam van houtsnijwerk met lange en fijne, rijkelijk versierde tanden.

"Dit geeft een vrouw aan haar man als symbool van haar liefde wanneer hij een paar dagen weggaat," zei hij en gaf Robert een bewerkte kalebas die leek op een dunne, uitgelepelde halve kokosnoot en diende als een drinkbeker of schaaltje.

"Dat jullie eenheid gezegend mag zijn voor nog tweehonderd jaren. Ik weet dat mensen in Amerika en Holland partners verwisselen alsof het kleren zijn, maar na deze zegening kan je hier niet met een nieuwe geliefde komen. De band die hier gezegend wordt, is voor eeuwig," zei Boikie.

"Oké," we knikten dankbaar en verrast dat deze polygame samenleving toewijding en trouw zo serieus nam. Na de zegening bogen de vrouwen voorover met hun ruggen zo vlak als tafels en begonnen te klappen en te zingen op de achtergrond begeleid door gedrum. Ze zongen gevoelige liefdesliederen over een koppel dat om de liefdesboom draaide en verlangend op elkaar wachtte.

Het avondprogramma verliep soepel. Nadat de vrouwen een paar liederen hadden gezongen om de start van het nieuwe jaar te eren, begon Boikie een kippendans te doen op de maat van het gedrum waarbij hij met zijn uitgestrekte armen en zijn borstkas schokkende bewegingen maakte.

"Kom op," zei hij en al gauw volgden Robert en twee heren en dansten zij op de maat van de drums totdat het hele gezelschap als één lichaam en één hartslag bewoog. Het voelde niet alsof er een show werd opgevoerd voor ons. Integendeel, we waren door het dorp opgenomen en hadden meegedaan aan culturele rituelen en ceremonies die alledaags en routine waren, doch heilig en speciaal.

Overmand door dankbaarheid voor deze magische avond en het onvergetelijke jubileumfeest, vroeg ik mij af waarom onze cadeaus zo bijzonder voelden. Ze waren zo eenvoudig en toch vervulden zij mijn ziel met een vorstelijk gevoel van kracht, waardigheid en diepe betekenis. Ik hield de kam dicht bij mijn hart en de kalebas gewikkeld in een handdoek. Het idee ze per ongeluk te breken tijdens de reis, was onverdraaglijk.

Diezelfde avond had ik een droom. Ik droomde dat ik de kam en de kalebas had laten vallen omdat ik mij zorgen bleef maken en eraan bleef friemelen. Ik werd met afschuw wakker en stond op om ze te zoeken. Ze waren nog heel. Ik slaakte een zucht van verlichting en accepteerde de boodschap. Hoe

Boikie en Robert

meer ik mij vastklampte aan hetgeen ik koesterde, hoe groter de kans was dat ik het kapot zou maken. Ware liefde gaat over gulheid en loslaten, niet over vastklampen, iets wat de mensen in deze gemeenschap dagelijks in de praktijk brachten. Ik zat op het bed en probeerde het allemaal te verwerken.

"Ik ga nog een laatste wandeling over het eiland maken om afscheid te nemen, oké?" zei ik tegen Robert na het ontbijt en gaf hem snel een zoen. Ik moest uit deze droom stappen, of juist erin: alles wat gebeurd was, moest ik goed in mij opnemen. I dankte Awarradam voor de les over liefde en in harmonie leven met de natuur. Het leek alsof hoe meer wij probeerden vooruit te komen in de Westerse wereld, door het verzamelen van titels, rijkdom, bezittingen en het wedijveren om geld, des te meer wij gevangen raakten, ongeruster en doods vanbinnen. Ik besefte dat de manier waarop wij omgingen met angst en negativiteit niet van nature een menselijke eigenschap was of een verzameling van overlevingsvaardigheden die wij van onze voorouders hadden geërfd, maar ze waren het resultaat van mythes over schaarste en woekerende existentiële angst. Mensen in Awarradam hadden respect voor gevaar, iets wat Elfriede mij altijd geleerd had, maar ze waren er niet door geobsedeerd of onderdrukt.

Ze concentreerden zich op het vinden van adaptieve oplossingen, hadden vertrouwen in de overvloedige voorraden om hen heen, en eerden het leven in harmonie met natuur en de groep.

Ik kwam Basia, de dorpskapitein, tegen terwijl hij een dak van palmbladeren aan het weven was. Zijn brede glimlach nodigde mij uit om dichterbij te komen.

"Dank u wel voor uw gastvrijheid en voor het delen van dit mooie eiland en uw gewoontes met ons. Ik heb zo veel geleerd tijdens de wandeling en gedurende de afgelopen dagen. Het is een van de meest verhelderende en memorabele ervaringen van mijn leven. Als kind droomde ik vaak over het leven in een dorp, diep in de jungle. Hoewel dit maar een klein beetje proeven was van hoe het in werkelijkheid is, heeft het al mijn verwachtingen overtroffen. Mijn man Robert en ik hadden een geweldige tijd en zullen altijd terugdenken aan de viering van ons vijfjarig huwelijk hier," zei ik.

Basia luisterde aandachtig en knikte instemmend.

"Het is geweldig om hier te wonen. De jongere generatie denkt dat ze veel mist wanneer ze hoort over het moderne leven in de stad. De jongeren zijn erop gebrand om te vertrekken, naar Paramaribo, Nederland of Amerika, maar er zijn zoveel problemen daar waar zij niet mee kunnen omgaan. Geld, hebzucht, egoïsme. Het klinkt hun goed in de oren. Het is niet goed," zei hij, zonder dat zijn vaste, kalme handen ook maar iets misten tijdens het weven.

Hij was nog nooit naar de hoofdstad van Suriname geweest en al helemaal niet naar een ander land, maar toch sprak hij alsof hij de Westerse wereld met al zijn slechte eigenschappen persoonlijk had geobserveerd en ervaren. Misschien hoefde hij de invloeden van de moderne samenleving niet van nabij mee te maken. Een groep ruige jongvolwassen jongens en meisjes passeerden ons in hun kano, terwijl ze op ara's in bomen schoten en naar ze riepen. Ze deden mij denken aan de verloren en terroriserende tieners die mij ooit hadden afgesneden en lastiggevallen op een snelweg.

"U bent erg wijs en ik ben zo blij dat ik u heb mogen ontmoeten," zei ik en ik liep op hem af om hem de hand te schudden. "Ik hoop dat deze jongeren nooit zullen vergeten waar hun wortels liggen en dat Boikie en u hen zullen inspireren om de Saramaccaanse nalatenschap door te geven."

"Er is een tijd van komen en een tijd van gaan," zei Boikie nadat we ons hadden verzameld op de rivierbedding met al onze bagage en we klaar waren om in de kano te stappen.

"Nog een laatste foto!" riep iemand.

"Oké iedereen, staan voor de boot en kom een beetje dichtbij," zei Boikie, en hij maakte na elkaar foto's met verschillende camera's.

"Blijf staan," zei hij. Hij rekte zich uit, schraapte zijn keel, zwaaide met zijn armen als een koordirigent en begon Vader Jacob te zingen. Hij wenkte ons om mee te doen. We zongen luidkeels mee, genietend van het leven.

"Oké, nu allemaal tegelijk. Jullie zijn groep een, jullie groep twee, en jullie groep drie," zei hij. "Groep een . . . begin; twee . . . begin; drie . . . begin."

"Vader Jacob, Vader Jacob,
Slaapt gij nog? Slaapt gij nog?
Ik hoor de klokken luiden.
Ik hoor de klokken luiden.
Bim Bam Bom . . .
Bim Bam Bom . . ."

"Dat was erg indrukwekkend," zei hij na een paar rondes en gebaarde dat we konden stoppen. "Het is nu tijd om afscheid te nemen van Awarradam. Jullie hebben veel foto's gemaakt met jullie camera's in de tijd dat jullie hier waren. Ik hoop dat Awarradam ook jullie harten heeft geopend en wakker gemaakt. Bim Bam Bom . . . Bim Bam Bom . . ."

Gedurende de terugreis naar Kayana met de boot, sprak niemand en niemand hoefde mij te vertellen dat deze mannen en vrouwen mijn spirituele gidsen waren. Mijn ziel wist het.

Hoofdstuk 11

▦ RAINBOW CRYSTAL WOMAN

Verreweg het grootste aantal van synchronistische fenomenen
dat ik heb kunnen waarnemen en analyseren,
heeft een direct verband met een archetype.
~ Carl Jung

ROBERT, MA, EN PA GENOTEN van het aangrijpende verhaal over Awarradam dat ik op aandringen van Tim vertelde. Het bracht mooie herinneringen naar boven van hun eigen bijzondere ontmoetingen met de Marrons en inheemsen in de jungle van Suriname. Dankbaar voor de gelegenheid die mij werd geboden om meer te leren over de Lakotageneeswijzen, boden ze aan om op Terrance te passen, terwijl ik deelnam aan de volgende retraite van Tim.

Er gebeurden vreemde dingen nadat ik in Connecticut gearriveerd was. Een dikke laag van intense energie zweefde boven de bermen langs de weg en route naar de retraite die op een kleine school gehouden werd. Ik kreeg ergens de indruk dat dit heilige landschappen en inheemse begraafplaatsen waren. Dat was niet het enige: de eeuwenoude zielen van de voorouders waren nog steeds aanwezig en wilden dat ik ze opmerkte en zou eren. Ik wist niet goed wat ik ervan moest denken behalve het toe te schrijven aan een overactieve fantasie en vermoeidheid van de reis.

De volgende dag sloot ik aan bij Tim en de rest van de aanwezigen: een tiental directeuren van counseling-centra, en psychologen uit de hele VS. Ze waren bijeengekomen in een lokaal van een bakstenen gebouw dat de school de schilderachtige charme van de oostkust gaf.

"Een manier om dit proces te benaderen is door het te zien als het ontmaskeren van onze ware natuur, iets wat inheemsen goed begrijpen," zei hij en wees naar een kleurrijk Aboriginal masker naast hem.

Nadat hij ons had verteld hoe hij aan het masker kwam en de speciale betekenis die het voor hem had tijdens zijn reis naar zelfontdekking, rustte hij zijn onderarmen op zijn knieën. Hij had iets in de palm van zijn hand.

"Een paar dagen geleden reed ik langs een klein lokaal boekwinkeltje waar ik vaak kom," sprak hij langzaam, alsof hij er zeker van wilde zijn dat hij iedereens onverdeelde aandacht had. "Het voelde alsof ik naar binnen werd getrokken. Ik was onderweg naar de supermarkt en negeerde het. Op mijn terugweg werd het gevoel sterker. Ik kon het niet langer negeren. Ik had niks nodig maar ging naar binnen. Ik liep door de winkel om erachter te komen wat het kon zijn dat mij 'riep', en dit is wat ik vond. Ik moest dit voor Loraine kopen," zei hij en hield een amulet omhoog. Het zag er inheems uit, Surinaams.

Wacht. Wat? Voor mij? Hoe kwam deze amulet hier?

In de zeventien jaren dat ik in de Verenigde Staten woonde, was ik nog nooit Surinaamse kunstwerken tegengekomen, niet eens in de wereldwinkels in San Francisco.

Tim wenkte mij om naar hem toe te komen, en gaf mij de amulet. Het was prachtig en absoluut Surinaams. Een paarskleurige afbeelding van een hoofd, een ronde buik en vier uitgestrekte ledematen geverfd op een lang plat zaad. Ik vond dat het op een kind leek. Tim dacht dat het een schildpad was. Hij zou weleens gelijk kunnen hebben. Zeeschildpadden, *aitkantis*, waren officieus totems van Suriname en werden bewonderd voor hun vermogen om instinctief de weg terug te kunnen vinden naar de kust van ons geboorteland om daar nesten te maken en eieren te leggen, nadat ze jarenlang in vreemde zeeën hadden gezworven.

Verhalen over magische amuletten die weggelopen slaven beschermden en leidden, overspoelden mijn gedachten. Alle twijfels die ik had ten aanzien van Tim en zijn Lakota lessen, verdwenen direct. De amulet was een teken van de geesten om hem te vertrouwen, mij over te geven en mijn intuïtieve en creatieve zelf de kans te geven om helemaal tevoorschijn te komen. Sprakeloos en vol bewondering voor dit wonderbaarlijke en speciale cadeau, wilde ik een knieval maken en dienen.

"Volg mij naar onze eerste activiteit," zei Tim. Het zal jullie de kans geven elkaar redelijk goed te leren kennen." Amy, een van Tims student-assistenten, liet ons een rol papier zien die een lang stuk van de gang bedekte. Er was iets speciaals en etherisch aan haar wat mijn aandacht trok en waar ik opgewekt van werd, maar ik kon er geen vinger op leggen wat het precies was.

"Kies een stukje uit om op te werken en teken een boom," zei Tim. Dat was de enige instructie die hij gaf, maar het was genoeg om mij enthousiast te maken en een reusachtige boom uit het regenwoud te tekenen. Ik dook in de opdracht en vergat de tijd en mijn omgeving tot mijn boom op het papier was overgezet.

"Het ziet ernaar uit dat iedereen klaar is met zijn boom. Wissel nu van plaats met je buren. Bekijk hun tekening. Als je inspiratie hebt en iets aan hun tekening wilt toevoegen, mag je dat doen. Als dat niet het geval is, bewonder hun werk en ga verder," zei Tom.

Ik keek naar de tekening van mijn buurman. Er kwam een panter in mijn gedachten. Voor ik het wist, tekende ik een luierende panter op een van de takken van zijn boom.

"Dat is de mascotte van mijn universiteit," zei hij. Hij leek blij te zijn met zijn school en dankbaar voor mijn tekening. Ik tekende een eekhoorn voor een vrouw, haar meest favoriete dier ter wereld en een zangvogel die aan het rusten en zingen was in een gat in de boomstam van een andere man. Hij moest opgebeurd worden, van binnenuit.

"Ik heb een dromenvanger voor je getekend omdat je er dromerig uitziet. Ik hoop dat je al je dromen kunt vangen," zei hij.

Ik probeerde te stoppen met deze activiteit toen Tim de bel liet gaan, maar het lukte mij niet. Het voelde alsof ik had ontdekt hoe ik mijn nachtbril op moest zetten en kon zien wie mijn medecursisten echt waren onder hun fysieke uiterlijk. Onder hun blanke huid zat hun ware natuur, uitgedrukt in verschillende variaties in alle kleuren van de regenboog. Die blanke huid was meer een culturele identiteit en energetische lichaamshouding, dan een echte kleur. Mijn binding met deze essentie en de nijpende informatie die door mijn bewustzijn sijpelde, motiveerde mij om verwoed verder te gaan met tekenen en kleuren, alsof ik betoverd was.

"Dit is een van de vele opdrachten die mijn studenten krijgen in mijn programma. Dezelfde oefening hebben we gedaan met een groep inheemse kinderen. Weet je wat ze op elkaars bomen hebben getekend? Wortels die alle bomen met elkaar verbonden. Is dat niet mooi?" zei hij en belde nog een keer.

Bijna klaar, nog een ding, ging door mijn hoofd terwijl ik een schommel toevoegde aan de boom die een duistere en sombere Halloween sfeer weergaf.

"Je zal merken dat sommige studenten die je om advies vragen, opstandig of ongevoelig voor jouw begeleiding lijken. Het zijn regenboog-, millenniumkinderen, spirituele strijders en kinderen die buiten het systeem vallen, die vaak zo worden meegenomen in het creëren van nieuwe wegen, waardoor ze moeite hebben te schakelen, instructies op te volgen en zich te houden aan de vooringestelde structuren. Het helpt om hun gedrag te herdefiniëren. Ze laten de gepassioneerde en ongebreidelde energie vrij die ze hebben opgekropt tot ze jou tegenkwamen," zei Tim. Ik hoorde slechts delen hiervan, maar ik wist dat hij het over mij had. Ik voelde een ruime toestemming om helemaal mezelf te kunnen zijn. Het was opwindend en gloednieuw.

"Enig idee wat het nut was van de oefening?" vroeg Tim aan de groep nadat ik terug was.

"Verbinding met de natuur?" vroeg iemand.

"Onze mythische ware ik prijzen," zei iemand anders.

"Ik vond het een erg leuke oefening en kon niet stoppen voordat ik mijn tekeningen af had. Sorry dat ik jullie heb laten wachten," zei ik verontschuldigend. Vriendelijke ogen spoorden mij aan om verder te gaan. "Ik denk dat we schaduwen op elkaars bomen hebben getekend," zei ik.

"Heel goed," zei Tim. "Jullie temperden jullie ware ik en maakten ze compleet op zielsniveau. Laten we teruggaan en beter kijken naar jullie tekeningen."

"Wanneer we onze creatieve kanalen openen, openen we eigenlijk onze natuurlijke paranormale kanalen. De informatie komt vanuit dezelfde liefdevolle bron die streeft naar heling en volledigheid in de gehele natuur, wanneer we een knie openhalen, wanneer planten en dieren elkaar ondersteunen, wanneer onze cellen vechten tegen schadelijke invasies. We zijn van nature in staat af te stemmen op elkaars energievelden, intuïtief in te schatten wat ontbreekt en elkaar het medicijn van Moeder Aarde te gegeven. Omdat we één aarde, een lichaam zijn. Zelfs de droomvormen van dit medicijn, zijn krachtig," zei Tim. Je herinnert je wie je echt bent: *iyeskas*, medicijnmensen. *Iyeska* is een Lakota woord en het betekent; met een dubbele ziel, gemengd ras, vertaler van de gewone en zielswerelden."

Mijn hart bonsde. Ik had medicijnmensen altijd aangemerkt als exotische prairiebewoners en volksstammen die op reservaten en in dorpen in de jungle woonden. Het vuur dat Tim een paar weken geleden in mij had aangewakkerd, had gestreden met deze langgekoesterde mythes en deze overwonnen om mijn ware ziel vrij te maken.

"Onze middagmeditatie doen we buiten. We gaan opnieuw contact maken met elk van de vier elementen, de vier bouwstenen van het leven—aarde, lucht, vuur en water. De elementen op zich zijn niet goed of slecht, maar slechts mogelijkheden in de natuur en in onszelf, die we moeten respecteren, begrijpen en in balans moeten houden. Ze kunnen constructief zijn en wanneer ze uit balans zijn, vernietigend, net zoals het geval is bij overstromingen, branden, stormen, aardbevingen en vulkanen," zei Tim. "Neem je tijd voor elk van ze, luister goed naar hun lessen, maak aantekeningen en kom terug en deel met de groep wat je hebt ontdekt."

Mijn meditatie en onderzoek van de elementen gaven mij een zeldzaam perspectief van mezelf. Ik kwam erachter dat ik zo flexibel en vloeiend was als water, snel veranderend van vorm en in staat om rondom en door obstakels te vloeien, maar ik moest de andere elementen koesteren om meer een geheel te worden. De ruimtelijkheid en toestemming die Tim mijn intuïtieve ik had geboden, hielp mij om contact te maken met lucht en mysterieuze wijsheid, maar het moest meer gebalanceerd worden anders zou ik me uiteindelijk net zo fragiel voelen als zo'n papieren vlieger waar ik als kind mee speelde—superblij dat de wind mij dichter bij de hemel bracht maar tegelijkertijd doodsbang dat mijn koord en aardedraad elk moment konden knappen. Meer aarde en vuur zouden dat oplossen. Ik was geneigd nieuwe paden te verkennen met een fakkel van licht, passie en durf die steeds krachtiger werden in mij.

"Hebben we tijd om morgen langs de winkel te gaan waar je mijn amulet hebt gekocht?" vroeg ik aan Tim nadat we onze inzichten hadden gedeeld. "Ik wil met mijn eigen ogen zien hoe het daar is beland. Ik denk dat het mij zal helpen om beter te aarden."

"Natuurlijk," zei Tim, "Wie wil er nog meer mee op excursie naar mijn favoriete boekenwinkel?"

Ik had de hele dag kunnen doorbrengen in de winkel. Het was volgestouwd met fascinerende boeken, kristallen, stenen, drums, rammelaars, tarotkaarten, sieraden, hoeden, dromenvangers die aan het plafond hingen, prachtige handwerken en uitgehouwen totems op planken en op de vloer. Een tiental amuletten waren uitgestald op een staande display. Ze waren zorgvuldig gerangschikt op een kaart van Suriname. Naast de kaart was een foto van een blanke man en een inheemse stam. Ik nam aan dat hij in het dichtbegroeide, zuidelijke deel van het regenwoud woonde, waar er nog steeds een paar stammen woonden, gehuld in mysterie.

"Hallo, zou ik deze kettingen mogen bekijken?" vroeg ik aan de vrouw achter de toonbank. Haar lange grijzende haar was versierd met veren.

"Jazeker," zei ze met een grote glimlach en pakte een kleine sleutel waarmee ze de vitrinekast opende. "Deze meneer reist veel en brengt ons vaak handwerken van verre plaatsen. Hij heeft deze pas gebracht."

"Ik ben Surinaams. Tim vertelde mij dat hij een paar dagen geleden voelde dat hij naar binnen getrokken werd en hij kocht toen een van deze voor mij. Men zegt in Suriname dat amuletten veel magie en kracht hebben. Ik ben nog steeds erg verbaasd dat dit is gebeurd. Ik ben nog nooit in het buitenland sieraden, souvenirs of kunstwerken van Suriname tegengekomen," zei ik.

"Oh Tim. Hij is een vaste klant. Ja hij was hier een paar dagen geleden en vroeg of we nieuwe spullen hadden gekregen. Magie komt hier dagelijks voor," zei ze.

"Bedankt voor het bevestigen van zijn verhaal en uw hulp om mij deze begeleiding te laten omarmen. Mag ik die daar bekijken? Dat grote zaad in het midden wordt *kow ai*, koeienoog, genoemd en het wordt gebruikt om strontjes te genezen door het warm te wrijven en op het ontstoken deel van het ooglid te houden. Deze amulet brengt veel dierbare herinneringen naar boven aan hoe ik vroeger speelde met dit zaad. Houdt u deze alstublieft apart terwijl ik even verder rondkijk," zei ik. Ik liep door de winkel en vond het boek *De Indigo Kinderen: Een nieuwe generatie dient zich aan* van Lee Carroll.

"Je hebt het gevonden en het heeft jou gevonden," zei Tim toen ik hem vroeg of dit het juiste boek was.

Ik kocht zowel het boek als de amulet. We brachten de middag al luisterend door naar verhalen over de vereerde Lakotamessias, White Buffallo Calf Woman, en leerden over de zeven heilige tradities waaronder de zweethut, die de messias had terugbracht nadat ze verboden en ondergronds verdreven waren.

Ondertussen bladerde ik door het boek, gretig om toe te geven aan de aantrekking die Tim had beschreven. Na het eten trok ik mij terug in mijn kamer en legde het boek niet neer voordat ik het helemaal had verslonden in de nachtelijke uurtjes.

Ik kwam erachter dat de term indigo verwees naar de kleur van onze derde chakra, onze intuïtie en dat het een energiepatroon is van menselijk gedrag dat Nancy Tappe, Lee Carroll en andere helderzienden rond de jaren 90 ontdekten. Hun beweringen over indigokinderen klonken vergezocht maar intrigeerden mij: ze zijn gevoelig, begaafde pioniers met een sterke wil om instinctief te leven. Ze zijn vroegrijp en ze willen één land, één wereld, en één soort creëren—actieve specimen in de evolutie van het menselijke bewustzijn, strevend naar het hervinden van de balans en homeostase van het geheel, zoals de cellen in ons lichaam die ingenieus reageren wanneer wij ziek zijn. Zij zijn onze brug naar de toekomst, slechts gefocust op het herstellen van de gaten en ontbrekende schakels die ons scheiden van ons volledige potentieel.

Mijn vooringenomenheid ten opzichte van New Age boeken nam af, toen de dingen waarover ik las snaren bleven raken. De beschrijving van de indigomissie was intuïtief gezien relevant en het indigo persoonlijkheidsprofiel voelde voor mij reëler aan dan welke formele psychologische test dan ook die ik tot dan toe was tegengekomen. Het was alsof ik een aparte, linkshandige stam tegenkwam en mezelf vergeleek met hun ongebruikelijke perspectieven en vervolgens de aanpassingen herkende die ik sinds mijn geboorte had gemaakt om op te kunnen gaan in een overwegend rechtshandige wereld.

Toen ik de volgende ochtend wakker werd van mijn korte maar diepe slaap, werd ik overmand door de wens om openlijk linkshandig de wereld in te stappen. Gelukkig zouden wij de hele dag de normen negeren, genieten van het buiten zijn en ons voorbereiden op en deelnemen aan onze eerste zweethutceremonie. Deze zou worden gehouden in de achtertuin van de lange, slungelige en stevige boerenknul, Bill, en een van de ouderlingen die Tim had aangenomen om zijn lessen aan te vullen

Bills land was omgeven door een weide vol paarse veldbloemen in knop te midden van een zee aan uitgestrekt landschap dat heel in de verte aan een bos grensde. Zoals ik had gehoopt, werd de innerlijke druk een beetje verminderd door de takken, bladeren en insecten die vrijelijk bewogen in deze weidsheid.

Terwijl Amy trommelde naar de zes heilige richtingen—de vier kompasrichtingen gecombineerd met boven en beneden, hemel en aarde—maakten we kleine gebedsvlaggetjes van kleurrijk katoenen vierkantjes en vulden deze met een theelepeltje tabak. Toen we klaar waren sprenkelden we lange strepen van maismeel en tabak in heilige en symbolische configuraties tot aan de hut. De hut stelde Moeder Aarde voor en leek op een iglo, afgedekt met een donker zeil. We maakten ook vuur, waardoor ik werd aangetrokken.

Ik begon er rondjes omheen te lopen met mijn handpalmen geopend en nam zijn dynamische energie en hitte in mij op. De tonen van de grote moederdrum, sijpelden in mijn lichaam en staccato bewegingen kwamen eruit met zoveel gemak en vertrouwen dat het leek alsof ik mijn hele leven zo gedanst had.

"Mitakuye oyasin, we zijn allemaal met elkaar verbonden," zei elk van ons in Lakota toen we de *inipi,* zweethut, inkropen op een traditionele en sacrale manier. Iets zei me het medicijnwiel dat Tim ons had gegeven en het lavendel kristallen ei dat ik in de stad had gekocht, te pakken en mee te nemen naar de hut. Het ei deed me denken aan mezelf, vol van ongebruikt potentieel en zou pas uitkomen als ik een stabiele innerlijke balans ontwikkelde met behulp van het medicijnwiel.

Tim, Bill, en Amy zongen en zegenden het water terwijl zij het langzaam over de hete stenen goten en ze bedankten voor het opofferen van hun leven. Ik keek en luisterde aandachtig tot mijn hand, alsof het de hand was van een marionet, plotseling het medicijnwiel plaatste op het "Zo boven, zo beneden" zandloper *kapemni* symbool op de bekleding van Tims drum. Ik pakte het ei en plaatste het voorzichtig op het medicijnwiel waar de middelste punten van beide symbolen elkaar overlapten. Toen ik opkeek ving ik een glimp op van Tim die Bill aankeek. Ze waren beiden perplex. Ik had de zevende richting, het binnenste punt, waar de zes sacrale richtingen bijeenkwamen, nog niet geleerd, maar mijn hart barstte zowat van het wachten.

Tim gaf mij zijn drum en knikte mij bemoedigend toe om verder te gaan. Even schoot de paniek door mij heen. Ik had nog nooit eerder gedrumd. Ik had geen idee hoe ik de drum moest vasthouden en bespelen: hoe snel, hoe lang, hoe hard. Dat alles weerhield mij er niet van Tims drum te accepteren. Alle behoefte uit mijn kinderjaren om te drummen, de mysterieuze drumgeluiden tijdens mijn studie, de kanalen van wijsheid die de drumgeluiden openden, de sensaties van de drum die weerklonken door mijn lichaam—ze bereikten allen hun hoogtepunt op dit krachtige moment van de waarheid. Ik drumde mijn ziel en zaligheid uit totdat ik de drum werd en de drum mij, samen slaand als Eén geheel.

Ik verloor de tijd uit het oog en mijn gewoonlijke zelfbewustzijn totdat het binnen zo heet werd dat Tim het zeil opengooide.

"Dat was *geweldig*," zei Amy. Ik kreeg kippenvel van de intensiteit van haar intonatie. Ik herinnerde mij vaag dat ik haar en Tim Lakotaliederen had horen brullen tijdens het drummen terwijl ik in een toestand van extase verkeerde.

"Ik voel me fantastisch. Schoon. Gezuiverd. Onbeschrijflijk," zei een van de mannen nadat we weer buiten waren. De rest van de groep was het daar mee eens. Bills vrouw bood ons pas geplukte frambozen aan die een explosie van smaak vormden in mijn mond. Terwijl ik rondliep viel het mij op dat de hele wereld anders rook, smaakte, klonk, voelde en eruitzag: alle smaken waren intenser en levendiger.

Nadat we weer in de kring samen kwamen, vertelde Tim ons dat mijn ei gemaakt was van amethist, een soort kristal dat verlichting en transformatie ondersteunt en dat lavendel overeenkomt met de zevende richting, het kruispunt van alle richtingen, recht in het hart. Mijn ziel ging helemaal op in de wetenschap dat ik het had aangedurfd uit mijn schulp te kruipen en mijn ware zelf te onthullen zonder aanpassingen of remming.

"Als je eenmaal je gebruikelijke ritme terug hebt, vergeet je het makkelijk en met de tijd zal deze verbondenheid vervagen. Het kan dat je wordt afgeleid en dat je met allerlei andere tradities gaat experimenteren, in plaats van het werk dat je tot nog toe via de Rode Weg hebt gedaan ter verdieping," waarschuwde Tim.

Ik merkte dat ik ineenkromp toen hij de zin "experimenteren met allerlei andere tradities" uitsprak. Het zat mij dwars. Balend dat mijn vergrote zelfbewustzijn zo kortstondig was, raapte ik de moed bijeen om iets te zeggen en vroeg Tim wat hij bedoelde.

"Ik heb gedurende mijn leven verschillende spirituele paden bestudeerd en heb nooit het gevoel gehad dat ik experimenteerde. Ik denk dat ze mij om beurten hebben begeleid net als bij estafette. Zeg je dat het alleen mogelijk is jouw spirituele ontwikkeling via de Rode Weg te verdiepen?" vroeg ik. Ik was in de war gezien het feit dat Tim vertrouwd was met verschillende tradities. Hij had diverse spirituele leraren geciteerd in zijn syllabus en tijdens onze kringgesprekken.

"Ik snap wat je bedoelt. Ik heb hetzelfde pad bewandeld, maar kennis maken met de Rode Weg was alsof ik door een ton bakstenen werd getroffen. De inzichten gingen regelrecht naar mijn hart. Ik realiseerde mij dat ik de neiging had om naar iets nieuws over te stappen en het zware werk ontweek wanneer het moeilijk werd," zei Tim. Veel van de groepsleden, van tenminste twintig jaar ouder dan ik, waren het met Tim eens.

"Misschien is het onderdeel van de menselijke natuur om je diepste gevoelens te vermijden, of misschien is het een onderdeel van de Westerse cultuur om meer rationeel te zijn. Deze traditie is veel effectiever dan sommige van de rustigere meditatieve en beschouwende tradities om mijzelf uit mijn hoofd te krijgen en te verbinden met mijn lichaam en ziel," zei een van de deelnemers.

Geïrriteerd dat ik al zo snel dingen vond die mij onderscheidden van de groep, overtuigde ik mezelf ervan dat mijn terughoudendheid mij volledig onder te dompelen, waarschijnlijk het gevolg was van het ontwijken van de diepere gevoelens en engere drijfveren. Moe maar dankbaar voor deze bijzondere dag, hielpen wij Bill opruimen, stopten onderweg naar de campus voor het avondeten en sloten wij de avond af.

Op de allerlaatste dag hadden we de mogelijkheid om privé met een Cherokee dorpsoudste kennis te maken, Gary White Wolf, een vrije geest omgeven door een aura van mystieke energie. Zijn lesmethode hield onder andere in dat hij ieder van ons apart nam. Zonder veel te zeggen staarde hij diep in onze zielen en verzond zijn kennis rechtstreeks via zijn indringende ogen. Toen ik aan de beurt was, voelde ik mij een beetje ongemakkelijk, maar binnen de kortste keren sprong mijn ziel uit mijn gesloten ik en dwarrelde zij rond in een sterrenstelsel van schitterende sterren. We bleven elkaar recht in de ogen aankijken en ik moest mij aan zijn onderarmen vasthouden om in balans te blijven totdat mijn uitgebreide gevoel vanzelf terug was in mijn lichaam. Onzeker over wat we na afloop moesten doen, omhelsde ik hem.

"Een oranje vlam kwam tevoorschijn in mijn geestesoog toen ik u omhelsde," zei ik. Hij liet mij een leren zakje zien dat aan zijn riem hing en versierd was met vlammen.

"Dit is wat je zag. Vuur is mijn element," zei hij glimlachend.

Een dag eerder was White Wolf het met Tim eens dat onszelf onderdompelen in één traditie ons zou helpen om ons laag voor laag af te pellen, net als een ui. Het leek logisch voor alle aanwezigen, behalve voor mij, dat alleen wanneer we onze kern bereiken, ons innerlijk licht, wij ontdekken dat het uit alle kleuren bestaat.

"Mag ik u iets vragen? Ik heb er moeite mee mij alleen op de Rode Weg toe te leggen. Iets weerhoudt mij ervan. Alsof ik er een laag bij doe in plaats van er een af, wanneer ik overweeg om mij slechts bij één ding te houden. Het is beangstigend en verwarrend. Wat kan het zijn dat ik ontloop?" vroeg ik.

White Wolf tuurde en keek mij lang en onderzoekend aan.

"Ik heb ooit een regenboog aangeraakt toen ik met mijn motorfiets op de snelweg reed. Ik raak op dit moment voor de tweede keer eentje aan. Leer andere indigokinderen over de regenboogweg," zei hij en hij omhelsde mij.

Slik. Had hij zojuist mijn regenboogweg erkend?

Ja dat klopt. De Rode Weg is veel te smal voor jou, verrees uit mijn wijze dieptes.

Waarom? Had ik mijn kern al bereikt? Hoe? Ik bekeek de amulet die ik had gekocht aandachtig. Er waren feloranje-gele veren rondom het zaad die eruitzagen als vlammen. Ze deden mij denken aan de vlammen van White Wolf en heelden levensenergie en activeerden mijn derde oog. Aan weerszijden van het zaad zaten er indigogekleurde kralen. Had deze amulet mij net zo gekozen als ik de amulet, zoals Tim had voorspeld? Dit is wat ik zeker wist: dit soort magie en begeleiding kwam alleen voor wanneer mijn indigozelf de leiding had. Ik zwoer het te vertrouwen toen wij de kring sloten en elkaar het beste wensten.

Na de retraite verspreidden we ons weer naar de verschillende hoeken van de VS waar wij vandaan kwamen, maar we onderhielden onze hechte *hunka-*, familieband door e-mailcontact. Ik verlangde ernaar mijn transformatiereis te beginnen en met hen te delen, maar gek genoeg kon ik niet schrijven tot ik mijn gewoonlijke rationele processen afsloot en een meer lyrisch kanaal aanboorde. Toen ik dat eenmaal deed, vloeide er een gedicht uit mij, regel na regel, net als het verhaal over Awarradam:

A Trail of Thin Smoke

Fiery, pulsating blood
burning through the veins of my fingers
longing for expression and release

Only a whimsical trail of thin smoke,
a scent of white sage, tobacco, and cedar,
is left as soon as words enter consciousness,
and fingertips touch the hard keys

A group of starving souls,
coming from all six directions,
black, red, and yellow,
white, blue, and green

This mysterious thin smoke,
seduces all of our senses
asking us to come out and play

Quiets our chattering, exhausted minds,
and triggers tears of cleansing,
crying from every clogged pore

Then out of nowhere,
a tiny dim light,
finally gets our attention

Yearns for a common direction,
a need for connection,
but how, no one knows

Just forget to help you remember,
says the caring and wise one,
let nature take its course

If fire shows earth,
earth will guide air,
and air will lighten water,
so that water can temper fire.
How else will roots grow?

Slowly but surely,
humans find their humility,
and see reflections of light in each core

They were once strangers
but are suddenly no more

Hands and roots interwoven,
fiercely marching in unison,
to the heartbeat of the drum

Shadows appear,
but are not alarming,
since everyone is moving,
in the direction of pure and bright light

Alongside our journey,
are buffalo, coyote, and eagle,
blue jays, chickies, and crow

Squirrel, leopard, and deer
songbird, mouse, and small ants,
frog, bug, four-eyed moth,
trees, meadows, and weeds

Mitakuye oyasin, we're all related,
flowers, white, red and purple,
rocks, wood, and cornmeal,
moon, night star, and soft breeze

Fire in the soulful eyes
of White Wolf,
calling out "Is anyone home?"

Soft voices from under beds and dark closets,
Whisper back, "Here I am, wait, please, don't go . . . "

They are indigo children of their own generation,
each one too early for her or his time,
no longer hiding, no longer aching,
reaching for the arms of White Buffalo Calf Woman,
Buddha, Rumi, and Christ

Blessing the chameleon children of future generations,
new hopes that are no longer alone nor afraid,
complete surrender in their graceful dance backward,
down the transcendent rainbow path above

Clear signs all along the illuminated journey,
amethyst egg and blue-green light heal the wounded ones,
and indigo beads, White Wolf's fire, and a third eye
hidden in the amulet sent from afar

The heat of the light,
starts melting all boundaries,
and for just a moment in time,
a lunar eclipse!

Earth's shadow and moon embrace,
in the abysmal night of the inipi sweat lodge,
white light and black darkness blend into one

Distracting clouds soon after start forming,
heavier and darker than ever before

But despite the storms of despair and destruction,
tides cannot resist the soothing pull of Grandma Moon,

and in the eye of even the strongest tornado,
peace, joy, and stillness still prevail.

Ik ervoer een enorm gevoel van vrijheid nadat ik dit gedicht had gefabriceerd, mijn eerste poging tot poëzie ooit. De stem van mijn indigozelf—meer nog dan mijn gewoonlijke eigen ik—werd sterker en luider en ik was opgetogen dat ik had ontdekt hoe ik het kon ontketenen. Mijn gedicht werd goed ontvangen door mijn nieuwe onlinefamilie, en beantwoord door soortgelijke gedichten, passages en diepe reflecties die over en weer over het internet gingen en onze postvakken en harten vulden met liefde, steun en moed om te vechten tegen onze oude gewoontes en de status-quo.

Het was lastig om de kracht van deze verbinding te behouden, eenmaal terug op de campus, terwijl ik probeerde een cursus voor het Multiculturele Immersie Programma te ontwikkelen.

"Mezelf begraven in bibliotheekboeken en academische dagboeken brengt mijn gevoelloze, analytische geest naar de voorgrond en bevriest mijn vrije geest. Ik zie het gewoon gebeuren terwijl ik wegdrijf van mijn kern, niet in staat opnieuw contact te maken met mijn innerlijke kracht. Ik verlang naar begeleiding en een teken," e-mailde ik.

Ik had een verandering van tempo en decor nodig. In plaats van te zoeken naar lesmateriaal in de bibliotheek, ging ik naar een bekende boekhandel. Eenmaal daar raakte ik geobsedeerd door een impuls om citaten te vinden van etnisch diverse, vrouwelijke leiders en die toe te voegen aan de syllabus. Adrenaline stroomde door mijn aderen alsof ik op jacht was. Ik waagde mij op de Aziatisch-Amerikaanse afdeling, verzamelde een paar geweldige inzichten van Japanse geisha's en belandde uiteindelijk op de Indiaanse afdeling. Mijn lichaam kwam eindelijk tot rust. Ik had met succes geschakeld; mijn indigogeest was weer aan de leiding en had een missie.

Ik verzamelde een stapel interessante boeken die inspirerende beschrijvingen op de achterkant hadden, inheemse kunst of medicijnmannen en -vrouwen en informatie die mij aan de retraite deed denken. Toen ik weer helemaal opging in de verhoogde, creatieve ruimtelijkheid van de kunstenaars en schrijvers, verloor ik gelijk de tijd uit het oog, mijn omgeving, hongergevoel en het gevoel dat ik naar de WC moest, maar ik werd mij meer bewust van wat mijn geest nodig had.

Je moet vaker zo rondlopen, was het eerste dat ik mijn innerlijke stem hoorde zeggen. Ik ging bladerde door de bladzijden van de boeken tot mijn intuïtie een interessant onderwerp oppikte zoals wat het betekent en wat te doen wanneer delen van een dood dier, zoals een poot, been, schedel of veer, ons pad kruisen. Voor sommige Inheemsen waren dit soort toevallige vondsten een teken en bezoek van hun krachtdier. Zij geloofden dat we ons krachtdier niet kiezen: het kiest ons. Zij bewaarden deze delen en droegen bij zich voor leiding en bescherming zelfs wanneer zij in eerste instantie geen sterke band met dat bewuste dier hadden.

Net de dag ervoor was ik een poot van een kraai tegengekomen toen ik de binnenplaats van de campus overstak. Beinvloed door de volkscultuur beschouwde ik kraaien als een eng voorteken. Het maakte niets uit dat de kraai mijn geboortedier was; ik hield niet van ze. Pas na het lezen dat zij vormgevers en bewaarders van heilige wetten, balans en de mystieke sferen waren, wende ik aan ze en omarmde ik de broodnodige Kraaiengeneeswijze.

De boeken op mijn stapel waren net magische kruimels op mijn pad toen ik eenmaal open stond om verder begeleid te worden. De volgende passage in het boek van Ed McGaa Eagle man, *Moeder Aarde Spiritualiteit: inheemse Amerikaanse paden naar het helen van onszelf en onze wereld* leidde mij naar een andere belangrijke spirituele gids voor gedaanteverwisseling:

> *Op Spirit Mountain, werd een Zweethut gehouden en verschillende personen in de hut behielden hun natuurlijke namen. Dieren en vogels die verschenen in de gedachten of dromen werden door visiezoekers beschreven. Sommigen hadden een sterke identificatie met zielloze symbolen zoals kristallen, regenbogen, donder, dans en veren.*

Ik dacht na over mijn krachtige ervaring in de zweethut. Ik was ervan verzekerd dat mijn amethist kristallen ei, mijn transformatie had begeleid en mij visies had gegeven over mijn regenboogpad dat ik sindsdien bij mij droeg. Waren zij delen van mijn aardse naam? Ik las verder:

> *Earth song, Rainbow Crystal Woman en Water Spirit Woman zijn enkele voorbeelden van natuurlijke namen die met deze symbolen worden geassocieerd.*

Rainbow Crystal Woman. Het moment dat ik het las, wist ik dat dit mijn aardse naam was. Maar iemand droeg deze naam al. Misschien moet je aardse

naam uniek zijn, vroeg ik mij af, onwetend wat dit naamgevingsgebeuren aanging. De volgende regel was:

Eagle Woman, Two Hawks, en White Wolf zijn natuurlijke namen die worden geassocieerd met dieren die geadopteerd zijn door de regenboogstam.

Dat was het antwoord. Het was mogelijk om aardse namen met andere gelijkgestemde zielen te delen. Dat mijn vragen gelijk werden beantwoord, voelde alsof ik rechtstreeks communiceerde met het Universum, hetgeen zowel raadselachtig als geruststellend was, zo surrealistisch en zo ontzettend echt. Het was nog steeds moeilijk te beslissen welk gevoel ik meer moest vertrouwen. Ik wilde graag leren over de regenboogstam en was nieuwsgierig of zij de regenboogweg bewandelden zoals ik of dat ze een stam waren van verschillende rassen die de Rode Weg bewandelden. Het was het laatste. Mijn zoektocht was nog niet voorbij.

Instinctief greep mijn hand een ander boek, *Buffalo Woman Comes Singing*, geschreven door Brooke Medicine Eagle, een medicijnvrouw en psychologe. Aan de binnenkant van de omslag stond het tweede deel van de titel: *The Spirit Song of a Rainbow Medicine Woman*. Ik merkte een fladderende sensatie op in de holte van mijn borstbeen. Dit leek veelbelovend.

Brooke Medicine Eagle groeide op, op een kraaienreservaat, maar stamde af van diverse Indiaanse en Europese voorouders en leraren van verschillende tradities. Haar boek telde meer dan driehonderdenvijftig pagina's, maar ik vond al gauw de passages die het nuttigst waren voor mij:

Oma Rosie (Shinela) had geen notie van de 'regenboog-geneeskunde' die ons nu bewustmaakt van de eenheid met alle tweepotige fami-lie. . . . Het begrip van wat ik regenboog- geneeskunde noem, bestond nog niet in de zielen van de mensen. De regenbooggeneeskunde leert ons dat, om van dit tijdperk over te stappen naar het nieuwe tijdperk van harmonie en overvloed, we een brug moeten maken, en die brug moet gemaakt worden van licht. Als het licht een regenboog moet vor-men die sterk genoeg is om de kloof te overbruggen, moet het alle kleuren bevatten—alle mensen, alle volkeren, alle dingen. Als er ook maar één kleur wordt weggelaten, zal het licht niet voldoende kracht hebben om de welvende regenboogbrug te vormen waarop wij allen

een nieuw tijdperk tegemoet zullen treden. In essentie is dit dezelfde
les die White Buffalo Calf Pipe Woman ons leert: de leer van vol-
maaktheid, van eenheid, samenwerking en harmonie.[2]

Mijn hart maakte een sprongetje. Het voelde alsof deze passage aan mij
was gericht. Brooke had zich ook al jaren afgevraagd wat ze moest doen met
boodschappen van de Grote Geest die tegen de tradities van haar volk en de
lering van oudsten inging.

Ze vertelde dat in het verleden de waarheid die eenieder in zich had, niet
door anderen werd veroordeeld. Oorlogen die bijna leidden tot genocide en
doorlopende culturele onderdrukking—de afbraak en minachting jegens de
traditionele wijzen, de overweldigende inmenging van buitenstaanders en de
diefstal van culturele kennis—zijn de oorzaak van de hedendaagse verwoede
pogingen om groter verlies en verslechtering en het gebrek aan vertrouwen
dat de levensloop en de Grote Geest zulke zaken kunnen leiden. Omdat ze
begreep waarom haar volk het op zich nam om zelf de rechtmatigheid van wat
er voor iedere persoon wordt onthuld, werd zij gedreven om de boodschappen
van Rainbow Crystal Woman in het geheim te eren.

Ik bladerde verder en belandde bij een passage die haar eerste ontmoeting
met Rainbow Crystal Woman beschreef op de top van Bear Butte nabij Mount
Shasta tijdens haar spirituele tocht in Noord-Californië. Brooke herinnerde
zich dat de woorden en de boodschappen van Rainbow Crystal Woman niet
binnenkwamen via haar oren maar haar gevoed warden via haar navel. Ze
kon de boodschap intuïtief begrijpen, maar die was zo rijk en groots, dat ze
zich ertegen verzette een al te gemakkelijke betekenis eraan te geven. Het
kostte haar tientallen jaren van levenservaring en diepere lagen van zichzelf
onthullen, voordat ze in staat was de boodschap te vertalen in woorden om
haar met anderen te kunnen delen.

Toen ik dit las trokken de wolken op die mijn helderheid hadden
verduisterd. Ik moest meer vertrouwen krijgen in mijn intuïtie en niet zoveel
van anderen afhankelijk zijn voor bevestiging. En, in tegenstelling tot Brooke,
was ik niet helemaal alleen in het proberen deze potentieel overweldigende
ervaringen te begrijpen. Ik kreeg real-time bevestiging van afvalligen zoals

---

2. Overgenomen uit *Buffalo Woman Comes Singing: The Spirit Song of a Rainbow Medicine Woman*
(p.24), door Brooke Medicine Eagle, 1991, New York, NY: Ballentine Books. Copyright © 1991 by
Brooke Medicine Eagle. Overgenomen met toestemming, en naar het Nederlands vertaald door
Chantal Cooper.

zij en White Wolf, die mijn waarheid spiegelden en mijn proces versnelden door te delen wat zij hadden geleerd tijdens hun baanbrekende reizen.

Maar was dit genoeg "begeleiding van experts" om de Raad van Psychologie ervan te overtuigen dat ik er klaar voor was om mijn cliënten intuïtief te begeleiden? Nauwelijks. Mijn interactie met deze non-conformisten was zo vaag en kortstondig als maar wezen kon—de een deed niet veel meer dan tien minuten intens staren en de ander was het resultaat van een mysterieus contact via een boek. Hun impact op mij voelde weliswaar enorm sterk en helend aan, maar wie zegt dat mijn vorm van begeleiding heilzaam zou zijn voor cliënten met ernstiger problemen zoals depressie, bipolaire stoornissen, post-traumatische stress en paniekaanvallen?

Ik besloot Tim en mijn online *hunka*-groep deze passages van Brooke Medicine Eagle te sturen zodra ik thuiskwam. Misschien zouden zij begrijpen waarom mijn Regenboogpad iets was, wat zelfs pioniers en traditionele inheemse genezers hadden gezien als de volgende stap voor de hele mensheid. Misschien zou dat hen overtuigen mij en mijn werk te omarmen en aan te bevelen?

Hoe dan ook, wie hield ik eigenlijk voor de gek? Vanwege het weinige contact dat we hadden, kon hun sporadische steun en leiding niet meetellen als "peer review" en begeleiding van mijn onconventionele therapeutische voorkeuren.

Zittend op de vloer met mijn rug tegen de boekenkast dreven deze zorgen weg en spatten ze als zeepbellen uit elkaar. De naklank en bemoediging die ik bij elke passage kreeg, waren veel boeiender. Brook beweerde dat haar gemengde achtergrond en onze smeltkroes- generatie ons hadden voorbereid op het worden van bruggenbouwers en culturele ambassadeurs. Rainbow Crystal Woman was de hedendaagse incarnatie van White Buffalo Calf Woman, voornamelijk geschikt om ons te helpen opnieuw verbinding te maken met onze ziel en delen van onszelf en niet beperkt te worden door stijve tradities en gedaanten.

Mijn zweverige intuïties vormden zich tot concrete stapstenen. De volgende passage wakkerde mijn grootste aha! aan en onderstreepte mijn meest recente pogingen en tegenstand:

Onze Wandeling op Aarde is gevaarlijk uit balans. De kloppende, agressieve, analytische, intellectuele, en 'herstel wat Moeder Aarde niet zo goed heeft gedaan' soort van energie, is dominant geworden. Het heeft bijna de vrouwelijke, ontvankelijke, accepterende, harmoniserende, capitulerende en verenigende energie begraven. Er moet een balans komen waarbij de vrouwelijke en mannelijke energieën in elk van ons, zoals in alle dingen, kunnen harmoniseren . . . In alle culturen is veel van de vrouwelijke wijsheid verloren gegaan of verwaarloosd. Vandaag de dag hebben veel vrouwen weinig of helemaal geen van deze mysterieuze leerstellingen mogen ontvangen. We zijn ook enorm beïnvloed door het soort ervaringen die de grotere wereld ons geeft. Heel vaak hebben deze ervaringen ons het idee gegeven dat wij, om macht te hebben, meer macho moeten zijn dan de harde jongens. Velen van ons hebben nooit de kracht van eenheid, relatie, harmonie, flow, en zang geleerd of zijn er zelfs niet van bewust geweest—de zachtmoedige en sterke vrouw.[3]

Deze regels leken heldere stralen aan de donkere hemel. Ze suggereerden dat mijn bezwaren tegen de te grote rol die kwantitatief onderzoek speelt in de uitvoering van klinische psychologie, gerelateerd zouden kunnen zijn aan deze grootschalige herafweging van receptieve en actieve energieën. Ik dacht aan de ronde kalebas en de lange kam in de Marroncultuur: de heilige vrouwelijke cirkel en de heilige mannelijke lijn. De drum en de drummer. Mijn intuïtieve weerstand werd aangewakkerd door een natuurlijk verlangen om meer van deze receptieve energieën terug te brengen, de alomvattende kring. Dat was alles.

Rainbow Crystal Woman, mijn nieuwe gids pikte alle losse eindjes op die ik niet samen kon brengen en spon ze samen in een gigantisch spinnenweb. Ik moest erop vertrouwen dat mijn begrip van haar begeleiding en het web zich na verloop van tijd zouden ontvouwen, precies zoals het bij Brooke was gegaan.

Toen ik naar buiten ging, tevreden met mijn ontwikkeling, ontdekte ik een kraai die boven mijn auto cirkelde. Dat was het moment dat het tot mij doordrong en ik overweldigd werd door de wetenschap en gevoel dat ik niet alleen was, dat de ruimhartige genezers en krachtige dieren van ver weg en dichtbij, van het verleden en de toekomst, van dit rijk en andere rijken allemaal als een perfect gesynchroniseerd team bewogen in het heden in het midden van de *kapemni* om mij te begeleiden op mijn regenboogpad.

---

3. Overgenomen uit *Buffalo Woman Comes Singing: The Spirit Song of a Rainbow Medicine Woman* (p. 118), door Brooke Medicine Eagle, 1991, New York, NY: Ballentine Books. Copyright © 1991 by Brooke Medicine Eagle. Overgenomen met toestemming, en naar het Nederlands vertaald door Chantal Cooper.

Hoofdstuk 12

DE OVERLEVERING VAN HET KRIJGERS VOGELNEST

Synchroniciteit is het verkrijgen toegang
tot een plekje diep in jezelf terwijl je
tegelijkertijd bewust wordt van de complexe
dans van toevalligheden in de fysieke wereld.
~ Deepak Chopra

ONGEVEER EEN MAAND NADAT IK MIJN aardnaam kreeg, stortte de wereld zoals we die tot dan toe hadden gekend, na de aanslagen van 11 september op de Twin Towers van het ene op andere moment in elkaar. Velen van ons waren ondersteboven door deze tragedie tot maanden nadat de rust was teruggekeerd.

De desoriëntatie en verslagenheid waren overal rondom mij voelbaar en kwamen overeen met mijn eigen schokkende verlies. Vlak nadat 2002 zijn intrede had gedaan, kreeg ik een miskraam. Geschrokken spoelde ik de rode vezelige klodder tezamen met mijn verwarde gevoelens en de onzekerheid over hoe ik met dit verdriet moest omgaan door de WC.

Mijn voornemen voor het nieuwe jaar was om opnieuw contact te maken met het centrum van mijn evenwicht en innerlijke kompas. Ik gebruikte mijn kristallen ei, mijn medicijnwiel en het "Zoals boven, zo beneden" *kapemni*-symbool om de herinneringen aan het gevoel afgestemd te zijn op Rainbow Crystal Woman's energie en de vier richtingen op te roepen. Het werkte, maar wat ik opriep was alarmerend. Al mijn innerlijke dynamieken met betrekking tot anderen en mezelf—geest-lichaam-ziel, gedachten-gevoelens-gedrag en verleden-heden-toekomst waren verdwenen door de traumatische ervaringen van het afgelopen jaar.

Ik verkende deze onevenwichtigheden en herleidde ze naar homeostase, toen ik een artikel schreef over het geven van een stem aan mijn herhaaldelijke overpeinzingen over holistisch genezen. Dit proces wakkerde een nieuwe visie aan plus een gepassioneerd verlangen om mijn vleugels uit te slaan en mijn eigen holistische counseling praktijk in Berkeley te openen. Het zou mij de mogelijkheid geven om met universitaire studenten, mijn favoriete groep mensen, te blijven werken op mijn eigen voorwaarden en veel dichter bij huis en Roberts projecten in de San Francisco Bay area.

Terwijl ik mijn onevenwichtige emoties bestudeerde op onopgeloste knelpunten en pijnlijke plekken, ontdekte ik een pijnlijke massa die diep in mijn psyche verborgen zat. Deze was gevuld met angst om weer zwanger te worden. In eerste instantie vertaalde ik die angst als dat ik er gewoon nog niet klaar voor was, maar zij had een zwakheid veroorzaakt die mijn standaard was geworden. Ik bewoog me door de wereld als een auto met slecht uitgelijnde banden, die steeds naar een zijde afweek wanneer ik het stuur losliet. Toen ik vroeg wat er uit balans was, hoorde ik, Je *vrouwelijke kant*. Die moest hoognodig geheeld worden.

Was dat mogelijk? Zou het kunnen dat mijn miskraam een ongebalanceerde, energetische relatie tussen vrouwelijke en mannelijke krachten in mijn lichaam had gecreëerd zoals Brook Medicine Eagle het uitlegde? Vanaf het moment dat ik dit tot een van de serieuze mogelijkheden rekende, welde er een stroom aan tranen op van spijt, boosheid en verdriet. Tot mijn verbazing waren ze allen gerelateerd aan een veel oudere pijn dan mijn miskraam.

Vlagen van herinneringen aan de traumatische geboorte van mijn zoon twee en een halfjaar geleden kwamen weer naar boven—een verpleegkundige die mijn vliezen brak om alles te versnellen na een lange nacht van weeën en weinig ontsluiting, gevolgd door een Picotin injectie toen het breken van de vliezen nog niet het gewenste resultaat opleverde, en uren van kreunen en steunen en gegrom waarmee de oncontroleerbare en ondraaglijke convulsies van mijn buik gepaard gingen. Het voelde alsof ik al duizenden spastische sit-ups achter elkaar had gedaan, maar het ging maar door en werd heviger naar gelang de tijd verstreek. Normaalgesproken was dit positief en nodig om de baby eruit te persen. In mijn situatie voelde het alsof ik mijn baby tegen een muur duwde die de zenuwen rondom mijn onderrug irriteerden en beknelden. De pijn werd niet minder tussen de weeën door. Gezien mijn hoge pijngrens en het gebrek aan vergelijkingsmateriaal, nam ik aan dat dit was hoe bevallen voelde en zette ik door.

Toen ik ongeveer acht centimeter ontsluiting had, opperde de verpleegkundige die mij verzorgde, dat de baby in stuitligging lag en dat ik extreme rugpijn moest hebben. Omdat het te riskant was om mij een ruggenprik te geven nu ik zo vergevorderd was in de bevalling, was mijn enige optie om pijnstilling via het infuus te krijgen. Voor de bevalling was dit onze minst gewenste optie omdat de medicijnen in de bloedbaan van de baby terecht zouden komen. In de hoop dat dit mijn lichaam zou helpen om te ontspannen en verdere ontsluiting te krijgen, ging ik akkoord met de pijnstillers terwijl ik mij al als een vreemd buitenaards wezen voelde en niet langer de bewoner van mijn eigen lichaam dat verbonden was aan allerlei slangetjes en piepende apparatuur.

Na nog eens drie uur van intensief persen zonder dat de baby kwam, stonden op de hartmonitor de angstige momenten van de hartslag van onze baby die gevaarlijk aan het afnemen was. Binnen enkele seconden stormde een team van medische hulpverleners in de hoogste staat van paraatheid mijn kamer binnen en kondigde mij aan dat ik een spoed keizersnede moest ondergaan. Die operatie was de volgende dag om bijna zes uur 's avonds en ik was al ongeveer twintig uren aan het bevallen.

Robert, die al die tijd niet van mijn zijde was geweken, zag er met donkere kringen rondom zijn vermoeide ogen al even vermoeid en angstig uit als ik. Omdat het leek alsof hij zou flauwvallen toen hij de naald zag die in mijn rug zou gaan, raadde de anesthesist hem aan iets te eten en te drinken te halen in de cafetaria en een wandeling te maken in de tuin.

Daarna zei hij tegen mij om mij te buigen over mijn samentrekkende buik -zo groot als een basketbal- en volkomen stil te zitten terwijl hij de naald voor de ruggenprik in mijn ruggengraat deed. Ik voelde mijn ziel zich losmaken van mijn lichaam om te doen wat nodig was om verwonding en permanente zenuwschade te voorkomen en een paar minuten later werd ik eindelijk beloond met totale ontspanning. Robert mocht weer binnenkomen tijdens de operatie. Ik voelde getrek aan mijn buik die verstopt was achter een dun, lichtblauw scherm. Onze bleke en blauwe baby werd geboren met een bult zo groot als een dennenappel op zijn achterhoofd. Hij kreeg een Apgar-score van twee vanwege het lange persen en omdat hij volgestopt was met medicatie. Ik kon hem niet aanraken maar was ook te ver heen om mij daarover druk te maken. Ik sliep een paar uren terwijl Robert bij hem bleef.

Een paar dagen na de huiveringwekkende geboorte, herstelde ik voldoende om erover te kunnen praten. Een van mijn vrienden zei dat het horen erover een natuurlijke vorm van anticonceptie was. Een andere stuurde mij een artikel getiteld "*Gentle Birth*", geschreven door vroedvrouw Ronnie Falcao. Het verslag beschreef iedere problematische stap die genomen werd toen ik aan het bevallen was—zoals het niet controleren van de stand van de baby, het breken van de vliezen, toedienen van Picotin, en het verkeerd positioneren van het achterhoofd van de baby. Meer dan 50% van de keren leiden deze interventies tot gelijke complicaties en onnodige keizersneden voor vrouwen die in het ziekenhuis bevallen.

De openbaring dat vroedvrouwen gestuurd door hun eigen intuïtieve wijsheid en traditionele kennis van bevallingen, deze verschrikkelijke beproeving en de riskante situatie die mijn baby en ik hadden doorstaan, hadden kunnen voorkomen, raakte mijn ziel tot in de kern.

Deze informatie raakte een diepe, pijnlijke wetenschap en ik was gedesillusioneerd, en het voelde alsof mij iets was ontnomen dat heel belangrijk voor mij was en dat ik nooit meer terug zou krijgen—het cadeau van het ter wereld brengen van mijn zoon. Maar ik wilde ook verdergaan en er voor hem zijn. Dankbaar en opgelucht dat dit angstaanjagende dennenappelhoofd en de Apgar-score snel weer waren genormaliseerd en omdat ik anderen niet wilde overrompelen met mijn verhaal, dwong ik mezelf ertoe mij te concentreren op wat het meest belangrijke was—dat we allebei gezond en wel waren.

Ondanks mijn beste intenties, saboteerden de lichamelijke waarnemingen—die mij herinnerden aan urenlang intensief, vergeefs persen zonder ontsluiting—de pogingen mij te concentreren. Net als mensen met een geamputeerde arm soms een fantoomledemaat voelen, werd ik maandenlang achtervolgd door een baby die ernaar verlangde via mij geboren te worden telkens wanneer mijn baarmoeder tijdens mijn maandelijkse cyclus samentrok.

De manier waarop er met mijn vorige miskraam was omgegaan—het "drive-thru" onderzoek, de reactie van "Oh je krijgt vast meer baby's", de nalatige manier van het bijhouden van gegevens en herhaaldelijke foutieve telefoontjes waarbij men mij behandelde alsof ik nog zwanger was—bleven deze oude wonden openrijten. Maanden na het incident had ik een zeurende pijn in mijn onderrug. Ik maakte een afspraak met een intuïtieve lichaamswerker wiens advertentie mijn aandacht had getrokken. Ze bood verlichting maar het viel haar op dat mijn pijn gerelateerd leek aan mijn onopgeloste verdriet.

Ik weet wat verdriet betekent . . . het idee dat ik onze baby en mijn zielenpijn door de WC had gespoeld…," zei ik later die avond hevig snikkend tegen Robert. Hij hield mij stevig vast en veegde een paar tranen van zijn eigen gezicht. Ik had er niet bij stilgestaan dat de miskraam ook voor hem moeilijk was geweest.

Ik dacht dat ik dit hoofdstuk van mijn leven had afgesloten, maar ik had het mis. De volgende ochtend stond ik op met de hernieuwde overtuiging mezelf te resetten en verder te gaan waar ik was geëindigd een jaar eerder, door mijn ziel te verschonen met Indiaanse fluitmuziek en versgeperst sinaasappelsap. De muziek was helend en baadde mij in sereniteit en vrede tot ik de sinaasappels opensneed en het bloedrode sap eruit druppelde. Mijn lichaam verstijfde van schrik. Het was weer net zoals ik vroeg in mijn zwangerschap bloedde en mij realiseerde wat het betekende.

Ik onderzocht de zak goed. Op het etiket stond NAVEL BLOEDSINAASAPPELS. Ik wist niet dat dit soort sinaasappels bestonden en had ze per ongeluk gekocht. Plotseling werd ik overvallen door een gevoel van zorg en bezorgdheid gepaard gaand met de openbaring dat het sap opvallende gelijkenissen vertoonde met wat er door mij heen was gegaan, dat ik het kon gebruiken om het lichaam en de geest van onze overleden baby te symboliseren. Dit was de manier van de geesten om te vertellen dat ze al die tijd bij me waren en mij een tweede kans boden om onze baby op een waardige manier te begraven.

Ik brandde wat Salie om mezelf en het heilige altaar in mijn tuin, gemaakt van een cirkel van glimmende, donkergrijze rivierstenen te reinigen. Nadat ik de vier richtingen had versierd met bloemen, goot ik het sap over een kwartskristal in het midden van het altaar en deed dat ook bij mezelf.

Het was een eenvoudige, speciale en krachtige ceremonie die de spanning in mijn rug losmaakte en liet verdwijnen. Opengebroken door deze bovenaardse begeleiding werd ik mij bewust van de sterke band tussen mij en alle vrouwen die ooit door de velden renden tijdens hun maanfase en ik hield ook een sterk gevoel eraan over dat mijn baby in feite via mij terug was gekeerd naar de heilige Moeder Aarde, waarmee ons beider zielen werden bevrucht.

Te midden van deze mysterieuze ontrafeling ontving ik een e-mail van Tim. Het bericht was aan de hele groep gericht. Hij verontschuldigde zich voor het feit dat hij zo lang geen contact had opgenomen en vertelde ons dat hij om geleiding had gebeden tot de ziel van Joe Eagle Elk, zijn overleden Lakotameester en schrijver van het boek, *Price of a Gift*. Hij had zich verloren en onzeker gevoeld over hoe hij zichzelf en ons moest halen uit de nasleep van de verwoesting en desillusie die volgden op de aanvallen van 9/11.

Enkele dagen voor hij ons mailde, had een windvlaag een leeg vogelnest de straat op geblazen dat vlak voor zijn voeten belandde, precies op het moment dat hij zijn meesters wijze woorden en troost het hardst nodig had. Het was vast een teken, en hij mediteerde op de betekenis ervan en bedacht een nieuw verhaal: *The Birdnest Warrior Lore*, De Overlevering van het Krijgers Vogelnest.

"Gedurende de komende negen maanden, voordat we elkaar weer zien in de zomer van 2003, bereiden we onze eigen nesten—onze lichamen en geesten—voor op de geboorte en het voeden van onze spirituele baby. Dit gaat allemaal over het baren. Het baren van onze true self . . . het baren van vriendelijkheid . . . het baren van vrede en compassie . . . het baren van balans . . . het baren van vrouwelijke en mannelijke tonen," zei Tim toen hij ons de betekenis van de nieuwe overlevering uitlegde.

Mijn hele ziel jubelde. Zonder aarzeling klikte ik op "allen beantwoorden" en vertelde Tim en mijn *hunka* over het geleide begrafenisritueel voor de baby die ik door de miskraam verloor en over mijn onopgeloste gevoelens die te maken hadden met mijn keizersnede, versterkt door angstaanjagende verhalen over VBAC's, *vaginal births after a cesarean*—die mij nu teisterden. De betekenis en het symbolisme van deze overlevering, was precies wat mijn schoot nodig had om te helen en haar creatieve krachten te herwinnen.

Tim antwoordde dat hij diep geraakt was door mijn e-mail. Hij stelde voor dat we de overlevering een jumpstart zouden geven door middel van een hele dag vasten om onze lichamen te ontgiften—een vastendag door de vrouwen en een door de mannen. We zouden allemaal in onze eigen omgeving vasten en met elkaar verbonden blijven in geest en door onze ervaringen te mailen. Toen ik in de groep antwoordde dat ik meedeed, gebeurde er iets heel vreemds. Een dappere nieuwe stem kroop naar voren in mijn gedachten en maakte haar visie en wensen kenbaar aan de groep.

Jullie woorden weerklinken en echoën zeer diep in de kern van mijn ziel. Op deze stille plek van modern technologie, verdwijnt al het andere naar de achtergrond en de stem van een onderdrukte en gekleineerde vrouwenziel komt uit haar schuilplaats. Het is triest om te zien dat zovelen van ons hunkeren naar de verloren kracht die vaak wordt verward met mannelijke eigenschappen zoals rollen, carrières, succesverhalen en/of het vermogen om degenen die aan de macht zijn te bedwingen door middel van uiterlijk en sensualiteit. Dit leidt tot diëten, obsessies omtrent het gewicht en het uiterlijk, hetgeen soms al op de basisschool begint. Bovendien leidt het tot kwetsbaarheid voor seksuele uitbuiting, zelfbeschadiging en lage eigenwaarde en depressie. Als gevolg hiervan ontstaat een disbalans tussen vrouwelijke en mannelijke krachten. De druk om de verloren kracht te ondermijnen is vaak zo groot, dat ze soms zelfs helpt met het ondermijnen slechts om geaccepteerd te worden ten koste van een diepe connectie met haar ware zelf—ze kent deze waarheid tot in details en heeft daarom geleden.

"Laten we vasten om de schoot te eren—voor onze Grootse Moeder Aarde, voor de geboorte van nieuwe mogelijkheden, voor de pijn en het helen, voor de cyclus van het leven en al zijn seizoenen, voor het creëren, voor toekomstige generaties, voor onszelf en elkaar."

Ik ondertekende mijn e-mail met Loraine – "Rainbow Crystal Woman."

De dag voor onze geplande vastentijd, op een zachte novemberdag, hoorde ik over beschikbare ruimte in een prachtige, terracotta psychotherapiepraktijk in een pittoreske buurt in het centrum van North Berkeley, die werd onderverhuurd door een vrouw genaamd Claudia.

Ik vroeg me af of dit toeval misschien het werk was van Rainbow Crystal Woman. Hoe gek het ook klonk, ergens diep van binnen was het niet meer dan logisch dat zij de "geboorte" van mijn nieuwe praktijk en inspanningen wilde zegenen en toejuichen—het kwam overeen met onze intenties en groter plan.

Het klikte meteen tussen ons en ik was gelijk weg van Claudia's kantoor. Het was beschikbaar op de dagen die ik had gevraagd. Het had een schattige kleine binnenplaats in de tuin naast de wachtruimte en een rij van beschuttende bomen voor ons raam en was gelegen aan een levendige straat met diverse eetgelegenheden, winkels en kleine kunstgalerijen, precies zoals ik het me had voorgesteld.

Ik was van plan de dag door te brengen in Tilden Park dat tot mijn genoegen slechts een klein stukje rijden was vanaf mijn kantoor, gelegen op een grote hoge heuvelrug met uitzicht op Berkeley, San Francisco Bay en de Golden Gate brug. Na het spectaculaire uitzicht en de sterke geur van de enorme sequoia en eucalyptus in mij op te hebben genomen, kon ik voelen dat mijn intuïtieve antennes opfleurden. Ik zocht naar een bomengids zoals ons was geïnstrueerd en liep regelrecht op de mijne af.

Er waren wat verse sneden op de stam waardoor ik terugdeinsde, net zoals ik gedaan zou hebben bij het zien van open vleeswonden op iemands lichaam. Ze herinnerden mij aan het litteken van mijn keizersnede en de littekens van Moeder Aarde. Ik leunde tegen mijn bomengids en hoopte dat het mijn pijn zou verzachten en mijn brandende vragen zou beantwoorden. Waarom? Waarom voelde deze bewuste persoon zich gedwongen om erin te snijden? Voor een goedkope opwinding, om zich levend te voelen, om onbereikbare pijn aan te raken en te uiten, zich onsterfelijk te voelen?

Ik voelde dat het bewustzijn van de boom niet op dezelfde golflengte zat als het mijne. Ik was degene die zich zou moeten aanpassen. Ik dacht aan de mannen en vrouwen die overal in de VS samen met mij aan het vasten waren en ik stelde mij voor dat ze allemaal bij een 'boomantenne' zaten. Toen ik dat eenmaal deed, voelde ik de kracht van mijn boom, zijn veerkracht en kracht, en liet die door mij heen stromen. Het geleidde mijn aandacht naar zijn eigenzinnige wortels, gravend door de rotsachtige aarde, terwijl het elk klein beetje vocht en voedingstoffen in zich opnam en die vervoerde naar alle toppen van de uitgestrekte takken, hoog op deze droge top honderden meters boven de zeespiegel. Terwijl deze informatie tot mij doordrong voelde ik mij steeds groter en sterker worden en kwam ik bij innerlijke plekken waarvan ik niet eens wist dat ik ze had. De bezorgdheid die ik in eerste instantie had—hoe ik in hemelsnaam de hele dag op één Femme Vitale Odwalla drankje moest teren—verdween spoorloos.

Toen mijn innerlijk meer op een lijn zat met de wijsheid van de boom, concludeerde ik, ondanks hoe krachtig en verwoestend de mensen op mij overkwamen, dat onze verwoestende kracht minuscuul klein is vergeleken met de wijsheid en de heilzame krachten van de natuur en de Grote Geest. Beneden aan de berg kan de lelijkheid van het leven overweldigend zijn. Het is moeilijk om mensen, dingen en gebeurtenissen met al hun complexiteit te waarderen wanneer je ze elk los van elkaar niet van dichtbij bekijkt, maar van ver, vanuit het perspectief van mijn boom. Vanaf hierboven was het allemaal prachtig.

Ik kon mij niet voorstellen dat dit perspectief "aangepast" was of dat de "lelijke" onderdelen eruit waren gehaald—er waren geen lelijke onderdelen. Dit inzicht bracht mij naar het volgende niveau. Hier kwam mijn blik samen met een nog hoger zicht alsof het zich te midden van de sterren bevond. Het ging steeds verder en verder, precies zoals gebeurde toen ik in White Wolfs ogen keek. Toen ik naar beneden keek, zag ik de gekheid, oorlogen, mogelijke atoombomexplosie, zelfs onze verwoesting van het milieu, de dieren en alles van het leven verschrompelde tot een microscopisch klein stipje, dat alsmaar kleiner werd. Mijn bewustzijn was er nog steeds, onverwoestbaar, niet te stoppen en liet mij zien dat het leven uiteindelijk een andere vorm zou aannemen en verder zou gaan met leren, ongeacht wat wij deden.

Meegesleept in deze tijdloze, angstvrije, doelloze perfectie van onvoorstelbare macht en kracht, zag ik de ware natuur van de werkelijkheid en mezelf door ogen waarvan ik nooit eerder had geweten dat ik ze had. Het waren de ogen van onze collectieve ziel door de eeuwigheid heen die mij dwongen mij over te geven, erop te vertrouwen en te accepteren op manieren waarvan ik niet wist dat die mogelijk waren voor de mens. Ik moest meer zo zijn en minder als mezelf. Alleen dan zou ik in staat zijn te begrijpen dat elke onevenwichtige en verachtelijke actie gecompenseerd wordt door onvoorwaardelijke liefde en rauw potentieel die benaderd en gemanifesteerd kunnen worden met onze intentie en acties in een wereld die verder gaat dan tijd en ruimte. Er waren geen tegenstellingen meer . . . de paradoxale kracht van deze liefde, gelijkmoedigheid en acceptatie drong door tot al mijn cellen.

Ik liep naar een open stuk, zonnebaadde, mijn lichaam gespreid op de warme, grasrijke aarde en droomde en droomde, over de Godinnenclientèle die ik zou ontmoeten en de groepen die ik zou begeleiden. Mijn baarmoeder trok pijnlijk samen bij de geboorte van elk nieuw en opwindend idee. Ik had de boeken van Brooke Medicine Eagle en Andrew Weil, *Spontaneous Healing*, bij me en bladerde almaar door naar passages die mij duidelijk toestemming gaven om op mijn innerlijke wijsheid te vertrouwen. Dr. Weil verzamelde bewust anekdotes over dramatische gebeurtenissen van spontane genezing om de heilige koe van de Westerse geneeskunde—grootschalige, door placebo beheerste, dubbelblinde experimentele proeven die vastlegden of behandelingen wel of niet valide waren—omver te gooien, en bestudeerde mogelijke verklaringen voor wonderbaarlijke genezingen die meestal tekort werden gedaan en slechts zelden medische behandelingen beïnvloedden.

Toen ik mij ontspande en op adem kwam in plekjes in mezelf die vreemd of geknakt voelden, realiseerde ik mij dat dit zo lang als ik het mij kon herinneren mijn strategie was geweest om op een creatieve manier problemen op te lossen. Door dit te doen terwijl ik op de grond lag, liet mijn band met Moeder Aarde nog intiemer aanvoelen. Het voelde alsof het omliggende gras en struikjes ook uit mij waren ontstaan. Terwijl de kloof tussen Moeder Aarde en mij sloot, werden de seizoenen en fasen van zwangerschap één, en de beproevingen, overwinningen en blijdschap bij geboorte, ouderschap en leiderschap smolten samen in een collectief doel.

Deze verbintenis verzadigde mijn algehele gevoel van zelfbewustzijn met een nieuw begrip: een "aha"-ervaring die zo diep was dat zij voelde alsof ik naar de bodem van een oceaan zakte. In plaats van het gevoel te hebben dat het ervaren van een vredige, natuurlijke, ongecompliceerde vaginale bevalling waar ik zo naar had verlangd mij was ontnomen, voelde ik mij verrijkt door deze zware, pijnlijke ervaring en meer dan ooit tevoren persoonlijk en emotioneel verbonden met Moeder Aarde, ons collectief lot en mijn vrouwelijke scheppende kracht.

Ik besefte dat Moeder Aarde leed op dezelfde manier zoals ik om gelijksoortige redenen. Ook zij was beschadigd door de technologische ontwikkelingen, geïnstitutionaliseerde doeltreffendheid aangezet door hebzucht, losgekoppelde zielen die doen wat ze denken te moeten doen en ongebalanceerde mannelijke energieën die achter de schermen bepalen wat er moet gebeuren in overwegend door mannen bezette hoofdkwartieren boven een glazen plafond. Ik begreep haar pijn en het gevoel geweld aangedaan te zijn—het wrikken, porren, injecteren, het snijden—als moeders onder elkaar. Er was solidariteit, kracht, soelaas en doelbewustheid in onze band, een grotere roeping waar ik al eerder op afgestemd was toen ik het gevoel had dat mijn grenzen werden opgezocht als student. Was er een verband tussen deze twee gebeurtenissen? Een vergelijkbaar gebrek aan vrouwelijke energie in academische en medische instellingen?

Het omarmen van mijn lot zorgde ervoor dat de angst van mijn pad verdween om een tweede keer verafschuwd te raken en het gevoel te hebben van een slopend verlies dat zo lang een obstakel had gevormd. Een frisse openheid, een hernieuwd vertrouwen in mijn lichaam en instinct en een complete overlevering aan de bron van de schepping, zowel in als buiten mij, werden opnieuw vastgelegd. Dit is wat belangrijk is om te onthouden voor de toekomst. Wanneer zaken niet liepen zoals gepland, moest ik omschakelen naar een ruimer kader om ze meer ruimte te geven zich te ontwikkelen.

"Moet je horen, Rainbow Crystal Woman heeft mij gezegd om gelijk te stoppen met de pil en volgende maand te proberen een tweede baby te krijgen," zei ik tegen Robert toen ik thuiskwam.

"Rainbow wie?" vroeg hij glimlachend, aangestoken door mijn enthousiasme.

"Crystal Woman. Zij is de spirituele gids die doorkwam in de zweethut en die haar ideeën door middel van mijn schrijven kenbaar maakt. Ik kan niet uitleggen hoe het gebeurd is. Ik voelde mij sterk verbonden met haar tijdens mijn vastendag en zij heeft eigenlijk doorgegeven dat herstel niet tijdgebonden is en spontaan kan plaatsvinden met behulp van het andere boek van Dr. Weil dat ik aan het lezen was. Ik kon direct worden genezen en er klaar voor zijn als ik mijn denkwijze veranderde. Ik probeerde het en het werkte. Ik kreeg daarna een boodschap om naar Mt. Shasta te gaan in de Kerstvakantie en te proberen zwanger te raken op onze tiende huwelijksdag om onze eenheid te vieren. Zoiets als wat we deden op onze vijfde huwelijksdag alleen een graadje hoger. Ik moet het nog uitrekenen, maar het is heel goed mogelijk dat ik op de zevenentwintigste ovuleer."

"Weet je zeker dat het veilig is om het zo snel weer te proberen?"

"Ja, mijn lichaam heeft dan anderhalve cyclus om op te schonen. Dus het zou wel oké moeten zijn."

"In dat geval, waarom niet? Mijn taak lijkt duidelijk en eenvoudig. Geen probleem. Laten we dit doen," plaagde Robert. Hij trok mij in zijn armen en gaf mij een zoen.

Gedurende de rest van november en de eerste weken van december bouwde ik de anticonceptie af en schakelde ik terug naar de modus van baby's maken. Ik deelde deze nieuwe ontwikkelingen met mijn online ondersteuningsgroep, maar deed hard mijn best om de doorgekomen boodschap niet te veel te analyseren, bang dat ik het ongeluk op mij af zou roepen. Wel had ik gekeken of ik misschien zou ovuleren op zevenentwintig december, onze huwelijksdag. Dit bleek wonderbaarlijk genoeg inderdaad het geval.

De voorbereidingen voor de aankomende feestdagen leidden me af en hielden mij bezig. We genoten van Terrance zijn kerstopwinding en pakten pas onze sneeuwspullen en winterkleding in toen zijn onvermoeibare lichaampje het uiteindelijk begaf en hij in een diepe slaap viel te midden van de cadeaus van de kerstman.

De volgende dag laadden we de auto in na een laat ontbijt. We knuffelden en zoenden Terrance die verdiept was in zijn nieuwe speelgoed en het niet erg vond om een paar dagen met oma en opa door te brengen.

"Hier zijn we dan, weer alleen in de auto op een rondreis precies zoals het begon, hoe lang geleden, dertien jaar?" zei Robert.

"Yup. Voelt als gisteren."

"Aan de ene kant is er zoveel veranderd. We zijn afgestudeerd, we werken en hebben een schattig zoontje, maar aan de andere kant is alles nog bij het oude gebleven. Je bent nog steeds dezelfde pittige onruststoker waar ik zo lang geleden verliefd op werd," zei hij.

"Onruststoker? Hoe kom je daarbij? Ik ben een voorbeeldburger met een enorme behoefte naar de waarheid."

"Net wat ik zei, een onruststoker." Ik trok mijn neus op en gaf hem een blik van "ach hou je mond".

Onze vier uur durende pelgrimstocht naar Mt. Shasta duurde uiteindelijk twee keer zo lang vanwege druk verkeer en de sneeuw. We vonden het niet erg. De extra tijd gaf ons de gelegenheid om dieper te graven en nog beter opnieuw contact te maken met onszelf en elkaar.

"Ik voel me vaak alsof ik een beetje in het rond aan het peddelen ben in een kleine roeiboot in een oceaan vol haaien en grote schepen. Het wordt afgezaagd. Misschien is het tijd om te kijken naar het opstarten van een eigen onderneming."

"Ik ben zo blij dat je jezelf bent gebleven ondanks alles en dat je hebt kunnen voorkomen dat je aan flarden werd gescheurd door de haaien om je heen. Ik denk dat voor jezelf werken je veel meer vrijheid zal geven," zei ik. Robert pakte mijn hand en kneep er zachtjes in.

"Ik hoop dat voor mezelf beginnen betekent dat ik een beetje meer vrijheid heb, maar tegelijkertijd maak ik me zorgen dat het te groots is voor mijn leeftijd en mijn zogenaamd tekort aan levenservaring," zei ik.

"Te groots?"

"Ja, te ver buiten mijn bereik, te opvallend, te hoog gegrepen, te gewaagd. Ik vind het moeilijk om uit te leggen. Ik merk gewoon dat ik mezelf standaard afrem, mijn eigen licht demp om minder op te vallen. Omdat mijn licht en wat er uit mijn mond komt, niet doorsnee is en innerlijke schade toebrengt aan mensen, zoals mijn bestaan en mijn ideeën die de normale gang van zaken van het universum onderuithalen. Het is niet iets dat ik bewust doe. Zelfs openlijk praten over deze gekkigheid die we nu aan het doen zijn—beweren dat mijn spirituele gids mij heeft verteld om zwanger te raken op onze tiende huwelijksdag in Mt. Shasta, of dat ik eerder heb geleefd en dat ik tekeningen maak van ervaringen uit een vorig leven, of dat we eerder een team zijn geweest—kan allemaal vijandigheid bij mensen oproepen, evenals spot en andere vreemde en agressieve reacties."

"Mij hoef je niet te overtuigen. Het is de reden waarom ik zoveel van je houd en op een of andere manier wist ik dat we voorbestemd waren om samen te zijn toen we elkaar leerden kennen."

"Goddank dat ik bij jou tenminste mezelf kan zijn. Wat zou ik zonder jou moeten beginnen?" zei ik en kuste zijn hand.

Sneeuwstormen en mist blokkeerden ons zicht op Mt. Shasta toen we onze bestemming naderden, maar ik kon de zachte kracht overal rondom ons voelen. We stopten voor het avondeten en arriveerden rond negen uur 's avonds bij de hut die wij hadden gehuurd. Het was een aangenaam gezicht, bedekt met sneeuw en genesteld in een prachtig dennenbos. We namen een hete douche en na de hele dag te hebben gereden vielen we in een diepe slaap zo gauw onze hoofden het matras raakten.

De volgende dag, onze huwelijksdag, genoten we van een ontspannen ontbijt. We huurden ski's en gingen snel naar de skilift door de poederachtige sneeuw. De opvallende verschillen tussen onze vijfde huwelijksdag en onze tiende deden mij van binnen glimlachen.

Op de skilift trokken de volumineuze, witte dennenbomen, volledig stijf bevroren in dit winterwonderland mijn aandacht en maakten zij een verrassend diepe indruk op mij.

Jaar in jaar uit gaan zij door een duister seizoen van levenloosheid en bevriezing en worden herboren met hernieuwde kracht en leven in het lichtjesseizoen. Een flits van inzicht lichtte in mij op. Uiterlijk kan bedriegen. De delen van mijn hart, lichaam en ziel die dood leken, waren het niet. Ze waren slechts bevroren en energie aan het vergaren om groter, beter en sterker dan ooit tevoren tevoorschijn te komen. En geheel uit het niets had ik toen nog een openbaring die elke snaar raakte. Op grotere schaal, gingen wij—onze species en planeet—door een gelijksoortig winterseizoen van duisternis en bevriezing om onszelf te reorganiseren en te hergroeperen. Er was geen reden tot angst en paniek. Een diep gevoel van acceptatie bekroop mij.

We moesten het uitzitten en doen wat we konden onder de huidige omstandigheden. Met dat in het achterhoofd voelde ik—degene die meestal wegbleef van koude temperaturen en sneeuw—me veilig, opgewonden, verlevendigd en beschermd op de berg, zelfs tijdens de incidentele sneeuwstormen met bliksem en donder. We skieden naar hartenlust tot de liften om vier uur 's middags sloten, waarna we naar de massage gingen.

"Bedankt dat je ons tussendoor kunt helpen. Ik heb iets verrekt in mijn schouder vandaag tijdens het skiën," zei ik tegen Crystal, de masseuse die ons na elkaar kon behandelen. De geluiden en geuren van knisperend brandhout, warme thee, een kalmerende fontein en geweldige kruiden en oliën in haar massageheiligdom verwarmden mij tot op het bot.

Crystal was een meester in haar vak. Ze behandelde mijn verrekte spier met geurige oliën die gelijk de kloppende pijn verzachtten. Haar goddelijke handen zorgden ervoor dat ik in een dromerige staat belandde en een glimp opving van Rainbow Crystal Woman die op Mt. Shasta liep. Het voelde goed om een beeld te kunnen associëren met de krachtige en uitgebreide gevoelens die ik met haar associeerde. Ze zag eruit als White Buffalo Calf Woman zoals Brooke Medicine Woman had beschreven en ze wenkte mij om haar naar de top te volgen. Ik hoopte met haar te kunnen praten maar ik kreeg het gevoel dat ze wilde dat ik op haar stille begeleiding moest vertrouwen terwijl wij overstaken naar het onbekende. Ik volgde haar zonder aarzeling, rustig en ervan overtuigd dat het allemaal uiteindelijk duidelijk zou worden.

Na Roberts massage zei Crystal dat ze mij niet wilde storen, want mijn geest was hard aan het werk.

"Ik heb mijn spirituele gids, Rainbow Crystal Woman ontmoet. Ze wilde dat ik haar zou volgen en met haar mee de berg op zou gaan. Het voelde versterkend en bemoedigend," zei ik.

"Ik werk met de wezens van de berg om de energieën van je linker- en rechterhersenhelft met elkaar te stroomlijnen, maar het is de eerste keer dat iemand een uur langer op de tafel is gebleven. Fijn voor jou."

Het voelde goed om gezien te worden door een ander mens die mijn innerlijke ervaring begreep op intuïtief niveau en ik zei tegen mezelf dat ik deze uitzonderlijke gave niet als vanzelfsprekend moest aannemen.

"Ik ken een vrouw in het centrum die een prachtige collectie kristallen heeft die vlak bij Mt. Shasta waren gevonden. Ik zal je haar info geven. Ik weet zeker dat je haar winkel leuk zal vinden. Laat jouw geest je leiden om te vinden wat je nodig hebt wanneer je daar binnenkomt. Je zou weleens met iets totaal anders kunnen weggaan dan wat je had willen vinden."

"Klinkt goed. Ik zal er zeker langsgaan," zei ik en we omhelsden elkaar.

"Ik mis mijn boefje. Laten we hem bellen voor het te laat wordt," zei ik tegen Robert op weg naar onze hut.

"Schatje, hoe gaat het met je?" vroeg ik nadat pa Terrance de telefoon had gegeven.

"Goed. Opa heeft mij naar het park gebracht en we zagen dat iemand een grote vis had gevangen. Wanneer komen jullie naar huis?" vroeg hij. Mijn hart sloeg over toen ik zijn schattige, hoge stemmetje en gelispel hoorde.

"Het klinkt alsof je een geweldige tijd hebt met Oma en Opa. We komen gauw terug, overmorgen. Ik mis je en ik hou van je. Kusjes en een stevige brasa. Hier is papa," zei ik.

Na ons korte gesprek, douchten we en kleedden we ons aan om op tijd te zijn voor de reservering die we hadden gemaakt bij een romantisch, semi-formeel restaurant. Ons gesprek ging steeds terug naar Terrance, zijn grappige uitspraken en zijn koppigheid, de schattige dingen die hij had gedaan die ons lieten smelten en de dingen die hij deed waardoor wij de haren uit onze hoofden wilden trekken.

"Is het niet grappig hoeveel we over hem hebben gesproken? Was het niet de bedoeling om een kind-vrij uitstapje te maken?" vroeg ik aan Robert op weg terug naar onze hut.

"Waar spraken we over voordat hij er was? Ik kan het me niet herinneren."

"Ik ook niet."

"Weet je zeker dat je klaar bent voor nog eentje?" zei hij terwijl hij mij onderzoekend aankeek.

"Ja ik ben er 100% zeker van."

Op onze weg terug versterkten de met sneeuw bedekte hutten en het ongerepte landschap mijn verlangen om binnen te zijn en bij de haard te vrijen. Alsof hij mijn gedachten kon lezen, liep Robert regelrecht naar de rustieke stenen haard toen we in de hut aankwamen, terwijl ik meer dan een dozijn kaarsen aanstak die ik uit mijn tas haalde op de schoorsteenmantel. Ik regelde ze op de kleine tafels en raamkozijnen.

"Het uur van de waarheid," zei ik en deed de lichten uit.

"Prachtig, net als jij. Kom hier zitten en test mijn kleine nest," zei Robert en hij trok een paar stevige kussens en een dikke, zachte deken van de bank. Ik zakte weg op de zachte gewatteerde grond terwijl hij over mij heen leunde en langzaam het gewicht van zijn lichaam op het mijne liet zakken. Hij kuste mij zachtjes en wreef zijn groeiende geslachtsdeel tegen mijn dijen. Een voor een trokken we de kledingstukken uit, alsof we strippoker speelden met de privileges van het mogen aanraken, maar eenmaal helemaal ontkleed duurde het niet lang voordat het gevoel van volledig huid-op-huidcontact ons meesleurde in de magie en twinkelende vlammetjes overal om ons heen.

We sliepen uit en besloten de dag door te brengen door naar restaurants en winkels in het centrum te gaan waaronder de winkel die Crystal had aanbevolen. Het was niet moeilijk te vinden. De kristallen waren inderdaad de meest adembenemende kristallen die ik ooit had gezien. Er waren vier verschillende ruimtes en één, genaamd *middle earth*, had een zeventienhonderdvijftig kilogram wegende cluster van enorme kristallen. Als door een magneet werd ik er door aangetrokken. Ik liep eromheen en bestudeerde het geheel vanuit elke hoek.

"Het is een bundel van verschillende kristallen. Deze laag waar je nu naar kijkt, helpt om het vertrouwen in jouw levensdoel te versterken. Het komt uit Brazilië," zei de winkelier.

"Wow. Dit is echt geweldig en precies wat ik op dit moment nodig heb," zei ik en ik voelde me naakt en kwetsbaar.

"Kent u een masseuse genaamd Crystal? Zij heeft ons naar u verwezen en ze had gelijk. U heeft inderdaad een geweldige verzameling."

"Ja ze is een dierbare vriendin. Ik ben blij dat ze jullie gestuurd heeft. Neem je tijd en kijk wat je aantrekt."

Ik dacht dat het moeilijk zou zijn voor mij om een keuze te maken, maar twee prachtige buffels gesneden uit witmarmeren kristal met grijze vlekken op hun ruggen raakten mij.

"Ik moet twee kleinere voor ze vinden," zei ik tegen Robert.

"Wie zijn de 'twee' kleinere?" vroeg hij.

"Onze kinderen." Het moment dat ik de woorden had uitgesproken snapte ik de fout en sloeg speels mijn hand voor de mond. Het voelde zo goed, alsof ik het altijd al had gezegd.

"Ik vind het goed klinken. Trouwens, ik kan merken dat je zwanger bent. Je staat in brand," zei Robert.

"Echt? Heb je een verschil in mijn lichaamstemperatuur opgemerkt?"

"Ja je bent veel warmer." Ik merkte een klein verschil pas nadat hij het zei en was geraakt dat hij zo'n subtiel verschil als mijn lichaamstemperatuur had opgemerkt.

Ik zocht in de hele winkel maar kon geen kleinere buffels vinden. Er waren een heleboel grotere, maar doordat ik altijd klein denk, kwam het niet in mij op grotere ouders te nemen totdat ik de volgende dag toen we naar huis reden, mij herinnerde wat Crystal had gezegd. Dat ik misschien wel met iets totaal anders uit de winkel zou gaan dan waar ik naar zocht.

Ik bewonderde de twee kristallen buffels die ik had gekocht en liet Robert een kaart zien met een ontzag inboezemende foto van Mt. Shasta met een vallende ster en een volle maan erachter.

"Mijn buffels en deze foto zeggen tegen mij dat het tijd is om te groeien. Ik moet mijn visie en horizons verbreden, mij losmaken van makkelijke en beperkende mallen en investeren in nieuwe mogelijkheden."

"Zeker, dat moeten we beiden doen. Het was fijn er even uit te zijn. Ik ben blij dat je naar je hart geluisterd hebt."

Ongeveer een half uur voordat we bij Ma en Pa in Sacramento aankwamen, zagen Robert en ik een vallende ster, terwijl wij in de donkere nacht tuurden. Het was de eerste vallende ster die wij ooit samen gezien hadden.

"Mijn wens is al in vervulling gegaan," zei hij en hij knipoogde naar mij.

"Van mij ook," zei ik en leunde tegen zijn schouder, ernaar verlangend om Terrance zijn grote glimlach te zien en zijn kleine lichaampje in mijn armen vast te houden.

Hoofdstuk 13

DE WEDERGEBOORTE

Alles in het leven is een metafoor.
~ Haruki Murakami

"**JE ZAL JE GELIJK THUIS VOELEN** hier in Berkely. We zijn wat progressiever en hebben wat meer lef dan onze collega's in de rest van het land voor wat betreft het integreren van spiritualiteit en alternatieve geneeskunde in onze interventies. Er zijn veel psychotherapiehulpgroepen voor professionals in de geestelijke gezondheidszorg die je ondersteuning en logistieke tips zouden kunnen geven om je nieuwe praktijk te vestigen en het is een geschikte, veilige plek om te praten over de uitdagingen die je bij jouw cliënten zou kunnen tegenkomen," zei Claudia.

Ik was ontzettend blij. Deze ervaren en gelijkgestemde behandelaars zouden veel beter bij mij passen dan mijn online *hunka*-groep en zouden me kunnen voorzien van de vereiste continue peerreviews en professionele evaluaties die ik nodig had wanneer ik met cliënten zou werken.

Ze zouden makkelijk te vinden zijn om mijn hand vast te houden terwijl ik de grootste en engste stap in mijn carrière zou nemen: het openen van mijn eigen privépraktijk.

De eerste paar maanden verliepen volgens plan. Ik had mij aangesloten bij een groep, maar wederom kwam de drang om bepaalde belangrijke zaken uit te lichten voortijdig naar voren en dwong mij om af te wijken van het veilige en gebaande pad.

Zes van ons zaten op een stoel of op hun favoriete plek op de bank die we officieus hadden geclaimd in de afgelopen zeven maanden. Mijn uitpuilende buik had de schommelstoel verworven en ik schommelde zachtjes heen en weer, terwijl ik mijn handpalmen legde op de kleine bobbelige ellebogen en knietjes die onder mijn huid kronkelden.

"Laten we beginnen met kennismaken. Beperken jullie je tot een paar minuten," zei Alan de groepsleider. Een nerveus en paniekerig gevoel kroop in de kleine holte waar voorheen mijn maag had gezeten.

"Dat betekent 'kom ter zake'!" bromde Bill, met zijn ogen op mij gericht. Hij had zich bij de groep gevoegd om te werken aan zijn scherpe, cynische opmerkingen die meestal terecht waren. Interessant was het, dat hij tientallen jaren geleden tijdens het werken aan zijn dissertatie, blijkbaar erg veel moeite had om ter zake te komen. Na jaren van uitstel van zijn onderzoek, verliet zijn depressieve vrouw hem. Enige tijd later pleegde zij zelfmoord.

Bill had vaak commentaar op Rita—een Latijns-Amerikaanse professor die rouwde om haar goede jaren en lege huwelijk—over het niet 'ter zake' komen. Vlak voordat ze de groep verliet om onbekende, loopbaangerelateerde redenen, snauwde Rita, "Wat is het nut van ter zake komen?"

In stilte juichte ik haar toe wanneer ze Bil confronteerde. Rita en ik schenen elkaar te begrijpen zonder te moeten uitleggen waarom. Samen leek het minder afgezaagd de "niet-ter-zake-doende" manier waarop wij therapie en het leven benaderden, te wijten aan onze niet-Westerse culturele achtergronden, zij Chileens en ik Surinaams.

"Geniet je niet van de ontspannende levensstijl van mensen in het Caribische gebied of van een ander relaxte plaats, en is het niet grappig wanneer je hun de weg vraagt dat ze dan antwoorden dat je naar de mangoboom moet uitkijken, dan links moet afslaan wanneer je de bank ziet, onder de brug door moet rijden en moet uitkijken naar het bord naar de snelweg op de hoek van een kleine kruidenierszaak? Misschien zijn er wel onzichtbare en directe voordelen aan deze niet-lineaire, 'inefficiënte', 'nutteloze' manier van navigeren door het leven waar we duizenden dollars voor betalen wanneer we aan vakantie toe zijn," zei ik.

Er was wat gegiechel dat verraadde dat ze waarschijnlijk mijn punt begreep, maar Ik betwijfelde of het enig verschil zou maken. Tegen de stroom ingaan omdat mijn intuïtie mij vertelde dat het tegen mijn innerlijke stroom inging, leek geen goede reden.

"Jouw duidelijkheid is jouw kracht," zei Rita ooit tegen mij. Het overtuigde mij ervan dat in ieder geval één persoon mij snapte en dat het nut van therapie en het leven vrij subjectief was. Ik vroeg mij af of zij de groep had verlaten omdat ze wist dat we maanden later nog altijd in cirkeltjes zouden ronddraaien over het wel of niet ter zake komen.

Sommige groepsleden waren moe geworden van het feit dat ik niet meedeed in de Groepstherapie 101 en ik voelde mij al even geïrriteerd dat ik niet in staat was mijn standpunt op hen over te brengen. Mijn voorgaande pogingen om directer te zijn, zoals onze verschillen toeschrijven aan "lineaire" tegenover "circulaire" processen, hadden te veel losgemaakt bij Lisa, die vond dat ik "lineair" op een beledigende manier in verband bracht met "dominant, wit, mannelijk" en "onderdrukker", waardoor ze zich als een soort boeman voelde. Ze verzocht mij om het begrip niet te gebruiken.

Toen ik de tegenovergestelde aanpak gebruikte en opperde dat mijn figuurlijke uitspraken karakteristiek zouden kunnen zijn voor "spiritueel en intuïtief taalgebruik" en misschien boodschappen uit een andere dimensie onthulden—in plaats van een teken van emotionele ontwijking en desorganisatie (volgens de boeken en wegsites over begaafdheid die toevallig mijn pad kruisten)—wees Alan mij erop dat iedereen op zijn of haar eigen manier begaafd was.

Bedoelde hij dat ik probeerde mezelf te onderscheiden van de rest alsof ik speciaal en beter was dan de rest? Wat nu weer? Alans zinspeling voelde niet goed. De zinnen en woorden die Lisa en hij hadden aangeduid als over de schreef, waren voor mij eerlijk spel. Lisa zelf was verantwoordelijk voor de gevoelens die het betreffende taalgebruik bij haar losmaakte. Ik wilde haar en Alan best respecteren en rekening met hen houden, maar ik ging er niet mee akkoord volledig gecensureerd te worden door hen. Niemand anders scheen het eens te zijn met mijn perspectief. Ik wist niet meer hoe ik hen moest duidelijk maken dat ik precies datgene voelde waar zij mij van beschuldigden—dat hun strakke regels voelden als een last en dat ze mijn proces tegenwerkten.

"Met ter zake komen, bedoelen we het emotionele, het belangrijkste, niet de theoretische uitleg of een indirect voorbeeld," zei Lisa. Ze had mij een "glibberige vis" genoemd, was geïrriteerd door mijn "semantische obsessies" en mijn "tekort aan diepgang".

"Ik weet wat je bedoelt met het emotionele deel benaderen, maar er zijn obstakels op dit pad die een blokkade opwerpen. Ik ben in staat tot diepgang, emotioneel werk, maar ik kan het niet laten varen als de hele opzet niet goed voelt. Het zou kunnen dat we proberen kapotte onderdelen te 'herstellen' en de pijn te verzachten zonder dat we vragen wat het probleem is of dat we het op een goede manier benaderen," zei ik.

"Hoe voel je je bij dit conflict," vroeg Alan.

"Gefrustreerd," antwoordde ik.

"Net zoals jouw moeder je frustreerde?" vroeg Bill.

"Ik wil niet in herhaling vervallen. Ik ben teruggegaan naar de basis, heb weken aaneen tientallen dozen uitgepakt met betrekking tot conflicten uit mijn kindertijd en kwam met lege handen te zitten. Het enige wat nu uit mijn kindertijd naar bovenkomt is een droom die ik in de derde klas had, toen ik mezelf van ongezonde banden had bevrijd," zei ik.

"Na deze droom voelde ik me nog sterker verbonden met mijn innerlijke kennis en minder gefixeerd op de wens dat iedereen mij moet begrijpen. Ik zal heel eerlijk zijn. Ik vraag me af of ik dat nog een keer moet doen, maar ik denk dat ik dat niet kan vanwege de peerreview-vereisten in ons vak. Ik ben wederom in tweestrijd en het voelt bekend, maar dit betreft nu alleen mijn loopbaan. Ik ben zo gefrustreerd dat ik niet tot de bodem van dit patroon kan gaan en het kan oplossen. Het laat mij aan mezelf twijfelen en ik vraag me af of ik een probleem heb om aansluiting te vinden bij collega's zoals jullie, wat ik heel graag zou willen, maar niet ten koste van mijn integriteit," zei ik.

"De tirannie van de meerderheid," zei Bear tot mijn verbazing. Achttien jaar geleden was hij ceremoniemeester geweest bij inheemse tradities. Hij was nu "gewoon" therapeut en had het "Bear"-deel van hem diep weggestopt en hij beweerde dat hij het allemaal achter zich had gelaten om onbekende, lastige redenen. Ik kon zien dat mijn gevecht hem aan het hart ging.

"Zou kunnen. Soms voel ik mij alsof ik linkshandig ben en mezelf probeer te vormen om in een overwegend rechtshandige wereld te passen alleen maar om erbij te horen. Dit heeft steeds een averechts effect, maar in plaats van mij af te vragen of het nodig is om linkshandigheid de schuld te geven, geef ik mezelf de schuld dat ik me niet goed genoeg aanpas. Verdoemd als ik het wel doe en verdoemd als ik het niet doe," zei ik. Bear knikte instemmend.

Een paar keer was ik er zeker van dat we een doorbraak hadden en dat het bij de volgende bijeenkomst anders zou aanvoelen, maar ik had het mis. Ik leerde om mijn hoop in toom te houden. Deze woensdagochtend was Grace—die een week vakantie nam van haar cliënten—de eerste die zich aanmeldde. Ze was opnieuw geplaagd door "Darky", haar depressieve kant en vroeg naar suggesties om tijdens de aankomende week opnieuw contact te maken met "Sparky", haar lichtere kant.

"Wat denk je van het sieraden maken? Hoe staat het daarmee?" vroeg Alan. Andere groepsleden vroegen naar de dingen waarvan ze ooit tijdens het therapeutisch proces had gezegd dat die haar gelukkig hadden gemaakt.

"Ik denk dat Darky en Sparky de liefde moeten bedrijven in de lift die van boven naar beneden gaat en terug," flapte ik eruit. Ik realiseerde mij niet hoe onverdraagzaam ik was geworden ten aanzien van het opsommen en bewijzen van uitdagingen die alleen maar oppervlakkige veranderingen teweeg leken te brengen.

Grace was heel even verrast, maar leek geïnteresseerd in mijn voorstel.

"Ik mag dan wel vijfenzestig zijn, maar voel me af en toe net een kleuter naast jou," reageerde ze met een lieve glimlach.

"Dank u," zei ik verbouwereerd. Haar compliment accepteren voelde brutaal, verwaand, vreemd, uitdagend, fout en goed tegelijk.

Toen het mijn beurt was, vroeg Alan of ik de zandbak wilde gebruiken. Mijn hart maakte een sprongetje. Er was iets veranderd.

"Dank je, ik denk niet dat het nog nodig is," zei ik tegen hem. Ik had mijn ziel gevoeld en gezien in het zand.

"Toen je dat zei, keek ik naar het hoopje zand en had ik de neiging om mijn vinger erin te steken en er een vulkaan van te maken die de bron symboliseert van leven en dood, van creatie en vernietiging en van mijn sterke band met het Heilige Vrouwelijke. Mijn cervix is mijn innerlijke vulkaan, mijn navelstrengverbinding met Moeder Aarde. Dit besef drong net in een flits tot mij door. Hoewel ik graag het zand zou aanraken en ermee zou spelen, zou het kunnen bezoedelen wat er net gebeurde. De boodschap die doorkwam, moest kort zijn, lief en duidelijk," zei ik schaapachtig.

"Weet je zeker dat je het niet wilt proberen? Ik heb een kast vol met zandschaal- speeltjes en -miniaturen die je kunt gebruiken . . . "zei Alan terwijl hij met een verbaasd gezicht gebaarde richting de kast.

Omdat ik de zandschaaltraining zelf ook gedaan had, was ik mij ervan bewust dat het niet gebruiken van mensfiguurtjes in zandschaalsculpturen duidde op verslechterde relationele vaardigheden en slechte hechting. Ik was voorzichtig geworden in ruimte te geven aan misinterpretatie en bedacht iets dat het kon ombuigen. Er is in de afgelopen week iets gebeurd dat de betekenis van deze vulkaan kan uitleggen. Ik heb een paar dagen geleden een krachtige kentering mogen ervaren met Karen, een specialist in hypnogeboorte." Alan knikte dat ik verder moest gaan.

"Tijdens mijn sessie met Karen ontdekte ik hoe makkelijk en hoe natuurlijk het voor mij was om te switchen naar een verhoogde staat van bewustzijn en om mijn intuïtieve voorgevoelens te vinden. Het lijkt misschien alsof dergelijke disparate onderwerpen geen verband hebben, of langdurig zijn en niks terzake doende in deze groepsdynamiek, maar ik heb ervaren als ik een kans krijg verbanden te leggen, dat deze mij diepe betekenis en begeleiding verschaffen."

Ik had iedereens onverdeelde aandacht.

"Ik voel zoveel verlies en verdriet over dit ondervoede deel, dat ik net een woestijn ben die het niet kan verdragen," zei ik en snikte een paar keer. Ik kon voelen dat mijn intense verdriet en verlangen naar meer ruimte Bear raakte.

"Het voelt alsof ik dieper op deze verhoogde staat in moet gaan tijdens onze bijeenkomsten. Jullie geven er de voorkeur aan dat wij onze check-ins kort houden. Ik probeer mijn commentaren zo kort mogelijk te houden en mee te gaan in een normale staat van bewustzijn, waar jullie allemaal verbinding lijkten te vinden, maar uiteindelijk voel ik mij losgeraakt van mijn ware zelf," zei ik.

"Ik heb ontdekt dat deze ontkoppeling niet komt door een vertrouwensprobleem of een blokkade van intimiteit. Ik had dat nooit eerder bij Karen, maar ik kon aan de telefoon al zeggen dat ze mijn taal sprak, poëtisch Engels en beter in staat om datgene dat er gaande was in mij, over te brengen. Ik zocht hulp bij haar voor de panische en claustrofobische gevoelens die de gedachte aan een bevalling alleen al teweegbrachten bij mij en vertrouwde haar van begin af aan met mijn diepste gevoelens. Mijn geest nam het verder over," zei ik, nog steeds een beetje boos over het feit dat ik zo lang verkeerd was begrepen, alleen vanwege de onwil om hun zelfverzekerde posities van macht en expertise te onderzoeken.

"Toen we elkaar ontmoetten, bracht Karen mij in staat van diepe ontspanning door haar aanwezigheid, haar manier van praten en door mij voor te stellen naar een veilige plek te gaan. Binnen luttele seconden was ik in een grot die half boven de oceaan uitstak. Het gaf tegelijkertijd mijn schoot weer, omdat ik met mijn ongeboren baby was en haar geruststelde dat ik haar zou helpen een makkelijke entree in de wereld te maken door de opening van de grot. Alleen al het zijn in de grot en het doorbrengen van tijd met mijn baby, wiegend op de golven als weeën en niet haastig om ergens heen te gaan, was fijn en bracht een verandering teweeg.

"Rainbow Crystal Woman, de spirituele gids die ik had ontmoet in de eerste Lakota retraite, verscheen in de grot. Ze had een prachtige regenboogcape aan en uit haar ogen schenen lichtstralen. Ze gaf ons de gaven van liefde, licht, helderheid en kracht. Dolfijnen kwamen de grot binnen en nodigden ons uit om te spelen. Door de grot binnen te komen en te verlaten, lieten ze mij zien hoe perfect en verbonden onze lichamen waren voor een perfecte bevalling.

"Tijdens het stoeien besloot een van de dolfijnen mij mee te nemen op een reis om dat deel van mezelf te vinden dat angstig en paniekerig was over de aanstaande bevalling. We doken in de verste diepten van de oceaan waar het gitzwart was.

"Daar vond ik een klein meisje, ikzelf op vijfjarige leeftijd, in een kooi zo klein dat ze niet eens rechtop kon staan. Het was hartverscheurend. Ze was opgelucht en blij om ons te zien. Haar heldere, gepassioneerde licht was angstaanjagend geweest voor degenen rondom haar en ze had toegegeven dat het beter was het te dempen, klein te blijven en ver uit het zicht te blijven totdat ze oud genoeg was om het te beschermen, en zichzelf. Rainbow Crystal Woman gaf haar een kristallen speer—haar krachtvoorwerp—en ze gebruikte het om het slot van de kooi te breken en de duisternis die haar omringde, te verlichten. De vele jaren die zij had vastgezeten in de kooi, vielen in fractie van een seconde weg."

Ik had geen idee hoe mijn ervaring met Karen klonk voor de groep, maar Bears aanhoudend geknik stimuleerde mij om verder te gaan.

"Toen ik beter naar mezelf keek als kind, viel mij een teerachtig overblijfsel van donkere energie op, die haar hele lichaam bedekte. Het was moeilijk om het te verwijderen en ze twijfelde of haar kristal krachtig genoeg zou zijn. Ze was uiteindelijk in staat het af te pellen en alle teer van het kristal te schrobben hetgeen haar zelfverzekerdheid enorm versterkte. Ze kwam bij mij zitten op de rug van de dolfijn en we kwamen opgetogen boven het water uit tegen de heldere, blauwe hemel, glijdend over en onder de golven tot we terug waren in de grot met mijn ongeboren baby.

"In de grot werden de golven intenser en het moment van de bevalling kwam steeds dichterbij. Toen het moment van de waarheid daar was, klommen mijn baby, mijn jongere ik en ikzelf op de rug van de dolfijn en schoten uit de grot en uit het water, geboren en herboren en zonnebadend in gevoelens van vreugde."

"Ik voelde jouw plezier in het surfen op de golven," zei Alan na een korte stilte. Grace knikte en glimlachte.

"Wie sloot jou op in die kooi?" bracht Bill in. Zijn vraag schudde mij wakker uit mijn droom als een emmer met koud water.

"Ik denk niet dat het één persoon in het bijzonder was. Ik kreeg het gevoel dat mijn jongere 'ik' het ermee eens was dat dit de veiligste en beste oplossing was onder de omstandigheden," zei ik.

Er kwam niet bepaald veel warmte vanuit de groep. De situatie voelde alsof ik onredelijk was omdat ik meer wilde, alsof ik van een loyale liefde verwachtte dat zij enthousiast luisterde naar wat een korte liefdesaffaire in mij teweegbracht en mij hielp te ontdekken wat er in onze relatie ontbrak.

"Ik apprecieer het dat het jullie interesseerde en het goed bedoelden, maar een deel van mij moet hebben geweten dat jullie interventies mij niet zouden helpen de deeltjes van mijn verloren ziel terug te vinden en dat ik op een meer holistische manier zou herstellen," zei ik. Hoe onredelijk het ook was, ik koesterde boosheid jegens hen. Ze hadden de gekwalificeerde groepsleden en docenten moeten zijn die mij de gespecialiseerde training en supervisie konden bieden die ik nodig had om aan de ethische voorwaarden van mijn beroep te voldoen, het toepassen van vernieuwende behandelmethoden.

"Waarom ben je dan gebleven?" vroeg Lisa. Het moment dat ze het vroeg, ging mijn paradoxale brein aan.

"Deels om de voorgeschreven zorgstandaarden te volgen, maar eerlijkgezegd kreeg ik het gevoel dat dit een soort spiritueel contract was waar ik mee akkoordging zoals een of ander journalistieke opdracht die ik moest afronden om anderen te kunnen onderwijzen. Een 'verkeersbord van een U-bocht' verscheen in mijn perifere visie dat ik op aarde terug was om deze missie te voltooien.

"Ik voel me gebruikt," zei Lisa.

"Dit klinkt misschien nog gekker of nog onaangenamer, maar ik heb ook sterk het gevoel dat we allemaal akkoord zijn gegaan met dit contract. Zelfs onze botsingen klonken alsof ze onderdeel waren van een groter verhaal, zoals acteurs met verschillende rollen in een toneelstuk om een belangrijke boodschap over te brengen."

Niemand zei iets, maar ik wist dat mijn woorden hen erg aan het denken zetten.

"Ik ben blijkbaar ook hier om te helpen het gat tussen psychologie en spiritualiteit te overbruggen door mijn ervaringen met conventionele behandelingen te onderzoeken," zei ik peinzend.

"Dat is niet jouw verantwoordelijkheid!" bracht Bill ertegenin, uitgelokt door mijn onconventionele en vermetele bewering.

"Misschien is het niet mijn verantwoordelijkheid, maar het is wèl mijn levensdoel," zei ik, en ik ging rechtop zitten, voelde me sterk en gecentreerd. Ik kon de verleiding niet weerstaan om terug te staren in Bills drieënzeventigjarige blauwe ogen, terwijl ik zelfvoldaan genoot van de gedachte, *Wat geen slecht punt en realisatie is om te hebben bereikt op dertigjarige leeftijd, vind je niet?*

Niet lang na dit incident gebeurde het ondenkbare. Bill en ik werden bondgenoten. Ik begon hem aardig te vinden toen hij speculeerde dat Rita de groep had verlaten omdat we haar "hadden teleurgesteld." Ook confronteerde hij Lisa en de anderen met het feit dat zij feedback wilden die hen zich "beter liet voelen" in plaats van "beter te worden", hetgeen aardig leek op wat ik had proberen te zeggen.

Terwijl ik naar Bill keek, verscheen het beeld van een ouderwetse, gedimde lantaarn in de duisternis in mijn geestesoog. Toen ik dit met de groep deelde, deed Lisa mijn nieuwe affiniteit met Bill af als kinderlijke gehoorzaamheid (een begrip uit het Confucianisme waarmee wordt bedoeld dat iemand respect moet tonen voor zijn ouders, oudere familieleden en zijn voorouders). Als dat zo was, dan was dat van mij op een mysterieus, verlaat, time-release-schema dat plotseling en zonder aanwijsbare reden werd geactiveerd. Waarom probeerde ze mij telkens te ondermijnen?

"Hoorden jullie wat ze zei? Ha. Een ouderwetse lantaarnpaal in de duisternis!" riep Bill uit.

"Je doet mij denken aan een monnik die probeert studenten 'wakker te schudden door hen met een stok op het hoofd te slaan op momenten dat zij dit het minste verwachten. Ik vrees helaas, dat jouw stijl tegenwoordig niet effectief zal zijn. Maar misschien doe ik wel hetzelfde als ik dit nog veertig jaar volhoud," zei ik. Slechts enkele maanden in deze patstelling voelde als een bevalling en vechten tegen de bierkaai.

"Ik breng het zo scherp omdat ik bang ben dat mijn tijd er bijna op zit," zei hij op een zachtere en bedachtzamere manier. Ik wist dat hij geraakt was door mijn steun en dat hij zijn best deed om zijn grenzen te verleggen en zich te verbinden.

Dezelfde week, toen ik op een dag naar mijn auto liep, bekroop mij het vage gevoel dat een deel van mijn hersens informatie had ontvangen die ik niet had verwerkt. Ik kon amper begrijpen wat er werd gezegd. De woorden kwamen door als een gesprek dat op grote afstand werd gevoerd en de man en vrouw in deze dialoog waren Bill en zijn overladen ex-vrouw. Ik vatte de boodschap van zijn ex-vrouw samen en onthield deze door middel van een geheugensteuntje EET: *Excuses* voor haar fouten, *Erkennen* van zijn moeite en pogingen om echt te verbinden met anderen en *Toejuichen* dat hij het tot nu toe probeerde.

Ik wist niet zeker of ik deze gevoelige informatie met Bill moest delen tijdens onze groepsbijeenkomst, vooral omdat ik de echtheid ervan niet kon verifiëren. Toen ik toestemming vroeg, leek Bill een beetje nerveus en ongerust, maar hij herpakte zich en verzekerde mij ervan dat hij er klaar voor was om mijn ervaring te horen. Hij sloot zijn ogen alsof hij mediteerde.

Ik voelde me vereerd dat ik zijn vertrouwen en openheid mocht ontvangen. In de groep had hij niet over de traumatische zelfmoord van zijn overleden vrouw gesproken. Toen ik de boodschap van zijn overleden vrouw doorgaf, zag Bills lichaam eruit alsof het instortte en veranderde waardoor er sterke emoties uit het diepste van zijn ziel naar boven kwamen.

"Ik heb een medium gezien, tientallen jaren geleden, vlak nadat ze overleed," zei Bill. Deze onthulling leek totaal niets voor hem en zeker niet voor de vlijmscherpe Bill die ik kende.

"Ik wilde mijn excuses aanbieden dat ik haar had verlaten en voor wat zij in haar eentje had moeten doormaken. Het is nooit in mij opgekomen dat zij zich ook schuldig voelde," stamelde Bill huilend

"Deze uitwisseling betekent meer voor mij dan ik in woorden kan uitdrukken," zei ik. We bogen allen terwijl helende energie en liefde door hem stroomde.

"Ik denk veel terug aan het werk dat ik met Karen heb gedaan. Ze beweerde dat ik een natuurtalent was, en nu dit. Het maakt dat ik erover nadenk om met groepstherapie te stoppen en een sjamanistische opleiding en begeleiding te volgen," zei ik.

"Veel therapeuten gaan tegenwoordig voor een sjamanistische opleiding. 'Sjamaan' klinkt exotischer dan 'psychotherapeut', dat is een ding dat zeker is," zei Lisa. Ik deed geen moeite om te vragen wat dat met mij te maken had.

Opnieuw uitleggen waarom dit voelde als ondermijning, het onderzoeken waar het vandaan kwam, wat het in mij teweegbracht, met welke aspecten van onze helende reis het te maken had enzovoorts enzovoorts, zoals we dat vroeger deden, zou mij alleen verder van de weg brengen. Ik moest vertrouwen op mijn duidelijkheid en irritatie, en verdergaan. Ik was ervan overtuigd dat dit 'sjamanistisch gedoe' mij evenveel of wellicht zelfs meer achterna zat, dan dat ik het achterna zat.

"Als je ervoor openstaat zou je jouw intuïtieve gaven op ons kunnen uitproberen. We kunnen je dan feedback geven of je wel of niet 'aan' of 'uit' staat," zei Alan.

'Vriendelijk bedankt,' hoorde ik een stem antwoorden. Ik voelde me triomfantelijk. Iets diep in mij was veranderd en gaf een duidelijke grens aan. Het was genoeg. Ik moest stoppen met hen er de schuld van te geven dat ze mij tegenhielden en ik moest stoppen om mezelf er de schuld van te geven dat ik niet probeerde of dat ik niet voldoende van hen hield. Het was tijd voor een echtscheiding.

"Ik denk dat het 't beste is om met studenten en docenten te werken die allemaal dezelfde opleiding volgen," zei ik in plaats daarvan.

"Dat klinkt logisch. Laat ons weten hoe we jou kunnen helpen met die transitie," zei Alan.

"Dank je. Dat is erg aardig van je."

Door de groep te worden beoordeeld was niet langer het antwoord op mijn gebeden. Een kort, glashelder moment realiseerde ik mij dat het blijven bij mijn integriteit en hoogste waarheid, inhield dat ik vrij was van externe toestemming. Hoe goed dat ook voelde, ik was er niet zeker van dat ik deze uitdagende helderheid kon laten voortduren.

De uitgerekende datum van de geboorte van mijn dochter was al snel. Mijn aanstaande pauze zou mij de kans geven om zaken te overdenken. Ik had besloten te wachten en mijn verbintenis met de groep niet eerder officieel te beëindigen dan wanneer ik terugkwam van zwangerschapsverlof.

Mijn VBAC (Vaginale bevalling na keizersnede) bevalling ging zo soepel als ik het mij had voorgesteld tijdens mijn sessie van hypnogeboorte. Ik surfte gedurende de hele bevalling op de magische en sussende geluidsgoven van Calros Nakais fluit en koesterde elk moment en alle positieve gevoelens. Ze waren intens maar er was continu beweging en vooruitgang: de ervaring

leek in niets op het bevallen op een stuk beton zoals ik dat had ervaren bij
Terrance. Ik liet nog een laatste kreun uit mijn keel ontsnappen en krijste vol
ongeloof toen het hoofd van mijn baby tevoorschijn kwam en haar lichaam,
zo glibberig als een dolfijn, uit mijn geboortekanaal glibberde en uit mij
tevoorschijn schoot. Ik was voor altijd genezen van mijn fantoompijnen om
fysiek Terrance zijn geboorte af te ronden.

Ik wiegde haar en hield haar urenlang dicht tegen mij aan, verdrietig dat
dit speciale moment gelijk na zijn geboorte, Terrance en mij was ontnomen.
Terwijl ik mij aan haar hechtte, kreeg ik stukje bij beetje inzicht dat deze
spoedkeizersnede en mijn eerdere miskraam gebeurtenissen waren met een
doel. Deze mooie wijze zielen hadden als team gewerkt om mij wakker te
schudden en te openen zodat ik toegang kreeg tot de goddelijke, vrouwelijke
kracht en helende wijsheid, vanuit het diepste en teerste van mijn ziel.

Bevallen van mijn dochtertje Jade in hetzelfde ziekenhuis als waar ik beviel
van Terrance, voelde als de grand finale van mijn *bird nest warrior lore*, en wiste
alle vroegere afdrukken van mijn voorgaande bevallingstrauma. Niet alleen had
ik de totale ommekeer gemaakt die mij de afsluiting verschafte waar ik zo naar
had verlangd, ik kwam ook terecht op een nieuw stuk vruchtbare vulkanische
grond, gedreven om nieuwe mogelijkheden en potentieel te voeden.

PART THREE

Hoofdstuk 14

 VLIEGEN MET PALOMA

*Vanaf hun jeugd worden velen aangespoord en geleerd door
hun culturen, om niet te veel te zien. Men moet het eens zijn,
ook al voelt men het tegengestelde, dat alleen zaken hun
atomen zodanig hebben samengeperst dat ze door iedereens
ego worden gezien—dat dit de enige dingen zijn die
belangrijk zouden moeten zijn in het leven.*
~ Elena Avila

NA DRIE MAANDEN ZWANGERSCHAPSVERLOF was ik er klaar voor om terug te keren naar de orde van de dag en om mijn praktijk nieuw leven in te blazen. Ik belde naar mijn oude cliënten, liet mijn bronnen weten dat ik nieuwe doorverwijzingen aannam. Ik bekeek wat overleggroepen, maar ze leken mij conventioneler en minder in lijn met mijn holistische en spirituele interesses, dan de psychotherapie-consultatiegroep waaraan ik op de woensdag deelnam.

Terwijl ik met mijn pasgeboren baby midden in de nacht wakker was, realiseerde ik mij dat ik mijn verwachtingen moest bijstellen en moest beseffen dat mijn praktijk nog in de kinderschoenen stond. Ik moest het liefhebben en ermee omgaan als met een jong vogeltje, een baby, mijn baby. Plotseling leek het niet meer zo'n slecht idee om het nog wat langer met deze groep ervaren vaklieden uit te houden. Het zou mij de kans geven om te kruipen en te lopen in deze nieuwe rol, voordat ik zou rennen en vliegensvlug een onconventionele en controversiële richting zou opgaan.

In de daaropvolgende weken druppelden er nieuwe klanten binnen. Een van hen had de meest vreemde uiteenzetting die ik ooit in al die jaren was tegengekomen. Als je haar op straat zou tegenkomen zou ze op geen enkele manier opvallen. Ze was blank, ongeveer een meter vijftig, beleefd, zachtaardig en onafhankelijk. Wat mijn aandacht trok was haar kijk op de ziel, wanneer ze haar dagelijkse ervaringen en relaties beschreef, haar enorm eerlijke en kritische kijk op zichzelf en de creatieve manieren waarop zij betekenis gaf aan de meest minuscule details zonder het grotere geheel uit het oog te verliezen.

Ze groeide op als enig kind in de buitenwijken van Houston. Het grootste trauma uit haar jeugd waren de vele uren die ze doorbracht in de kinderopvang en het ontbreken van een warme band tussen haar en haar hooggeplaatste en carrièregerichte ouders. Ze zei dat haar ouders welgesteld waren en nalatig, en dat ze hun scheiding tijdens haar tienerjaren drie jaar lang verborgen hielden onder het mom van te moeten werken in verschillende steden. Om te kunnen overleven had ze als volwassene afstand van hen genomen waarbij ze een stilzwijgend conflict met haar moeder -een sterke en trotse vrouw- verkoos boven ruzies van winnaars versus verliezers. Voor wat betreft haar vader had ze een emotionele afstand verkozen boven schuldgevoelens, omdat hij te veel van haar hield en af en toe ongepaste Freudiaanse signalen afgaf. Ze was er desondanks van overtuigd dat zij hen had uitgekozen, hetgeen haar verwarde.

De laatste tijd vocht zij tegen angsten, een laag zelfbeeld, huilbuien, paniekaanvallen, en identiteitsproblemen die te maken hadden met het uit de kast komen als biseksueel en het verbreken van de relatie met haar huidige vriend, hoewel zij vermoedde dat dit een makkelijke oplossing was en niet het echte probleem.

"Ik kan 'goed, slim, mooi en lief' spelen maar het wordt tijd dat ik uit deze rollen stap. Ze doen mij geen goed," zei ze.

Naarmate ik meer te weten kwam over haar ongebruikelijke kijk op het leven, ontdekte ik dat het haar slechts een paar minuten kostte om concepten te begrijpen die verband hielden met onze zielstransformatie, gelijkmoedigheid, paradox, metafoor en intuïtie, terwijl ik nog steeds moeite mee had deze over te brengen op enkele van mijn collega's.

Dit was het geval met diverse onderwerpen die zij bestudeerde zoals literatuur en dikke boeken zoals *Ik en Jij* van Martin Buber, economie en micro-kredieten voor vrouwen in Zuid-Azië, of politiek activisme van organisaties voor arbeids- en vrouwenrechten. Zij bood als vrijwilliger haar diensten aan gemeenschappen in Centraal Amerika of het Midden-Oosten.

"Ik had het gevoel dat ik jou moest kiezen ook al stond je als tweede op mijn lijst van aanbevolen psychotherapeuten en ben je niet eens gevestigd in de stad die ik gekozen had. Ik heb je hele website gelezen en jouw holistische opvattingen resoneren sterk met mij," zei ze terwijl ze mij recht in de ogen aankeek. Haar intense aanwezigheid bracht mij van mijn stuk. Die aanwezigheid herinnerde mij eraan hoe alert ik was toen ik Tim voor het eerst ontmoette.

"Mijn naam is Paloma. Ik heb dit niet aan veel mensen verteld, maar soms heb ik sterk het gevoel dat ik een vogel ben," zei ze. Ik geloofde haar hoewel ik niet eerder ervaring had gehad met het onderscheid maken tussen authenticiteit en leugen wanneer het zo'n absurde bewering betrof als deze. Ik wist dat zij mij ook vertrouwde.

"Ik zoek therapie om vrij van angst te zijn en mijn waarheid te leven. Ik wil mezelf kennen en mijn ziel tot uiting brengen. Nog iets. Soms krijg ik het gevoel dat ik zal verdampen op de dag van mijn diploma-uitreiking in mei," zei ze alsof ze haar lijstje met "vreemde symptomen" afging, een lijstje dat ik vroeger ook bijhield en verborg voor anderen.

"Verdampen?" vroeg ik. "Zoals ophouden te bestaan?"

"Zoiets. Ik kan het niet uitleggen. Ik heb een vaag gevoel. Het is net als sterven maar zonder de wens om te sterven of zo. Hoewel ik dat soms wel denk wanneer ik mij eenzaam of dapper voel. Het lijkt de juiste oplossing maar ik weet dat het niet goed is. Dit is wat ik bedoel met mijn ziel tot uiting brengen. Het onthullen van deze ongebruikelijke ideeën en hopen ze te kunnen verklaren," zei ze.

"Begrijpelijk. Als er meer informatie doorkomt over dit gevoel van doodgaan, laat het mij weten oké?" zei ik.

Mijn klinisch opgeleide verstand wilde haar vreemde uiteenzetting en intimiderende blik als een laserstraal in een of ander hokje plaatsen en vloog alle kanten op. Was ze ongepast met mij aan het flirten, op het randje van een psychose, narcistisch, of had ze trekjes van dissociatie of een manische depressie? Diep van binnen wist ik dat geen van alle echt pasten en ik wilde haar niet in een hokje plaatsen alleen zodat ik mij meer op mijn gemak zou voelen en weer controle zou hebben over de situatie. Ik wist dat zij mijn pad had gekruist om mijn diepste overtuigingen te testen. Ik wilde al die tijd dat Alan en mijn psychotherapie- groep mijn intuïtieve kennis zouden respecteren en was teleurgesteld in hen dat ze hierin tekortschoten. Het Universum gaf mij een kans te laten zien wat ik anders zou doen als de rollen omgekeerd waren en ik de kans had verbeteringen aan te brengen.

Ik herinnerde me dat ik me net zo in bochten aan het wringen was toen ik in White Wolfs ogen keek en niet in staat was ook maar iets van mijn ziel te verbergen, zoals ik dat gewoonlijk deed. *Wat als hij mijn cliënt nu was geweest?* Ik zou hem niet diagnosticeren met een stoornis, of kritiek hebben op zijn intimiderende aanwezigheid. Komt het door vooroordelen dat ik bang ben dat zij onmogelijk net zo bewust kan zijn als White Wolf?

Waarom niet? Omdat ze blank is, opgroeide in een voorstad, slechts eenentwintig jaar oud is, en voor het eerst in therapie is? *Stel dat ze een gevorderde ziel is?* Ze raakte mij omdat ze haar innerlijke ervaringen beschreef op een niveau dat ik nog niet had kunnen bereiken en verwoorden. Was deze dubbele binding in staat om de dubbele binding waarin ik vastzat te laten wankelen? Ik zou er niet mee kunnen leven als ik een cliënt per ongeluk schade berokkende als gevolg van mijn intuïtieve nieuwsgierigheid. Ik kon een cliënt nu schaden door deze zogenaamde zelfgenoegzame intuïtieve neigingen. Het potentiële risico van het begaan van een fout door een verkeerde inschatting, had de doorslag gegeven en woog nu zwaarder dan het risico van het begaan van een fout door nalatigheid. Ik besloot een standpunt in te nemen en om Paloma in ieder geval de eerste paar weken niet met de groep te bespreken tot ik meer grip had op de situatie.

"Het is ongelooflijk moeilijk om uit te vinden hoe je mensen tevreden kunt stellen. Meestal ben ik een wrak voorafgaand aan presentaties tijdens de les, en stort ik naderhand in, uitgeput. Ik heb nog niet uitgevonden wat mijn rol hierin is, dus ik onderzoek nog hoe ik een eerlijk antwoord hierop kan geven. Ik besef dat ik veel harder zal moeten werken in therapie, dan dat ik normaliter doe in relaties. Meestal stel ik de vragen en heb ik de leiding, zuig ik andermans energie op en geef ik hun terug wat ze willen horen. Ik snap dat dit hier niet gaat werken, plus het feit dat ik dit ook niet meer wil doen," zei ze langzaam en met veel tussenpozen.

"Misschien zou het helpen meer je gevoel te volgen en je daardoor te laten leiden," zei ik, geamuseerd dat ik net als Lisa klonk.

"Ik voel in beelden. Mensen kijken me vaak aan alsof er motten uit mijn mond vliegen wanneer ik beschrijf wat ik voel," antwoordde ze.

"Test mij maar," zei ik, nu geamuseerd dat zij als mij klonk.

"Ik voel me als een glas aan de rand van een tafel. Angstig denk ik. Maar dat klinkt concreter en definitiever dan het in werkelijkheid is. De meeste van mijn gevoelens lijken mij kortstondig en tijdelijk. Het hangt allemaal af van de context en de rollen die ik vervul," zei ze. Haar duidelijke uitleg over wat zij deed, waarom en wanneer was verbluffend. Het gaf mij veel inzicht in mijn eigen processen.

"Ik snap wat je bedoelt. Ik heb een idee. Heb je *Finding Nemo* gezien?" vroeg ik.

Ze knikte.

"Ik heb het gevoel dat we jouw therapie moeten benaderen als Marlin en Dory, op zoek naar Nemo. Marlin mag dan misschien overbezorgd, neurotisch en steekhoudend zijn, maar hij is een goed tegenwicht voor Dory die intuïtief is en op blind vertrouwen afgaat, maar het is Marlin die haar in balans moet brengen en haar wat structuur moet bieden," zei ik.

"Ik merk dat je erg intuïtief bent en ik wil je steunen in je zelfontdekking, maar we zijn uitgeweken naar onbekend terrein dat buiten mijn werkervaring valt. Ik wenste wel dat ik je kon verwijzen naar iemand met meer ervaring en expertise op het gebied van mensen die zo scherp zijn als jij, maar geloof het of niet, ik ken niemand die beter voldoet aan deze beschrijving dan ikzelf. Meestal ben ik Dory, maar ik heb het idee dat ik Marlin zal zijn in onze dynamiek," zei ik. Deze oplossing zou ons de mogelijkheid geven om creatief, intuïtief en baanbrekend te zijn naast, voorzichtig, bedachtzaam en conservatief.

"Dat is prima, ik snap het," zei ze. Paloma haalde haar dagboek tevoorschijn en zei "Ik las op jouw website dat het bijhouden van een dagboek een goede manier is om contact te maken met gevoelens en om te helen. Ik hou van schrijven. Het helpt mij om in contact te komen met mijn ware zelf." Terwijl ze bladerde in haar dagboek viel het mij op dat haar schrijven en tekeningen in cirkels draaiden en over de hele bladzijde liepen behalve op de lijntjes. Ik vroeg me af of ze ooit binnen de lijnen kleurde.

"Ik hou ook ontzettend veel van lezen en vaak voelt het alsof passages in boeken die op mijn pad komen, voor mij geschreven zijn. Gandhi, Moeder Teresa en verschillende post-constructivistische schrijvers (die beweren dat er geen neutraal standpunt bestaat om de verdienste van aanspraken op ethische en analytische kennis te beoordelen), hebben mij geroepen. Ik kreeg het gevoel dat ik op een dag iets groots zal doen, maar ik heb geen idee wat. Ik weet dat ik tussen mijn vijfde en tiende jaar een boek moest schrijven, maar er was geen ruimte voor. Ik was voornamelijk in winterslaap en was mij als een kameleon aan het manoeuvreren om maar geen heisa te maken. Ik zou graag de kennis waarover ik beschik willen uiten door middel van muziek of kunst, maar ik heb niet de technische vaardigheden daarvoor. Ik denk dat mijn beste communicatiemiddel mijn schrijven zal zijn. Ik zal nieuwe woorden, een nieuwe taal en nieuwe waarheden moeten creëren," zei ze laaiend enthousiast. "Dingen over kwantumfysica, onzichtbare energiegolven, de illusie van grenzen tussen onszelf en de buitenwereld, niet lokale intelligentie tussen ruimte en tijd en dergelijke komen makkelijk tot mij, maar ik weet niet hoe ze te vertalen," zei ze.

Ze gaf mij niet alleen een mogelijkheid om mijn intuïtie te testen. Ik had geen keuze en moest het wel doen, gezien haar helderziendheid en opmerkzame helderheid. Ik moest eerlijk blijven tegenover mezelf en het mysterieuze grotere plan dat zich achter de schermen ontvouwde, respecteren. Ik had het gevoel dat ze recht door mij heen zou kijken als ik in angst ineen dook, een angst die zoveel duidelijker was in haar aanwezigheid.

"Ik besefte dat mijn normale gemoedstoestand, een meditatieve toestand is en ik ben het meest op mijn gemak wanneer ik vormloos ben en deze andere staten naar hartenlust kan onderzoeken. Ik geniet van het lezen over archetypes en ik kan veel van ze nadoen: de wijsgeer, de verlosser, de spirituele strijder, het heilige kind, en veel verschillende dieren. Ik heb Moeder Maria geadopteerd als mijn innerlijke moeder tijdens een ervaring van uittreding met een glas-in-loodbeeltenis van haar toen ik een kerk in Rome met mijn familie bezocht. Ik begon rond mijn veertiende Aphrodite na te doen, omdat ik het fijn vind wanneer ik leuk gevonden word en seksuele kracht het meest toegankelijk is voor jonge meisjes. Maar daar ben ik niet meer in geïnteresseerd. Op dit moment denk ik dat Hera, de Koningin van Olympus en van alle Griekse goden, het beste bij mij past," zei ze terwijl ze een vorstelijke aura uitstraalde.

"Hoe ben je tot die conclusie gekomen?" vroeg ik, perplex door haar creatieve vernuftigheid en meesterschap. Ik had nooit eerder gehoord van iemand die met zoveel gemak zoveel ontwikkelingen doormaakte op zo'n jonge leeftijd en zonder professionele begeleiding. Ik was er zeker van dat haar beter begrijpen, mij niet alleen zou helpen om mezelf beter te begrijpen, maar het mij ook zou helpen mijn obsessies met het vak van de geestelijke gezondheidszorg beter te begrijpen.

"Ik zie mezelf aan een tafel, en het is de manier waarop de mensen naar mij kijken," zei ze vooroverleunend met een opgetrokken wenkbrauw en mij aanstarend met een niet aflatende onbevreesdheid. Onze blikken hielden elkaar vast. Ik kon voelen dat mijn lichaam ineenkromp van angst zodra zij haar machtsknop aanzette en ik realiseerde mij dat ze mij niet intimideerde. Ik werd gewoon bewuster van mijn eigen angsten die ik normaal gesproken, verstopte in ontkenningspatronen.

"Ik heb het boek gelezen dat je aanraadde, *Indigo Children* en kon mij het meest vinden in het inter-dimensionale type, het type dat groter is dan alle andere types, maar ik kon mijn hart er niet helemaal in kwijt omdat ik meer zocht dan wat er geschreven was," zei ze.

"Het is een niet perfecte menselijke poging om iets een etiket op te plakken dat eigenlijk niet geëtiketteerd kan worden. Ik hoop dat het je desondanks heeft geholpen om je minder alleen te voelen," zei ik eens met haar zelfevaluatie. Ik was opgelucht dat mijn intuïtieve voorgevoel deze boeken over de evolutie van ons bewustzijn en de nieuwe generatie kinderen voor te stellen, ons de woorden gaf om haar ervaring te bespreken.

"Het hielp wel. Ik heb 'indigo' toegepast en een paar kinderen getest door hen telepathische signalen via mijn ogen te sturen. Ik weet niet zeker of ze echt zoals ik zijn, maar ik heb iemand ontmoet die fantastische muziek maakt en absoluut indigo is," zei ze opgetogen.

"Ik ben blij dat ik je een bredere manier heb kunnen bieden om naar jezelf te kijken, naar onze menselijke hoedanigheid en naar mensen in het algemeen," zei ik. Ik waardeerde het dat ze via haar ogen probeerde contact te maken. Het verklaarde de vreemde gewaarwordingen die ze in mij wist op te wekken.

"Ja. Ik vind de labels prima, zolang de verantwoordelijkheid voor verandering niet uitsluitend bij indigo's wordt gelegd en dat deze Nieuwe Tijdsinformatie niet gemarginaliseerd blijft. Deze ervaringen zijn binnen een ieders bereik. Er was nog iets dat ik je wilde vertellen. Ik zeg het niet omdat ik ideeën uit het boek heb gehaald, maar het is echt met mij gebeurd. Als kind zag ik de wereld in kleuren en wees ieder jaar een andere kleur toe: geel, de leeftijd van zes jaar; oranje, de leeftijd van zeven; roze, acht jaar; magenta, negen jaar; en paars, tien jaar," zei ze. Ze had gelezen dat deze kleuren overeenkwamen met onze chakra's. Ik was onder de indruk en merkte dat zij dat ook was, maar ik wist niet zeker wat ik ermee aan moest.

"Ik noemde mijn vader ook bij een andere naam die niemand kende en ik heb het gevoel dat ik hem uit een vorig leven ken. Soms zie ik mezelf als een oude vrouw en soms heb ik het gevoel dat ze naar mij kijkt, als een vorouder, of dat ik naar mezelf kijk. Het is verwarrend om ze uit elkaar te houden," zei ze. "Ik heb dit nooit eerder aan iemand verteld."

"Ik weet hoe het is om deze ervaringen geheim te houden en niemand ermee te vertrouwen. Ik had jarenlang hetzelfde gedaan en ben pas sinds kort begonnen om erover te praten. Ik heb ook een sterke band met een vorouder, mijn overgrootmoeder. Wanneer zij mij telepathisch begeleidt, voelt het alsof ik met haar samensmelt en mijn dilemma door haar ogen zie en met haar hart. Het kan verontrustend en overweldigend zijn om dit alles te verklaren zonder hulp van buitenaf," zei ik.

"Dit alles gebeurt tijdig, de therapie, mijn nieuwe lessen en docenten: mijn docenten van dit laatste semester lijken gevoeliger en maken het mij makkelijker om aanwezig te zijn tijdens een college. Ik voel momentum toenemen en uiteindelijk leidt het mij naar kleine en grote deuren die in lijn zijn met mijn ware ik en datgene waartoe ik mij aangetrokken voel," zei Paloma.

Ik had nooit eerder iemand als Paloma ontmoet die niet alleen zo sierlijk en soepel kon schakelen van een macro- naar een brede groothoeklens, maar die ook in staat was mee te deinen op de golf van haar spirituele transformatie met zoveel beheersing, uitgebreid overzicht en real-time bewustzijn, diepte en met zoveel sierlijkheid en verhoogd innerlijk bewustzijn. Het deed mij beseffen dat dit het type zelfrealisatie was, waar ik graag over had geleerd tijdens mijn studie en in mijn consultatiegroep. Paloma deed het met zoveel gemak en zoveel kracht, dat het het vuur in mij opnieuw deed aanwakkeren.

Toen we elkaar de week daarop zagen, onthulde Paloma dat ze een enorme openbaring had gehad die grote veranderingen teweegbracht.

"In de tegenstrijdigheid van in het heden blijven en naar mijn lichaam te luisteren, voelde ik dat ik afwachtend op een hoge drempel stond. Door mijn gedachten langzamer te laten gaan, kreeg ik inzichten die supersnel door mij heen schoten. Terwijl ik zo in mezelf bezig was, werd ik vervuld van bewustzijn. Het viel mij op dat er overal om mij heen angst was, angst en wanhoop waarvan ik me realiseerde dat deze niet van mij waren, en ik voelde mij daardoor beroerd en alleen. Ik heb besloten dat ik niet langer door angst gevangen wil zijn en nu weet ik, dat het goed komt met mij, ongeacht wat ik doe. Op een dag zal ik vliegen en de kaaimannen achter mij laten. De angsten om mij heen zijn van alle andere personen en niet echt."

"Ik vind het erg voor je dat het zo moeilijk is. Het klinkt alsof je er wel overheen komt," zei ik.

"Ik heb ingezien dat het niet zo moeilijk en beangstigend hoeft te zijn. Ik keek in mijn eigen ogen en dat 'het' wat terugkeek was zo diep, zo oud. Het had geen dichotomieën zoals wij die kennen, geen goed en slecht, geen veiligheid of gevaar, geen geslacht, geen vergeven of niet vergeven, geen binaire begrippen, nul of één, geen ik versus hen, het bestond gewoon. Ik heb gevraagd wat ik moest doen en het wilde weten wat mijn levensdoel is. Ik moest mezelf stroomlijnen, niet mijn handen uitspreiden om langzamer te gaan voor anderen en uit angst dat ik hen zal kwetsen en alleen eindig.

"Ik heb geleerd mij in te houden omdat ik wist dat als ik de waarheid sprak, ik mijn ouders zou kwetsen. Ze tillen zo zwaar aan schijn, succes en traditionele machtsstructuren: daarom heb ik niks gezegd. Ik dacht dat ik niet boos zou kunnen worden op hen omdat ik hen heb gekozen als mijn ouders. Onlangs heb ik ontdekt dat ik als ik de W – O – E - D – E die ik jegens hen voel door mijn lichaam laat stromen, ik mij beter voel. Het voelt dan meer in balans," zei Paloma.

De haren op mijn armen stonden overeind toen ze de woede door en uit haar lichaam liet stromen. Een tumult van energie welde op vanuit mijn maag, rees naar de oppervlakte en verliet mijn lichaam door mijn poriën. Het voelde als het galopperen van paarden dat door de wind werd weggedragen.

"Het klinkt alsof je een veel voorkomend en verwarrend probleem hebt opgelost. Dat weglopen niet per sé het beste is om te doen, of bijdraagt aan je herstel," zei ik. Haar mate van onderscheidingsvermogen en controle over het lichaam deden me denken aan een neurochirurg die de fijnste scalpels gebruikt om de meest voorzichtige sneden te maken. Haar geavanceerde inzichten vonden hun weerklank zodra ze die met mij deelde en bezorgden mij het soort voeding waar mijn ziel naar verlangd had. Het raakte mij dat veel van haar kersverse wijsheid uit haar innerlijke bron afkomstig was. Ik had mijn mentors en supervisors nooit de psychologische strijd en veranderingen horen bespreken die zij met zo'n diepgaand begrip en gemak beschreef.

"Ik voel me blij en goudeerlijk tegenover mezelf wanneer ik hierover praat, maar het schrikt mensen af. Ik weet niet waarom. Dit is wie ik ben. Men zegt steeds tegen mij dat ik moet stoppen met zweven en uiteindelijk verdoezel ik wat ik wil zeggen," zei ze.

"Het is prima om echt eerlijk te zijn en te zeggen wat belangrijk is voor jou. Laten we het samen uitpluizen," zei ik. Ik moedigde haar aan om verder te gaan.

"Oh! Ik heb pasgeleden ontdekt dat ik wel degelijk een kern heb. Het is waar dat er evenwicht is, zoals je op jouw website vertelt. Het is waar mijn ziel woont, in het nulpuntveld waar alle theorie en postmoderne en post-constructivistische discours elkaar in het heden kruisen. Het is waar ik naar terugkeer na het verkennen van de grenzen van waanzin en gezond verstand. Dit snapt men meestal niet en dat is een van de redenen waarom ik het gevoel heb dat ik het rustiger aan moet doen want ik kan zien dat hun blikken wazig worden en dat ik hen kwijtraak als ik verder ga," zei Paloma. Haar ogen leken net eindeloze tunnels en slokten mij op.

"Heb je het gevoel dat je voor mij ook langzamer moet gaan," vroeg ik.

"Soms," antwoordde ze terwijl ze haar ogen neersloeg. "Ik had een beeld van Alice in Wonderland die te groot werd voor het huis en een ander van water dat over de rand van een glas gutste, maar ik weet niet zeker of ik gewoon bang ben om mij aan je te hechten in de wetenschap dat we stoppen na mijn afstuderen over een paar weken," bekende ze.

"Ik heb het gevoel dat jouw perceptie dat je mij en de therapie ontgroeit, waarschijnlijk juist is. Ik voel het ook. Maar houd je niet in om die reden. Wil je uitzoeken wat er tussen ons speelt en welke beelden je daarbij krijgt?" vroeg ik.

"Sorry, ik heb nooit bewust geprobeerd om je te lezen," zei ze verontschuldigend.

"Je hoeft je niet te verontschuldigen. Het zou je kunnen helpen al ben ik slechts één persoon, om volledige toestemming te hebben om mij te lezen en van daaruit verder te gaan," antwoordde ik en gaf haar daarmee hetzelfde cadeau dat Alan mij geboden had. Hopelijk vertrouwde ze mij genoeg om mijn aanbod te accepteren.

"Dat zou geweldig zijn. Ik heb over je geschreven in mijn dagboek en noemde je een moeilijke ziel," zei ze glimlachend.

"Omdat ik je gemengde boodschappen geef?" vroeg ik. Ze knikte en keek mij onderzoekend aan.

"Ik heb een idee waarom. Zijn die kleine deuren gelinkt met je kleine ik, dagelijks leven, relaties en overlevingsproblemen? En de grote deuren over het leven van jouw zielsdoel, de grote waarheid van wie je bent?" vroeg ik.

"Ja," zei ze.

"Ik heb ook geworsteld met dergelijke vragen vlak voordat ik mijn privépraktijk opende. Mijn kleine taak als psychologe is om je te helpen bij het vinden van je evenwicht en bij het stroomlijnen van je energie door te luisteren naar je lichaam en emoties en het zal je helpen de contexten te vinden waarbinnen mensen openstaan voor het loslaten van hun angsten in jouw bijzijn. Voor wat betreft mijn grote taak heb ik het vreemde intuïtieve idee dat mijn hele leven zich aan het voorbereiden was om met jou te werken. Ik heb geen idee hoe dit in het grotere plaatje past en ik had niet verwacht dit met je te zullen delen, . . . maar dan weet je dat . . ."

"Oh my God, ik heb exact hetzelfde gevoel!" riep ze uit, met uitpuilende ogen.

Alsof ze het niet langer kon tegengaan, zakte ze weg in een meditatieve toestand. Ik sloot ook mijn ogen en zat stil tegenover haar.

"Ik zweer het. Ik zag je net als eeuwenoud!" zei ze.

"Ik heb dat ook vaak gevoeld. Kijk of je nu een idee kunt krijgen van wat er gebeurt wanneer je een gemengde boodschap van mij krijgt of wanneer je je niet begrepen voelt. Wat gebeurt er nu en hoe beïnvloedt dat jou?" vroeg ik.

"Ik zie een beekje maar er zijn een paar gaten, net rotsblokken die uitsteken boven het water. De rotsen zijn nieuwsgierig, benaderbaar, niet boos of gefrustreerd," zei ze heel langzaam en aangenaam verrast. Ze was gewend aan leerkrachten die boos op haar werden omdat ze snel van begrip was en hun al in de kleuterklas het gevoel gaf dat ze tekortschoten.

"Kun je kijken wat deze rotsen betekenen?"

"Terughoudendheid," zei ze.

"Bedoel je daarmee dat ik jouw doorstroming tegenhoud door grenzen binnen de psychologie te tolereren die niet aansluiten bij doorstroming?" vroeg ik.

"Ja, dat is het . . . dit gebeurt op elke afdeling en bij ieder vak dat ik studeer," zei ze.

"Laten we kijken wat er gebeurt wanneer je deze rotsen niet langer beschouwt als een negatieve reflectie van jezelf. Wat gebeurt er als je vertrouwt op jouw indrukken en ik deze rotsen compleet accepteer als míjn problemen waar ik doorheen moet?"

"Dat voelt goed."

"Ik heb ogenschijnlijk meer macht dan jij vanwege de rollen die we vervullen, ons leeftijdsverschil, opleidingsniveau en dergelijke, maar in een andere dimensie waaraan wij beiden meer waarde hechten, zie ik jou als lichtjaren verder dan ik en veel en veel krachtiger," zei ik Ik voelde me zo veel lichter nadat ik mijn zegje had gedaan.

"Ik heb een intuïtieve drang om je te vragen waarom je mijn pad kruist. Dit zou normaal gesproken een rots in het beekje zijn die ik niet zou aanraken omdat het mijn rol en mijn taak is om jou te helpen en niet andersom. Ik besloot mijn intuïtie te volgen en het je toch te vragen om eventueel ten minste één rotsblok te verwijderen,"

"Ik zie geel," antwoordde ze.

"Geel in het chakra-energiesysteem verwijst naar de derde chakra in onze kern, net boven de navel. Die wordt geassocieerd met persoonlijke en professionele macht en vertegenwoordiging. Misschien is die van mij uit balans. Ik zal het verder onderzoeken," zei ik. De angst gierde door mijn lijf. "Het laatste wat ik wil doen is jou uitbuiten door jou je behoeften te laten negeren en je bezig te houden met de mijne. Laat het mij wel weten als er iets is dat ik zeg, of doe wat niet goed voelt," zei ik. Ze verzekerde mij ervan dat ze dat zou doen.

Ik was opgelucht dat ik had besloten om het nog even uit te zingen in de psychotherapiegroep voor het geval ik een klant had met wie ik vastliep en waardoor ik de realiteit onder ogen moest zien, zoals nu blijkbaar het geval was. Ik wist niet waar te beginnen en hoe ik de vreemde dynamiek en vage grenzen tussen Paloma en mij in een minuut of vijftien accuraat moest beschrijven, zonder een verkeerde indruk te wekken bij de groep. Maar mijn beschermende standpunt jegens Paloma en mijn poging om dit alles zelf af te handelen, begonnen verontrustende vormen aan te nemen.

"Ik heb sinds december een niet-alledaagse cliënte. Ze is erg intuïtief begaafd. Onze ervaringen en waarnemingen van de wereld komen vrijwel overeen en ik heb sterk het gevoel dat onze paden elkaar moesten kruisen om nog onbekende redenen. Eigenlijk lijkt het alsof de rollen omgekeerd zijn en dat zij erg op mij lijkt en ik op jullie tijdens onze sessies," begon ik.

"Bespreekt Yalom dit niet in een van zijn boeken, over de fout die vele therapeuten maken om zich een soort speciale parallelverbinding met een cliënt in te beelden, terwijl de cliënt in werkelijkheid deze gevoelens niet echt deelde? Je zou het moeten lezen. Het is een goed boek, zeer verhelderend. Ik heb het misschien nog," zei Lisa.

Geïrriteerd en uitgelokt door Lisa's impulsieve en waarschuwende opmerkingen die mijn proces herhaaldelijk saboteerden, kroop ik terug in mijn schulp. Het kleine beetje zelfverzekerdheid en vertrouwen dat ik had opgebouwd, viel gelijk uiteen. Verbeeldde ik mij dit alles? Was ik zonder het mij te realiseren, verstrikt geraakt in het verwarde web van Paloma? Of erger nog, had ik haar in mijn verwarde web gelokt? Een vergunningsinstantie vermorzelt me als er iets fout gaat. Stel dat ze haar weg niet kan terugvinden vanaf de rand van "krankzinnigheid" naar haar middelpunt en besluit te "verdampen", wat dat ook mag zijn?

Heel vaag op de achtergrond hoorde ik een andere stem. *Wordt ze niet duidelijker, sterker en zekerder van zichzelf na ieder bezoek? Je begeleidt haar naar haar innerlijke licht en haar hogere zelf. Het is tijd om naar een andere, geschiktere groep uit te kijken en te stoppen met deze.*

Ik hield mijn bespreking over Paloma oppervlakkig en hield details achter, maar tegelijkertijd verlangde ik naar een soort reflectie van mijn gemoedstoestand, eentje die ik kon vertrouwen. Bij Robert, Ma en Pa en mijn vrienden was ik nog steeds dezelfde Loraine. Ze snapten niet hoe schadelijk de minste afwijking kon zijn en hoeveel angst het teweeg kon brengen. Hun perceptie van mij in het grotere geheel en de situatie maakte mij rustiger. De catastrofale gevolgen in mijn hoofd waren niet echt. Ze waren overdreven en buitensporig. Ieder weldenkend persoon snapte dat.

Ik kon mijn normale taken uitvoeren zou Paloma hebben gezegd, tot ik terugkeerde naar mijn werk. Geen van mijn overlevingsstrategieën werkte binnen deze context. Ik moest met een professional praten die mij goed kende en begreep waarmee ik worstelde. Ik dacht aan Armando en Tim en aarzelend benaderde ik hen.

"Vertel het mij als ik buiten mijn boekje ga. Ik werk met een cliënte die meer spiritueel ontwikkeld lijkt te zijn dan anderen, onder wie ik zelf. En ze groeit met grote sprongen. Ik weet niet altijd waar ze naar toe wil, maar het voelt goed. Ze is net een moderne Gandhi en beweegt zich voort op haar eigen snelheid langs een begeleid en getimed pad. Ik voel me net een tweedimensionaal tekenfilmfiguurtje in haar multidimensionale aanwezigheid en ik heb geen idee hoe ik haar anders kan helpen dan door haar mijn steun te bieden en haar te stimuleren haar ware zelf en helderziende gaven tot uiting te brengen. Ik denk dat als ik haar stimuleer dat ik haar potentieel moet ondersteunen, haar lesgevende kwaliteiten moet valideren en door haar begeleid moet worden, maar ik ben bang haar uit te buiten en het helemaal mis te hebben. Dit is niet iets dat wordt aangeleerd of normaliter wordt gedaan in therapie," zei ik tegen Armando.

"Wat fijn om van je te horen. Ik ben blij dat het goed met je gaat en dat je geniet van je privépraktijk. Het is misschien goed om wat langzamer aan te doen en de energie beter te aarden. Het klinkt als een interessante casus," zei Armando. Hij was beleefd en wuifde me niet weg, maar ik begreep dat mijn hulpvraag niet geschikt was. Hij was mijn supervisor niet meer, noch mijn mentor, wist te weinig van de situatie af en hij voelde zich niet op zijn gemak mij te adviseren.

"Hartelijk dank voor het luisteren en voor de tips," zei ik. Ik voelde mij dom vanwege mijn immense tekort aan professionaliteit, maar kon mijn trots niet in de weg laten zitten. Paloma rekende op mij; ik was de enige persoon aan wie zij ooit deze informatie had toevertrouwd. Ik stuurde Tim een e-mail.

"Ik snap wat je meemaakt. Het is ontzettend moeilijk met kleingeestige mensen om te gaan die zichzelf eerder als identiteit zien dan als een ziel. Ik heb hier constant mee te maken. Blijf begeleiding vragen en bereid je voor op de lange weg, want ontwikkeling gaat met een slakkengang. Maar als wij het niet doen, wie dan wel? Als het niet nu gebeurt, wanneer dan wel?" schreef Tim in zijn reactie op mijn vraag.

Met een slakkengang? En wat nu als dit niet voor iedereen goed is? De meeste mensen hebben misschien meer ruimte en ademruimte nodig om nieuwe helende inzichten te integreren in hun ziel, lichaam en dagelijkse praktijk, maar wat als sommige mensen veel sneller moeten voortbewegen om hun integriteit te behouden?

Paloma had mij uitgelegd dat ze de synchronistische tekenen die haar "op schema" hielden respecteerde en dat het langzamer gaan voor alle andere mensen het probleem was. Ik begreep het. Ik had me van tijd tot tijd ook gefrustreerd gevoeld in de psychotherapiegroep, omdat de overeengekomen snelheid terughoudend, twijfelachtig en langzaam voelde en mij intuïtieve signalen liet uitsluiten waardoor ik 'de bus miste' van begeleiding door het Universum die afgestemd voelde op mijn innerlijke gevoel van 'flow'

Wat als zij bloeide bij een ongewoon hoge snelheid en regelmaat? Wat als het respecteren en het afgestemd blijven op haar idiosyncratische snelheid niet per se slecht is? Als ze tot de verste grenzen van geestelijke gezondheid kon gaan en haar weg terugvond naar een vredig centrum, kon ik haar vergezellen op deze reizen en ook naar mijn eigen centrum terugkeren. En wanneer ik sneller ging om haar snelheid bij te benen, dan zou het mij uiteindelijk uit mijn werkeloze modus losweken en ook mij helpen. Naderhand voelde ik mij altijd lichter en beter.

Ik had geen excuses meer en moest mij toeleggen op deze nieuwe stappen als ik het inderdaad belangrijk vond te doen wat het beste was voor haar. Iedere stap van onze reis had tot nu toe 100% goed aangevoeld. De rotsblokken die

Paloma's stroom blokkeerden, waren nu in mijn stroom en het was mijn taak om ze op te ruimen, niet de hare.

Dat was het moment dat het tot mij doordrong dat deze rotsblokken wellicht ook niet *mijn* angsten waren, maar niet-onderzochte culturele angsten die ons allemaal klein hielden. Wat nu als *mijn* intuïtieve impulsen richting bevrijding niet alleen de mijne waren maar wegwijzers langs ons collectieve zielenpad, die beter afgestemd waren op onze ware natuur dan wat ik had geleerd als klinisch psycholoog? Is dit wat Jung bedoelde toen hij zei dat synchronistische tekenen belangrijke toevalligheden waren die het "rationalistisch omhulsel" van de moderne wetenschappelijke ziel konden doorbreken en daarmee de mythe doorbrak dat alleen materiaalwetenschappen alles kunnen ontdekken wat er te weten is over het Universum? Deze synchronistische tekenen waren perfect gechoreografeerd, gereguleerd en getimed door een mysterieuze leidende kracht die volgens een "kosmische klok" een zielenleven bestuurde.

Ik had tijdens mijn studie niet geleerd over Jung. Een van mijn prominente en uitgesproken professoren zei dat de theorieën van Jung niet werden ondersteund door wetenschappelijk bewijs en dat zij bijgeloof waren. Als dat inderdaad zo was, zat ik tot in mijn nek in bijgeloof. Zou ik beschuldigd kunnen worden van het bewust overtreden van ethische gedragsregels als ik dit pad vervolgde, dat beter aanvoelde dan ieder pad dat ik tot nu toe had gevolgd? Het idee alleen al vertroebelde mijn gedachten met angst. Is dit wat Paloma bedoelde toen ze zei dat almaar in angst leven de werkelijke bedreiging was waarover we ons zorgen moesten maken? Had haar onvermurwbare weigering dat te doen haar bevrijd?

Hoofdstuk 15

🔲 HET GESCHENK

> *Er is geen grotere kwelling dan een niet*
> *verteld verhaal bij je dragen.*
> ~ Maya Angelou

DE OCHTEND VOOR ONZE VOLGENDE sessie rommelde ik thuis in mijn kantoor, op zoek naar een verjaardagskaart. In plaats daarvan pakte ik per ongeluk twee indexkaarten die ik jaren geleden had verzameld toen ik krachtige quotes voor mijn multiculturele cursus zocht, elke daarvan versierd met prachtige kalligrafie. Er stond:

> *Het belangrijkste dat een vrouw voor een andere kan betekenen,*
> *is het verlichten en verbreden van haar gevoel voor werkelijke*
> *mogelijkheden.*
> ~ Adrienne Rich

> *Wanneer ik sterk durf te zijn —*
> *Om mijn kracht in dienst van mijn visie te gebruiken,*
> *Wordt het steeds minder belangrijk dat ik bang ben.*
> ~ Audre Lorde

Slik. Ik gooide mijn kaarten in mijn tas, ervan overtuigd dat ze een teken waren. Terwijl ik naar mijn werk reed, besloot ik Paloma eerst te peilen voordat ik iets over ze zou zeggen. Toen we elkaar ontmoetten, ging ze verder waar we een week eerder gestopt waren, alsof we nooit bij elkaar weggeweest waren.

"Ik begrijp wat je zei over het risico om mij uit te buiten, maar ik heb mijn hele dagboek doorgenomen en er staat echt niets dat erop wijst dat ik dat ooit gevoeld heb," zei ze. Ze was grondig en onberispelijk. Op dat moment realiseerde ik me dat ik meer vertrouwen had in haar zelfonderzoek en feedback dan in die van wie dan ook. Tot dusver waren ze het meest consistent met de mijne.

"Ik ben blij dat te horen en apprecieer het dat je de tijd hebt genomen om het te dubbelchecken. De afgelopen paar dagen heb ik met een paar van mijn collega's van mij overlegd over onze samenwerking en zij adviseerden om het voor de veiligheid een beetje rustiger aan te doen. Ik vraag me af hoe jij erover denkt," vroeg ik.

"Het is verwarrend en frustrerend voor mij als mensen dat zeggen, want snel en langzaam zijn voor mij geen tegenstellingen. Door langzamer te gaan en echt stil te worden beland ik in tijdloosheid, waar de toekomst, het heden en het verleden samenkomen en allemaal heel snel lijken te bewegen in het nu. Wat de meeste mensen zien als snel bewegend, vertraagt mijn bewustzijn. Ik zie het als drukker, hectischer, meer afgeleid en minder opmerkzaam. Ik wil mijn ontwikkeling niet langer vertragen. Maar door de afleiding van buitenaf te vertragen, ben ik in staat om in een zeer snel tempo veranderingen te bewerkstelligen. Wanneer ik iets doe dat mij niet tot aan mijn grenzen uitdaagt of niet goed voor mij is, vernauwt mijn borstkas zich. Niet sneller kunnen gaan vernauwt mijn borstkas," zei ze.

"Als dat zo is, zullen we je vooruitgang niet vertragen. Ik zal er alles aan doen om jouw tempo bij te houden," zei ik.

"Geweldig! Dat voelt als een opluchting," zei ze.

"Goed. Ik ben blij dat we op dezelfde golflengte zitten. Hoe is het verder gegaan deze week?"

"Echt spannend. Ik kan niet wachten om je te vertellen over de nieuwe spirituele gids die ik een paar dagen geleden heb ontmoet, *La Mujer del Arcoiris*, de Vrouw van de Regenboog. Ze is mijn zinsstructuur en geeft me aarding. Tijdens mijn meditatie nam ze mij mee naar grote mesa's van gele en rode gebarsten klei. Het uitzicht verbreedde zich beetje bij beetje zonder het belang van elke weerbarstige rots langs het te beklimmen pad teniet te doen. De weg naar boven was spontaan. Aan de top voelde ik de brede, blauwe grootte van het uitzicht. Ik kon mij niet concentreren op de uitgestrektheid en de mogelijkheden. Ze wervelden in kleuren en het ontbrak ze aan diepte en complexiteit in het midden tussen waar ik stond en mijn oneindige bestemming. Ik was een kleine rots op een groot pad. Ik voelde mijn richting, mijn belang en potentieel, maar niet mijn doel.

"Ze helpt mij binnenin een structuur op te bouwen, waardoor ik de structuren aan de buitenkant kan veranderen en ze liet mij een begin en einde zien. Ik voelde het al weken geleden, maar was nog niet klaar verandering en stilstand te zien en wat dat mij bracht. *La Arcoiris*, de regenboog, bewoog mij er ook toe er een einde aan te breien. Dit zijn tekenen die mij aansporen te veranderen en te verwerken wat ik op de mesa heb geleerd," zei ze.

"Dat is fantastisch," reageerde ik. Het was moeilijk om op adem te komen en mijn verwarde geest te laten verwerken wat ze zojuist met mij had gedeeld. Zou het haar ten goede komen als ze wist van mijn Rainbow Crystal Woman-gids? Of was dit geheimzinnige toeval voor mij bedoeld om er meer kracht en geruststelling uit te putten? Welk begin en einde? Het begin en einde van de Universiteit en onze samenwerking? En wat bedoelde ze met veranderen? Was dat net een U-bocht? Of realiseerde ze zich dat er geen eindpunt was om zich naar toe te haasten, dat de antwoorden die ze zocht zich zouden ontvouwen naarmate ze meer geaard was en dieper zou gaan en tegelijkertijd zich verder zou verbreden in het nu, zoals toen ik het mij realiseerde dat ik met mijn boom zat in het Tilden Park? Ik vroeg haar niet om meer opheldering omdat ik haar niet langzamer wilde laten gaan voor mij. Ik daagde mezelf uit op mijn indrukken te vertrouwen.

"Deze kaarten kruisten mijn pad vanochtend. Deze met jou delen voelt wederom als het uit de stroom verwijderen van een rotsblok. Het voelt goed om naast je te staan en je te helpen ontdekken wat jouw doel is, zelfs als het de stroom sneller laat bewegen en onvoorspelbaarder wordt voor mij," zei ik toen ik haar de kaarten gaf.

Aan de ene kant was dit gebaar, persoonlijk, clandestien en subtiel in de uitvoering, maar aan de andere kant, bevrijdend, radicaal en revolutionair in wat het vertegenwoordigde. Ik was zowel doodsbang en tegelijkertijd zo vervuld van kracht, dat ik uit elkaar kon spatten.

Paloma bekeek de kaarten aandachtig terwijl ze op de grond gleed met haar rug tegen de bank.

"Hmm, Audre Lorde heeft mij geroepen als gids. Ik schrijf over haar in een van mijn lessen," zei ze.

"Vlak nadat ik deze kaarten tegenkwam, ging ik door andere teksten en papieren en vond dit gedicht. Ik schreef het drie jaar geleden nadat ik een spirituele retraite had bijgewoond. De dag waarop mijn kantoor vond, mediteerde ik op een plek in het Tilden Park met een prachtig uitzicht over de Golden Gate Bridge en stelde mij voor dat cliënten zoals jij mij zouden vinden," zei ik.

Ze pakte het stuk papier aan dat ik haar overhandigde en las de volgende regels in stilte:

Fire in the soulful eyes of White Wolf
calling out
'Is anyone home?'

Soft voices from under beds and dark closets
whispering back
'Here I am, wait, please, don't go. . .'

They are indigo children of their own generation,
each one too early for her or his time,
no longer hiding, no longer aching

Reaching for the arms of White Buffalo Calf Woman,
Buddha, Rumi, and Christ

They bless the chameleon children of future generations,
new hopes that are no longer alone nor afraid,
complete surrender in their graceful dance backward
down the transcendent rainbow path above.

"Ik weet dat ik in vele toekomsten zal zijn, maar dit is een mooi geschenk in het heden. Dank je wel. Ik heb de hele week al visioenen gehad over de Golden Gate Bridge. Dat is nu een stuk logischer," zei ze peinzend.

Zodra ik over Paloma's visioenen van de Golden Gate Bridge hoorde, klikte er iets en werd ik herinnerd aan de *Rainbow Bridge to the Golden Era* zoals deze werd beschreven door Brooke Medicine Eagle. Is dat wat ze bedoelde met het feit dat ze in vele toekomstscenario's voorkwam?

"Ik ben zo blij dat dit je logisch in de oren klinkt, want het is de eerste keer dat ik op mijn intuïtie heb vertrouwd in een psychotherapiesessie om zoiets uitzonderlijks te doen, en eerlijkheid gebiedt te zeggen, dat het een beetje eng is," zei ik terwijl ik keek hoe ze haar lippen synchroon met die van mij bewoog.

"Oh My God! Ik wist al wat je ging zeggen, nog voordat je het gezegd had," zei ze opgewonden.

Inderdaad, Oh My God! Schoot het door mijn hoofd aan het eind van onze sessie. Wat nu? Je speelt met vuur en je weet niet wat je doet. Therapie is bedoeld om je cliënten te helpen te individualiseren, zich met jou tot één geheel te versmelten. Zeker niet iemand als Paloma, die de koningin der kameleons is. Hoe wil je dat straks uitleggen aan degene die jouw aantekeningen moet nakijken?

Ik voelde mij aangetrokken tot de holistische nieuwsbrief die ik op mijn lunchtafel zag liggen, en bladerde naar een advertentiepagina van helers, helderzienden en coaches. *Waarom verwijs je Paloma niet voor een second opinion? Zelfs als de informatie die een helderziende verstrekt technisch gezien niet "meetelt" en gefronste wenkbrauwen van veel van je collega's oplevert, zou je een out of the box perspectief kunnen gebruiken.*

"Ja met Loraine," zei ik tegen Kay, terwijl ik mij afvroeg hoe ik haar stiekem kon inschatten in verband met Paloma. "Ik zou een cliënte willen doorverwijzen die jong en uitzonderlijk slim is en spiritueel begaafd lijkt te zijn. Ze wordt vaak niet begrepen door collega's en professoren in haar academische gemeenschap en ik voel mij er niet lekker bij haar in mijn overleggroep te bespreken uit angst dat ze haar verkeerd diagnosticeren en pathologiseren," zei ik.

"Ik ontdekte een overeenkomstig proces tussen haar problemen en mijn eigen professionele en persoonlijke groei. Door voor haar de volgende stap te bepalen en haar naar jou te verwijzen, realiseer ik mij dat dit ook voor mij de volgende stap zou kunnen zijn," zei ik. "Ken je andere helderzienden in de omgeving die je zou kunnen aanbevelen," vroeg ik. "Ik voel me een beetje ongemakkelijk bij het idee dat ik naar dezelfde helderziende zou gaan, hoewel het niet hetzelfde zou zijn als het gaan naar dezelfde therapeut, neem ik aan. Ik probeer alleen de kansen op mogelijke ethische dilemma's, dubbele relaties, grensoverschrijding, belangenverstrengeling en dergelijke te verkleinen aangezien dit alles nieuw voor mij is."

"De twee goede paragnosten die ik ken, oefenen nu andere beroepen uit. Een van hen is een artiest geworden en de andere zit nu bij het ministerie. De goede doen dit meestal niet erg lang," zei Kay.

"Ik heb persoonlijk geen belangenverstrengeling ervaren of een dilemma wanneer ik cliënten en hun therapeuten behandel. Ik bewaak strenge grenzen en alle communicatie is vertrouwelijk en privé. De cliënten nemen meestal de opnames mee naar hun sessies en laten hun therapeuten deze deels of helemaal beluisteren. Het verbetert vaak het zelfbegrip en het begrip van de therapeuten met betrekking tot hun problemen en de therapie."

"Weten zij dat hun therapeuten ook bij jou komen?" vroeg ik.

"Soms. Wanneer ze hen naar mij doorverwijzen kan het zijn dat de therapeut bedoelt: dit is iemand waar ik weleens naar toe ga voor mijn eigen paragnostische en spirituele groei, als de cliënt bang of terughoudend is om een helderziende te bezoeken. Omdat men meestal maar één keer langskomt, is het risico van dubbele relaties en dergelijke klein."

"Wil je een afspraak maken voor jezelf?" vroeg Kay mij voorzichtig na een korte stilte.

"Ja, laten we een afspraak maken. Ik heb zelf synchroniciteit ervaren en heb een bezoek aan de helderziende vermeden, maar deze keer is er geen ontkomen aan," zei ik, en ik hield zoveel mogelijk informatie achter zodat het een goede test zou zijn.

Je kon het huis van Kay in de heuvels van Oakland makkelijk over het hoofd zien. Er waren geen neonlichten of posters van kristallen bollen of handpalmen, gewoon een naamplaatje op de deur waarop stond Kay Taylor.

Ze deed de deur open met een brede glimlach en ging me voor door een korte gang naar een kleine, warm verlichte studeerkamer met een eigen boekenkast, bureau en gebruikelijke prullaria. Met een handgebaar nodigde ze mij uit om plaats te nemen tegenover haar op een comfortabele beige sofa. Ik nam de knusse kamer snel in mij op terwijl zij zich nestelde in haar stoel die bedekt was met een Afghaans kleed. Ik zocht naar tekenen maar kon niks ontdekken, dat haar of deze ruimte ook maar enigszins "paragnostisch" maakte.

Kay kruiste haar benen in een lotushouding en vertelde mij dat ze de sessie voor mij zou opnemen.

Klik. Voor ik het wist, had ze haar ogen gesloten en zweefde ze naar een ander bewustzijn.

"Ontspan je en zeg mij jouw naam drie keer zoals je dat normaal zou doen."

"Loraine van Tuyl . . . Loraine van Tuyl . . . Loraine van Tuyl," zei ik.

Kays geneurie en haar handgebaren zochten de onzichtbare aura's rondom mijn lichaam. Ze deed mij denken aan de goede fee die Assepoester een "make over" gaf met haar toverstaf. Haar golvende vingers activeerden een orkest aan energie en fysieke sensaties die ik voorheen alleen had gevoeld bij echte aanrakingen. Toen ik naar binnen ging en mij concentreerde op deze gevoelens, realiseerde ik mij voor het eerst waarom een sessie met een helderziende, een "reading" wordt genoemd. Ik probeerde te lezen wat er gaande was, maar begreep er niet veel van.

Kay was een snelle lezer, die zo snel mogelijk probeerde woorden te verbinden aan elk inzicht dat ze kreeg. Ze leken binnen te komen op een hogere snelheid dan haar brein, mond, tong en lippen konden bijhouden en uiten. In één adem met veel inflectie en haar ogen nog altijd gesloten, gaf ze de volgende boodschap door:

"Dit is het eerste jaar van een cyclus van negen jaren voor jou . . . dit jaar is een brug van het loslaten van het oude, en om het nieuwe te omarmen . . ." zei Kay. Ik dacht aan Paloma's begin en einde en ons recente gesprek over de Golden Gate Bridge.

"Wel nu, als ik kijk naar jouw energieveld zie ik dat je over een groot paragnostisch vermogen beschikt en echt aanzienlijk Je had het er aan de telefoon over dat je wat synchroniciteit had, maar de energie rond jouw zesde chakra, je helderziend vermogen, is vrij sterk met veel energiestraling en de keelchakra die je uiteraard zou willen gebruiken in jouw werk voor communicatieve vaardigheden, heeft ook een zeer sterk telepathisch vermogen, dus eigenlijk pik je regelmatig veel informatie op, ongeacht of je snapt hoe je die oppakt of niet," zei Kay. Nu had ze mijn volledige aandacht.

"En er is een sterk gevoel dat dit onderdeel is van de nieuwe cyclus waar je nu in stapt . . . dat er een versterking van je spirituele bewustzijn doorkomt. Dat is de plek die veel van deze stukjes van jezelf bij elkaar zal brengen," zei ze terwijl ze achteroverleunde alsof ze opgelucht was een groot stuk inzicht uit haar systeem te hebben gehaald.

Ze pauzeerde even en zwaaide heen en weer met haar hand en haar arm over de lengte van mijn ruggengraat en aan de bovenkant van mijn hoofd. Toen ze in de buurt van mijn navel kwam, mijn kern, wiebelden haar vingertoppen in de lucht alsof ze braille aan het lezen was. Met een vrolijk deuntje volgde ze de sporen van haar vingertoppen alsof ze zich ervan wilde verzekeren de informatie correct te hebben gelezen.

"En je hebt ook een enorm groot hart. Er is een gevoel van openhartigheid, een groot gevoel van meelevende wijsheid. Ik kan zien dat je aan jezelf hebt gewerkt, maar er zijn plekken die nog een uitdaging vormen voor je, met name het besef van kracht, je persoonlijke kracht en je gevoel van eigenwaarde en emoties. Dat zijn plekken waarvan ik merk dat je nog bezig bent die te integreren. Ik merk ook dat je erg paranormaal begaafd bent op empathisch niveau. Ik bedoel daarmee dat je andermans gevoelens vaak oppikt en dat deze energieën soms diep in jouw aura's doordringen. Dus het werken aan jouw grenzen in je dagelijks leven en voor wat betreft het werk dat je doet, zal je steeds meer houvast geven."

Paloma had volkomen gelijk gehad toen het geel—in relatie tot de derde chakra en persoonlijke kracht—verscheen op het moment zij mij een reading gaf.

"Ik weet dat je grenzen op een mentaal en fysiek niveau kent, wat het inhoudt en hoe je ermee om moet gaan. Maar op energetisch niveau is mijn gevoel dat je veel moet werken met de linkerkant van je aura en de grenzen moet versterken om jezelf daarmee een beetje meer ruimte te geven. De grens van de aura is niet glad maar heeft kleine dunne lijntjes die naar binnengaan.

Haar inzichten raakten mij diep en elk daarvan wakkerde mijn eigen flitsen van inzicht aan. Ik kon de zwakte van mijn linkerzijde voelen. Zij was mijn intuïtieve, vrouwelijke kant en die voelde onhandig en onderontwikkeld aan, omdat ik bang was haar te gebruiken. Ik was gaan geloven dat het opnemen van de negatieve energie van anderen een vloek was op deze zegening, het natuurlijke bijproduct van de intieme verbondenheid. Het was niet eerder in mij opgekomen dat ik de poreuze grenzen tussen onze troebele plassen kon versterken om mezelf te beschermen.

"Oké, ik laat jou de vragen stellen over dit onderdeel om te ontdekken waarover het gaat, maar ik merk nu we het gebied van het zielspad en de karmische bestemming betreden —het aarden van wie jij bent in deze incarnatie—dat je op een keerpunt staat. De energie voelt een beetje beperkt, alsof je het gevoel hebt dat je in een nieuwe richting geduwd wordt, maar de exacte richting van het pad is nog niet helemaal open of duidelijk. Ik zal daarom met de helende energie werken om een beetje meer ruimte te creëren specifiek voor deze kwestie."

Ze opende haar ogen en vroeg: "Hoe kan ik je vandaag helpen? Waarvoor kom je precies naar mij?" Daarmee presenteerde ze zich op een manier waaraan ik meer gewend was.

"Dat is de spijker op z'n kop!" zei ik onder de indruk.

Inmiddels had ze mij ervan overtuigd dat haar "reading" allesbehalve leek op datgene wat je in een maandelijkse horoscoop zou kunnen lezen. Ik besefte ook dat ze niet alleen een helderziende was: ze was ook een genezeres. Ik voelde mij meer gezien en gewaardeerd na dit kleine beetje zielsopenbaring dan na al mijn voorgaande jaren in therapie.

"Misschien beantwoordt dit jouw voorgaande vragen, maar het voelt alsof mijn leven onlangs binnenste buiten is gekeerd. Ongeveer drie jaar geleden begon ik meer piekervaringen te krijgen die iets mystieks hadden en ik voelde dat het belangrijk was ze vast te leggen. In de periode dat het gebeurde, voelden ze als unieke eenmalige ervaringen, maar recentelijk is er een patroon te zien. Ik begon de punten te verbinden en er kwam een mythische verhaallijn tevoorschijn en mijn normale leven, mijn identiteitszin en gewoonlijke manier van denken begonnen te vervagen en raakten op de achtergrond. Ik denk dat het net zoiets is als ontdekken dat we geen mensen zijn die spirituele ervaringen hebben, maar spirituele wezens die menselijke ervaring hebben," zei ik het bekende citaat van Pierre Teilhard de Chardin overdenkend.

"Dit gevoel van in eerste instantie een ziel zijn en een spiritueel wezen, is zo enorm dat het bijna blasfemisch en arrogant klinkt het uit te spreken. Het heeft te maken met de manier waarop ik de aardnaam van mijn spirituele gids, Rainbow Crystal Woman ontving, waarvan ik heb begrepen dat het de moderne incarnatie is van de meest vereerde Lakota Messias, White Buffalo Calf Woman. Ik voelde haar aanwezigheid en haar aandrang om mijn levensverhaal op papier te zetten, iets waar ik al over fantaseerde sinds ik kind was. Ik voelde me geroepen om de manier waarop de wereld en de psychische hulpverlening ons onbewust klein houdt met hun dubbele binding te onthullen. Het maakt dat het holistische en intuïtieve werk dat ik doe fout en onethisch aanvoelt.

"Ik kom oorspronkelijk uit Suriname dat in de Amazoneregio ten noorden van Brazilië ligt en ik leefde dicht bij de traditionele leringen. Door deze strubbelingen eis ik de traditionele leringen terug, en ik heb het gevoel dat er een intergenerationeel aspect is dat veel verder teruggaat. Ik heb op verschillende momenten begeleiding gehad van voorouders."

"Ik heb een grote stroom van energie daarvoor voor jou. Je hebt inderdaad die energie die door jouw lijf gaat. Het is een belangrijk onderdeel van wie jij bent, het laten doorkomen van traditionele leringen via jouw structuur," zei ze.

"Telepathie is het vermogen om boodschappen te ontvangen van mensen of zielen ook om ze op een redelijk heldere manier te versturen. Je kan dat sterker ontwikkelen zodat je weet wanneer het gebeurt en je je ervan bewust bent dat je een boodschap ontvangt tegenover dat je ergens aan denkt. Je kan sommige visioenen, kleine visioenen die tevoorschijn komen, beter leren begrijpen. Van de dingen die je ziet kun je dan beter leren begrijpen waar ze vandaan komen en wat ze betekenen."

Ik knikte en wist precies wat ze bedoelde.

"Hoe helder zijn je visualisaties wanneer je visualiseert? Heb je veel visualisatie of mediatie gedaan om je grenzen te versterken?" vroeg Kay.

"Niet veel. Ik lijk veel problemen te krijgen door in metaforen te spreken en onduidelijk te zijn. Sinds kort zie ik een wit licht in de periferie van mijn visie wanneer ik in de stoomcabine van mijn fitnesscentrum mediteer, in een poging de sterke zweethutervaring die ik had tijdens de Lakota-retraite een paar jaar geleden na te bootsen. Omdat de meeste van mijn visioenen spontaan tevoorschijn komen in mijn bewuste, had ik niet het verband gelegd met visualisatie of meditatie," zei ik.

"Gun jezelf een beetje meer ruimte om je grenzen te versterken, want soms voel je je niet op je gemak om meer ruimte in te nemen in de wereld en dat is exact wat je gaat doen. Uitbreiden dus. Op dit moment is je aura ongeveer anderhalve meter aan weerszijden van je lichaam en je wilt visualiseren dat het zo'n twee tot drie meter breed is, naar boven en onder de voeten, en eivormig. Besteed ook aandacht aan de voor- en achterkant, vooral aan de linkerkant, speel een beetje met verschillende kleuren en frequenties en structuren om een soort grens te creëren die je de mogelijkheid geeft te voelen, dat je empathisch kunt zijn naar mensen toe en kunt aanvoelen wat er met hen aan de hand is," zei Kay. Daarmee introduceerde ze een compleet nieuwe manier om naar mezelf en de wereld te kijken.

"Ik heb ook het gevoel dat wat meditatie met de zon je zou kunnen helpen, buiten staan, blootsvoets met de handpalmen richting de zon en visualiseren dat de zonnestralen door de bovenkant van je hoofd en je handpalmen in je krachtchakra terechtkomen. Dat zal je in staat stellen om wat van het oude licht te ontvangen en te behouden. Dit zijn een paar dingen die specifiek voor jou gelden en die ik normaliter niet tegen andere mensen zeg," zei ze.

"Cool. De zon heelde mijn hartchakra en maakte die schoon toen ik zwanger was van mijn tweede kind. Ik maakte een harnas waarbij mijn buik de aarde was met de boom des levens en de wortels maakten verbinding met de navel van mijn dochter. Mijn borsten waren de sterren en de maan. De zon straalde vanuit mijn hartchakra met stimulerende lijnen en stralen van lichtgevend, liefdevol gouden licht dat alle richtingen op scheen," zei ik. Wederom voelde ik de zonnestralen op mij en bewegend door mij, nu mijn krachtcentrum voedend.

Kay glimlachte bij deze bevestiging.

"Wanneer alle andere onderdelen in balans komen en jouw krachtchakra groter wordt om het hart te evenaren, zal je je meer op jouw gemak voelen in je lichaam. Op dit moment is je hart de grootste chakra, gevolgd door de zesde chakra, visie. De andere zijn meer van hetzelfde soort, van een gemiddelde of normale grootte, maar de hartchakra is voornamelijk open. Het lijkt mij, dat je je niet op je gemak zou voelen in een heleboel situaties in de wereld, omdat je hartchakra groot is maar niet afgestemd is op de krachtchakra," voegde Kay eraan toe.

"Ik had dit niet verwacht maar het bevestigt het wel," zei ik met tranen in mijn ogen en een dikke keel van emoties. "Het verklaart de dubbele binding waarin ik me mijn hele leven al bevind zoekend naar een soort van equilibrium naast het aspect van kracht. Een deel van mij wil altijd al mijn krachten uitbreiden om mijn hart en inzichten te evenaren, maar vooral op de middelbare school was ik bang dat ik zou overkomen als hoogdravend en narcistisch en zelfs gestoord als ik zou uitbreiden naar de grootte die voor mij als comfortabel aanvoelde. Maar toen ik van 'gemiddelde grootte' bleef en probeerde te voldoen aan de norm, voelde het ook fout en niet oprecht. Uiteindelijk deed ik dan maar alsof ik kleiner was dan ik in werkelijkheid was. Dit inzicht overtuigt mij ervan om mijn authentieke zelf te blijven," zei ik en ik voelde me enorm opgelucht. Ik dacht ineens aan mijn twee kleine bizons van Mt. Shasta. Ze hadden mij dezelfde boodschap gegeven. Ik verstikte. Liefhebbende gidsen zijn al mijn hele leven bij mij geweest.

"Ja, ik zie dat het moeilijk voor jou is geweest om mensen te vinden die weerklinken met jou op hartsniveau. Je hebt een groot vermogen van liefhebbende en barmhartige wijsheid en het lijkt mij dat je soms energieën tegenkomt die zo onverenigbaar zijn met jou dat je de frequenties die anderen in hun hart hebben niet goed begrijpt.

De manier waarop jij omgaat met hartenergie is uitgebreid, helder, onvoorwaardelijk en de mensen die ik in jouw leven zie zijn vaak rechtlijnig, minder geëvolueerd met hun hart. Ze zijn behoedzamer, niet bepaald op dezelfde frequentie.

"Op hartsniveau . . . zie ik niet dat ze hetzelfde zijn. Ik zie de overeenkomst niet. Ze zullen jouw invloed op hen misschien de komende drie tot vijf jaar niet kunnen begrijpen, waardoor jij het misschien nooit zal meemaken. Wanneer je eenmaal in je eigen kracht staat, zal je mensen vinden die beter bij je passen op hartsniveau. En ik voel aan dat dit snel zal gebeuren, binnen een jaar of twee."

Gedachten dwarrelden door mijn hoofd terwijl ik probeerde haar woorden te vatten en vast te houden. Ze refereerde aan de psychotherapiegroep. Hoe kon ze dit alles weten?

"Omdat je zo'n groot hart hebt en intuïtief bent, voel je heel goed aan wie mensen in werkelijkheid zijn. Vaak als helers en ik zie dit bij mezelf en mijn cliënten die krachtige en begiftigde helers zijn. We hebben de neiging het beste in mensen te zien. We lezen, voelen en zien vaak de verbinding op zielsniveau en verwachten dat deze uitgezet wordt in een relatie in de wereld, maar vaak zijn die mensen er niet klaar voor. Geduld is het woord dat ik doorkrijg voor jou met betrekking tot relaties."

Geduld? Ik zou er nooit op gekomen zijn om geduld te betrachten met betrekking tot conflicten met collega's zonder er nog meer van overtuigd te zijn dat ik aan het flippen was; wereldvreemd klonk arrogant en denigrerend.

"Wat ik verder merk is dat zoals ik al zei, jouw zesde chakra op spiritueel niveau erg groot is, met lange uitsteeksels. Zij is ongewoon krachtig op dat niveau dus jouw vermogen om een visionair te zijn, helder te zien, is erg krachtig maar je hebt nog niet echt gebruik gemaakt van alle lagen van wie je spiritueel gezien bent in de kruinchakra en alle lagen daarboven. Dus ik zou voorstellen dat je daaraan gaat werken in je meditatie. Je moet je kruin visualiseren als een soort satellietschotel die opent, waarna je vervolgens een niveau omhooggaat, ongeveer een meter erboven. Dan kan je je tot slot concentreren op een andere laag, weer een meter daarboven. Ik zou om te beginnen werken aan drie lagen om uiteindelijk te komen tot zeven lagen. Dan kan je je aandacht zo hoog brengen in het universum als je je kunt inbeelden, zodat je contact kunt maken met de hoogste bron van de Goddelijke energie. Neem ook je afkomst van jouw land mee, die via jouw nageslacht loopt. Besteed er aandacht aan want op dit moment ligt het daar maar als jouw onbenutte potentieel en wordt het gefilterd; er komen alleen kleine deeltjes vanbinnen," zei Kay.

"Ik ben echt aangenaam verrast hierdoor. Zoveel punten die je aanhaalt, komen overeen en moedigen mij aan om verder te gaan met sjamanistische opleidingen en opleidingen over het bewustzijn. Ik weet nu heel zeker dat ik deze richting moet opgaan en mijn ongebruikte potentieel moet verkennen en vooral niet langer moet wachten. Nadat er steeds weer tegen mij werd gezegd dat ik te snel ga, is het verfrissend om jou te horen zeggen waardoor ik me langzaam, verstijfd en beklemd heb gevoeld. Visualiseren en voelen van de grote hoogtes die jij voor mij hebt geopend, heeft veel van die beklemmende gevoelens verwijderd," zei ik en ik realiseerde mij dat ze een heleboel rotsen uit de stroom had weggenomen. Het was nu aan mij om verder te gaan en actie te ondernemen.

"Als je begint te werken aan het visualiseren van het brengen en vasthouden van de energie van hemel en aarde in jouw krachtchakra en het ontwikkelen van de kruinchakra," vervolgde Kay, "zal het een ander spiritueel niveau versterken, een diep gevoel van weten. Meer helderheid ontwikkelen binnen die drie: de kruin, de visionair en persoonlijke krachtcentra, zal je helpen in jouw leven en werk," zei ze.

"Dat brengt mij bij het schrijven, het schrijven over wie je bent, waar je vandaan komt en dat het goed voelt, dat het voelt als een beginpunt van jouw reis in dit leven, Je zult merken dat het ook moeilijk voelt op dit moment om bij te benen waar je voor bestemd bent, dus een beetje dat je zo snel gaat als je kan, maar dat je langzamer aan moet doen."

"Ja, ik heb het gevoel dat ik achterloop en probeer bij te benen, maar dat ik tegelijkertijd ook te snel ga. Het is een raar gevoel," zei ik.

"Ik merk het," antwoordde Kay schaterlachend alsof ze met plezier terugdacht aan die periode in haar eigen leven.

"Blijf dus hulp daarvoor vragen, om je te helpen de frequenties te integreren om er klaar voor te zijn, geef jezelf wat ruimte, normale ruimte voor het schrijven. Ik voel dat je op dit punt nu hebt geaccepteerd dat het jouw missie is en dat je het gaat doen. Het voelt alsof je de afgelopen drie jaar er een beetje omheen gedraaid hebt, misschien is het mijn missie, maar eh, nee, dat zou niet goed voor mij zijn. Dat komt nu dus door in deze nieuwe cyclus," zei Kay.

"Ja, dat is het. Ik voelde me verscheurd omdat de oude Lakota-lessen erg hielpen om mijn roeping te onthullen, mijn gidsen en zielsdoel. Niets anders is zo dichtbij gekomen. Maar tegelijkertijd voelt de Red Road niet goed aan voor mij. Ik voelde me aangetrokken tot het regenboogpad, maar niemand schijnt dat als een legitieme, spirituele discipline te beschouwen. Het wordt afgedaan als New Age-achtig, aanrommelen, oppervlakkig," zei ik.

"Het lijkt alsof je tegen 'mannelijke' structuren aanloopt, terwijl de manier waarop jouw hartenergie werkt, uitgebreider, vrouwelijker, intuïtiever, biologisch en spontaan is," zei Kay tot mijn verbazing. "Ik ken een inheemse Medicine Woman met een heel groot hart die je kan helpen met kwesties die vooral te maken hebben met de groep die door de Lakota geïnspireerd is. Haar naam is Mary Attu en ik weet zeker dat ze het niet erg vindt als ik jou haar nummer geef," zei Kay.

Klik.

Mijn half uur zat erop. Kay vroeg of ik verder wilde gaan maar ik had meer dan genoeg te verwerken. Tims Bird Nest Warrior Lore had mij de indruk gegeven dat hij zijn offers had hergroepeerd met een goddelijke vrouwelijke stroming. Wow. Het was nooit in mij opgekomen dat de structuur nog altijd mannelijk en rigide was.

"Voor jezelf zou ik zeker zeggen om je gaven verder te ontwikkelen," benadrukte Kay toen we afrondden. "Het zal je helpen om met mensen te werken en ook bij het schrijven want mijn gevoel is dat dit schrijven spiritueel gekanaliseerd is. Deels is het wat je weet en je je herinnert, maar deels geeft het een geschenk door, dat is het woord dat ze willen dat ik gebruik. Een geschenk van kennis en wijsheid dat via jouw lijn doorkomt."

Wow. Is dit echt gebeurd? Ik reed naar huis en had het gevoel nog te zweven in een droom, mijn krachtcentrum breidde zich langzaam uit, terwijl ik Kays reading overdacht. Ik was zo verbaasd en geboeid door Kays paranormale gaven, dat het totaal niet in mij opkwam haar te vragen over Paloma en onze dynamiek. Maar bij nader inzien, was het niet beschikken over informatie van Paloma -voordat ze elkaar persoonlijk hadden ontmoet- waarschijnlijk het beste.

Eén vraag bleef hangen in mijn gedachten.

Wie zijn 'zij'? *Mijn voorouders?*

Hoofdstuk 16

 DONKERE NACHT

*Een vrouw die op zoek is naar zichzelf, moet neerdalen in haar
eigen dieptes . . . naar een donkere, resonerende uithoek, en daar
zitten wachten op dat gene van zichzelf dat ze niet in de bovenwereld
kan ontmoeten. Om te ontdekken wie zij is, moet een vrouw op de
duistere plekken vertrouwen waar zij haar eigen diepste natuur kan
ontmoeten en het een stem kan geven. . . en de draden van haar
leven kan verweven tot een stof die benoemd kan worden.*
~ Judith Duerk

IEDERE DAG NA MIJN READING, daalden Kays woorden iets meer in en werd
ik wat ruimdenkender, hetgeen tot gevolg had dat mijn intuïtieve indrukken
van Paloma's buitengewone vermogen minder bizar en excentriek leken.
Ik was optimistisch over het feit dat ze zou bevestigen wat ik al die tijd al
voelde, maar vaak niet onder woorden kon brengen of bewijzen—dat Paloma
buitengewoon scherpzinnig was en dat mijn angsten en ambivalentie om
volledig op mijn innerlijke wijsheid af te gaan en de macht in mijn rol als
professional haar alleen afremden.

"Heb je ooit overwogen een nost te bezoeken," vroeg ik aan Paloma
tijdens onze volgende sessie.

"Ik denk er voortdurend aan! Het zou echt een avontuur zijn om naar een helderziende te gaan!" zei ze.

"Ken je een goeie? Als dat niet het geval is zou ik je kunnen verwijzen naar eentje die betrouwbaar lijkt," zei ik.

"Verwijs me maar. Ik heb nog nooit een helderziende ontmoet." Reageerde ze...

"Laat me weten wat je van haar vindt," zei ik en schreef Kays nummer op een papiertje.

Toen we elkaar weer zagen, had Paloma Kay al ontmoet. Hoe bemoedigend en motiverend mijn reading ook was voor mij, het zou moeten verbleken in vergelijking met die van Paloma als ik wilde dat dit second-opinion-experiment slaagde voor mijn test en om mijn intuïtieve lezing van haar te valideren.

"Hoe ging het?" vroeg ik Paloma. Ze huilde, sloot haar ogen en legde haar hand op haar buik voor ze sprak. "Ik kan gedachten lezen. Ik heb niet dezelfde gevoelens als normale mensen. Soms voel ik me geen mens omdat ik anders lijk dan andere mensen, die niet weten waar ik het over heb en denken dat ik opschep. Wanneer ik naar mijn lichaam kijk, is het alsof dit niet echt is wie ik ben. Ik denk dat ik herinneringen heb aan waar we allemaal vandaan komen, die toegankelijker zijn voor mij dan voor anderen," zei ze.

"Dat zal moeilijk en eenzaam zijn," zei ik.

"Is het ook. En het is moeilijk erachter te komen wie waar de beschikking over heeft in een relatie, omdat de grenzen flexibeler zijn in deze realiteit," zei ze.

"Je mag het mij zeggen als je je hier ook verward voelt. Dan ontrafelen we het en onderzoeken we waar het nog meer gebeurt in jouw leven. Deze ruimte is voor jou en ik ben er om je te ondersteunen," zei ik. Ze leek opgelucht.

"De reading was erg nuttig. Het is gewoon vreemd en ontmoedigend om te ontdekken dat ik zulke krachtige gaven bezit. Kay zei dat mijn bovenste chakra's er perfect uitzien en vroeg mij of ik haar intuïtie-workshop wilde bijwonen. Er waren veel ervaren beoefenaars van meditatie, en helderzienden bij. Het was best opbeurend," zei Paloma.

Bingo. Dat is wat ik wilde horen. Ik kon geen gedachten lezen. Ik zag mezelf als menselijk en van planeet aarde, mijn chakra's waren verre van perfect en ik was niet uitgenodigd voor de workshop. Ik kon mij niks voorstellen bij de intensiteit van Paloma's ervaringen als de lichtstralen en het intuïtieve inzicht die door mijn bovenste chakra's sijpelden al zo moeilijk te bevatten waren. Paloma's feedback over de reading was enerzijds bevestigend en louterend, maar anderzijds verleidde en verergerde de feedback mijn gekeurslijfde geest. Het startte als een motor die wilde dat ik grotere sprongen waagde. De verhoogde trillingen verkruimelden mijn beschermende harnas en lieten het aan stukken op de grond vallen.

Kay verwijderde blokkades uit Paloma's energetisch veld zoals ze dat bij mij had gedaan, wat haar in staat stelde uit haar comfortzone te stappen. Ze deelde meer van haar ware zelf met anderen, onder wie ikzelf, en benoemde de vele kleine en grote veranderingen die zich hadden voorgedaan na de reading.

"Ik heb nu de balans gevonden tussen het manische en depressieve gevoel, omdat continu opgetogen en blij zijn ook niet de oplossing was. Ik heb nu geleerd hoe ik mijn lichaam kan gebruiken en de stroom om wanhoop en depressie te absorberen, waardoor ik nu angstige energie kan omzetten in vrede," zei ze trots.

"Dat is fantastisch," zie ik, opgelucht voor haar, maar tegelijkertijd angstig voor wat dit voor mij inhield. Haar aanstekelijke, vrijelijk stromende energie was zo inspirerend voor mij om meer richting de grens van mijn angst te gaan en maakte dat mijn nerveuze lijf verstijfde alsof het zich voorbereidde op een parachutesprong.

"Ik wilde je vertellen dat ik veel aan jouw vragen heb gedacht en aan het verschil tussen mijn behoeften en die van jou. Ik heb er twee pagina's over geschreven omdat het iets is dat mij vaak in verwarring brengt in relaties," zei ze en ze pauzeerde even om mijn reactie te peilen. Ik knikte dat ze verder kon gaan.

"Ik heb het gevoel dat ik langzamer moet gaan," zei ze.

"Zodat ik het begrijp?" vroeg ik.

Ze keek omlaag.

"Wat begrijp ik niet?" vroeg ik.

"Dat er op een bepaald punt geen onderscheid is tussen mijn behoeften en die van jou," zei ze. Mijn levensdoel is om dienstbaar te zijn en een teken te ontvangen van wat iemand nodig heeft op welk moment dan ook, of het nou de persoon is die naast mij zit in de bus, een vriend of een docent. Ik heb geen andere doelen en behoeften die alleen mij betreffen als het gaat om de grotere dingen. Wanneer ik aan anderen geef, voorzie ik in mijn eigen behoeften," zei ze.

Op dat moment was het kristalhelder dat het afwijzen van haar gaven haar groei en haar potentieel eerder in de weg zou staan dan dat het haar zou beschermen tegen schadelijke impulsen.

"Ik snap wat je bedoelt en je hebt gelijk dat ik degene ben die het bij het verkeerde eind heeft waardoor je aan jezelf gaat twijfelen. Aangenomen wordt dat onze cliënten altijd meer problemen hebben en minder bewust en wakker zijn dan wij, psychotherapeuten. Ik trap er nog steeds in, ook al ben ik het er niet mee eens en ik denk dat het ons geen van beiden goed doet. Jij bent helderder, moediger en veel breder dan ik, met name in deze context en je hoeft je voor mij niet in te houden," zei ik.

"Ik kom dit dilemma bij iedereen tegen die ik ontmoet en het is vooral verwarrend bij docenten. Het is goed dat we er volledig bewust naar kijken," zei ze.

"Goed," zei ik. Ik voelde me weer veel rustiger nadat ik mijn gedachten had uitgesproken en die van haar had bekrachtigd.

"Kays workshop was vermoeiend maar ook grondig. Het was bemoedigend gelijksoortige ogen te zien. 's Ochtends leerden we te aarden en onszelf naar boven toe uit te breiden. Meestal was ik een stap verder dan de aanwijzingen en dan ging ik naar de bovenste ruimte waarvan ik wist dat het thuis was. Ik voelde me erg op mijn gemak en krachtig en vredig, maar had ook heimwee toen we moesten vertrekken. Ik verveelde me of werd afgeleid of deed niet mee tijdens voorgeschreven meditaties, omdat ik meteen daar was. Paradoxaal genoeg wilde ik veel langzamer gaan bij het werken met de lagere chakra's en de spirituele gidsen die invloed hadden op overleving, emotie en de krachtzones. Het praten over de lagere chakra's beangstigde mij omdat ik anderen enorm beïnvloed door zo groot te zijn en ik ben nog steeds aan het uitzoeken hoe ik dat kan loslaten en mezelf de ruimte kan gunnen," zei Paloma.

"Dat is niet zo verwonderlijk gezien de grillige en angstige reacties die anderen op jou hadden. Je lijkt nu veel bewuster van jouw krachten en hoe deze anderen beïnvloeden. Het klinkt alsof jouw vrienden en familie de laatste tijd eerder bemoedigd dan geïntimideerd zijn erdoor. Ik heb het idee dat het door oefening alleen maar beter wordt," zei ik.

"Ik begin dat ook te zien. Mijn afstudeerscriptie was een reactie op Audre Lorde's essay: *The Transformation of Silence into Language and Action*. Mijn gedachten en gevoelens stroomden gewoon uit me en het voelde goed dat ik me niet hoefde in te houden. Mijn professor vindt het geweldig en wil het in haar bloemlezing publiceren. Ik heb het ook voor jou geschreven. Ik heb een exemplaar voor je meegenomen," zei ze en pakte het uit haar rugtas en gaf mij een exemplaar van haar werkstuk.

"Het is fantastisch dat alles op z'n plek lijkt te vallen en je afsluiting geeft zo vlak voor jouw afstuderen. Heel hartelijk bedankt dat je aan mij gedacht hebt. Ik kijk er naar uit het te lezen," zie ik.

Nadat ik de kinderen had opgepikt van de overblijf en ze aan het spelen waren, zat ik in een knus hoekje op de bank, zeer benieuwd naar wat Paloma in hemelsnaam voor mij en haar professor geschreven zou kunnen hebben.

In haar scriptie besprak Paloma hoe en waarom zij zich had overgegeven aan de structuren en "de spinnenwebben" van macht en onderdrukking. Ze woog haar opties voorzichtig af terwijl zij uit de mazen klom richting vrijheid, elke zin een sport van een touwladder vormend.

"Hoe, Audre Lorde, balanceer ik op deze vlijmscherpe rand tussen de afgrond en verlamming van angst, de verstikkende vergetelheid van de stilte, en deze zeer zichtbare en potentieel levensbedreigende vrijheid van meningsuiting?" pleitte Paloma toen ze zich eenmaal op hoger gelegen grond bevond. Ze onderzocht alle mogelijke ontsnappingsroutes en strategieën en besloot dat het niet langer beschouwen van de dood als een obstakel of dreiging die vermeden moest worden, hoogst bevrijdend aanvoelde.

"Ik durf het me af te vragen hoe we zo stellig kunnen zijn en beweren dat de Dood de ultieme stilte is. Lorde spreekt tot mij door tijd, ruimte en dood heen. Ze heeft een enorme impact op mijn levenspad . . . Onze spraak is een revolutionaire actie ongeacht of deze beschadigd of verminkt is. Het is de enige hoop die wij hebben en we hebben niets te verliezen dat sowieso verloren zou gaan met de dood," herhaalde ze.

Haar woorden klonken mij als een serenade in de oren en lokten mij uit mijn comfortabele schuilplaats. *Onze spraak is een revolutionaire actie ongeacht of deze beschadigd of verminkt is. Het is de enige hoop die wij hebben, en we hebben niets te verliezen dat sowieso verloren zou gaan met de dood.*

Deze zinnen speelden herhaaldelijk af in mijn gedachten terwijl een vogel onophoudelijk tegen het raam van ons gewelfd plafond tikte, alsof het hielp mijn kokosnoot schedel open te kraken. Dit ongebruikelijke en mysterieuze pikken duurde een dag eerder ongeveer een uur lang en er was geen indicatie dat de vogel die zijn eigen spiegelbeeld aanviel gauw zo stoppen.

Mijn hart en ziel gaven zich over aan de maat van het gedrum van de vogel en mijn geest moest zichzelf zien te redden toen deze heen en weer begon te stuiteren tussen de verschillende werelden van bewustzijn, een deel van mij dat dieper ging in het nu en een deel van mij dat naar omhoog naar hogere sferen kringelde. Ik herinnerde mij dat ik als kind in een van mijn dromen werd vermoord en toen ik wakker werd niet meer bang was om achternagezeten te worden en te sterven, waardoor de nachtmerries stopten. Het leek alsof Paloma mij met haar werkstuk naar dezelfde openbaring leidde.

Mijn transcendente ik was bereid om elk risico te nemen om vooruit te hollen en te vluchten, maar mijn eigen ik, stevig met de voeten op de grond, was doodsbang dat ik mijn hele carrière aan een flinterdun, onzichtbaar, intuïtief draadje hing en bijna de dood indook.

Mijn overtuigingen en angsten draaiden om elkaar heen als zachte vanille en chocolade ijs in een hoorntje, piekend naar dit bewuste moment. Dit was de ultieme test. Welke smaak zou ik kiezen en hoe zou ik de een van de ander onderscheiden?

Ik had Paloma ingehaald en stelde me voor naast haar te zitten op die vlijmscherpe rand, te wiebelig om op te staan, laat staan om te balanceren. Wat nu? Uit het niets begon woede zich in mij te manifesteren. Ik wilde niet langer hiervan deel uitmaken. Ik had hier nooit om gevraagd. Ik wilde dat alles weer normaal werd. Ik had mijn rekeningen betaald, hard gewerkt om mijn leven te veranderen, deed het goed op school, was cum laude geslaagd en verwachtte dat het daarna van een leien dakje zou gaan. Het moet een vergissing zijn, dat mij de verkeerde kaarten werden toegespeeld. Waar kon ik ze teruggeven?

Een overweldigende neiging om Paloma op te bellen drong zich aan mij op. Ik kon het echter niet; natuurlijk kon ik het niet. Ik was immers haar therapeut, niet haar cliënte. Haar voor hulp bellen zou het meest ondenkbare, ongepaste omkeren van de rollen voor mij betekenen. Hoe zou ze mij kunnen helpen, en hoe durf ik het zelfs te overwegen haar op te zadelen met mijn problemen?

Ik las de rest van haar verslag, wanhopig zoekend naar antwoorden en een "reality check". Ik vond het in haar conclusie op pagina tien.

"Dit woordgebruik (in Audre Lorde's verslag) geeft me de kracht die ik nodig heb om alle personen die ik van binnen ben, te actualiseren en hun stemmen te coördineren in gedichten die andere personen als houvast kunnen gebruiken wanneer zij uitgeput zijn en bijna verzuipen."

Dat was mijn groenlicht. Deze regel herinnerde mij aan de discussies die wij hadden gevoerd over haar vermogen om op bovennatuurlijke wijze contact te maken, mee te voelen en zich te identificeren met mensen om haar heen, bijna alsof ze al honderden keren een leven als het hunne had geleefd. Ik had geen tastbaar bewijs dat dit een teken was, maar mijn intuïtie voelde zo helder, dat ik mijn carrière erom had willen wedden. Ik overtuigd dat het leven in angst en in onzekerheid niet zou helpen, en ik was klaar met al dat getwijfel en de onzekerheid rondom mijn intuïtie.

Het voortdurende geaarzel had mijn heersende cognitieve ziel in zijn greep, hetgeen het makkelijker maakte om mijn indrukken te vertrouwen; Paloma had bewust haar schrijven doordrenkt van pijnlijke, lyrische proza om mijn ziel te verleiden. Ze had dit voor mij geschreven en anderen zoals ik, omdat ze wist dat we, als we eenmaal begonnen met het verwijderen van stenen uit de rivier, door haar krachtige stroming meegesleurd zouden kunnen worden. Ze moedigde ons aan om dapper te zijn en gaf ons bewust een voorsprong en een reddingsboot in de vorm van inzichtelijke en transformerende gedichten om te voorkomen dat we zouden verzuipen.

Moe van mijn bezwaren en smoesjes pakte ik de telefoon en belde haar op.

"Ik heb net jouw verslag gelezen. Ik weet niet waarom ik je bel behalve om je te vertellen dat ik verlamd van angst op een kruispunt ben aangeland. Het voelt alsof er totaal geen ruimte is om fouten te maken en dat elke kleine misstap een enorme fout kan zijn, welke kant ik ook opga. Tegelijkertijd heb ik het gevoel alsof er geen weg terug is. Zelfs dit gesprek zou zo'n vreselijke, onvergeeflijke fout kunnen zijn, de eerste nagel aan mijn professionele doodskist. En toch is een deel van mij ervan overtuigd dat dit is wat ik op dit moment moet doen," zei ik.

Alsof ze mijn telefoontje had verwacht, luisterde Paloma stilletjes en vervolgens brulde ze deze woorden –Ik zal je nooit in de steek laten—door de telefoon en mijn hele ziel, klinkend als de stem van God die door de hemel bulderde. Tranen en emoties welden op tot de rand van mijn hart en ziel, ontroerd door de kracht waarmee ze zichzelf tot uitdrukking bracht. Deze kracht verlichtte mij en verbreedde mijn innerlijk tot het voelde als mijn uitgestrekte longen na een reeks van diepe ademhalingsoefeningen.

"Dit is de God die in ieder van ons leeft, stilgezet door religieuze kruisvaarders, kolonialisten en wetenschap door de eeuwen heen," zei ze alsof het vanzelfsprekend was. Ik was te verbijsterd en verbaasd om iets te zeggen, dankbaar dat ze dat ook niet van mij verwachtte en blijkbaar ervan bewust dat het mij wat tijd zou kosten om de tsunami die net door mij geraasd had, te integreren. Ik mompelde een paar woorden van waardering en hing op.

Ik deed mijn computer aan en klampte me vast aan mijn schrijven voor wat houvast. Het voelde alsof ik een soort ozonlaag had doorboord en een verboden, gevarenzone had betreden. Paloma had gelijk. Ik was niet verlaten en alleen, in tegenstelling tot wat mijn vernietigende angst en elke samenzwerende molecuul in mijn lichaam leek te geloven. De goddelijke energie die Paloma aan mij had doorgegeven, verzadigde alle hoeken en gaten van mijn ziel. Is dit wat zij thuis noemde?

Was dit goed of slecht? Een stap voor of achteruit van waar ik eerder was? Van waar zij eerst was? Ik wist het niet. Het lineaire traject waar ik zo aan gewend was, bestond niet in deze ruimte. Goed, slecht, verwarrend, raar, mysterieus en gek intensiveerden en verminderden simultaan langs dit pad dat totaal vrij was van logica. Desondanks durfde ik bij mijn intuïtie te blijven, dat dit de juiste vervolgstap was, anders had ik het risico niet genomen.

Na maanden van relatieve rust begonnen de vrouwen van mijn online *hunka*-familie elkaar te mailen met interessante nieuwtjes. Velen hadden gepland om deel te nemen aan onze volgende retraite. Ik keek ook uit naar onze reünie in Connecticut.

"Vogels! Vogels, onze gevleugelde familieleden, zijn overal. Great Spirit is met ons," schreef *Unci* Deb, een van onze ouderlingen.

Ik raakte opgetogen. Ik was vergeten hoe goed onze spontane, synchronistische ervaringen en speciale band voelden en hoe dit mij steeds weer wist gerust te stellen dat ik niet gek was. Ik luchtte mijn hart in een e-mail en stuurde het bericht naar de hele groep.

Ik zit hier te huilen en de tranen stromen net een waterval nu ik jullie e-mails lees over jullie ontmoetingen met vogels en reflecties over onze bird nest warrior openbaringen. Er tikt een vogel tegen mijn raam alsof die mij smeekt om Spirit binnen te laten. Dit pad zou zonder jullie zo veel moeilijker zijn. Misschien als ik samen met jullie aan de Oostkust was, zou een volgende stap zichzelf tijdens een gewijde ceremonie aandienen, maar ik ben nog niet waar jullie zijn. Spirit lijkt desondanks wel via mij te werken, op afstand. Het beangstigende en ontmoedigende van dit alles is voor mij een vreemde wetenschap dat de reden voor de afstand tussen ons als kosmische test fungeert, met als doel mijn angst en onzekerheid aan te wakkeren dat ik gestoord, gek of op een gigantische egotrip ben. Ik moet duidelijker en zelfverzekerder worden om dit te overwinnen en mijn levensdoel volledig te omarmen.

Hoezeer ik ook ernaar verlang dicht bij jullie te zijn, krijg ik toch het gevoel dat ik moet laten zien hoe Spirit rechtstreeks kan werken

met het hart en de ziel van mensen. Het zijn precies deze onbetrou-
wbare, vooringenomen "persoonlijke ervaring" en intuïtieve kennis
die absoluut niet kunnen in mijn beroep en mij in problemen kunnen
brengen. Als ik hier alleen ben, stel ik mij bij elke stap en elke adem-
haling de vraag, is dit indigo of ego die mij leidt? Ik heb niemand die
mij de antwoorden kan geven, het is iets tussen Spirit en mij, en een
verregaand vertrouwen. Maar als het allemaal in mijn hoofd zit en
slechts gebaseerd is op persoonlijke ervaring, wat zou mij dan onder-
scheiden van een krankzinnig iemand? Hoe dicht ik het gat tussen
mijn volle vertrouwen in Spirit, het enige waar ik niet zonder kan
leven, en hoe behoud ik mijn band met een wereld en met mensen die
dit vertrouwen niet delen? Welke geef ik op of zet ik op het spel? Het
is een dilemma dat ik niet wil, waar ik nooit om heb gevraagd, maar
mij wel is gegeven.

Voor mij voelt het goed en ik kan het wel volhouden, maar tegeli-
jkertijd voel ik mij zo alleen en verward. Vandaag was ik voor het eerst
heel erg boos op Spirit dat hij mij in deze positie heeft gezet en de lat
steeds hoger legt. Er is geen weg terug, geen andere weg, ik kan alleen
blijven dooradem en doorgaan. Ik kan deze meedogenloze roeping
niet negeren, maar ik voel me volstrekt onwaardig—onvoorbereid,
klein, ontmoedigd—om het te aanvaarden. Het is zo krachtig dat het
mij het gevoel geeft dat ik alle contact met de echte wereld kwijtraak.
Ik probeer steeds de balans tussen de twee te vinden, maar ik heb
het sterke voorgevoel dat ik naar Spirit moet luisteren. Ik ben zo blij
dat ik over een paar dagen bij jullie ben, in een gemeenschap die mij
begrijpt en die mij kan helpen om helderder te zien.

De reacties van de vrouwen in de groep waren lief en koesterend. Een
van hen, *Unci* Grace, stuurde mij deze passage uit *A Return to Love* (*Terugkeer
naar Liefde*) van Marianne Williamson: "Onze diepste angst is niet dat we
onvolmaakt zijn. Onze diepste angst is dat we immens krachtig zijn."

Haar woorden klonken geloofwaardig en prikten door de transparante
illusie van mijn angsten heen. Ik had nooit nagedacht over de werkelijke
redenen voor mijn angsten totdat zij ze benoemde.

Een andere *Unci* zinspeelde op Rumi's gedichtenbundel, *A Moth to the
Flame*. Ik wist niet zeker of ze impliceerde dat door vuur te worden verslonden
en verkeerd afgestemde onderdelen van de eigen ik iets goeds waren, iets

noodzakelijks of iets om voor op te passen, maar ik stelde de diepte van onze relatie op prijs. Ze waren weer op miraculeuze wijze tevoorschijn gekomen tijdens de meest tumultueuze en zwaarste delen van mijn reis en ik kon niet wachten om me bij hen te voegen voor de ceremonie.

Terwijl ik die avond mijn anticonceptiepil uit de blister drukte, bedacht ik me dat we waren ingedeeld voor de retraite precies midden in mijn menstruatieperiode. Het timen van mijn menstruatie was altijd een privéaangelegenheid geweest en dat was mijn hele leven geen probleem geweest. Ik hoefde vroeger nooit uit te rekenen of het mijn dagelijkse activiteiten zou beïnvloeden, maar het belang van het eren van de Lakota-tradities—dat vrouwen niet aan de ceremonie konden deelnemen tijdens hun menstruatie— drong zich aan mij op.

Ik kon het niet zomaar negeren. Dat zou het doel van het actief zoeken en het onderdompelen van mezelf in deze sacrale rituelen en inheemse leringen tenietdoen.

Dit meen je niet! Is dit een of andere kosmische grap of zo? Heb je mij niet gehoord? Geen beproevingen meer! Ik ben ze zat, schreeuwde ik naar de hemel, terwijl de realiteit van mijn dilemma tot mij doordrong.

Kon ik het niet gewoon verzwijgen? Niemand zou weten dat ik menstrueerde. Het is niet dat er een menstruatiepolitie in de omgeving zou patrouilleren. Wat als ik gewoon een week doorslik zodat mijn periode met een week werd uitgesteld? Ik hoefde dan niet te liegen, en kon dan gewoon meedoen met de groep tijdens de gewijde ceremonie.

Bel gewoon die inheemse vrouw—hoe heet ze ook alweer? —die ene die Kay had aanbevolen, in plaats van uit wanhoop iets te doen dat tegen deze leringen ingaat: Mary Attu. Ja, zo heet ze. Bel haar en vraag hoe belangrijk het is om geïsoleerd te zijn tijdens jouw maanstond, wat het inhoudt in deze moderne tijd. Dat zou je een idee kunnen geven wat je moet doen.

"Hi, Mary. Ik ben een cliënte van Kay. Ze had mij aangeraden jou te bellen voor begeleiding met betrekking tot mijn deelname aan een door Lakota geleide spirituele groep," zei ik.

"Kay is mijn sterrenzus!" zei Mary. "We kennen elkaar al uit een tijd lang voor deze. Geweldig!"

Haar dynamische energie en ongeremde uitgelatenheid waren aanstekelijk. Het deed mij denken aan mijn omgang met Paloma. Heel even vroeg ik mij af, hoe ik mij zou voorstellen aan Mary, maar ik vergat snel alle gebruikelijke gewoonten.

"*Ik ben Rainbow Crystal Woman en ik krijg de laatste tijd veel vijven en zevens te zien,* "zei ik tot mijn eigen verbijstering.

"Ah, je bent een kraai!" riep Mary uit.

"*Ja, ja, ik ben een kraai,*" zei ik enthousiast. Het voelde alsof Rainbow Crystal Woman mijn stem en mijn lichaam had gekaapt, in code sprak en precies wist wat te zeggen om zich zodoende te verbinden met Mary.

"Dat is fantastisch! *De Regenboog in het Kristal is de eeuwenoude Geest van het Leven,* die diep in het hart van Moeder Aarde woont. Ze woont in de zevende richting. Jouw pad is gezegend! Veel mensen kennen de vier richtingen van het medicijnwiel, maar er zijn nog twee richtingen die lopen van omhoog naar omlaag. Dat zijn Vader Hemel en Moeder Aarde. Een zevende heilige richting zit vanbinnen, waar de regenboogkleuren stralen vanuit het witte licht. Soms zet men nummer vijf ook in het midden en die vormt het centrum van de vier richtingen waar Crow woont. Crow is de bewaarder van de heilige wet en een magische 'shapeshifter', gelijk aan de verschillende stralen van de regenboog voordat zij zich in de vorm manifesteren," zei ze.

"Dat klinkt allemaal zo logisch. Ik balanceerde een kristallen ei in het centrum van een medicijnwiel dat getekend was op een kapemni, een 'Zo boven, zo beneden' Lakota-symbool tijdens mijn eerste zweethutceremonie. Dat is hoe ik de naam Rainbow Crystal Woman heb verkregen," zei ik. Ik realiseerde mij nu dat dit een punt van balans is dat Paloma het Nulpunt noemde, de bron van ongebruikt potentieel. Uitbarstingen van opgetogenheid prikten in mijn hart en door mijn hele lichaam.

"We hebben hiervoor gewerkt. We hebben deze eeuwenoude verbinding verdiend. Alles gebeurt om een reden, voor een seizoen, een levensduur, of een verandering van het leven," zei Mary, terwijl ze zowel gek als serieus tegelijk klonk.

Wij? Als in zij en ik? Hoe hebben we deze verbinding verdiend?

Haar onverzettelijke overtuiging deed mijn opkomende zorgen verschrompelen. Het voelde oneerbiedig en dom om te vragen of het kunstmatig verzetten van mijn periode door extra pillen in te nemen, een mogelijkheid was, maar ik deed het toch.

Mary luisterde aandachtig terwijl ik moeite deed om mijn vraag te stellen. Ze leek in de war. Voordat ze de kans kreeg te antwoorden, had ik al begrepen dat de isolatie in de maanhut zowel een machtige tijd als een eer was.

"De maanhut beschermt anderen voor de grote kracht die vrijkomt en toegankelijk is voor vrouwen terwijl de sluier wordt opgelicht tijdens deze periode van de maand. Ze kunnen erdoor worden beïnvloed door haar aanwezigheid, zo krachtig is het," zei Mary.

Tot mijn grote verbazing veranderde mijn pijnlijk verlangen om met de rest van de groep deel te nemen aan de ceremonie, in een vage, doffe pijn. De diepte van de verbinding en vereniging met het goddelijke dat Mary belichaamde en naar mij uitstraalde, was zo betoverend dat het mijn gepieker om helemaal alleen te zitten ondersteboven gooide.

De nieuwsgierigheid naar deze eeuwenoude solitaire ervaring, sijpelde langzaam in, en ik begon het ook als een eer te beschouwen. Plotseling traden mijn oude zorgen over de mannelijke structuren binnen de groep weer op de voorgrond.

"Kay heeft mij aangeraden om met jou te praten over mijn verwarring met betrekking tot de Rode Weg, mijn Regenboogweg en mijn roeping. Ik heb niet het idee dat ze conflicteren wanneer ik met jou praat, maar soms voel ik weerstand tegen wat ik leer van mijn leermeester. Hij heeft de Lakota-manieren geleerd van medicijnman Joe Eagle Elk. De lessen die doorkwamen waren allen erg mooi en transformerend. Ik kan me niet voorstellen dat ik deze diepgaande verbinding zou opgeven, maar tegelijkertijd kan ik mij evenmin voorstellen alle andere kleuren van de regenboog op te geven, hoewel ik niet over de vaardigheden beschik om mijn verbinding met ze te verdiepen," zei ik.

"Ik heb jarenlang lesgegeven aan kinderen van de Lakota-school van het Rosebud reservaat, en heb de Lakota-tradities geleerd van verschillende ouderlingen, onder wie een honderd-en-één-jarige Lakota *unci*," zei Mary alsof ze haar referenties verifieerde.

"Vanwege mijn hechte spirituele band met Crazy Horse (de meest nobele, gewaardeerde en krachtige negentiende eeuwse Lakota-vrijheidsstrijder tegen de Lakota), kreeg ik twee persoonlijke stenen die hij droeg en een zeldzame foto van hem (er waren heel weinig foto's van Crazy Horse, sommige experts beweren zelfs dat geen van de foto's die nu in boeken zijn, geverifieerd zijn. Ik ga een pijp voor je roken, goed? Ik bel je zo terug," zei Mary.

"Oké," zei ik.

Klik.

Een pijp roken? Zoals bidden om begeleiding?

"White Clouds Running Bear. Dat is met wie je te maken hebt," zei ze toen ze ongeveer een kwartier later terugbelde.

White Clouds Running Bear? Ze moet Tim bedoelen.

"Zo gauw de zon uit het zicht is en zich verschuilt achter de wolken, rent Bear weg," zei ze, overtuigd dat dit inzicht al mijn problemen zou oplossen. "En jij, lieverd, je straalt. Ik zal je alles leren wat ik weet over de pijpdrager. Ik ben een van de weinige Aleoeten medicijnvrouwen die nog geestpoppen maakt, en medicijn tasjes naait en kleurt op de ouderwetse manier. Mijn *unci* heeft mij de traditionele wijzen geleerd toen ik nog een klein meisje was," vertelde ze trots.

Wacht. Wat bedoelde ze? Dat ik niet zal wegrennen wanneer ik geen tastbaar bewijs heb? Mijn verstand wilde langzamer gaan om het te begrijpen, maar mijn intuïtie bewoog zich voort op een ander pad en in een andere snelheid, helemaal gerust met deze manier van relateren.

"Wat is jouw lievelingskleur? Ik ga een medicijntasje voor je maken," zei ze.

"Dat is erg lief van je. Lavendel, de kleur van mijn huwelijk," zei ik.

"Kijk. Lavendel is de kleur van de innerlijke richting, de zevende richting, jouw plek. Wat is je adres? Dan doe ik het op de post wanneer het af is," zei ze.

"Laat me je alsjeblieft betalen voor jouw vrijgevigheid en begeleiding," vroeg ik. Mijn hoofd tolde, maar mijn lichaam voelde rustiger dan het al lange tijd geweest was.

"Dat hoeft niet. Ik doe het graag voor je. Ik ga het vullen met liefde en medicijnen. Geniet er gewoon van," zei ze.

Ik wist niet of ik gestoord was door me zo te laten meeslepen door Mary Attu's magie, medicijn en haar vertrouwen in mij, of dat zij de gek was en mij behekst had, of dat we beiden een paar draadjes los hadden. Wat het ook was waar ik bezorgd om was geweest, het was in rook opgegaan en vervangen door een vertrouwen in subtiele waarheden die normaalgesproken vederlicht aanvoelden, vluchtig, beangstigend en broos. Doordrenkt met haar kracht, voelden ze zo solide en majestueus als een kloof van massieve rots en steen.

Hoofdstuk 17

ZEVEN KOSMISCHE ZUSTERS

Stop met je zo klein voor te doen.
Je bent het Universum in statische beweging.
~ Rumi

DE DAGEN VOORAFGAAND AAN DE retraite gingen langzaam over in een spontane spirituele tocht die mijn normale zelfbewustzijn en professionele identiteit verder ontbond. Nadat Robert en de kinderen naar bed waren, deed ik mijn computer aan en probeerde ik opnieuw contact te maken met Rainbow Crystal Woman, erop gebrand om mijn weg terug te schrijven naar het magische portaal en de geheime ondergrondse tunnels waar we in waren gerold.

De vogel tikte nog altijd iedere middag een uur lang tegen mijn raam. Aangezien de rest van de vrouwen ook hun eigen bizarre ontmoetingen hadden met spirituele gidsen, beschouwde ik het getik als een mysterieuze inhuldiging in de spirituele wereld. Mijn spirituele gidsen van Awarradam waren voor het eerst vlak voor onze eerste ontmoeting op dezelfde wijze verschenen en leidden mij langs een pad dat ik misschien niet omarmd had, als ze mij niet hadden aangemoedigd om op mijn gevoelens te vertrouwen en het proces te laten gebeuren.

Ik deed zoals gewoonlijk mijn dagelijkse klusjes, maar de scherpe zinnen van Paloma's werkstuk verschenen in mijn bewustzijn als de tikkende geluiden van de vogels. Deze--we hebben niets te verliezen, dat sowieso door de dood verloren gaat—werd mijn mantra. Ik klampte me eraan vast wanneer ik mijn normale manier van denken en doen even opzij wilde zetten. Ik vond het verbijsterend dat deze privéverzetsacties zo gevaarlijk aanvoelden, alsof ik van een rots dook zonder mijn gebruikelijke vangnet van comfort, goedkeuring, inclusie, verbinding en zekerheid.

Hoe vaak dit vangnet van conventies mij ook had laten vallen of in de steek had gelaten, toegeven aan de drang om te vliegen en te vertrouwen op de vleugels die ik nooit eerder had gebruikt, leek nog enger. Ik ging verder ondanks mijn angsten en wilde niet langer mezelf voor de gek houden. Ik reciteerde mijn mantra, haalde diep adem en sprong in de groter wordende leemtes tussen de starre kaders van de realiteit. Vervolgens ging ik op in het gigantische onbekende van het oneindige hier-en-nu, terwijl iedereen in diepe slaap was. Vrijelijk bewegend in de uitgestrektheid van mijn geest, werd ik herinnerd aan mijn jungle- avonturen als kind.

Ik typte over de gang van mijn gedachten en dreef steeds dieper in een staat van extreme ontspanning en plantachtige roerloosheid. Ik dacht aan Kays suggesties om te visualiseren dat de zonnestralen uit mijn hoofd en in de krachtchakra kwamen om een beetje van het eeuwenoude licht in mij te behouden om nog eens zeven lagen van ontvankelijke satellieten boven mijn kroonchakra te openen. Wanneer ik, zittend aan mijn bureau, datgene visualiseerde dat zij had aangeraden, leek het alsof er door de zonnestralen fotosynthese in mijn lichaam plaatsvond, waarop er levensenergie druppel voor druppel regelrecht in mijn aderen binnenkwam via een onzichtbaar infuus.

Niet langer behoefte hebbend aan eten of rust, vastte ik gedurende de daaropvolgende dagen. Ik sliep slechts een paar uur per nacht, mijn lichaam was gek genoeg in staat te functioneren op licht, liefde en lucht zolang ik ontvankelijk bleef en mijn autonoom zenuwstelsel een metabolisme reguleerde met langzame, stabiele en weldoordachte ademhaling. Soms bereikte ik zulke grote hoogtes, dat ik mij afvroeg of ik een deel van mijn ziel en potentieel raakte dat beschreven werd door mensen die een maand lang vastten, in hongerstakingen gingen, of extreme bijna-doodsituaties hadden meegemaakt.

Vooral in de vroege ochtenduren wanneer mijn geest schakelde tussen het slapen, dromen en klaarwakker zijn, zag ik de interactie tussen licht en donker in onze wereld. Door intuïtieve inzichten besefte ik dat ik tot op zekere hoogte wist dat het schijnen van mijn potente, heldere licht in het Universum, riskant was. Het lokte afgunst, pijn, agressie en woede uit bij gevangenen van het duister, ongeziene entiteiten die loerden in afgelegen schaduwen. Deze duisternis had geleid tot de moord op vechters van het licht zoals

John F. Kennedy en Martin Luther King jr. Eveneens had zij geleid tot doodsbedreigingen die velen net als deze vechters wereldwijd ontvangen wanneer zij te zichtbaar worden en vooraanstaande figuren zijn. Deze grotere visie op mijn angsten, vond zijn weerklank bij mij en verzekerde mij ervan dat ik niet gek was. Dit was de reden waarom ik mijn vijfjarige ik had verstopt in de gitzwarte diepte van de oceaan.

De volgende avond maakte ik contact met onbekende wezens en kon ik door hun ogen ons niveau van bewustzijn bekijken. Ik voelde aan dat dit buitenaardse wezens waren uit een dimensie die mij onbekend was. Omdat ze niets meer waren dan de griezelige, enge aliens die ik in films had gezien, was mijn eerste reactie om aan mezelf te twijfelen. Ik begon te typen: 'dit is waar de scepticus in mij naar boven komt'. Mijn vingers typten, 'dit is waar de helderziende in mij naar boven komt'. Ik keek naar het scherm en schrok me kapot. Het voelde als een storing in mijn brein en lichaam, een extractie van mijn foutieve inschatting en een invoeging van de waarheid op een snelheid die alles te boven ging. De energie rond deze wezens was zo extreem liefdevol en krachtig, dat ik de correctie aanvaardde en mij overgaf aan de beleving ervan.

Heel even kon ik ons, mensen, door hun ogen zien. Voor hen zagen we eruit als mieren voor wat betreft ons bewustzijn. Ze hadden niet de intentie ons kwaad te doen en zagen ons als onderdeel van het grootse mysterieuze schema des levens. Hun zielen werden gevuld met licht, diepe compassie, liefde, goede wil en een verlangen naar verbinding. Ik smeekte hun om hulp om de kloof tussen onze gemoedstoestand en hun gevorderde bewustzijn en compassie te overbruggen.

Tegen de ochtend deed ik mijn dagelijkse klusjes en activiteiten op de automatische piloot. Ik zag er waarschijnlijk niet heel erg anders uit voor Robert, slechts opmerkzamer en bedachtzamer, af en toe een beetje van de wereld, net als toen ik mij op mijn eerste retraite voorbereidde en mij had ontdaan van oude gewoontes.

Net als Paloma was ik er goed in veel zelfonderzoek te doen zonder dat het iemand opviel. Ik gaf er de voorkeur aan mijn zielsgeheimen en magische ervaringen voor mezelf te houden tot ik er zeker van was dat bepaalde mensen deze konden aanhoren en konden respecteren. Gedurende deze spirituele tocht bespeurde ik wederom mysterieuze synchronistische tekenen die mij begeleidden gedurende de dag: resonerende songteksten van liederen op de radio, passages over het lezen van geheime codes en symbolen in het boek *The Da Vinci Code* dat mijn nicht zonder aanleiding aan mij uitleende, een zin op een billboard, iets wat een cliënt of groepslid zei of deed, een stukje speelgoed dat een van mijn kinderen aan mij gaf. Elk 'aha' moment veroorzaakte heftige golven van een diepe, verbindende extase door mijn hele lijf. Tegen het einde van de dag waren de toevallige tekenen enorm toegenomen in regelmaat en drongen zij in een vrijwel constante stroom mijn bewustzijn binnen.

Is dit niet wat wij derealisatie en depersonalisatie noemen? En wanneer wij cliënten bestempelen als psychotisch, hallucinerend, manisch en hoogdravend omdat ze persoonlijke betekenissen hechten aan toevallige gebeurtenissen, visioenen en gesprekken die niet door anderen worden gezien of gehoord? Wat is het verschil tussen mij en iemand die echt gestoord of gevaarlijk is? Vroeg de waakzame clinicus in mij zich af.

Een duidelijk en simpel antwoord kwam naar voren. *Zij die worstelen met psychotische ziekten, hadden te maken met dezelfde vernietigende gevaren van vervolging, vernietigende angst, en doodsangsten waardoor ze al eerder werden geteisterd. Het enige verschil: doordat Paloma en Mary als rolmodel fungeerden, en door de gigantische bron van liefde en compassie van Rainbow Crystal Woman, werd jij in staat gesteld om jouw duidelijkheid te behouden en overeind te blijven in het hier en nu terwijl je het chaotische en intense einde van jouw gebruikelijke ik doormaakte.* In plaats van te functioneren op paranoia, onrust, adrenaline of andere stresshormonen die verbandhouden met vernietigende angst, leerde ik hoe ik de fysiologische pieken in mijn lichaam kon reguleren en open te staan voor raadzame begeleiding.

Ik voelde intuïtief aan dat de synchronistische tekenen en metaforische oplossingen die doorkwamen, slechts het topje van de ijsberg waren. Ze waren noch goed noch slecht, slechts energiegolven die ons leidden naar oude, verwaarloosde wonden en onopgeloste pijn die nodig opnieuw geïntegreerd en genezen moesten worden. Beschouwd vanuit een vertroebeld en polariserend angstig oogpunt echter, verschenen deze aanhoudende tekenen van oude wonden, als kwaadaardige visioenen en stemmen die opnieuw een oud horrorverhaal in onze dromen, gedachten of levens afspelen.

Met dit inzicht ging een vlaag van passie en gelukzaligheid gepaard terwijl ik naar huis reed. De kracht die in mijn systeem huisde, paste in geen enkele conceptualisering van wat het betekent om "mens" te zijn. Bezield met de aanwezigheid van Rainbow Crystal Woman in het verleden, was gelijk aan het vervangen van een aarzelende, flikkerende innerlijke gloeilamp door een enorm felle halogeenlamp. Wat ik nu doormaakte zorgde voor een totaal nieuw begrip van mezelf. Deze huidige verbinding voelde alsof ik de zon en de schitterende lichtstralen tot mij had genomen in iedere donkere hoek van mijn innerlijke wereld en omgeving. De eeuwenoude ziel van Rainbow Crystal Woman versmolt zich helemaal met mij, zuiverde mijn ziel, hart en lichaam en bracht gevoelens teweeg die mij onbekend waren.

De energie die door mijn lichaam pompte, was majestueus, sereen, vrij van angst en fascinerend, zowel mannelijk qua bouw, directheid en kracht, als vrouwelijk in haar creatieve ontvankelijkheid, natuurlijke manier van doen, en het vermogen zich over te geven aan een oneindige bron van liefde en licht. Mijn verdeelde bewustzijn verwarde mij mateloos. Mijn oude ik verschool zich tussen mijn benen als een klein kind onder de indruk van de nieuwe sterke ik. Mijn nieuwe ik, eeuwenoud als de zon, was onder de indruk van het nieuwe gegeven dat het zich in mijn vertrouwde lichaam bevond.

Die avond liep ik als een vreemdeling door mijn huis en bekeek en verzamelde dingen met een speciale betekenis en resonantie: de ninja turtle handdoek van Terrance die dienst zou doen als een altaar kleed (in een flits begreep ik dat zij een groep zielsvechters voorstelden die vochten voor de aarde alias Turtle Island), een lavendelkleurige ring met een schildpad en een drie-eenheid van sterren op zijn schild die Jade mij gaf toen ik haar van de crèche ophaalde eerder die dag, een schaal met ingegraveerde dwergpapegaaien van Roberts ouders, de twee kleine kristallen buffels die ik in Mt. Shasta had gekocht, onderzetters met dolfijnen die mij herinnerden aan mijn hypno-geboortesessie en wedergeboorte, een set kaarsen met labels van de elementen, nog een set met kaarsenhouders gedecoreerd met spiralen, lievelingskaarten van Robert, kunst met afbeeldingen van de regenboog. Ook waren er de boeken *The Da Vince Code, Buffalo Calf Woman Comes Singing: The Spirit Song of a Rainbow Medicine Woman*, en eentje over inheemse Spider Woman-verhalen die ik van de Doula had gekregen die mij had geholpen om een afdruk van mijn lichaam te maken en die te beschilderen.

In de stilte van de donkere nacht, rangschikte ik alle voorwerpen en vormde een gedetailleerd medicijnwiel op een handdoek op de keukenvloer, deed de kaarsen aan en hield een ceremonie terwijl een spin voorbijkroop en stil bleef staan op mijn stapeltje boeken. Ik voelde mezelf als een krachtige heler en dankte Grootmoeder de Spin dat zij zich voegde bij mijn ceremonie en dat zij mijn altaar zegende. Na mijn ritueel pakte ik mijn nieuwe altaar- attributen in een harde Samsonite koffer samen met de handdoek en een drum met een afbeelding van een spiraal die het galactisch centrum en de levensspiralen weergaf. Zijn ronde vorm en de lineaire slagstok vertegenwoordigden de vrouwelijke en mannelijke krachten die de hartslag van het leven voortbrengen. Ik propte wat kleren, benodigdheden en toiletartikelen tussen al deze gewijde spullen.

Ik zou de volgende ochtend naar Connecticut vertrekken. Het was toevallig dezelfde dag waarop Paloma zou afstuderen. Ik bekeek de kleren in mijn kast en trok een lange zwarte jurk aan waarop drie op elkaar gestapelde ruiten waren afgebeeld. Ze zagen eruit als "Zo boven, zo beneden" *kapemnis*, die de voorkant van mijn lichaam vanaf mijn hart tot aan mijn schoot bedekten. Een geweven jasje met silhouetten van herten langs de rand van driehoekige vormen en een favoriete jaguar print maakten mijn excentrieke outfit af. Ik had niet eerder op deze manier naar mijn kleding gekeken, maar ik vond het gevoel van empowerment dat ik ervan kreeg wel prettig. Ik was klaar voor alles dat op mij wachtte aan de andere kant van het land, onder ogen te zien.

Ik vond Robert in de kamer van Jade. Hij deed haar een schattig Hawaiiaans kledingstuk aan en had de dubbele verantwoordelijkheden voor de komende dagen al voor ik was vertrokken, dankbaar aanvaard.

"Dit staat haar leuk. Ik kreeg een flits van een herinnering dat we in een vorig leven samen waren in het oude Polynesië. Dat is de reden waarom wij naar Hawaii gingen tijdens mijn zwangerschappen en waarom ze beiden Hawaiiaanse namen als tweede naam kregen," zei ik met een grote grijns op mijn gezicht. Robert leek het te druk te hebben om helemaal te begrijpen wat ik zei.

"Ik zal alvast het ontbijt maken," zei ik en glipte uit de kamer.

Een paar minute later liet hij de kinderen aan de bar zitten en gaf hij Terrance zijn getoast brood op een Spiderman bordje.

"Zie je dat? Je bent mijn Spiderman. Oma Spin liep gisteren over mijn altaar en bracht de boodschap dat de beste manier om donkere, plakkerige spinnenwebben tegen te gaan een sterker web van licht is. Dat is precies wat ik ga doen met Tim en de rest van de groep tijdens deze retraite. En jij bent mijn allerliefste partner-in-crime, die thuis het fort bewaakt," zei ik met getuite lippen naar hem toe leunend.

Robert keek een beetje verbaasd, maar kon snel schakelen naar interactie op intuïtief niveau en schreef mijn figuurlijke manier van uitdrukken toe aan de ophanden zijnde retraite. Zelfs als hij het niet helemaal goed begreep, vertrouwde hij over het algemeen op de begeleiding die doorkwam, vooral wanneer ik de diepte inging. Ik klonk waarschijnlijk niet heel anders dan toen ik beweerde dat Rainbow Crystal Woman had geopperd dat ik moest stoppen met de pil en dat we naar Mt. Shasta moesten om zwanger te raken.

Nadat ik het drietal gedag had gezegd en wegreed, stortte ik mentaal in een afgrond. Het voelde alsof mijn normale zelfbeeld en energetische aanwezigheid mijn lichaam verlieten. Golven van angst, paniek, wanhoop, hulpeloosheid, shock, boosheid en diepe bezorgdheid tolden in mij als vallende dominostenen. Mijn hart sloeg drie keer sneller terwijl ik neerkeek op mijn ontredderde kinderen en Robert met zijn gebroken hart, toen ik mij voorstelde dat ze net het nieuws van mijn overlijden hadden ontvangen. Slechts een paar seconden later overviel het gevoel van opluchting mij, dat gepaard ging met een gevoel van ruimte, acceptatie, vertrouwen en de geruststelling dat het goed kwam met hen. Zachtjes streek het de constricties glad die mij hadden vervuld met een vredig gevoel van mysterieuze orde, onverschrokkenheid en liefde. Te midden van mijn euforische openbaring wist ik dat dit een bijzonder bizarre ervaring was, die het dichtst in de buurt kwam van verklaringen die ik van anderen had gelezen over bijna-doodervaringen, maar het maakte me niet echt van streek.

Terwijl dit gaande was, gingen mijn handen en voeten over op de automatische piloot en reed ik naar de luchthaven. De rest van mijn verruimde zelfbewustzijn, handelde naar wens van Rainbow Crystal Woman. Door deze bijna-doodervaring degradeerde ze mijn gewoonlijke zelfbewustzijn en vulde ze mijn ziel en mijn lichaam nog meer dan voorheen. Betekenisvolle gebeurtenissen van spirituele aard flitsten in een oogwenk aan mij voorbij. Dit proces was erg onbevredigend voor mijn cognitieve brein, alsof je een feestmaal naar binnen werkte zonder het te kunnen proeven, kauwen of sorteren. Ik kreeg het gevoel dat ik het later zou moeten te verteren.

Onderweg vloog er een vogel te pletter tegen mijn voorruit. Hij rolde de snelweg op, dood, terwijl mijn auto langzaam voortreed in een verkeersopstopping.

Ik realiseerde mij dat Paloma iets vergelijkbaars bedoelde toen ze zei dat ze zich soms voelde als een vogel op zijn vlucht, en dat ze op haar diploma-uitreiking zou verdampen.

Er schoot opnieuw een krachtige energiestoot door mij heen dat elk haarscheurtje van mijn energetisch lichaam vulde met onwrikbaarheid en zuiverheid. Ik vroeg mij af of zij zich ook zo krachtig had gevoeld toen ik haar belde.

Op weg naar de luchthaven bleef ik serendipiteuze tekens tegenkomen. Ik besefte dat mijn spirituele gidsen mij probeerden te bereiken door middel van een potje Hints. Ik probeerde de aanwijzingen met elkaar te verbinden en hun boodschap te ontrafelen.

Toen ik de parkeerplaats van de luchthaven op reed, staarden twee konijnen mij (op hun achterpoten) aan alsof ze in hun sporen waren bevroren. *Dat moet White Clouds Running Bear zijn met een ander konijn dat net zo bang is als hij.* Ze waarschuwden mij voor wat ik kon verwachten: dat mijn e-mails en pogingen om Tim en de vrouwen op de hoogte te houden, wellicht niet goed waren overgekomen. In warrige e-mails had ik hun verteld over het contact dat ik had gemaakt met wezens uit andere dimensies en vroeg ik hun of dit spirituele gidsen zouden kunnen zijn. Ook schreef ik hun dat Rainbow Crystal Woman of een andere oude gids mijn lichaam was binnengedrongen.

Voor wat betreft de oude ziel die mij bezocht: ik had gehoord dat dansers vaak bezeten worden door een soort afgod tijdens Winti-rituelen. Ik was ervan overtuigd dat uitgerekend Tim en mijn *hunka*, het meest open zouden staan voor het beetje mysterie dat in mij huisde, maar ik begon het akelige gevoel te krijgen dat ik het bij het verkeerde eind had. Mijn ervaring was veel vreemder dan wat zij gewend waren en de zon verdween achter de wolken. Mijn hart was vervuld van liefde en optimisme, ik kon mij niet voorstellen dat dit obstakel lang zou duren. Ze zouden zich realiseren dat ik vervuld was van liefde en licht zo gauw we elkaar weer zagen.

Ik parkeerde en stapte in de shuttlebus. In al mijn uitgelatenheid vergat ik mijn koffer in de bus. Ik besloot te wachten tot de bus terugkeerde, maar naarmate de tijd verstreek werd ik steeds nerveuzer dat ik mijn vlucht zou missen.

Had ik al mijn heilige altaarspullen en meest waardevolle ervaringen bij elkaar gezocht om te ontdekken, dat ik te veel aan ze gehecht was en dat ze mij niet definieerden. Het moment dat dit tot mij doordrong en het zich als een bevestiging manifesteerde in mijn lichaam en ik bereid was ze achter te laten, vloog de shuttlebus de hoek om. Ik pakte mijn koffer, rende naar binnen en kwam op het nippertje aan aan boord van het vliegtuig.

Toen ik laat 's avonds aankwam bij het Super 8 Motel in Connecticut, kreeg ik te horen dat de vrouwen van de retraite hun reserveringen een dag eerder hadden geannuleerd. Ik vroeg me af of dit te maken had met mijn menstruatie en ik vanaf het begin apart moest doorbrengen, of dat ze zich zorgen maakten over mijn mentale gesteldheid nadat ze mijn brief hadden gelezen. Ze gaven geen reden op en hadden geen bericht of contactinformatie voor mij achtergelaten.

Mijn gebruikelijke ik zou zeer verontwaardigd hebben gereageerd op dit zeer onprofessionele gedrag. In plaats daarvan hoorde ik: *"Dit is nodig om ervan te leren. Je bent niet alleen. Jij en je zeven kosmische zussen vormen de Super 8."* Ik was rustig en geïntrigeerd en wilde weten wie deze zeven kosmische zussen waren.

Mary Attu kwam gelijk in mij op vanwege de manier waarop zij haar relatie met haar astrologische zus Kay beschreef. Kijk dat zijn er al twee. Op dezelfde golflengte van de astrologische zus verschenen Brooke Medicine Eagle, Paloma en Nancy een psychologe die af en toe inviel voor Alan wanneer hij met vakantie was. Ze had gezegd dat Paloma "voorbestemd was mijn pad te kruisen" toen zij hoorde over onze interactie tijdens de groepsbijeenkomsten. Haar doortastende uitspraak betekende veel voor mij. Mimi Stern, een bodyworker tevens vriendin, was mijn zesde kosmische zus. Ze had naar mij geluisterd en mij jarenlang geholpen de bizarre gebeurtenissen tijdens mijn reis te integreren. Mijn laatste en meest recente kosmische zus, Linda Joy Myers, een schrijfcoach in spirituele memoires, had een advertentie geplaatst in dezelfde gids waarin Kays informatie stond. Ik had nog niet bepaald welk type boek het beste zou zijn, maar het zag ernaar uit dat ik werd geleid naar dit genre.

Elk van deze zeven kosmische zussen verschafte een bevestiging van Kays reading: dat mijn boekproject en het spiritueel gekanaliseerd schrijven een gift waren van de voorouders. Ik was nog niet zeker van wat hun belangrijkste boodschap was, behalve dat het belemmeren van de intuïtie van mijn cliënten en mezelf, ons volledig potentieel en geestelijke gezondheid ondermijnde in plaats van ieder van ons te beschermen tegen het kwaad.

Op de balie in de lobby lag een brochure met HBO-films die op dat moment in de kamers te zien waren. Een van deze films was The Matrix. Aangezien ik niet bepaald een sciencefiction-liefhebber was, snapte ik nooit echt goed waarover alle drukte rondom deze kaskraker ging. Maar toen ik eenmaal keek naar Neo, Morpheus en Trinity, was daar ineens een openbaring die al gauw bezitnam van mijn gedachten zoals een druppel kleurstof die zich in water verspreidt.

Paloma's beschrijving van institutionele spinnenwebben was vergelijkbaar met de werking van de matrix die ons net zombies in cocons slapend hield. De trauma's van het zielloze moderne leven, maakten het makkelijk te bezwijken onder de verlammende angstsystemen die het leven uit ons zogen en onze intuïtieve impulsen als onbetrouwbare en ongeciviliseerde oerinstincten verguisden. We hadden geleerd ons tegen onszelf te keren, onszelf aan te vallen als een auto-immuunziekte door onze eigen verlangens, schreeuwen en pogingen tot bewustwording te beschouwen als psychologische aandoeningen en rebellie. Maar, zoals Mouse het jongste lid van de Zion zei: "Het verloochenen van onze impulsen is datgene verloochenen dat ons mens maakt."

Ik bracht mijn koffer naar mijn kamer en vertrok op zoek naar eten. Een zeldzame, dieppaarse anemoon, die geassocieerd wordt met anticipatie en een nieuw begin, stond in een vaas op tafel. Het was dezelfde als degene die Robert jaren geleden op mijn pc had geüpload als screensaver, wetende dat ik van indigoblauw houd, de kleur van onze derde chakra en intuïtie. Ik kreeg een brok in mijn keel en voelde zijn liefde en aanwezigheid. Ik vroeg mij af hoe laat het was in Californië en toen ik naar de wandklok keek die bijna middernacht sloeg, ontving ik de boodschap: *de mensheid maakt de overgang naar een nieuwe evolutiecyclus. Zoals de wijzers van de klok bewegen van twaalf naar één en niet naar dertien, bewegen wij in cirkels en cycli, niet in rechte lijnen. Dit laatste avondmaal en jouw innerlijke ervaringen zijn kenmerkend voor wat er gebeurt gedurende de laatste fase van een oud tijdperk voor het bereiken van een nieuw niveau van bewustzijn. In dit nieuwe tijdperk zal je de terugkeer van de heilige vrouwelijke energie zien, zowel bij jezelf als in de maatschappij.*

Ik ging naar bed en viel als een blok in slaap, totaal niet bezorgd over hoe de volgende dag zich zou ontvouwen. Tegen negen uur de volgende ochtend ontving ik een telefoontje van de frontdesk. Twee personen—Amy, de indigostudent die ik drie jaar geleden had ontmoet, en Mike haar verloofde— wachtten op mij. Ik deed dezelfde kleren als de vorige dag aan en begroette hen alsof dit van begin af aan onze afspraak was geweest. Mijn ruime hart was te groot om mij afgewezen te voelen omdat ik alleen was achtergelaten in het hotel. Ik zette mijn koffer met altaarspullen in de kofferbak terwijl zij uitlegden dat we voor onze zweethut- ceremonie naar een afgelegen stuk land van een vriend gingen.

"Het was belangrijk om dit zo te regelen omdat je niet twee altaars kunt hebben bij een ceremonie," zei Mike onderweg.

Twee altaars, wat bedoelen ze? *Eh, ben je soms vergeten wat je in je koffer hebt?* Klonk het diep vanbinnen. Ik herinnerde het me wel, maar had geen één plus één bij elkaar opgeteld. Zagen ze mij als een ceremonieleider met een eigen altaar? Mijn gewoonlijk kwalificerende geest stond uit en mijn handelingen voelden aan als van nature gedreven zoals het zoeken naar voedsel natuurlijk is voor een hongerig dier. Ik kreeg het vage gevoel dat Tim en de groep beter dan ik begrepen welke bewustwording er in mij groeide en tevoorschijn kwam.

Misschien was het Tims manier om mijn regenboogweg te zegenen en mij aan te bevelen als een leider voor indigo's en regenboogkinderen, terwijl hij tegelijkertijd volhield dat mijn regenbooggewoontes niet samengingen met de zijne en die van de Red Road. Ik was er nog steeds niet van overtuigd dat we geen manier zouden kunnen vinden om in harmonie met elkaar samen te werken. Ik kon eveneens niet bevatten dat ik de verantwoordelijkheid droeg voor mijn eigen altaar en dat ik zelf een of andere stam zou leiden. Ik had totaal geen ervaring en moest nog veel leren.

"Wat was er gebeurd met de zevende ceremonie, het opgooien van de kosmische bal, een van de ceremonies die White Buffallo Woman terug had gebracht? Slechts zes van de rites—het bewaren van de ziel, de zweethut, de spirituele tocht, de zonnedans, het scheppen van verwante en de ceremonies voor het meerderjarig worden—worden regelmatig uitgevoerd," vroeg ik aan Amy en Mike. Tim had deze nieuwe informatie drie jaar geleden gedeeld. Ik had er niet verder over nagedacht in het verleden en was verbaasd dat ik me alle details nog herinnerde. Ik had geen idee waarom ik erover begon, maar ik had het gevoel dat het erg belangrijk was voor de oude ziel die in mij huisde.

Deze ceremonie betrof een jong meisje dat onschuld en zuiverheid vertegenwoordigde terwijl ze op het middelpunt stond van een vierkwadrantsspeelveld en in alle vier richtingen een rode bal, Moeder Aarde, opgooide. Er waren twee blauwe cirkels geverfd rondom de bal als symbool voor het samenkomen van hemel en aarde, "Zo boven, zo beneden."

Noch Amy noch Mike wist veel van dit spel af en zij vroegen zich waarschijnlijk ook af waarom dit juist nu zo belangrijk was. Er flitste door mij heen dat mensen aan het spel moeten deelnemen en meer de aandacht moesten vestigen op de kosmische bal, die het heilige en Grote Mysterie, *Wakan Tanka*, symboliseerde. Ik vroeg me ook af of we meer vrouwen in hun eigen kracht moesten zetten, zoals Paloma die net het jonge meisje in het middelpunt van het spel, een hoedster van onschuld en wijsheid was.

Toen we het terrein van de retraite naderden, gaf mijn ziel plankgas en al mijn twijfels en zorgen over het leiden van mijn eigen ceremonie verdwenen naar de achtergrond. Deze ik was moedig, ongeremd, onbevreesd en had de macht over mijn stem en mijn lichaam toen ze aan de telefoon was met Mary.

We reden een lange oprijlaan op en parkeerden bij een bescheiden woning die omgeven was met een mooi graslandschap, volgroeide bomen en hoog gras. Een zweethut, bedekt met een donker plastic zeil was vlak bij een vuur opgezet, kleurrijke gebedsvlaggetjes wapperden in alle vier richtingen en meer dan tien deelnemers waren in groepjes verspreid en bereidden zich voor op de ceremonie.

Ik herkende een paar van de *unci's* toen ik uitstapte, hun gelaatsuitdrukking gereserveerd en lauw. Amy en Mike liepen naar Tim toe die mij met een zijdelingse blik begroette en knikte. Ik hoorde een van hen zeggen, "We hebben met een coyote te maken."

Wie ik? Coyote? Als in een sluwe vos? Geen wonder dat ze mij daar alleen hadden gelaten! Ze vertrouwen mij niet! Mijn gebruikelijke gedachten. Deze scherpe reactie vervaagde op het moment dat Rainbow Crystal Woman ingreep.

James, die eruitzag als de eigenaar van het landschap stond naast Tim. *Ah, dat zal konijn nummer twee zijn.* Ik bood hem een kleine glimlach. Zijn twee loslopende boze Rottweilers stonden naast hem te grommen en zouden mij als lunch verorberen als ik slechts één verkeerde beweging zou maken.

De aanblik van deze gevaarlijke waakhonden zou mij normaalgesproken de stuipen op het lijf hebben gejaagd. Ik zou om te beginnen waarschijnlijk niet eens uit de auto zijn gestapt. Mijn nieuwe ik benaderde de honden met alfa-zelfbewustzijn en -zelfverzekerdheid en ik pakte een tennisbal op van de grond.

In een flits herinnerde ik mij wat Tim had gezegd tijdens onze eerste retraite drie jaar geleden. Sjamanen en helers zijn bedriegers, net Coyotes, vanwege het genoegen dat zij vonden in paradoxen en hun neiging om onze duistere kant op verrassende, slinkse en speelse wijze te onthullen. Ze worden gevreesd door sommige mensen omdat ze de neiging hebben om de orde te verstoren en de dingen te onthullen die we liever vermijden, waardoor onze illusies als een zeepbel uiteenspatten en we gedwongen worden om onze maskers van bedrog af te zetten. Ik voelde dat Tim en James, die ik nog niet eerder had ontmoet, er nog niet zeker van waren of ik met Coyote te vertrouwen was. James vertrouwde op zijn honden om mijn integriteit te testen en te helpen onderscheiden of ik schadelijke bedoelingen had.

Ik gooide de bal op en ving die weer en kirde: "Je wilt gewoon je bal, hè? Niemand wil dit spel met je spelen? Kom maar, ik zal met je spelen." Ik ging met de waakhonden om alsof ze schattige puppy's waren.

Ik gooide de bal zo ver als ik kon naar de andere kant van de tuin, opgetogen om de honden er achteraan te zien gaan. Ik zag Tims grote verbazing en hoorde een stem in mij zeggen: "*Hallo, lieve oude vriend. . . zo goed om je weer te zien. . . Laat het spel maar beginnen.*" Ik had het gevoel dat we elkaar al lang geleden in een andere tijd en ruimte hadden gekend en dat we dit kosmische spel samen speelden.

Ik nam het stuk land in mij op en zag dat de ene kant aan een meer grensde. Als door een magneet werd ik naar het water getrokken. Ik liep naar de rand van het meer met de sierlijkheid en het gezag van een grote leider. Ik streelde de wind, knielde neer en begroette het water, om vervolgens een beetje met mijn hand te scheppen en het langzaam op het land te gieten terwijl ik het zegende.

Ik voelde de antennes en satellietschotels boven mijn kruin werken. Ze waren prachtig verlicht. Ik kreeg de boodschap door, *Tim en James zijn bang voor jou, Coyote, omdat je datgene oproept waar zij voor vrezen. Dit is wat Mary bedoelde met "White Clouds Running Bear". Ze vrezen het onbekende en vertrouwen volledig op vorm en structuur. Coyote verwelkomt de schaduw en creëert vloeiende nieuwe structuren en groeimogelijkheden in het moment.*

Dat klonk logisch. Ik realiseerde me dat dit dezelfde behoedzaamheid en angst moesten zijn die men op Paloma projecteerde toen ze zich haar licht en kracht niet in het openbaar liet afnemen en vraagtekens zette bij veel van de sociale regels.

Ik liep naar een kleine groep *unci's* die hard aan het werk waren. *Unci* Grace, die mij het gedicht had gestuurd dat men banger was voor ons licht dan voor onze duisternis, nodigde mij uit me bij hen aan te sluiten. Ze waren rode gebedskoorden aan het vlechten, elk gevuld met een theelepel tabak, langs een medicijnhoepel. Ik telde. Het waren er zeven in elk kwadrant, achtentwintig in totaal.

Ik keek toe en deed na wat de vrouwen aan het doen waren, maar toen ik bij mijn achtste kwam, weigerden mijn handen verder te gaan met de rode. In plaats daarvan pakte ik een stukje zwarte stof. Ik knipte zeven vierkantjes uit, nadat ik die had dichtgebonden, knipte ik zeven gele vierkantjes en zeven witte vierkantjes. Ik ging verder tot de vier kwadranten van mijn hoepel met gebedszakjes de kleuren van het medicijnwiel hadden.

De vrouwen rondom mij bekeken mij met afkeurende blikken, maar zeiden niets.

Mike kwam langs met een zak die leek op een goochelaarshoed. Hij vroeg ieder van ons om één van de grotere gebedsvlaggen die erin zaten eruit te pakken. De vrouwen om mij heen trokken rode, zwarte, gele, blauwe en groene vlaggen. Ik haalde de witte vlag eruit.

Mike knikte veelbetekenend. Ik kon zijn gedachten lezen. *Jouw licht is in jouw schaduw,* waren zijn gedachten. Wat betekent dat. Was dat slecht? Kon ik daarmee schade aanrichten? Hoe? Geen antwoord.

Het grote kampvuur riep mij. Ik liep ernaar toe en stapte ongemerkt op een spoortje tabak dat al gelegd was tussen het vuur en de zweethut. Volgens de ceremonieregels en zweethutetiquette, was dit een serieus teken van respectloosheid. James sprong op en viel mij aan.

"Je bent nu een grens over gegaan!" bulderde hij.

Ik hield mijn hoepel met gebedsvlaggen om mijn beide polsen, mijn handpalmen gericht naar het open vuur.

"Omdat hier geen grens is, alleen maar een cirkel," zei ik en hield voet bij stuk.

Laserstralen van woede schoten uit de ogen van een aantal mannen en brandden op mij voor wat een eeuwigheid leek. James liep me tegemoet, haalde mijn jaguarhoed van mijn hoofd en bestudeerde deze. Ik had het gevoel dat de kracht die aan de jaguarenergie was gerelateerd hem beangstigde. Rustig nam ik hem terug en gooide mijn geliefde hoed in het vuur. Dit gebaar was bedoeld om aan te tonen dat ik bereid was mijn bezittingen op te offeren alsook de eventuele arrogantie of agressie in mij; ik toonde iedereen de *kapemnis* en herten op mijn geweven jacket die stonden voor compassie en zachtheid. Dat leek het vertrouwen in mijn positieve bedoelingen geleidelijk te doen doordringen en hen te ontspannen. Ze gingen weer doen waar ze mee bezig waren terwijl ik het vuur bedankte en eerde.[4]

Ik vroeg aan Amy of ik mijn koffer kon halen. Ze leidde mij naar een gedeelte van het land gelegen naast de hut waar ik kon doen wat ik wilde. Na mijn haar te hebben gevlochten aan de waterkant, legde ik mijn boeken en

---

4. De kampvuurceremonie was de meest fundamentele en belangrijke van alle Maya rituelen. De Maya mythologie is rijk aan jaguar overleveringen. De Jaguar God van Aards vuur personifieert het getal zeven, en wordt beschouwd als de avondzon, en wordt meestal de Jaguar god van de Onderwereld genoemd.

kaarten in een medicijnwiel opstelling en legde ik de rest van mijn heilige objecten op mijn ninja turtle handdoek en creëerde zo een openlucht altaar. De honden apporteerden en renden heen en weer met de kosmische bal terwijl wij onze aanvullende ceremonies hielden op twee aparte stukken van het landgoed. Aan de ene kant leidde Tim de ceremonies in de donkere schoot van Moeder Aarde, de zweethut en aan de andere kant bracht ik blootvoets nieuwe ceremonies tot leven in het eeuwenoude heldere licht van de zon en Vader Hemel en liet ik mij door inspiratie bewegen net zoals ik dat deed tijdens mijn dansauditie toen ik een boom nabootste.

Ik danste en aanbad de zon zoals Kay mij had geadviseerd te doen. Een Afrikaanse bandkoraalslang met zwarte en rode ringen, symbolisch voor de heilige vrouw kwam stiekem tevoorschijn en bleef onbeweeglijk naar mij staren, terwijl het drummen, het eentonige gezang en de geluiden die het overgeven van leed en kwelling simuleerden, toe- en afnamen aan de andere kant van het landgoed.

We kwamen opnieuw bijeen aan het eind van de middag. Sommige vrouwen kwamen naar mijn kant en bekeken mijn altaar. James stond op een afstand toe te kijken. Ik liep langzaam naar hem toe en liet hem weten dat ik nog nooit eerder zoveel bloed had verloren tijdens mijn cyclus.

Hij verstijfde en beet mij toe: "En wat dan nog?"

"Het betekent dat je land heilig is en ik het heb gezegend met mijn bloed zoals de inheemse vrouwen dat generaties lang deden door over de akkers te rennen om de grond te bemesten tijdens hun cyclus."

James knikte. Hij leek dankbaar maar wantrouwde mij nog steeds.

"Alsjeblieft, dit is voor jou. Ik heb het hier gevonden," zei ik, en wees naar de grond. Ik gaf hem een witte steen die door de natuur was gehouwen en geschuurd tot een ruwe vorm van een kleine buffel.

"Is dat een van de buffels die je in Mt. Shasta had gekocht?" vroeg Amy. Ik voelde me net een of andere kwakzalver.

"Nee, die staan daar," zei ik en wees naar de buffels op mijn altaar. James accepteerde de stenen buffel aarzelend en onderzocht hem met zijn nagel.

We kwamen bijeen in James' woonkamer. Naast zijn televisie lag een dvd-box van de film *The Matrix*.

"Zo komen we uit de matrix," zei ik tegen James, verwijzend naar onze ceremonies alsof we geheime agenten waren die al eeuwen aan dezelfde opdracht werkten. Hij hoefde niet te reageren. Ik voelde de transformatie en verzachting in zijn lichaam aan.

De rest van de groep wist nog steeds niet wat ze met mijn vreemde gedrag aan moesten. Toen ze de vredespijp doorgaven in een afsluitceremonie waar ik bij was, kreeg ik een hoestbui aangezien ik nog nooit eerder had gerookt. Het was een duidelijk teken dat ik niet bij deze groep hoorde en dat de Red Road niet de juiste weg was voor mij.

Ik begreep het niet. Waarom deed ik zo hard mijn best erbij te horen en aan deze groep verbonden te blijven, terwijl ik boodschappen doorkreeg dat ik verder moest gaan en mijn eigen kracht moest vinden? *Je leert de eeuwenoude lessen van de Maanhut-ceremonie. Dit is hoe de vrouwen leren emotionele banden door te snijden en los van de groep te zijn. Jouw empathische vermogens zorgen er soms voor dat je 'navelstrengachtige' verbindingen koestert die gelijk zijn aan de lianen die jouw verstikten in de droom die jij als kind had. Het is vooral voor vrouwen moeilijk deze verbintenissen door te knippen, zelfs als het op de lange termijn in hun voordeel en dat van alle anderen zou zijn.*

Amy en Mike reden mij terug zonder een woord te zeggen. Ik wist niet zeker of ze mij de volgende ochtend zouden ophalen, maar ik nam aan van wel en vroeg het niet. Ik had vrede met elke vooruitgang van elk nieuw moment en met het feit dat ik deze informatie morgen te weten zou komen.

"Iemand genaamd Gerry is hier voor jou," gaf de receptionist te kennen vlak voor negen uur de volgende ochtend. Gerry, een van de mannelijke ouderlingen wachtte mij op in de lobby. Hij was een zachtaardige en vriendelijke man. Hij vertelde mij dat we naar de campus gingen.

Ik nam alleen een klein album met foto's van Awarradam mee. Mike en Amy wachtten in de auto. Gerry stond ervoor open om mijn ervaringen te Awarradam te horen gedurende de rit. Hij genoot van de foto's en was voornamelijk onder de indruk van mijn close-up van een zeldzame regenwoudpaddenstoel die bedekt was met een web dat leek op een bruidssluier.

Tot mijn verbazing was de energie van de rest van de groep intenser dan de dag ervoor. Mijn oog viel op hun bekrachtigde gewaden. Ze droegen medicijnbuideltjes om hun hals en hadden afbeeldingen op hun kleding van mythische beschermsymbolen. Ik vroeg mij af wat Rainbow Crystal Woman van plan was. Ik had precies het tegenovergestelde gedaan. Ik had bewust neutrale en casual kleding zonder enige symbolen erop aangetrokken.

Ze keken mij streng aan alsof ze mij wilden afschrikken. Waren de energie en de kracht die door mij stroomden op een of andere manier schadelijk voor hen zoals Mary het mij had uitgelegd? Ze probeerden hun mannetje te staan, gesteund door hun gidsen en leken verrast door mijn neutrale, gidsvrije verschijning. Dat was het moment waarop ik mij realiseerde wat de oude ziel in mij probeerde duidelijk te maken. De Regenboogenergie waar ik mij aan vastklampte, was niet gerelateerd aan enige spirituele of culturele vorm of structuur. Het bewoog zich vrij door mijn lichaam en vervulde mij met veel kracht, licht, zuiverheid en verrukking zoals de dag ervoor, los van mijn uiterlijk.

Unci Grace kwam naar mij toe en zat bij mij. Mijn hart was vervuld van liefde.

"Mijn krachtige, beschermende moederbeer komt naar voren en heeft een speciaal verzoek. Verstoor onze ceremonies alsjeblieft niet. We hebben veel tijd besteed aan het beoefenen en voorbereiden ervan. We houden ze daar," zei ze wijzend naar een gesloten deur.

"Absoluut. Het is niet mijn bedoeling om ze te verstoren," antwoordde ik. Waarom dacht ze dat ik zoiets van plan was? Ik had nog steeds moeite mijn agenda te bepalen. Het kostte mijn normale ik veel moeite om de regie weer over te nemen en te speculeren wat de redenen waren voor de spanning van onze dynamiek.

"Gisteren, in de donkere hut, terwijl ik met mijn molsogen keek," zei Great Spirit tegen mij, "begreep ik dat onze bekrachtigde objecten eigenlijk niet zo belangrijk waren. Wat belangrijk was, is de eerlijke intentie in onze harten." Ik knikte en realiseerde me dat Tim, James en de eeuwenoude ziel in mij een soort van schaakspel speelden tussen de Rode Weg en de Regenboogweg. *Unci* Grace zei wat hij en de groep van mij wilden begrijpen over de rol van de fysieke vorm in de materiële wereld, opdat ze mij zouden opnemen in hun groep en ik hun lessen zou delen met millennials en indigotypes zoals Paloma en ikzelf, die betrouwbaar waren zelfs als we minder doordrenkt waren door één traditie.

Toen de groep zijn ceremonies hield in het lokaal, bleef ik alleen achter in een kleine bibliotheek en aangrenzende studentenlounge waarvan de muren helemaal bedekt waren met boekenkasten, kurkenborden, posters met inspirerende teksten, kunst en gemeenschapsmiddelen. Er waren genoeg interessante boeken en andere middelen om mij urenlang mee bezig te houden.

Zo af en toe pauzeerde de groep van het drummen en zingen, en communiceerden de deelnemers met mij. Een paar van de vrouwen benaderden mij en stelden mij vragen zoals: "Zou je in donkere maanden liever naar

Alaska gaan of naar de Eiffeltoren in Parijs?", "Zou je liever met stervende kankerpatiënten werken of met pasgeboren baby's?"

Ze leken trots te zijn op zichzelf voor het bedenken van lastige vragen om mijn intenties op de proef te stellen. Hun energievelden waren zeer waakzaam en ze behandelden mij alsof ik buitenaards was. De eeuwenoude ziel in mij raakte verward door hun doorzichtigheid en gebrek aan subtiliteit en wilde hun echte magie laten zien alsof ze basisschoolkinderen waren. Mijn oude ik voelde een steek door hun gebrek aan vertrouwen maar was nog nieuwsgieriger naar hun gebrek aan sociale vaardigheden die deze oude ziel in mij weergaf.

In plaats van hun vragen rechtstreeks te beantwoorden, maakte ik mijn antwoorden kenbaar door naar een van de posters, teksten, bronnen of boeken te wijzen waar we toevallig bij stonden of langsliepen, denkende dat ik een unieke, goddelijke gift kanaliseerde die een positieve indruk op hen zou maken. Mijn antwoord op de eerste vraag was, HOE DONKERDER DE NACHT, HOE HELDERDER DE STERREN, zoals afgebeeld op een poster. Het was ook het perfecte antwoord voor het dieperliggende probleem van White Clouds Running Bear. Ik besefte dat Paloma soortgelijke ervaringen had beschreven. Ze had ontdekt dat haar levensdoel was om giften van liefde en begeleiding te brengen aan degene waar zij toevallig mee in contact kwam.

"Deze antwoorden komen voort uit het Nulpunt-energieveld, de bron van niet gemanifesteerde potentie. Dat is wat Paloma, de studente over wie ik jullie schreef, mij vertelde. Ze is een indigo. Net als jij," zei ik tegen Amy. Omdat de giften van begeleiding rechtstreeks afkomstig waren van hun eigen studiegebied, nam ik aan dat de gift van hun eigen wijsheid hun vertrouwen zou herwinnen.

"Je moet deze regenboog en indigokinderen hun eigen altaar geven," zei Amy tot mijn verbazing. Hoe kwam het dat ze zich niet beperkt voelde door de structuren van deze Rode Weg?

De volgende dag vergat Gerry een taart op te halen die was versierd met een rood web. Ik was het weifelend eens geworden met Tims subtiele wenken dat ik deze stam afleidde met mijn eigen web: mijn aanwezigheid, kracht, verhalen en foto van een paddenstoel. Ik begon te begrijpen wat het betekende licht in mijn schaduw te hebben.

Iemand vroeg aan Tim waar de salie was en hij antwoordde, "Die is in de kast." Hij pauzeerde en zei toen langzaam en duidelijk, "De *salie* is in de *kast*." Ze hervatten de ceremonie en kraakten blijkbaar een of andere code.

Terwijl ze aan het drummen en zingen waren in de andere ruimte, voelde ik mijn nieuwe ik net een ballon leeglopen en mijn eigen ik weer terugkomen in mijn lichaam. Ik miste mijn kinderen en Robert zo erg, dat ik een telefoon opzocht en een collect call maakte.

Toen Tim en de rest van de groep naar buitenkwamen—wild dansend, zingend en drummend om mij heen—was het duidelijk dat ze -wat het ook was dat in mij had gezeten- hadden verdreven en mijn oude ik terug hadden gelokt in mijn lichaam. Tim zei, "Dit zijn de risico's wanneer je probeert dit krachtige werk in je eentje te doen. Dit is waarom de Rode Weg superieur is."

Unci Deb huilde en keek mij wanhopig aan, met haar ogen en frons verontschuldigend dat het zo ver was gekomen. Ze was droevig dat we nooit de kans hadden gekregen een band aan te gaan en dat dit de laatste groet was. Ik keek haar bemoedigend aan om haar ervan te verzekeren dat ik in orde was en dat dit zo had moeten lopen, mijn hart en mijn lichaam waren net zo toegewijd aan het hogere doel dat wij deelden, als dat van hen. Ik had vrede met deze snelle en duidelijke telepathische uitwisseling ook al opereerde deze buiten mijn denkende geest om.

Ik vond Gerry en zocht beschutting achter hem. Ik vroeg hem of hij mij naar het hotel terug kon brengen, opgelucht dat ik de volgende dag naar huis ging. Ik verliet het gebouw als een beroemdheid die de dansende paparazzimenigte die ratels en drums in plaats van camera's gebruikte, ontvluchtte.

Gerry was zoals altijd zachtaardig en meelevend en troostte mij door te vragen en luisteren naar verhalen van mijn familie. Hij wenste mij het allerbeste en moedigde mij aan om mijn studenten en cliënten te begeleiden met mijn eigen rituelen en naar mijn eigen helende modellen. Bewust van het feit dat hij een hele groep vertegenwoordigde, wist ik dat ze mijn beste intenties in gedachten hadden. Ik accepteerde aarzelend dat deze zuivere snede het beste was voor alle betrokkenen.

Mijn aanwezigheid en gedrag moeten zijn overgekomen als, zelfzuchtig, egocentrisch, verstorend en dwingend, maar ik hoopte dat ze me iets meer tijd hadden gegeven en hadden geprobeerd te begrijpen wat er gaande was. Ik was er nog meer dan anders van verzekerd dat ik op het punt stond een schat te onthullen, een diepgaand begrip, diep in mijn verscholen dat waarschijnlijk velen ten goede zou komen, ik kon nergens anders heen. Ik was zo ver gekomen, dat het moeilijk was dit op te geven, maar ik leerde ook dat gesloten deuren net zo nuttig waren om mijn pad te onthullen als open deuren.

Op weg terug van de luchthaven voelde ik mij geroepen om Paloma te bellen. Ons werk was uiteraard geëindigd omdat haar afstuderen naderde en we haar laatste sessies hadden gebruikt om haar voortgang op alle gebieden van haar leven te evalueren, maar vooral die betrekking hadden op haar relaties en haar werk. Ze maakte geen enkel bezwaar tegen het feit dat ik een boek wilde schrijven over onze reis. Als ik haar vroeg of ze het nog steeds goed vond, verzekerde ze mij ervan met een wijze en meelevende blik, dat het goed was.

Het leek mij belangrijk haar te vertellen over de vogel ook al hadden wij al afscheid genomen van elkaar en stond zij op het punt naar Mexico te gaan om zich bij haar partner te voegen. Ik ging ervan uit dat ze zou snappen waarom ik het nodig vond haar te bellen.

"*Jouw wil geschiedde*," rolde van mijn tong toen ik haar stem aan de andere kant van de lijn hoorde. De oude ziel was weer naar voren gekomen en bracht deze vreemde woorden over naar Paloma's wijze innerlijke geleiding. Paloma nam ze vriendelijk aan. Ik vertelde haar dat een vogel tegen mijn voorruit was gevlogen en "verdampt" op weg naar de retraite op de dag van haar diplomering, precies zoals ze had voorspeld. Ik vroeg haar wat dit volgens haar betekende.

"Het weerspiegelde de dood van mijn kleine, angstige ik," antwoordde ze.

"Dat is precies wat mij ook is overkomen de afgelopen dagen," zei ik.

Paloma waardeerde het telefoontje en de bevestiging van haar paranormale en geneeskrachtige gaven, haar impact op mij en bovenal haar precisie qua timing. Nadat we hadden opgehangen, dwaalden mijn gedachten af naar mijn belangrijkste kinderdromen, voorgevoelens die mijn toekomstige pad voorspelden evenzo precies als Paloma's voorspellingen. Wederopstaan na in mijn droom te zijn gedood, voelde als een enorme doorbraak, samen met de intuïtieve wetenschap dat ik vele eerdere levens had gehad en wijsheid had verzameld als honing in een honingraat, niemand gedurende dit leven kwaad kon doen of belemmeren.

Mijn dromen en inzichten, ooit slechts lichtflitsen, waren nu zo krachtig als schijnwerpers die nieuwe helderheid en ervaring uitstraalden naar ieder niveau van mijn zijn. Deze mysterieuze hoogtepunten in mijn ervaringen van kracht konden niet worden nagebootst, gemeten of getest in een onderzoeksproject. Ze waren heilig, spontaan, uniek, complex en paradoxaal, zowel beangstigend als bemoedigend, moeilijke en inspirerende tekenen langs mijn heroïsche, mythische reis. Ze veroorzaakten en ondersteunden mijn reis van transformatie. Het wegdoen en missen van de centrale draad van deze zeer intieme en persoonlijke ervaringen voelde als het stelen van mijn ziel, en alles dat doel en betekenis gaf aan mijn leven. Geen wonder dat de opmerking van Dr. Meehl -dat iedereen die meer vertrouwde op zijn persoonlijke ervaringen dan op starre onderzoeken, zichzelf bedroog- mij zo enorm stoorde.

Ik was zo blij om Robert en de kinderen te zien toen ik vroeg in de avond thuiskwam. Het voelde alsof ik uit de dood was opgestaan. Ik inhaleerde de geur van hun haar en leeftijd, Jade was nog geen jaar oud en Terrance viereneenhalf. Met een brede glimlach naar Robert wiegde ik hun lichaampjes met de mijne, genoot ik van de klanken van hun schattige stemmetjes en elke beweging die zij maakten, kroop in bed met hen, en wilde ik hen nooit meer loslaten.

Hoofdstuk 18

OP DE THUISREIS

> *Onze voorouders aanbaden de Zon en waren*
> *niet zo dwaas. Het is logisch om de Zon en de*
> *sterren te eerbiedigen omdat wij kinderen zijn…*
> *Voor kleine wezens zoals wij, is de onmetelijkheid*
> *alleen draaglijk door liefde.*
> ~ Carl Sagan

IN DE WEEK NA MIJN baanbrekende retraite ontmoette ik Mimi, de masseuse die de beste resultaten boekte voor wat betreft mijn aarding en het opnieuw centraal stellen van mezelf in mijn lichaam, wanneer ik mij overrompeld voelde en een reset nodig had.

"Raad eens? Je was een van mijn zeven kosmische zusters die mij gezelschap hielden toen ik helemaal alleen werd achtergelaten in een Super 8 in Connecticut!" zei ik terwijl haar magische handen knopen losmaakten en watervallen van tintelingen over mijn rug veroorzaakten.

"Wat zei je?" vroeg ze en stopte daarmee abrupt mijn hemelse verwennerij. "Wacht even. Ik moet je iets laten zien. Dit geloof je niet."

Ze haalde een klein schilderijtje tevoorschijn van zeven omhulde hoofden van inheemse vrouwen onder een sterrenhemel en legde dit in mijn handen.

"Ik kreeg dit van Standing Deer, een medicijnman en kunstenaar van de Tiwa-stam toen ik hun dorp bezocht in Taos, New Mexico. De leden van deze stam geloven dat zij van de Pleiaden afkomstig zijn, de Zeven Zusters!"

Ja! Daar kom ik vandaan! Hoorde ik een bekende stem—na een week stilte—in mij zeggen.

"Hoe bestaat het! . . . Ik had er geen idee van dat mijn zeven kosmische zusters een gesternte waren. Ik dacht dat het echte mensen waren. Misschien waren het echte mensen die verband hielden met deze sterren. Je zal niet willen geloven wat er allemaal in Connecticut is gebeurd. Dit maakt het nog verbazingwekkender."

Ik vertelde Mimi bij stukjes en beetjes wat er was gebeurd. Het was lastig om alle gebeurtenissen terug te halen en in de juiste volgorde in een coherent verhaal te vertellen, ook al was er geen enkel moment dat ik een black-out had gekregen. Mijn brein functioneerde als dat van een kind, in staat de belangrijke woorden in een verhaal te lezen, maar zonder diepte, breedte en complexiteit om het gebeurde volledig te kunnen integreren in een groter spiritueel thema. Ik ontspoorde regelmatig als een plaat die blijft hangen, me pijnlijk bewust van de gaten die Paloma probeerde te dichten.

Mijn intuïtie was nog altijd zo scherp als dat van een jachthond. Ik pikte een vleugje van veelbelovende aanwijzingen op die mij langs een aantrekkelijk spoor leidden. Eerste halte terug naar Paloma. Ik was er verzekerd van dat ze het niet erg zou vinden als ik haar mailde. Ik vroeg haar of ze ooit van de Pleiaden had gehoord. En zowaar, ze mailde mij terug dat ze een onverklaarbare, mysterieuze band had met de Pleiaden en had overwogen een tatoeage te nemen van de zeven sterren. Haar nieuwe partner had een gespikkelde moedervlek in de vorm van het Pleiadengesternte. Ik vertelden dat de Pleiaden een sterke begeleiding voor mij hadden gevormd in de afgelopen dagen en zowel in codes als in symbolen waren verschenen.

De gaten in mijn brein weerhielden mij ervan te vragen wat ze voor haar en haar vriendin betekenden. Ik had haar willen vragen of dit het "thuis" was waar ze zich door aangetrokken voelde tijdens Kays workshop, maar misschien deed ik het bewust niet. Ik was me bewust genoeg om alleen informatie te vragen die belangrijke gaten zou kunnen dichten en weerhield mij ervan haar paragnostische gaven uit te buiten om het mezelf makkelijker te maken.

Mijn onzekerheden over de toekomst en het onbekende waren de obstakels die ik moest overwinnen. De feedback van Mimi en Paloma had mij genoeg richting geboden om voor verdere begeleiding naar de hemel en de sterren te kijken. Gedurende de drie daaropvolgende weken, volgde ik de ene aanwijzing na de andere tot een behoorlijk aantal puzzelstukjes op hun plaats vielen op de dag voorafgaand aan een bijzonder kosmisch evenement. Ik kreeg sterk de neiging contact te maken met Tim en de *Hunka*-groep om mijn verontschuldigingen aan te bieden voor mijn verstorende en respectloze gedrag tijdens onze laatste bijeenkomst, maar vooral om mijn ontdekkingen met hen te delen. Ik vermoedde dat deze nieuwe informatie hen erg zou interesseren en onze relatie zou herstellen.

In een e-mail, legde ik uit dat het voelde alsof mijn lichaam was overgenomen door een *iyeska*, een medicijnpersoon, die probeerde een belangrijke, gecodeerde boodschap over te brengen naar ons door middel van cijfers en oude Maya astrologie.

De doorgekomen boodschap komt overeen met jouw vorige bood-schap over goddelijke vrouwelijke energie die terugkeert naar Moeder Aarde. Ze is alleen veel gedetailleerder. Toen ik de Da Vinci Code las, ontdekte ik dat Venus de vijfpuntige ster werd genoemd vanwege haar pentagramvorm. Ik heb Venus, wat toevallig mijn geboorteplaneet is, gegoogeld. Morgen, 8 juni 2004, is de dag waarop de eerste Venus-transitie via internet wordt uitgezonden. Deze transitie vindt slechts één of twee keer per 112 jaar plaats.

Venus staat bekend om haar goddelijke vrouwelijke energie en was een centraal onderdeel van de Mayakosmologie. Dat gold ook voor de Pleiaden, de Zeven Zusters, die mij gezelschap hielden tijdens mijn late avondmaal in Super 8 op 13 mei (13/5), de symbolische dood van een oud, ongebalanceerd, mannelijk tijdperk. Het getal dertien was een belangrijk getal voor de Maya's. Het vertegenwoordigt het aantal daadwerkelijke maancycli per jaar en het aantal weken per seizoen.

Het is zowel een priemgetal als het achtste getal van de rij van Fibonacci die een mysterieus parallel verband heeft met de Gulden Snede, 1,618, de formule die ten grondslag ligt van de goddelijke vrouwelijke spiraalpatronen die overal in de natuur te vinden zijn. De Aarde en Venus, zusterplaneten, hebben een gesloten gefaseerde omloopcyclus die gebaseerd is op een 13:8 ratio en die wordt geasso-cieerd met de Gulden Snede. Dit wordt geheel afgeleid van het feit dat Venus 1,6 maal sneller rond de zon draait dan Aarde waardoor 13 omwentelingen van Venus gelijk zijn aan 8 jaren.

Van daaruit werd ik geleid naar de astrologische en spirituele betekenis van deze zeldzame gebeurtenis die een voorbode is van een veel groter planetaire en galactische transitie en cyclus, waarvan ik mij tot nu toe niet bewust was noch in geïnteresseerd was. De Maya's en andere oude volkeren zoals de Tibetanen, beschouwen de aanstaande transitie op 21 december 2012 als een historische transitie naar een nieuwe eeuw, de Gouden Eeuw, spiritueel gezien de meest betekenisvolle tijd voor de transformerende groei van de planeet en al haar kinderen. Het luidt de terugkeer in van de Grote Moeder, een nieuwe golf aan creatieve energie van het galactische centrum, en de terugkeer van de gevederde slang, Quetzalcoatl, het Mayasymbool voor hemel-aarde, "Zo boven, zo beneden," gelijk aan de betekenis van de kapemni. Dit gebeurt wonderbaarlijk genoeg slechts eens in de 13 baktun, om de 5125 jaren.

Aan het eind van mijn e-mail schreef ik dat ik hoopte dat we in contact bleven met elkaar, maar dat ik het zou snappen als ze er de voorkeur aan gaven dat ik geen contact meer opnam met hen. Tim schreef een korte e-mail terug waarin hij schreef dat ik een mooi persoon was en meer dan begiftigd. Het niet weten wat hij met mijn energie aan moest, leidde af. De ceremoniën waren zwaar en vereisten zijn volledige aandacht, maar hij beloofde dat hij in de toekomst beter zou omgaan met dergelijke situaties.

Na zijn e-mail hoorde ik nooit meer iets van hem en de vrouwen. Hoe teleurstellend dit ook was, de leegte die ik had verwacht te zullen voelen, was gevuld met de wetenschap en bevestiging van Tim dat hij het goed bedoelde en zijn best gedaan had onder de omstandigheden. Hij deed mij een genoegen door onze verschillende roepingen te erkennen en hij liet mij over aan Mary en het Universum mij verder te begeleiden in mijn reis. Ik voelde hetzelfde jegens Paloma en vertrouwde erop dat het Universum nieuwe leraren en ervaringen had klaarstaan voor haar die beter voorzien waren om haar op haar pad te begeleiden.

Na deze korte uitwisseling met Tim, raapte ik de moed bijeen om mijn banden met de psychotherapiegroep door te knippen en van hen te scheiden nu ik toch bezig was. Het was vriendschappelijk, en van wederzijds respect en waardering voor onze verschillende visies op de wereld. Ik deed te hard mijn best om het te laten slagen in plaats van mee te gaan met de stroom en de begeleiding die bij mij paste.

Dankbaar viel ik in Mary's liefdevolle armen. Ik had haar verteld over het gebeurde met White Clouds Running Bear in Connecticut en vertelde haar over mijn ontdekkingen over de Zeven Zusters en 2012. Hoe kan ze dat gezien hebben? Ze stuurde mij brieven in haar mooiste cursieve handschrift in enveloppen die versierd waren met stickertjes en tekeningen van hartjes, trots op de grote stappen die ik gezet had in mijn ontwikkeling en dat herinnerde mij aan een van mijn favoriete leerkrachten van de basisschool. In een van haar lieve brieven schreef Mary:

Lieve One, Rainbow Crystal Woman,

Wees gezegend en dank je voor de kaarten, aantekeningen, foto's en verhalen. Je raakt mijn leven, mijn hart en ziel. Ik glimlachte van binnen en van buiten toen je zei dat ik de wind onder jouw vleugels ben. Mijn vriendin schreef een boek over mij gebaseerd op elf jaar briefwisseling. De titel: Daughter of the Wind. Binnenkort zullen er andere voorwerpen en lessen naar jou worden gestuurd. Er is een medicijnzakje voor jouw ingesloten met ceder, salie, vlotgras en jeneverbessen voor reiniging, zuivering, bescherming van de ziel. Ook een steen uit New Mexico, een heilig land, die helpt met waarheid, vertrouwen en dankzegging.

Op de foto's zie ik dat je leven en bezieling uitstraalt—wat een mooi cadeau voor de mensen! De medicijnzak voor jou is de enige die ooit gemaakt zal worden. Ik heb deze kleuren en het bloemontwerp niet eerder gebruikt. Dit laat zien hoe speciaal je bent. Ook toont dit de uitstraling van en de kracht in jou. De bloem is het symbool van de schoonheid van de aarde. Goud (hart van de bloem), staat voor Zon. Zon is de straling en het leven van de Schepper. Paars (bloemblaadjes), is waar jij nu staat. Groen (bladeren) is de aarde kleur: het symbool voor de gouden adelaar en heling.

Je bent enorm aan het groeien en ik ben erg trots op jou. Ik hou van je en je bent telkens en op allerlei manieren in mijn hart en mijn gebeden, voor altijd.

Aan de telefoon vertelde ze mij dat de bidlinten de laatste vijftig jaar pas helemaal in rood werden gemaakt, voor bescherming en kracht. Ze vertelde mij ook over de nauwe band tussen de Lakota en de Zeven Zusters. De ouderlingen geloofden dat hun voorouders en White Buffalo Calf Woman waren neergedaald uit de Pleiaden.

"Je werd door een oude geest bezocht die jou wilde leren over de geest van Moeder Aardes kristallen hart—de regenboog—omdat het ook een ziel is van pure kristallen eigen wezen, de essentie van ons leven voordat het de menselijke vorm aanneemt. Dat is waarom in oude tijden, de bidlinten traditioneel groen, blauw en lavendelkleurig werden gemaakt om de zeven kleuren van de regenboog van alle heilige richtingen te weerspiegelen," zei ze, blij met het bewijs dat ik inderdaad Rainbow Crystal Woman was.

Ze scheen niet bezorgd te zijn dat ik spontaan opgeroepen en overgenomen was door deze oude ziel, noch vond ze het nodig om te begrijpen wat er precies was gebeurd. Ik had contact kunnen maken met energie van een wezen uit een vroeger leven, een wezen met een parallel leven in een andere dimensie, een eeuwenoude bezoeker van de Pleiaden die zijn essentie met de mijne verstrengelde om meer afstand te overbruggen, zoals in een estafette of een overkoepelende algeest die bij stukjes en beetjes al het bovenste omvatte. Ik kreeg de indruk dat deze doorsijpelingen en visitaties redelijk typisch waren in haar verruimde realiteit, en dat ik mettertijd beter zou kunnen onderscheiden wat er gaande was in mijn onderhandelingen over hoe en waar ik mijn gedachten en lichaam kon delen.

"De oude gewoontes maken een comeback in gevoelige regenboog mensen zoals jij. Je hoeft niets te weten. Je kunt zo dom zijn als maar wezen kan zoals ik. Je moet gewoon een gewillige baanbreker zijn om katalytische veranderingen te brengen, hernieuwde keuzes en bewustzijn. Dit werd voorspeld door de Maya's, de Hopi, de Lakota en veel andere inheemse groeperingen," zei ze.

"Mag ik je iets vragen? Ik ben mijn memoires aan het schrijven en twijfel over het delen van informatie over de inheemse volken en culturen. Ik weet niet of het vertrouwelijk is en beschermd moet worden. Ik wil niet bijdragen aan het uitbuiten van heilige culturele tradities en informatie die de inheemse volken toebehoort. Tegelijkertijd is dit alles een sleutel naar mijn verhaal en ontwikkeling en wanneer ik incheck hoor ik 'Ja dat moet ook worden meegenomen.' Wat denk jij?"

"Het is het doel van jouw ziel om over de wijsheid van de oude volken te onderwijzen en te schrijven en zodoende de inheemse ziel van de mensheid terug te winnen. Vele groepen die elkaar nooit hebben ontmoet bewaren het op gelijke wijze door de directe begeleiding van de zielen. Ze hebben jou uitgekozen omdat jij er respectvol mee omgaat en het als een gift aanbiedt om mensen te helpen. Dat is waar het om gaat. Ze zegenen jouw pad," zei ze.

"Oké. Als dat zo is dan zal ik het doen," zei ik. Ik was opgelucht en zei tegen mezelf dat ik moest stoppen met externe bevestiging en toestemming te zoeken. Het haalde mij uit mijn doen. Mary's liefde, telefoontjes, cadeautjes, gedichten en brieven maakten het goed voor honderd steungroepen. Ik kon niet geloven dat ik zoveel geluk had en vroeg mij af of ik droomde wanneer zij mij met haar bovenaardse liefde omhulde. Jammer genoeg duurde mijn droom slechts een paar weken. Ze zei uit het niets tijdens een telefoongesprek dat ze geen contact meer wilde houden. Ze was te ziek geworden.

Het nieuws was een enorme klap. Ik wist niet eens dat ze ziek was, en wat ze had. De timing en de aard van onze relatie was zo raar dat ik mij heel even afvroeg of ze van gedachten was veranderd en gewoon van mij af wilde, of dat dit de waarheid was. Ik ging te rade bij mijn intuïtie en besloot te geloven wat ze mij had verteld. Ik uitte mijn waardering voor al haar cadeaus en begeleiding—die ik voor altijd zou koesteren—en wenste haar het allerbeste met haar herstel. Ik besloot geen nieuwsgierige vragen te stellen, of haar ziekte levensbedreigend was, of ik ooit in de toekomst contact met haar kon opnemen, of dat ik van haar zou horen wanneer ze zich beter voelde. Ik pikte haar hints op en respecteerde haar behoefte aan privacy, maar had het gevoel dat ze mij met zoveel wijsheid en liefde had overladen omdat het einde in zicht was. De persoon loslaten die mijn oude zelf beter kende dan wie dan ook, voelde als een nieuwe les van verlies, leren leven met de mysteries van het leven en het onbekende, en open te blijven staan voor begeleiding en antwoorden.

Ik keek naar de foto die ze mij gestuurd had. Een aantrekkelijke, licht getinte, gemengde inheemse vrouw die midden zestig leek, staarde terug naar mij. Ze stond trots voor twee vervaagde foto's die op de muur achter haar hingen. Ik gokte dat een daarvan de foto van Crazy Horse was over wie ze mij had verteld. Ik zette haar foto op mijn altaar, las haar brieven en voelde haar intense, onmetelijke, kristalheldere liefde voor mij. Het verdriet was te vaag om tranen te laten. Bijna een jaar lang vulden haar foto en brieven mij met liefde, wijsheid, kracht en hoop wanneer ik mij alleen en verloren voelde.

Op het werk ontdekte ik dat ik niet langer verlamd werd door de angst om cliënten schade te berokkenen. Dat kwam door het krachtige en effectieve werk dat ik met Paloma en Mary had gedaan. Helaas was ik verre van klaar. Onder de oude, teerachtige lagen van zelftwijfel en de angst mijn cliënten pijn te doen, lag een nog oudere laag van angst die net zo, of misschien zelfs wel meer, bizar en verlammend was dan mijn bezorgdheid over de zorgstandaarden op mijn gebied.

De angst dat ik mijn jonge kinderen zou schaden—als ik mijn spirituele groei voortzette—doemde op in mijn perifeer bewustzijn. Ik had deze angsten op mijn cliënten geprojecteerd omdat ik nog geen kinderen had toen deze voor het eerst de kop opstaken. De diepere wortelen die verband hielden met deze angsten, werden langzaam ontraadseld. Ik maakte mij zorgen over mijn afstandelijke gevoelens jegens mijn kinderen toen ik mijn bijna-doodervaring beleefde en ik het gevoel had dat ik werd overgenomen door de geest van Rainbow Crystal Woman. Ik ging volledig op in gelukzaligheid in die intense periode, dat ik zelfs vrede zou hebben gehad met de transitie als ik was gestorven. Ik vroeg me af of mijn oude ik de weg terug zou hebben gevonden als Tim en de groep mij niet terug naar mijn lichaam gedrumd hadden.

Mijn angst dat ik weer helemaal in de gelukzaligheid zou opgaan, nalatig zou zijn of mijn kinderen op een of andere manier schade zou berokkenen als ik meer training zou volgen, werd versterkt door synchronistische "bedreigingen" en "waarschuwingen"—bijvoorbeeld een krachtige windstoot die uit het niets opstak en keihard een deur tegen Terrance blies, Jade die struikelde en haar hoofd tegen de hoek van een tafel stootte—op het moment dat ik besloot een stap te zetten, onderzoek te doen of te zoeken naar een nieuwe leraar. Deze gebeurtenissen deden mij stoppen en terug duiken in mijn inactieve modus.

Dankzij Mary's vertrouwen in mij, had ik meer vertrouwen gekregen in mijn intuïtie en het proces. Het was hartverscheurend om via Google erachter te komen dat ze inderdaad binnen een jaar na ons laatste gesprek voorgoed was heengegaan. Het bevestigde in ieder geval de juistheid van mijn onderbuikgevoel dat ze mij de waarheid had verteld over haar gesteldheid. Ik durfde alle andere informatie die ze met mij gedeeld had ook te geloven. Ik kon haar aanwezigheid voelen die mij hielp te aarden en mij liet zien hoe ik geduldig moest afwachten tot iets veranderde, rijpte, en mij begeleidde naar een beter begrip wanneer de tijd daar rijp voor was.

Door het plotselinge herseninfarct van *Apoh*—mijn grootmoeder in Hong Kong—werd ik uit mijn verlammende angst mijn kinderen te schaden gerukt. Het leven was te kort en te waardevol en de angst om te sterven en onafgemaakte zaken achter te laten, maakte mij nog angstiger dan het risico fouten te maken waarmee ik mijn kinderen kon schaden.

Ik zocht en vond een sjamanistische leraar met een goede naam die mij zou kunnen helpen om alles te doorzien: Michael Harner. Na het bericht dat *Apoh* verslechterde in plaats van beter werd, pakten Ma, Pa en ik het vliegtuig om afscheid van haar te nemen. Onze reis overlapte de sjamanisme workshop van Harner die ik zou volgen en waarvoor ik al had betaald. Ik kreeg een tegoedbon van hetzelfde instituut waardoor ik een paar maanden later het volgende sjamanistische seminar, verzorgd door Isa Gucciardi van de Foundation of the Sacred Stream, kon bijwonen.

Onderweg naar de workshop van Isa had ik een visioen van een hert. Een paar minuten later reed ik voorbij een hert dat langs de snelweg graasde. Ik glimlachte dankbaar voor dit bemoedigende teken. Het hert en het schildpad waren de eerste twee dierlijke spirituele gidsen waarmee ik spontaan contact had gekregen tijdens de retraite met Tim in 2001, waarna Standing Deer mij kennis had laten maken met de Zeven Zusters in zijn schilderij.

Isa leerde ons de fijne kneepjes van het sjamanistisch reizen: hoe je veilig niet-doorsnee werelden binnen kon gaan en verlaten en hoe een helpende gids te ontmoeten. Ik zou haar waarschijnlijk niet zelf hebben gekozen als leraar en dankte *Apoh* dat ze mij naar haar geleid had. Haar leerstijl was precies waar ik al die jaren naar verlangd had, het combineren van de traditionele leer met externe structuren met genoeg flexibiliteit en vrijheid om in mijn ware natuur te verankeren.

Drumgeleide sjamanistisch reizen voelden als fietsen. Toen ik eenmaal mijn belemmeringen had laten gaan, versmolt en metamorfoseerde mijn ziel met krachtige dieren en spirituele gidsen nog voordat ik formele instructies ontving hoe dit te doen. Ze benaderden mij als een groep enthousiaste wilde honden die eindelijk uit hun hok waren bevrijd en graag met mij wilden spelen.

Tijdens mijn eerste officiële reis bijvoorbeeld, transformeerde ik meteen in Anansi, de sluwe spin en West-Afrikaanse god van de wijsheid en verhalen. Ik kroop op mijn boomgids, de heilige kankantriboom die grote indruk op mij had gemaakt in Awarradam en ik spon een draad die mij de weg wees naar de lagere wereld. Ik had een goddelijke openbaring. Ik vertrouwde op de onzichtbare dunne draad waaraan ik met mijn leven hing. Ik kroop in een web, mijn huis en stuitte op een andere openbaring: dit delicate, bijna onzichtbare web hield alle belangrijke gebeurtenissen uit mijn leven samen. Ik keek met een frisse blik en zag dat dit de bron was die mij leven gaf, die mij verbond met mijn externe wereld, mij voedde en mij gaf wat ik nodig had om te overleven. De betekenis van de spin en het web, veranderde van een metafoor in een vleesgeworden sensatie, innig verbonden met mijn fysieke overleving.

Tijdens de reis over mijn geboorte zag ik een flits van de staart van een jaguar de "vulva", een verticale lipvormige gleuf van mijn boom, binnengaan. Het volgende moment was ik de jaguar, mijn lichaam lenig, gestroomlijnd en sterk. Jaguar nam mij mee, diep in de kieren van de aarde waar ik was geboren en transformeerde in een groen zaadje. Ik was bewust gezaaid in rijke vruchtbare Surinaamse aarde om vetgemest te worden met haar spirituele energie en werd ondersteund en op de plek gehouden door de erfenissen van mijn ouders en hun voorouderlijke wortels die de rode, zwarte, gele en witte etnische groepen vertegenwoordigden, de kleuren van mijn medicijnwiel. Deze jaguarenergie was zeer aanwezig in de ziel van de oeroude heler die mijn lichaam had overgenomen tijdens Tims tweede retraite. Ik voelde mij beschermd, begeleid en geliefd op een manier die niet te bevatten was en kreeg het gevoel dat de opvallende omstandigheden rondom mijn geboorte gekozen waren met de intentie om het succes van mijn missie te perfectioneren.

Elke daaropvolgende reis verbreedde en vergrootte mijn zelfbegrip in een totaal ander licht en bevatte de belangrijke ontbrekende stukjes die mijn regenboog overtuigingen en mijn pad versterkten. Ik begreep het belang van voorouderlijke tradities en het nageslacht om kennis door te geven, maar begon deze ook te zien als culturele en fysieke vormen die sommigen van ons, zoals Paloma, niet per se nodig hadden om over de kennis te beschikken die door de jaren heen was doorgegeven. Uiteindelijk vond ik een leraar en holistische modaliteit—diepte-hypnose, een combinatie van sjamanistische genezing, transpersoonlijke psychologie, Boeddhistische psychologie en energiegeneeskunde—wiens leer erg resoneerde bij mij en mij de gelegenheid gaf alles te zijn waar ik voor geboren was. Mijn gaven en vaardigheden bloeiden op, maar de angst mijn kinderen te schaden, kwam af en toe terug gedurende het jaar van mijn opleiding.

Toen Jade op ongeveer tweejarige leeftijd nachtangsten begon te krijgen en ontroostbaar schopte en schreeuwde midden in de nacht alsof ze bezeten was, was ik ervan overtuigd dat ze te maken kreeg met hetzelfde trauma dat ik zo lang had proberen te ontduiken. Zelfs wanneer ik haar in mijn armen vasthield, kostte het soms tien minuten om de trance te doorbreken en haar gerust te stellen dat ze veilig was.

Ik voelde me steeds machtelozer, wanhopiger en bereid om alles te doen om haar te helpen. Tijdens een genezingssessie, geleid door Sacred

Stream leraar en beoefenaar Laura Chandler, gaf ik toe aan mijn angsten, worsteling en schuldgevoel terwijl ik me Jades pijn voorstelde en spontaan werd getransporteerd naar een andere tijd en ruimte.

"Kijk naar je handen en kijk om je heen, vertel me wat je ervaart," zei Laura.

Ik keek naar mijn jurk, schort en mijn omgeving en kwam tot de conclusie dat ik in een tijdperk beland was in de vroege middeleeuwen in Frankrijk.

"Ik ben een kruidkundige, een boer in een klein Frans dorpje. Ik werd beschuldigd van hekserij. Iemand in de gemeenschap voelde zich bedreigd door mijn helende krachten," zei ik, geschrokken en tegelijkertijd geïntrigeerd door hoe echt dit aanvoelde. Het was heel anders dan meeleven met een figuur in een film. Ik was de figuur in deze scène en beleefde het met hetzelfde zelfbewustzijn dat ik ervoer als Loraine. Het was ook anders dan wanneer een oude ziel mij bezocht. Er was slechts één van mij in dit lichaam en we waren in een totaal andere setting die ongelooflijk realistisch aanvoelde.

"Een man sleept mij totaal onverwacht uit mijn huis,... de kinderen schreeuwen... ik maak me meer zorgen over hen dan over mezelf..." zei ik en ik was totaal over mijn toeren en aan het doordraaien. Laura stuurde mij snel richting mijn dood om mijn lijden tot een minimum te beperken.

"Ik werd vermoord zoals vele andere vrouwen die in die tijd werden beschuldigd van hekserij... Vlak voor ik stierf, dook ik diep in de wetenschap dat ik licht was, gene lichaam, en klampte me met al mijn macht daaraan vast... het beschutte de pijn en het trauma van mijn lichaam omdat ik wist dat het berokkenen van schade aan mijn lichaam, de echte ik niet kon schaden noch mijn licht kon doven... Maar mijn kinderen, een jongen en meisje van schoolgaande leeftijd, waren ontzettend geschrokken en leden enorm door mijn dood," zei ik snikkend met een schuldgevoel en intens verdriet terwijl ik op hen neerkeek.

"Herken je hen?" vroeg Laura.

"Oh mijn . . . Het waren Terrance en Jade. Driftig en vies, maar dezelfde flinke Terrance die de wereld als schoppend en tegenstribbelend in kwam. Zijn Chinese naam betekent krijger van de Tao. In zijn vorig leven werd hij als volwassene actief in de politiek en organiseerde hij bijeenkomsten voor de gemeenschap om dergelijke heksenjachten te stoppen, maar Jade, even gevoelig als ze nu is, was lange tijd uitermate ontredderd. Wow. Mijn toenmalige echtgenoot, een zachtaardige blanke man met een rossige baard, is Robert, mijn huidige man. Hij zorgde voor onze kinderen maar voelde zich leeg en miste mij enorm," zei ik, niet in staat het tranendal te stoppen. Er was zoveel verdriet, hartzeer, liefde en kracht in zijn hart terwijl hij dag na dag probeerde door te komen. Alles was zo logisch. Geen wonder dat hij er zo op gebrand was met mij te zijn toen we elkaar voor het eerst ontmoetten. We waren teruggekomen om onafgemaakte zaken samen af te ronden. De geboorte van Terrance kenmerkte de frustratie van het duwen tegen de weerstand die zo dik en onbuigzaam was als een muur. De geboorte van Jade liet zien wat onze vrouwelijke lichamen en onze goddelijke creatieve baarmoeders konden doen wanneer deze op de juiste manier werden geheeld en geëerd.

Na deze sessie was ik niet langer bang mijn kinderen te schaden. Doordat ik mij realiseerde dat ik niet degene was die hen in het verleden schade had berokkend, voelde het alsof er een enorm gewicht van mijn schouders afviel. Ik had mezelf de schuld gegeven destijds en gedurende mijn huidige leven, voor datgene wat gebeurd was omdat de reeks van gebeurtenissen en de enorme pijn alles wazig maakte. Ik kon de angsten voor mijn eigen dood in mijn kinderdromen oplossen, zoals ik had gedaan vlak voordat ik werd vermoord, maar het lukte mij niet toegang te krijgen tot de diepe angst, schuld, verborgen razernij en de angst om anderen schade te berokkenen die ik associeerde met het verder uitbreiden, en deze weg te nemen.

Ja, dat klopt. Je werd enorm uitgelokt door insinuaties dat je iemand pijn zou kunnen doen als je sprak vanuit jouw overtuiging en kracht en je jezelf het zwijgen oplegde omwille van jouw ouders, je cliënten en uiteindelijk jouw kinderen.

Mijn intenties waren nu vervuld van niets meer dan liefde. Ik was geruster over mezelf en mijn overtuigingen. Als Jade wakker werd met nachtangst, knuffelde en wiegde ik haar in mijn armen en was ik mij er erg van bewust en hoopte ik dat er iets zou aanslaan om haar meer te laten aarden in dit leven. Ik wilde bovenal dat ze het vertrouwen zou hebben dat ik niet vervolgd en bij haar weggenomen zou worden, omdat ik zei waarin ik geloofde en daar ook naar leefde.

Jades nachtangsten verminderden, maar gingen nooit helemaal weg. Naarmate zij ouder werd, was ze in staat te beschrijven wat ze ondervond: zich verloren voelen, als een weeskind, en alsof ze alleen over ruige, mee-dogenloze landschappen wandelde midden in de nacht, waarbij ze soms beschutting vond in een grot en andere keren op de deur van een vreemde durfde te kloppen in de hoop dat men haar binnenliet, onderwijl zoekende naar mij en mij verschrikkelijk missend. Ik hield haar vast en troostte haar, wiegde haar in mijn armen en zong kinderliedjes totdat haar lichaam versmolt met de mijne en haar paniek en gejammer stopten.

Het stoorde mij dat ik cliënten kon helpen met het paranormale doorsijpelen van trauma's uit een vroege jeugd of een vorig leven. Ik kon holistische en intuïtieve interventies gebruiken om hen te helpen vaststellen wat er aan de hand was, de juiste betekenis daarvan, begeleiding en giften uit hun meest uitdagende ervaringen. Maar ik wist nog steeds niet hoe ik mijn eigen dochter kon helpen en haar lijden kon verlichten.

Ik kreeg ontzettend veel heimwee naar Suriname, mijn vaderland, en kreeg plotseling het inzicht dat opnieuw de verbinding aangaan met mijn thuis in het regenwoud, mij begeleiding zou kunnen verschaffen. Terrance had niet zulke nachtmerries als Jade, maar zo af en toe uitte hij ook zijn bezorgdheid over mijn fysieke veiligheid. De kinderen maakten zich geen zorgen over Robert hoewel die graag over de weg fietste, hetgeen veel meer risico met zich meebracht dan alles wat ik op een willekeurige dag deed.

Ik verlangde er enorm naar om hen beiden te laten zien wat mij als kind had gevormd. Ze waren nu oud genoeg om de mystieke energie van deze speciale plek, die bekend staat levensveranderende indrukken te maken op mensen die het voor het eerst bezoeken, te ontdekken en in zich op te nemen. Toen ik Robert over mijn voornemen vertelde was hij net zo enthousiast als ikzelf.

We kochten de tickets en een paar maanden later reisden we vanuit San Francisco naar Suriname, een reis met lange tussenstops en vertragingen. Jade, bijna acht, en Terrance elf jaar oud, omarmden alle chaos en derdewereldongemakken met nieuwsgierigheid en enthousiasme. Ze vonden het heerlijk hun familie te ontmoeten, door de stad te toeren, langs onze ouderlijke huizen te rijden en een dagtrip naar Saramacca, mijn geliefde *boitie*, te maken. Er was niet veel veranderd in die vijftien jaar sinds de laatste keer dat Robert en ik er waren.

Toen we ongeveer een week in Suriname waren, voelde ik een enorme drang om naar Galibi te gaan, een inheems dorp in het uiterste puntje in het noordoosten van Suriname. Duizenden vrouwelijke *aitkantis*, de lederschildpad, keerden jaarlijks in het broedseizoen terug naar dit beschermde en onbewoonde strandgebied, hun geboorteplaats, om hun eieren te leggen. Ze konden hun weg naar huis terugvinden na ontzettend lange reizen van twaalfduizend kilometer langs vele wereldcontinenten, terwijl ze twee jaar lang voornamelijk kwallen foerageerden.

Jade, Tapoka en Terrance

Dit deel van het land leek volledig in mysterie gehuld toen ik nog kind was, en te ver en ontoegankelijk om er teleurstellende verlangens voor op na te houden. Gelukkig was er nu geen reden om deze onderdrukte verlangens te negeren. De kinderen gaven me er de kans niet toe, vooral niet nadat ik hun had verteld over de mogelijkheid een spirituele *aitkanti* te ontmoeten, technisch gezien de laatste dinosaurus der aarde, die zo'n 110.000—245.000 jaar geleden naast de rest van de dinosaurussen leefde.

We konden met een eco-tour mee die dag na aankomst vroeg in de ochtend uit de hoofdstad Paramaribo vertrok. Onze trip duurde vier uren per bus over hobbelige wegen en nog eens anderhalf uur per boot. Ons bescheiden onderkomen bevond zich in het centrum van Christiaankondre, een reservaat in een inheems dorp te Galibi dat gesponsord werd door het Wereld Natuurfonds. De kinderen genoten van onze hut op het strand en de kinderboerderij waar een vogelspin, wilde wasbeer, slingeraap, babyluiaard en toekan zich vrij door elkaar en in en uit hun hokken begaven. De opzichter Tapoka en zijn huisslingeraap keken toe, ieder in zijn op maat gemaakte hangmat. Tapoka gaf Jade de bijnaam WNF, nadat hij zag hoe lief ze met alle dieren omging. "*Meti lobi meti*," merkte hij op. Ik glimlachte. Ik herkende zoveel van mezelf als kind in haar. Na slechts een paar dagen van Surinames wilde dieren en de natuurlijke omgeving waren mijn kinderen enthousiaster dan ik ooit had durven dromen. Ze waren bevlogen en zeer onder de indruk, zoals ik als kind was geweest, en net zo stralend als de zon.

Onze beste kans om een *aitkanti*—hetgeen achtzijdig betekent in het Sranan Tongo, naar het aantal vakjes op zijn schild—was als wij vroeg in de ochtend zouden vertrekken. Ze nestelden op de verlaten aan Suriname grenzende kust van ons buurland Frans-Guyana.

Tijdens de overtocht over de Marowijnerivier om vier uur in de ochtend, waren er tenminste vijf vallende sterren te zien, net verlichte viltstiften, aan de dik met sterren bezaaide hemel die ons helemaal omringde.

"Ik hoop dat het betekent dat onze wens in vervulling zal gaan," zei ik tegen Terrance die zo opgewonden was dat hij amper had geslapen. Augustus was de laatste maand van het nestelseizoen en de kans om een drachtige *aitkanti* zo laat in het jaar tegen te komen, was erg klein.

We verlieten de boot in de duisternis en liepen langs een lang, ruig strand en kwamen wat droog zeewier en opengebroken schildpadeieren tegen die in hoopjes verspreid lagen. Niet één *aitkanti* te zien. We hadden ongeveer een uur de tijd om er eentje tegen te komen en ik sleepte met mijn voeten en telde de minuten bij elke stap richting het terugkeerpunt.

De meeste kinderen in Suriname waren net als ik nooit naar Galibi geweest en hadden geen *aitkanti* in het echt gezien, maar sommigen van ons wisten dat *aitkantis* speciale krachten hadden. Ze waren het levende bewijs dat magie bestond: ze waren net de hond van tante Gerda, Kazan, die wonderlijk genoeg zijn weg terugvond naar huis toen iemand aan de andere kant van de stad hem naar huis stuurde. Daarnaast waren *aitkantis* nog wonderbaarlijker. Mijn ziel wist dat deze moeilijk te traceren verschijningen van de zee net zo gehecht waren aan het thuisland als ik, onbevattelijk onbuigzaam en precies in hun intuïtieve vermogen in dezelfde aarde te nestelen en hun kroost te laten wortelen als waar zij eerder uit gekropen waren.

Mijn rusteloze hart kon het idee niet verdragen dat ik naar Californië zou terugkeren zonder een *aitkanti* te hebben gezien. Ik was me ervan bewust dat het jaren kon duren voordat we weer als gezin uitgebreid op een dergelijke excursie zouden kunnen gaan.

"Daar!" schreeuwde onze gids, terwijl hij wees naar een enorme, kruipende schaduw een paar meter verwijderd van de glinsterende lijnen van de Atlantische Oceaan.

Als dieven in de nacht, benaderde ons kleine groepje van volwassenen en kinderen langzaam het ongeveer twee meter lange, prehistorische, schuifelende fossiel van vijfhonderd kilo, tot we slechts een paar stappen ervan verwijderd waren. Voor een paar eindeloze minuten knepen Robert en ik elkaars hand, helemaal onder de indruk. De kinderen hurkten om het beter te kunnen zien. Net misplaatste mensen uit een scène van Jurassic Park, keken we geboeid toe hoe deze *aitkanti* haar laatste eieren legde en deze ritmisch bedekte met zand. Vervolgens schoof ze hijgend van uitputting haar aqua-dynamisch lichaam de klotsende zee in met een majestueuze onafhankelijkheid en oude wijsheid zoals je zou verwachten van de laatst levende dinosaurus.

Misschien was het de broeierige hitte van Galibi, misschien was het mijn brein dat zich afstemde op de immense mysteries van het regenwoud, de hemel en de zee terwijl ik me op zo'n kleine afstand van dit navigatiewonder bevond. Toen we terugliepen naar de boot was ik er opeens van overtuigd, dat een *aitkanti* door de jaren heen mijn innerlijke kompas en primaire dierlijke spirituele gids was geweest. Ze had mij begeleid op mijn reis, maakte mijn intuïtieve scherpzinnigheid nog scherper om begeleiding te kunnen ontvangen van de sterren, de zon, de zee en het land en had het juiste moment voor mijn missie kosmisch bepaald.

Als oudere geleerde had haar innerlijke kompas duidelijkheid verschaft aan alle andere vorouderlijke, spirituele en dierlijke gidsen, die vertrouwden op haar onwankelbare besef van het Ware Noorden—thuis—als hun gemeenschappelijke noemer. Hoe meer ik van onze zeer ervaren gids over de *aitkanti* leerde over de bijzondere vaardigheden, hoe meer ik overtuigd raakte dat zij Crow, Anansi en Coyote was in een onderwatervorm. Ze waren *iyeskas*, bedriegers, en shapeshifters van de lucht, de bomen en het land: ze was de goochelaar van de zee. Zelfs haar fysieke geslacht lag niet vast. Het werd bepaald door de temperatuur in de broedperiode en haar omgeving.

Sjamaan betekent: "ziener in de duisternis". Het duiken in de onbekende diepte van de oceaan, tot wel 50 keer per dag tot dieptes van 1200 meter—dieper dan alle andere zeeschildpadden en het overgrote deel van de mariene zoogdieren—kwalificeerde haar absoluut als ziener in de duisternis en ongrijpbare bewaarder van mysteries van de diepe duisternis.

Mijn hart stuurde een stevige omhelzing naar mijn *aitkanti*-gids uit dankbaarheid voor het verstevigen van wat er verstevigd moest worden in mijn ziel. Vlak voordat we onze boot bereikt hadden, ontdekte onze gids twee laatbloeiers die hun weg uit hun zanderige baarmoeder aan het graven waren. Uitgeput waggelden ze onvast richting hun nieuwe vloeibare thuis, vergezeld van Terrance en Jade die op hun buik mee schoven met hun "flippers" om hen de weg te wijzen. Ik bad en vroeg dat deze ontmoeting hun *aitkanti*-ik zou activeren, op dezelfde manier zoals het terugkeren naar mijn thuis, Suriname, dat voor mij had gedaan.

Onze stille, bedachtzame boottrip werd afgesloten met een heerlijke maaltijd en een ochtenddutje. We kwamen's middags weer bijeen voor de middagviering die door iedereen uit het dorp werd bijgewoond. We zaten op de voorste rij, Robert links van mij en Terrance en Jade aan mijn rechterkant.

"Welkom allemaal," zei een van de leiders van het dorp. Ik hoop dat jullie van onze traditionele dansen zullen genieten en van de prachtige gele kleding van de dansers, die de bezielende warmte en het licht van de zon symboliseren. Een groepje danseressen en mannelijke drummers begon te zingen, te drummen en hortende bewegingen te maken. Daarmee brachten ze een ode aan de zon en de maan, de zee en de dieren, de kleinste bloem en de hoogste boom.

Met een toneel-dansritueel speelden de grootmoeders, moeders en dochters een belangrijke legende na die van generatie op generatie werd doorgegeven. Eeuwen geleden waren de vrouwelijke voorouders van deze vrouwen verlaten door de mannen van hun stam—hun echtgenoten, vaders, broers, neven en ooms—die zich stiekem tegoed deden aan het wild dat zij gevangen hadden na dagen te hebben gejaagd. De woedende vrouwen vluchtten met hun dochters en zonen en zoveel mogelijk bezittingen die in hun boten pasten, terwijl ze pijlen schoten op de mannen die hen achtervolgden. Ze vestigden zich in een ander gebied langs de noordkust van Suriname.

"Spaanse ontdekkingsreizigers die deze door vrouwen geleide stammen tegenkwamen, noemden hen, en later de hele regio, de Amazone, naar de sterke vrouwelijke krijgers uit de Griekse mythologie," sprak de omroeper.

De dansers benaderden de vrouwen in het publiek en namen ons bij de hand. Robert glimlachte en knikte mij bemoedigend toe. Toen ik de vrouwen vergezelde tijdens het dansen, voelde ik de aanwezigheid van de *aitkanti*, een zachte onwrikbare en niet-aflatende voelbare kracht die van de no-nonsens-houding en overtuiging van de vrouwen afstraalde. Een sterk gevoel van de wetenschap, *Je bent er, je bent thuis*, kwam vanuit de grond naar boven en vloeide door mijn lichaam tijdens het dansen, kringelde in trance omhoog, en kwam in een dieper, rijkere ervaring van thuis die verder ging dan tijd en ruimte: een heilig vrouwelijk web van leven dat zich uitstrekte vanaf de Melkweg daarboven tot aan de oceanische maalstroom beneden. Ik danste tot mijn voeten en elke cel in mijn lichaam trilden met de wetenschap dat *thuis* nooit meer uit mijn boezem gerukt zou kunnen worden.

Op een avond op een gewone schooldag, niet lang nadat we terug waren in Californië, maakte ik Jade en Terrance klaar om naar bed te gaan.

"Mam, ben je bang om dood te gaan?" vroeg Jade me. Terrance spitste zijn oren, al even nieuwsgierig naar dit onderwerp.

"Waarom wil je dat weten? Denk je dat ik ziek ben of doodga?" vroeg ik.

"Ik weet het niet. Ik ben gewoon bang dat je dood zal gaan," antwoordde ze.

"Ik ook soms," zei Terrance.

"Nou, ik ben heel gezond en ben van plan te blijven tot jullie moe van mij zijn," zei ik, in een poging hen gerust te stellen. Hoe kon ik hen bevrijden van deze wond uit een vorig leven, de angst en pijn die hen nog altijd kwetsten.

En hoe kon ik hen helpen opdat ze zich diep van binnen zouden realiseren dat dit een nieuw leven was? Dat we gewonnen hadden? Ik wilde tegen hen zeggen dat niemand hen bang hoefde te maken in onze bescheidenheid, want zelfs de dood zou ons niet kunnen breken of kunnen scheiden van elkaar.

Hoe kon ik hen uitleggen dat ik zoveel van hen hield dat ik de pijn in hun hartjes met mijn sterke moederlijke gevoelens wilde wegnemen sinds ik kind was, en dat ik bereid was keer op keer naar het einde van de wereld te reizen en naar de sterren en terug, alleen om hen veilig en wel weer in mijn armen te sluiten? Ik wilde dat ze zouden weten dat ze niet hoefden te kiezen voor de gulden middenweg. Het was mogelijk los te komen van het dilemma en te genieten van het beste van beide werelden. Ze konden zich dapper ontplooien en uitdagingen aangaan zoveel als nodig was. Ze konden transformeren in onze wereld en het uitgestrekte multiversum, en toch met hun hart zo bescheiden zijn als zij dat wilden binnen hun intieme liefdescirkels.

Hoe kon ik dat alles zeggen zonder hen het zelf ontdekken van hun pad en de levensmysteries te ontnemen? Ik zat op het bed zoals iedere avond om een verhaaltje voor te lezen, en wenkte hen om onder mijn vleugels—zoals ze mijn armen noemden—te komen zitten in ons knusse nestje.

"Ik denk dat ik een antwoord heb op jouw vraag. Als ik mezelf als een blaadje zou zien dan zou ik doodsbang zijn om te sterven," zei ik. "Maar omdat ik mezelf zie als een boom, weet ik dat ik eigenlijk mijn krachten verzamel tijdens de winter, zelfs als iedereen denkt dat ik stervende ben," zei ik. Ze keken mij met een peinzende blik aan.

"Ik weet dat ik in de lente weer volop in bloei sta met nieuwe blaadjes en nieuw leven. Ik denk dat hetzelfde geldt voor mensen. Het lijkt alsof we sterven, maar eigenlijk is dat niet het geval. We nemen alleen een pauze, en keren fris en een beetje groter en sterker terug in het volgende seizoen," zei ik.

Jade keek omhoog naar mij, drukte haar armpjes om mij heen en zei, "En wanneer we doodgaan dan vind ik je terug, net als de afstandsbediening van jouw auto de auto terugvindt, toch?"

"Zeker. Je hebt me al teruggevonden," zei ik en trok haar dicht tegen me aan, niet in staat mijn tranen tegen te houden. Ik voelde dat ze heel rustig en vredig werd. Een tweede kans kon niet fijner zijn dan deze.

Appendix en Naslagwerken

ACHTER DE SCHERMEN

Alle oevergebieden en stranden zijn deuropeningen
tussen de menselijke wereld en de geestenwereld.
De zeeschildpad is voornamelijk de bewaker
van de deuren tussen dimensies, en zijn verschijning
kondigt een periode aan van nieuwe wonderen
en beloningen als wij de moed erin houden.
Er gaan nieuwe dimensies voor ons open.
~ Ted Andrews

AANGEMOEDIGD DOOR DE Seven Sisters, sloot ik mij aan bij de memoires schrijfcursus van Joy Myers, nadat ik in 2004 van mijn tweede spirituele retraite in Connecticut was teruggekeerd. Pas nadat een paar van de schrijvers hun oprechte, boeiende en prachtig gecreëerde stukken hadden gedeeld met de groep, realiseerde ik mij waaraan ik was begonnen. Ik leerde voor het eerst wat het schrijven van memoires daadwerkelijk inhield. In een strenge academische omgeving varieerden mijn schrijfkwaliteiten van goed tot zeer goed. Tussen deze getalenteerde schrijvers waren mijn kwaliteiten matig, dom, intellectueel, analytisch en onpersoonlijk. Het kostte mij enige tijd voordat ik snapte waaraan het lag: als academica had ik geleerd om het belangrijkste woord—"ik"—, bij het schrijven van memoires, te omzeilen, alsof het luizen had.

Mijn sterke kanten waren mijn duidelijkheid, intuïtie en professionele standpunten van ingewijden. Ik besefte als ik recht wilde doen aan mijn stem, verhaal en de gift van wijsheid die doorkwamen, dat ik moest schakelen en dit schrijfgenre volledig omarmen, zelfs als het voelde alsof ik een heel nieuw studiegebied betrad.

Ik gaf eraan toe en deed een poging mijn verhaal vanuit een persoonlijk perspectief te vertellen, een grote en vreemde eerste stap voor mij. In alle eerlijkheid moet ik bekennen dat het waarschijnlijk geen verschil zou hebben gemaakt als iemand mij had verteld over de steile leercurve die voor mij lag en de vele, langdradige bochten die nodig zouden zijn opdat ik zou arriveren op de plek waar ik nu sta.

Ik had nooit verwacht dat het schrijven van mijn memoires op dezelfde wijze begeleid zou worden als de reis en het verhaal van mijn heldin. Theoretische artikelen, boeken en onderzoekingen kruisten mijn pad vaak en verdiepten hoofdstuk na hoofdstuk mijn begrip van de concepten die ik besprak in mijn memoires. Deze gebeurtenissen vertelden mij dat ik op de juiste weg was. Het schrijven van aantekeningen en het ordenen van deze begeleiding, vulden een pijnlijk gat tussen mij en de twee werelden en overbrugden het slechts vanwege mijn bestaan.

Ik bewaarde deze werken en vermoedde dat vooral hardcore academici en doordenkers deze gedestilleerde, reeks aan hoogtepunten achter de schermen die mij staande hielden en mij duidelijkheid, kracht en energie gaven, zouden waarderen, zoals nieuwe deelnemers in een estafette.

In het begin was ik geobsedeerd door de Gulden Regel, "*Wat niet aan de moeder--(m)other--verteld kan worden, kan ook niet aan het zelf verteld worden,*" bedacht door de vader van de hechtingstheorie, John Bowlby. Hoewel ik het ermee eens was dat we sociale wezens zijn en voornamelijk gevormd door onze belangrijkste en vroegste relaties, voelde ik me behoorlijk bedrogen door deze Gulden Regel, die het basisprincipe vormde van bijna alle therapeutische kaders waarin ik mij had bevonden.

De Gulden Regel verwierp mijn Gouden Waarheid. Gedurende het overgrote deel van mijn opvoeding, noemde mijn moeder mij eigenwijs, waarmee ze de neiging die ik had om het laatste woord te hebben, verwarde met koppige zelfingenomenheid. Ze ontmoedigde nadrukkelijk datgene wat voor mij als een plicht voelde: een stem geven aan subtiele en belangrijke waarheden die de maatschappij in de ban had gedaan Mijn fantasievrienden, natuurgeesten en mijn ziel wisten dat dit de juwelen in het leven waren die het meest fonkelden.

Het viel mij op dat de wetenschap omtrent oorzaak en gevolg--fundamenteel voor de Gouden Regel--soms op mysterieuze wijze omboog en mij steunde. Kunstenaars, schrijvers, mystici, dieren, natuurgidsen en leraren, fysiek of in boeken, verschaften mij woorden en een cognitief begrip op de juiste momenten, waardoor ik kon verwoorden wat ik voelde en ervoer. Niet alleen werden deze vrienden en gidsen de spiegels die ik het meest vertrouwde, hun spiegeling leek mij tevens te begeleiden langs het pad van nieuwe openingen, versies van mezelf en potentieel die bij mij creatief zelfonderzoek en het schrijven van mijn memoires opriepen.

Hoewel deze ongrijpbare gidsen niet de prominente aanwezigheid van mijn ouders hadden, hadden ze een enorme invloed omdat elk van hen en elke interactie tussen ons uitzonderlijk en heel speciaal voelde. Ik hoefde geen conceptueel begrip te hebben van 'synchrodestiny'—zoals Deepak Chopra de synchronistische tekenen noemt die ons pad van doel en lotsbestemming aftekenen—noch behoefde een volwassene mij te vertellen dat deze bijzondere ervaringen de glimmende broodkruimels waren die ik in het leven moest volgen. Dit begrip was voor mij al even natuurlijk als eten wanneer je honger hebt.

Het is onnodig te zeggen dat ik perplex stond toen deze kant van mezelf en de realiteit het meest angstaanjagend voelden tijdens mijn studie klinische psychologie. Telkens wanneer ik met mijn ratio inzette om mijn gevoel van onveiligheid te begrijpen—en deze 'laatste woorden' uitsprak naar mezelf toe uit angst dat ze uit elkaar gehaald werden tijdens een les of supervisie kader in mijn vak—verscheen er een of ander verbazingwekkende en wonderbaarlijke begeleiding die mijn zorgen bekrachtigde.

Op een rustige middag, nog altijd in de ban van Bowlby's Golden Rule, vond ik in mijn brievenbus op kantoor een brochure over het boek "*Attachment in Psychotherapy*," van Dr. David Wallin. De woorden op de brochure, "*The Stance Toward Experience*," ("De Houding met betrekking tot Ervaring"), sprongen eruit. Dr. Wallin beweerde dat "mindfulness" of "onbevooroordeeld mindful bewustzijn" jegens ervaring de oplossing was om gewoonte- en onbewuste hechtingspatronen te doorbreken. Ik ontving het boek dezelfde dag nog. Deze regel op de eerste pagina schoot een stroom van energie door mijn lichaam, "de houding van zichzelf jegens ervaring voorspelt de veilige gehechtheid beter dan de feiten van de persoonlijke geschiedenis zelf." Dit is wat ik zocht. Een paar pagina's verder weidde hij uit:

Mindfulness en veilige gehechtheid kunnen beide –hoewel door zeer verschillende routes—dezelfde waardevolle bron genereren, namelijk een geïnternaliseerde veilige basis. Veilige gehechtheidsrelaties in de kinderjaren en psychotherapie helpen deze geruststellende interne aanwezigheid te ontwikkelen door ervaringen waarbij we worden erkend, begrepen en verzorgd te internaliseren. Mindfulness kan een vergelijkbaar geruststellende interne aanwezigheid ontwikkelen door ons (vluchtige of blijvende) ervaringen van het onbaatzuchtige of universele Zelf te laten opdoen, hetgeen simpelweg bewustzijn is.[5]

Ongeveer een jaar later woonde ik een seminar bij getiteld "Mindfulness and the Brain", dat gepresenteerd werd door Dr. Jack Kornfield, auteur van "*A Path with Heart*", en Dr. Daniel Siegel, auteur van "*Mindsight*". Ik hoorde dat enkele deelnemers van Dr. Siegels baanbrekende intermenselijk neurobiologisch onderzoek coherente en volledige verhalen ontwikkelden over zichzelf en dat zij gezonde relaties aangingen met anderen toen zij eenmaal volwassen waren, ondanks hun verminderde hechtingservaringen als kind. Hun geheim: ze behandelden zichzelf met zorg en respect, als een beste vriend.

Hoewel geen van deze experts een verklaring had waarom sommige kinderen hier beter in waren dan anderen, was ik blij dat mijn loyale relatie met mijn kern en mijn denkbeeldige gidsen niet zo'n idiosyncratische uitzondering op de Gouden Regel was die ik alleen uitvoerde en waarmee ik mijn voordeel deed. Het was een teken dat ik iets belangrijks op het spoor was.

Rondom deze periode begon ik ongeduldig te worden over mijn langzame vooruitgang als schrijver en vroeg ik mij af, of ik gewoon moest uitflappen wat ik had in plaats van mijn boodschap ongelimiteerd de ruimte te geven om door te dringen en zich uit eigen beweging te ontvouwen. Ik voelde me als herboren toen Dr. Kornfield ons vertelde dat het de bekende psychiater Carl Gustav Jung vijftien jaar had gekost om zijn diepzinnige ideeën te integreren. Zijn eenzame zoektocht naar de ziel kwam dramatisch ten einde toen een vriend hem een boekje gaf over Taoïstische filosofie, hetgeen hem

---

5. Overgenomen uit *Attachment in Psychotherapy (p. 6)*, door David J. Wallin, 2007, New York, NY: The Guilford Press. Copyright © 2007 by David J. Wallin. Met toestemming overgenomen.

bemoedigde zijn ideeën te onthullen aan de Westerse psychiatrie. Ik heb de titel van het boek nooit kunnen achterhalen maar ik herinnerde mezelf eraan, dat een brug slaan tussen de Westerse psychologie en de holistische, inheemse en non-duale wereldbeschouwing geen makkelijke taak was, zelfs niet voor Carl Jung. En ik besefte dat ik aardig moest zijn voor mezelf.

Het weekend daarop woonde ik een Tai Chi en Qigong workshop bij; "Eeuwenoude paden naar Moderne Geneeskunde", van Dr. Michael Mayer. Ik leerde dat vele van de principes achter Tai Chi voortkwamen uit een klein Taoïstisch boekje getiteld *"Het Geheim van de Gouden Bloem"*. Het alchemistische symbolisme van goud—de transmutatie van basismetalen en stoffen tot een waardevol metaal—en het symbool van de bloem of lotus—het onaangetaste waarheid-lichaam dat verrijst uit de modder—waren prachtig en diep. Het duurde eventjes voor het tot mij doordrong dat deze perspectieven in lijn lagen met mijn Gouden Waarheid en . . . belangrijker nog, dat mijn Hakka Chinese naam Gam Lan, Gouden Bloem betekent!

Ik haastte mij naar huis en had maar één ding in gedachten. Na wat rondzoeken op het internet ontdekte ik dat *"Het Geheim van de Gouden Bloem"* inderdaad het boek was dat Dr. Carl Yung decennia eerder had geïnspireerd om zijn lange sabbatical te beëindigen en de grote kloof tussen de Oosterse en Westerse opvattingen te overbruggen. Het kostte mij minstens een week om deze enorme gift van ondersteuning in mij op te nemen en het van zelf te integreren in mijn gevoel. Toen ik dat deed kreeg mijn niveau van toewijding een extra zetje.

Een uitgebreide meta-analyse van belangrijke mindfulness-onderzoeken, "Meeting of Meditative Desciplines and Western Psychology", van de bekende psychiater Roger Walsh en psychologe Shauna Shapiro (American Psychologist, 2006), was het volgende dat op mijn pad kwam. Zij beweerden dat de Westerse psychologie vaak niet-gecategoriseerde data classificeert als bestaande categorieën waarmee zij bijdragen aan een "assimilatie integratie die voelt als de wereldwijde 'kolonisatie van het brein'" en de groei en geloofwaardigheid van andere stromingen binnen de psychologie ondermijnt." Ik mocht hun lef wel. Ze erkenden dat de potentiële schade van het te conservatief en beschermend zijn ten opzichte van de status quo een al even groot probleem kon veroorzaken als het te progressief zijn en te veel risico's nemen met nieuwe ideeën.

De revolutionaire schrijvers vierden ook de toegevoegde waarde van de uitbijters die niet werden gewaardeerd in vakgebieden die hoofdzakelijk vertrouwden op robuuste groepsnormen om hun sterkste argumenten te vormen. Deze non-conformisten bespeurden dat in de marges van de Westerse Psychologie "de transpersoonlijke toestanden die werden beschreven door meditatieve vormen van psychologie, yoga en sjamanisme—piek en plateau ervaringen, de spirituele ervaring, de holotropische ervaring en het kosmisch bewustzijn, spontaan voorkwamen met name bij buitengewoon gezonde personen die significante psychologische voordelen hieraan zouden kunnen toekennen."

Zij vroegen psychologen een wederopleving van fenomenologische onderzoeken door "begiftigde beoefenaars van meditatie" te overwegen, wiens introspectieve gevoeligheid hen uitzonderlijke observanten van subjectieve hoedanigheden en mentale processen maakt.

Deze beoefenaars van meditatie zouden ons "exacte fenomenologische verklaringen van subjectieve effecten van farmacologische en andere therapieën" kunnen verschaffen.

"Het kost slechts één zwarte zwaan om te bewijzen dat niet alle zwanen wit zijn," was de zin die ik in die periode steeds hoorde. Het was een zin die vaak werd gebruikt door professoren in mijn onderzoeksmethoden en lessen statistiek, om studenten eraan te herinneren dat zoiets als "wetenschappelijk bewijs," niet bestond, hoe statistisch significant onze analyses of hoe groot ons onderzoek ook mocht zijn. Het enige dat wij doen, is bewijzen hoe waarschijnlijk het is dat twee verschillende gebeurtenissen op hetzelfde moment plaatsvinden door het gebruik van statistische kansberekeningen. We hebben echter slechts één uitzondering op de regel nodig, om het tegendeel van een lang aangehouden aanname over realiteit te bewijzen en daarmee de hele agenda op een bepaald vlak te herzien.

Psychiater Judith Orloff is een zwarte zwaan die dat gedaan heeft. In haar boek, "Second Sight"(2010) onthult zij dat ze haar intuïtie als een "beschamend geheim" had behandeld en helemaal stopte met dromen, toen ze als promovendus aan de medische faculteit studeerde. Zelfs jaren later binnen de veilige parameters van haar eigen florerende privépraktijk, verwierp zij haar intuïtieve ingevingen tot het bijna te laat was. Pas nadat zij onterecht een onverklaarbaar, sterk instinctief gevoel negeerde dat een van haar cliënten op het punt stond zelfmoord te plegen, had ze de moed om haar intuïtieve en helderziende gaven opnieuw te aanvaarden en te integreren in liaai weik. Haar verhaal en haar duidelijke voorbeeld van mogelijke schade die kan ontstaan wanneer wij niet naar onze intuïtie luisteren als helers, maakten een onuitwisbare indruk op mij en stelde mij gerust dat de geestelijke gezondheidszorg klaar was voor een herziening.

Een andere baanbrekende meta-analyse, "The Weirdest People in the World" ("Behavioral and Brain Sciences", 2010), door de onderzoekers Henrich, Heine, en Norenzayan verklaarde waarom ik zo heftig reageerde als promovendus toen ik kennismaakte met Dr. Paul Meehls overtuiging dat iedere clinicus die "persoonlijke ervaring belangrijker vond dan onderzoeksstudie, zichzelf misleidde". Deze onderzoekers ontdekten dat 96 procent van de psychologische deelnemers aan studies die werden gepubliceerd in vakbladen, afkomstig was uit Westerse, Geschoolde, Geïndustrialiseerde, Rijke, Democratische samenlevingen [*Western, Educated, Industrialized, Rich, Democratic (WEIRD)*], goed voor slechts 12 procent van de wereldbevolking. Bovendien waren zij "bijzonder ongewoon" en doorgaans "uitbijters" vergeleken met niet-Westerse onderzoeksdeelnemers. Het meest bevestigend was voor mij de zin "De scherpe zelfversterkende tendens van Westerlingen komt minder voor in een groot deel van de rest van de wereld, hoewel zelfversterking reeds lang wordt besproken als ware het een fundamenteel aspect van de menselijke psychologie."

Interessant is dat de onderzoeken die gedaan werden onder universiteitshoogleraren, dezelfde uitkomst hadden, hetgeen de grote angst met betrekking tot 'self-serving bias' onder academici en sociale wetenschappers zoals Dr. Meehl kan verklaren. Zijn bekende tweeënzeventig pagina's tellende tirade getiteld "Waarom Ik Niet naar Patiëntenbesprekingen Ga", beschrijft tientallen "geestelijke misvattingen" van "zwakbegaafde psychologen" tijdens patiëntenbesprekingen, en is klassiek leesvoer geworden voor iedereen die op weg is een praktiserend psycholoog te worden. Hoewel zijn pogingen om inherente tendensen en fundamentele menselijke fouten op te lossen door star kwantitatief onderzoek opmerkelijk waren, was ik er niet van overtuigd dat ze de zelfversterkende, cultuurgebonden tendensen die nog altijd actueel zijn bij de vele blinde vlekken en experimentele ontwerpen van onderzoekers verbeterden.

Dr. Meehl's verslagen kwamen nog altijd arrogant op mij over en ik kon niet begrijpen hoe iemand zoals hij een van de jongste directeuren van de American Psychological Association kon worden. Het gaf een signaal af dat rijk en intelligent zijn belangrijker was dan medelevend en wijs zijn. Ik was hierdoor nogal gedesillusioneerd omdat ik verwachtte dat zoiets alleen in de zakelijke of politieke wereld voorkwam, niet in een genezend discipline zoals de onze.

Er was nog iets anders van Dr. Meehl dat op onverklaarbare wijze mijn gevoel van universele orde op zijn kop deed staan en bijdroeg aan mijn onzekerheid die de verhaallijn van mijn memoires aanwakkerde. Zelfs nadat ik met mijn eerste kladversie klaar was, las ik sporadisch mijn eigen stukken over of die van hem welke verder gingen dan het gebied van mijn boek en mijn persoonlijke verhaal, en ik snapte niet waarom deze nog steeds invloed hadden op mijn ziel.

Gedurende de eerste dagen van het internet, kwamen er alleen Wikipedia-achtige beschrijvingen en lange lijsten van visies en publicaties tevoorschijn wanneer ik sleutelwoorden als "Meehl" en "biografie" typte in Google search. Wanneer ik "kritiek" aan de zoekfunctie toevoegde, leverde dit veel door hem gegeven kritieken op, maar niet over hem. Misschien vanwege de politieke tijdgeest dat het uiteindelijk in mij opkwam om in de zomer van 2017 tijdens een retraite van twee weken, het woord "narcisme" toe te voegen aan mijn Google-zoekfunctie. Zo ontdekte ik de echte Dr. Paul Meehl en de antwoorden waarnaar ik al bijna twee decennia zocht sinds hij onder mijn huid kroop.

In een weinig bekend, hardcover tijdschrift van het formaat van een encyclopedie getiteld *"Een geschiedenis van Psychologie in autobiografie"* (Stanford University Press, 1989, niet meer in de handel en aangeboden voor $577, gebruikt), had Dr. Meehl een bijdrage geleverd van drieënvijftig pagina's aan autobiografisch materiaal waarbij hij terugkeek op zijn privé- en werkleven met veel meer inzicht en geïntegreerde terugblikken dan ik ooit van hem had gelezen.

Hij schreef dat hij zijn vaders "brein-genen" had geërfd en constateerde stellig dat "indien een mens dom was, hij evengoed dood kon zijn."

Toen hij elf was, pleegde zijn vader die wordt beschreven als een extreem ijverige bankmedewerker, zelfmoord nadat hij geld had verdonkeremaand om de aandelenmarkt mee op te gaan. Alsof dat niet tragisch genoeg was, verklaart Dr. Meehl, "op zestienjarige leeftijd leed ik een tweede verlies toen mijn moeder overleed aan een longontsteking… Deze periode van grove medische klungeligheid heeft mij permanent geïmmuniseerd van het kinderlijke geloof in de alwetendheid van artsen dat je bij de meeste mensen, inclusief geschoolde mensen vindt…. Het heeft mij ook geholpen om het dogma over mijn eigen diagnostische conclusies waarvan ik geneigd ben door mijn zelfbeeld als van nature begiftigd en goed opgeleide clinicus te vermijden."

Eindelijk snapte ik waarom hij zo wantrouwend was over de "diagnostische conclusies" van alle clinici onder wie hijzelf. Hij wilde anderen behoeden voor het ervaren van de nachtmerrie die hij als kind had beleefd en vertrouwde op zijn intellect en statistisch onderzoek om menselijke fouten te voorkomen bij het voorspellen van risico's. "Voltaire zei dat bij het overpeinzen van menselijke kwesties, degenen die begiftigd zijn met een overvloed aan gevoelens bewogen zullen worden tot huilen, degenen met een overvloed aan intellect, tot lachen. Ik ben duidelijk eentje van de tweede soort.... Een *ongecontroleerde gelijkheids-nastrever* zou kunnen zeggen dat ik een elitisme van intellect heb verwisseld voor de meer algemene snobismes van ras, familie, of geld. Een mening die ik graag toegeef."

Tot mijn grote verbazing was hij gefascineerd door parapsychologie en buitenzintuiglijke waarneming, dat wil zeggen de "buitenwetenschappelijke manieren van het weten", het "metafysische programma van lichaam en geest", religie en geestelijke gezondheid. Deze tegenstrijdige interesses en reflecties op de mystiek waren gepubliceerd in "verslagen waarop [hij] trots was vanwege het hoge niveau van conceptualisatie, maar die uiteindelijk door weinig psychologen zijn gelezen of vernomen."

Hoewel hij niet snel door het perspectief van anderen werd beïnvloed en meestal zelf degene was die anderen beïnvloedde, had hij op dit gebied niet veel aanhang weten te creëren. Hij werd voorzichtiger en gereserveerder toen zijn "vreemde" en "bizarre" interesses de bron van grappen en kritiek werden maar hij beweerde openlijk: "Ik ben geneigd te denken dat er iets is als telepathie en als ik gedwongen werd om voor een groot bedrag erom te wedden, zou ik voor zijn geweest." Ik was ontzettend blij met deze bevestiging.

Leren over zijn "ambivalent berouw" dat hij tijdens zijn werkzame leven had en de ontwapenende nederigheid die hij in zijn latere leven had ontwikkeld, hielpen mij om alle onafgemaakte zaken die tussen ons in stonden te laten rusten. Ik werd dankbaar voor de inspirerende woorden die mij in eerste instantie zo enorm hadden uitgedaagd toen ik ze las, maar mij buitengewoon tegenstonden, "Als mens zijn wij gedwongen tot het maken van 'fundamentele attributiefouten'—anderen te veel waardering geven voor positieve resultaten, en alleen een realistische, sceptische en kritische denker met statistisch belangrijke data kan deze onvoordelige, onbetrouwbare menselijke conditie die neigt tot vooringenomen eigenbelang genezen."

314 WIJSHEDEN UIT DE AMAZONE

Deze woorden wakkerden de archeologische blootlegging van mijn ziel aan en hielpen mij uiteindelijk datgene te ontdekken en op te eisen wat mij toebehoorde—mijn intuïtieve helende wijsheid. Ik had nooit kunnen voorspellen dat Dr. Meehl de opgestegen meester zou zijn die ik aan het eind van deze weg zou ontmoeten en die mij de bevestigende spiegeling zou verschaffen over de staat van het vakgebied van de geestelijke gezondheid waarnaar ik al die jaren had verlangd. Door de kracht van zijn eigen helende intuïtie, zijn niet aflatende zoektocht naar de waarheid, en zijn toewijding om te dienen, had hij de vooruitziende blik om zijn heldentocht, zelfreflecties en openbaringen vast te leggen, als een gift aan ons en de volgende generatie, zelfs als delen van zijn zelfontdekkingen zelf belastend waren.

Hij schreef dat hij op achtenzestigjarige leeftijd een "nogal teleurgestelde man" was, zich bewust van de "toon van humeurigheid die in [zijn] wetenschappelijke publicaties kroop, waarvoor [hij] werd verweten" en uitte zijn bezorgdheid over de "narcistische beloningen" die hem waren toevertrouwd. Ik was geraakt door de toewijding aan zijn ziel en dat hij— ondanks de emotionele buffer die zijn ego en intellect zijn hele leven hadden opgeworpen—luisterde naar zijn hart en zijn pijn om zijn levensloop te resetten. Ik maakte contact met zijn hart en ziel, koesterde onze vreemde telepathische band, en voelde mij geëerd door deze laatste woorden van hem die begraven waren in een eeuwenoud boek dat nauwelijks gelezen is. Ik geloof dat zij het soort begeleiding bieden die hij zou benadrukken als hij vandaag de dag nog leefde. Begeleiding die de ziel van ons vak zou resetten en verlossen:

De discipline heeft mij zulke ego-strelingen gebracht, meer dan ik ver-
dien ... dat ik soms denk dat de professionele erkenning die ik kreeg,
te vroeg kwam ... In de relatief korte tijd dat ik patiënten behandelde,
knaagde aan mij op de achtergrond de gedachte dat hetgeen ik inter-
essant en wetenschappelijk verdedigbaar vond, niet per se in de buurt
kwam van hoeveel ik de persoon hielp....Ik ben nu eerder geneigd
te vertrouwen op de invloed van de 'relatie' en een mix van gezond
verstand, intuïtie, en kleine beetjes van psychodynamiek (hun eerd-
ere relaties met zorgverleners) dan het voortzetten van een of andere
geweldige strategie (pp. 379, 383).[6]

---

6. G. Lindzey (Ed.), "A History of Psychology in Autobiography," Vol. 8, (Stanford: Stanford University Press, 1989), 336 - 389.

▩ EEN WOORD VAN DANK

HET SCHRIJVEN VAN DIT BOEK was een gezamenlijke inspanning, niet alleen voor wat betreft het eren en vertalen van voorouderlijke begeleiding en wijsheid, maar ook met betrekking tot het kwalificeren en implementeren van de lessen van vele mentors, heilige medicijnmannen en -vrouwen, natuurgeesten en pioniers op het gebied van bewustzijn—jong en oud, dood en levend, menselijk en niet-menselijk, ondersteunend en uitdagend—die hebben geholpen met het creëren hiervan.

Ik ben vooral dankbaar voor de steun van visionairs, genezers en leraren zoals Tim Baily (pseudonym), Brooke Medicine Eagle (www.medicineeagle.com), Mary Attu, Standing Deer, Maria Root, Kay Taylor, Mimi Stern, Donna Morrish, Isa Gucciardi, mijn mentors, mijn supervisors van de Pacific Graduate School of Psychology, het UC Davis Counseling Center, en de vele psychotherapie-, spirituele, advies- en schrijfgroepen waarvan ik deel uitmaakte. Het katalyserende samenspel van hun unieke bijdragen inspireerde dit kunstwerk. Van die bijdragen had ik het voorrecht deze te incuberen en te baren.

Ik wil mijn uitgever van She Writes Press bedanken voor het banen van een nieuw pad voor vrouwelijke auteurs zoals ik. Haar bemoedigende en revolutionaire model van publiceren, bood mij de creatieve vrijheid en de steun die ik nodig had om te excelleren. Dit geldt eveneens voor het She

Writes Press team van editors, medeschrijvers en mijn projectmanager, Cait Levin, die allen mijn verwachtingen hebben overtroffen.

Ik ben vooral dank verschuldigd aan mijn editor, Liz Kracht. Vanaf het begin zag zij het grotere potentieel van mijn verhaal en het belang van het vanaf de grond opbouwen van een momentum en kredietwaardigheid. Haar manier van begeleiden en editen, heeft geholpen mijn schrijfvaardigheid en creativiteit aan te scherpen, vooral in het tot leven brengen van bepaalde scenes door begrijpelijke en aanvaardbare taal te gebruiken. Ik ben ook ontzettend blij met de verleidelijke omslag die is ontworpen door Tabitha Lahr. Hij verbeeldt het mysterieuze afpellen van de verschillende lagen om mijn meest heilige, kwetsbare ik en diepste wijsheid en waarheden te onthullen.

Ik ben blij dat ik leef in de tijd van grote transities en veranderingen evenzo voor de expertise, de feedback, integriteit en camaraderie van de vele pionierende helers, psychotherapeuten, academici, onderzoekers, schrijvers, kunstenaars en change-makers met wie ik samen kon dromen en met wie ik kon lachen en huilen om vervolgens te groeien, te schrijven en te creëren, en tot slot de wereld te dienen zowel in online als in fysieke groepen. Zij boden vaak de creatieve schittering duidelijkheid, bemoedigende woorden, bevestiging en het inzicht die mij op de been hielden.

Ik bedank vooral mijn cliënten vanuit het diepste van mijn hart voor het aan mij toevertrouwen van hun helende reizen, heldere licht en moedige strijd. Zij maakten het mogelijk dat ik dagelijks werk doe dat mijn hart vervult van diepe betekenis, bewondering, nederigheid en blijdschap. Ik ben dankbaar dat ik door de jaren heen het ontvouwen van hun sacrale relaties heb mogen aanschouwen met hemelse geleiding en spirituele gidsen. Die dankbaarheid geldt eveneens voor het daaruit verkrijgen van de vele lessen en inzichten.

Dit boek zou niet zo aangrijpend, grensverleggend en krachtig zijn geweest zonder de fantastische bijdragen van Paloma (pseudoniem). Ik kan haar niet genoeg bedanken voor haar moedige non-conformisme, waarbij ze mij vaak een paar stappen voor was met het ontdekken van het onconventionele pad van onze overeenkomstige spirituele roeping. Zij begreep nog voordat ik het inzag, dat het schrijven van onze ervaringen ons beiden zou bevrijden en het verhaal (dat verteld moest worden,) vorm zou geven. Nadat zij in 2004 bij mij stopte met de therapie, ontving zij een prestigieuze studiebeurs en behaalde zij een mastergraad in genderstudies. Momenteel woont zij in Mexico waar zij plezier beleeft aan haar spirituele community, mindfulness-trainingen en de trainingen die zij voor ieders welzijn geeft. Paloma had de mogelijkheid het boek te lezen vlak voordat het werd gedrukt. Ze bedankte mij voor mijn geloof in haar en voelde zich vereerd onderdeel te zijn van het verhaal.

Door de jaren heen hebben mijn lieve familie, schoonfamilie en vrienden, zowel dichtbij als ver weg, mij evenwichtig gehouden en geholpen door te gaan. Ze hebben nooit het geloof in mij en mijn boek verloren en maakten het mij ook makkelijk te stoppen met erover te praten en te denken. Ik dank hen dat zij mijn steun, eerste lezers, cheerleaders en standvastigheid waren. Ik ben enorm dankbaar voor de beeldend kunstenaar en de vriendin voor het leven, Nicole van Straatum, die een prachtige boektrailer voor mij heeft gemaakt waarmee zij de kern van mijn verhaal en de mystieke tradities te Galibi en Brokopondo in Suriname, niet beter had kunnen vastleggen. Een mega dankjewel aan Myrysji Tours en de inwoners van Galibi en Awarradam, voor het delen van hun voorouderlijke verhalen, tradities en dansen, en voor hun rentmeesterschap van het land, de dieren en de sacrale vrouw.

Ik ben vooral mijn ouders, Jules en Josta Tjenalooi dankbaar voor hun liefde, hun bemoediging en de ontelbare offers die zij hebben gebracht. Hun moed en hun handelingen zijn de ruggengraat van mijn verhaal. Voor mijn tantes, ooms, neven en nichten van de Dieterstraat en mijn surrogaatvader en onze koppelaar, oom Henk Treurniet, heb ik een speciaal plekje in mijn hart. Oom Henk was altijd een dromer, een romanticus en een koppige idealist die nog steeds erop staat dat liefde het allerbelangrijkste is in het leven.

Een woord van dank gaat uit naar Chantal Cooper en Roberto Polsbroek die mijn verhaal hebben vertaald naar het Nederlands.

Last but not least, draag ik dit boek op aan mijn soul team, mijn geliefde echtgenoot met wie ik al 25+ jaar ben getrouwd en mijn dierbare kinderen, Terrance en Jade. Hun cruciale rollen in het verhaal en hun niet aflatende, dagelijkse praktische steun hebben het schrijven van dit boek mogelijk gemaakt. Ik hoop dat hun kinderen, en de kinderen van hun kinderen dit boek ooit met plezier zullen lezen. Dankzij hun liefde, humor en bereidwilligheid de klappen op te vangen, had ik de hoognodige creatieve ruimte, energie en tijd om mij goed te focussen, te luisteren en ver buiten de gewoonlijke grenzen van mijn dagelijkse routine te gaan om eenieder dit "geschenk van de voorouders" te bieden.

OVER DE AUTEUR

Foto door Ultra-Spective Photography

LORAINE VAN TUYL, PhD, CHT, is klinisch psycholoog, sjamanistisch ecopsy-choloog, diepte hypnotherapeut en schrijfster.

Loraine heeft visionairs, onderwijzers, helers, kunstenaars, change-makers en psychotherapeuten begeleid met haar holistisch systeem, Soul Authority, waar zij naadloos moderne psychotherapieën, natuur wijsheden, en eeuwenoude praktijken met elkaar verweeft.

Zij heeft uitgebreid over haar holistische methodes geschreven in edities van Thrive Global, Rebelle Society, Elephant Journal and Medium, en is door het hele land als expert uitgenodigd geweest voor tal van podcasts en radioprogramma's.

Een paar van de professionele stichtingen waar haar methodes enthousiast werden ontvangen door master- en doctoraal studenten en collega's zijn het Native American Health Center, het UC Berkeley Counseling Center, het American Center for the Integration of Spiritually Transformative Experiences, de 50th Anniversary Celebratie van het Institute of Transpersonal Psychology, en de Mind & Life Institute.

Meer informatie betreffende de laatste ontwikkelingen van haar innovatief werk is te vinden op haar website: www.theSacredHealingWell.com en in haar tweede boek, *Soul Authority: Liberatory Tools to Heal from Oppressive Patterns and Restore Trust in Your Heart Compass*, uitgegeven door North Atlantic Books (2022).